高等学校公共管理类核心课程规划教材

公共关系学

第二版

主　　编　李秀忠　刘桂莉

副 主 编　李晓红　陶传平

参编人员（以姓氏笔画为序）

史琳燕　南昌航空大学文法学院

孙建丽　上海理工大学

刘桂莉　南昌大学公共管理学系

杨　瑾　江西农业大学公共管理学院

李秀忠　山东师范大学公共管理学院

陈利卿　南昌航空大学文法学院

李晓红　华东交通大学人文学院

张朝蓉　江西师范大学政法学院

周　妤　复旦大学公共事务学院

陶传平　山东轻工业学院法学院

鄢龙珠　福建师范大学公共管理学院

张晓华　九江职业大学

WUHAN UNIVERSITY PRESS

武汉大学出版社

图书在版编目(CIP)数据

公共关系学/李秀忠,刘桂莉主编.—2 版.—武汉:武汉大学出版社,
2015.8(2022.12 重印)
高等学校公共管理类核心课程规划教材
ISBN 978-7-307-16474-1

Ⅰ.公… Ⅱ.①李… ②刘… Ⅲ.公共关系学—高等学校—教材
Ⅳ.C912.3

中国版本图书馆 CIP 数据核字(2015)第 178737 号

责任编辑:范绪泉   责任校对:汪欣怡   版式设计:马　佳

出版发行: **武汉大学出版社**   (430072 武昌 珞珈山)
    (电子邮箱: cbs22@ whu.edu.cn 网址: www.wdp. com.cn)
印刷:武汉科源印刷设计有限公司
开本:720×1000 1/16 印张:21.75   字数:378 千字   插页:1
版次:2009 年 5 月第 1 版   2015 年 8 月第 2 版
    2022 年 12 月第 2 版第 5 次印刷
ISBN 978-7-307-16474-1   定价:35.00 元

第二版前言

本教材第一版于 2009 年 5 月出版，至今年共印了 7 次。使用本教材的院校师生给予了广泛的好评。随着公共关系学科理论的丰富和完善，特别是网络的迅速发展，公共关系学的内容也更加丰富。基于这些情况，编者在总结近几年教学经验的基础上，结合公共关系学科发展的实践成果，对本书的第一版进行了修订。

第一版出版后，广大师生及读者反映：本教材体系建构合理、内容详略得当、理论阐述深入浅出、原理分析明确易懂、实务选择灵活、案例分析有理有据。本次修订，依然保持这些优点。为方便教学、便利阅读，新版进一步完善了内容，更新了案例，以更好地适应广大读者的需求。

本教材能够顺利出版，并连续印 7 次，武汉大学出版社的工作人员，特别是资深策划人舒刚博士付出了大量心血和精力。再版修订中，舒刚博士仍然提出了许多宝贵的建议，对此，我们表示衷心的感谢！

在修订过程中，我们依然参阅了国内外有关资料，借鉴了国内外许多专家、学者的研究成果、著作、教材，在此表示深深的谢意！由于水平所限，仍难免出现缺点和不足，恳请同行专家批评指正。

《公共关系学》编写委员会

2015 年 8 月

第一版前言

经过近 30 年的磨炼，中国的公共关系经历了一个从无到有、从分散发展到逐步规范、从纯国内化到国际化的过程。21 世纪，是世界经济大循环，经济技术快速发展的时代，信息技术、网络经济、生命科学等的发展，将对人类的生活、学习、生产带来前所未有的机遇和挑战，同样，对公共关系的发展提出了更高的要求。北京成功举办 2008 年奥运会，使得全球众多政府和企业界人士将注意力集中到中国这个最大的新兴市场；再加上世界经济一体化的趋势，使国际社会的联系空前密切。这一切都为中国公共关系事业的全面发展创造了更多、更好的机会，也对公共关系这门学科的理论研究和教学工作提出了更高的要求。

适应这一发展要求，武汉大学出版社组织有关院校编写了这本《公共关系学》。本书是讲述公共关系基本理论和实际操作方法的教科书，是应公共事业管理及相关专业开设"公共关系学"课程的教学需要而编写的。在编写过程中，我们总结了多年来在公共关系教学方面的经验，同时也吸收了国内外同行的最新研究成果。全书共分 12 章，分别为：公共关系概述；现代公共关系的产生与发展；公共关系的主体；公共关系的客体；公共关系传播；公共关系工作程序；公共关系演讲；公共关系交际礼仪；危机公关；公共关系专题活动；政府公共关系；非营利性组织公共关系。本书每章附有案例对理论进行说明和注解，充分体现了公共关系这门学科应用性强、操作性强的特点。

本书由李秀忠、刘桂莉任主编，李晓红、陶传平任副主编。具体分工是：刘桂莉（第 1 章）、李晓红（第 2 章）、李秀忠（第 3、9、11 章）、杨瑾（第 4 章）、周妤（第 5 章）、张朝蓉（第 6 章）、孙建丽（第 7 章）、陈利卿（第 8 章）、史琳燕（第 10 章）、陶传平（第 12 章），刘建霞、张慧琬、孔晓艳对部分材料进行了收集、整理，李秀忠、刘桂莉对全书进行了统稿。

在编写过程中，我们参阅了国内外有关资料，借鉴了国内外许多专家、学者的研究成果、著作、教材，在此表示衷心感谢！由于水平所限，难免出现缺点和不足，恳请同行专家批评指正。

《公共关系学》编写委员会

2009 年 5 月

目　　录

第一编　公共关系原理

第二编　公共关系实务

第三编 部门公共关系

第一编　公共关系原理

第 **1** 章　公共关系导论

　　自 20 世纪 80 年代以来，公共关系以其独特的魅力，被广泛应用于社会的各个领域，在经营管理、市场营销、大众传播等领域发挥着令人瞩目的作用，越来越受到人们的高度重视。随着社会的不断开放，市场经济的不断繁荣，民主政治的不断完善，公共关系越来越成为企业搞好管理和经营，获得生存和发展的重要手段。搞好公共关系工作，"对于扩大信息交流、促进商品流通、沟通企业联系、建立新型人际关系都有着积极的作用"，对促进当代社会的健康发展有着极大的推动作用。

1.1　公共关系在社会生活中的意义

　　社会生活的各个方面都需要公共关系。公共关系作为一门新兴的学科在社会生活中发挥的作用已越来越明显。社会组织在激烈的竞争中求生存、求发展，就必须开展公共关系活动。

　　公共关系是组织与公众之间的传播沟通关系。在社会生活中对组织、个人、社会都产生了重要影响，发挥着不可替代的作用。首先，公共关系能够帮助组织实现目标。公共关系通过监测组织环境，参与组织决策，扩大组织知名度和美誉度，沟通、协调各方面的关系，促使组织成员增强公共关系意识，从而使组织得以健康发展，实现自己的目标。其次，公共关系能够促使个人的观念更新，帮助个人能力的提高。公共关系促使个人注重个人形象的观念、尊重他人观念、交往沟通观念、合作观念的形成；公共关系能帮助个人提高创造能力、交际能力、自我调节的能力、应变的能力，从而使个人的整体素质提高。再次，公共关系可以通过沟通社会信息、协调社会行为、净化社会风气，促使社会互动环境的优化。此外，公共关系还可以通过协调沟通人际关系，促使社会心理环境的优化；通过对经济效益和社会效益的追求，促进社会经济环境的优化；通过对民主政治的需求，促使社会政治环境的优化。

从我国社会发展的现实来看，学习研究公共关系的意义主要表现在以下几个方面：

1.1.1　改革开放需要公共关系

实行对外开放，扩大对外交流合作，调动一切积极因素为我国的现代化建设服务，是我国的一项基本国策。要对外开放、交流合作，就必须增进相互了解。一方面，中国要了解世界，了解国际市场的政治、经济及文化环境的情况和变化趋势，了解各国的政治、政策、民族、习俗等；另一方面，面向世界传播自己，要扩大我国的国际影响，提高我国各企业、产品在国际上的知名度和美誉度，在公众中树立我国的良好形象，这就需要公共关系。加之对外开放使形象管理的问题日益突出，需要加强公关意识和公关管理。对外开放需要按国际惯例办事，运用公关有利于规范组织的行为。

要把我国建设为一个繁荣、富强、文明的现代化国家，就必须在和平共处五项原则的基础上，同所有国家发展友好关系，不断加强和扩大世界各国平等互利的经济、科技合作，加强在文化、教育、卫生、体育等各个领域的交流，坚定不移地实行对外开放。我们要加强国际间的交流与合作，首先要加强国际间的信息双向交流，让中国了解世界，同时也让世界了解中国。一方面，我们要通过各种渠道了解世界各国的经济科技发展情况、社会文化传统、风俗习惯和公众的兴趣、爱好、取向，来调整我们的对外政策。另一方面，要利用我们的新闻媒介和其他各种渠道，向国外公众宣传我们的路线、方针、政策和政治经济形势，消除误解，调解矛盾，同世界各国互相尊重、求同存异、平等相待、友好相处，在国际上树立我国的良好形象，以获得世界各国政府与人民的理解、支持和合作，为我国的改革开放和现代化建设争取有利的国际环境。对外开放的过程，离不开国际公共关系活动。公共关系学理论的研究，为我们对外开放的顺利进行，提供了极为有用的启迪与帮助。

1.1.2　经济体制改革需要公共关系

随着经济体制改革的深入，我国企业已经成为真正意义上独立的经济实体，企业面对的是市场，而不仅仅是政府的指令。企业的生产已不单是为完成国家计划，而主要是为满足消费者的需求；企业的决策不再是仅仅根据上级的指示，而主要根据瞬息万变的市场信息；企业的原材料再也不能坐等国家计划调拨，而是靠自己去开拓供销渠道；企业的产品是否具有市场竞争力，不再是计划的作用，关键在于这个企业及其产品是否具有良好的知名度和美誉度。因此，公共关系对企业等经济实体的作用显得十分突出。经济体制改革还促进了各类组织间的横向联系，组织的社会环境日益复杂，这使得组织与其发展环境的沟通与协调更为重要。公共关系工作能够准确、及时、有效地搜集信息，监测环境，预测社会变革趋势，及时准确地向外界传播信息，扩大组织的影响和声誉，赢得公众的理解和支持，从而促进组织竞争力的提高和扩大发展实力。

1.1.3　市场经济的繁荣需要公共关系

市场经济带来了大范围的分工协作关系和市场竞争关系。经济越发展，市场竞争就越激烈。随着卖方市场向买方市场的转变，社会组织需要运用公共关系来拓展合作关系，加强竞争能力，树立组织及其产品的知名度、美誉度，提高经济效益和社会效益。

完善社会主义市场经济体制，是 21 世纪前 20 年我国经济建设和改革的主要任务。建立社会主义市场经济体制，就是要使市场在国家宏观调控下对资源配置起基础性作用，以实现社会主义经济的有效运行，使国民经济持续、快速、健康发展，要在改革和发展的进程中，不断完善和实现这一目标。社会主义市场经济实际上是一种竞争经济。一方面，企业逐渐成为有独立经营自主权的经济实体，为了能在竞争中壮大和发展，企业间的协作规模越来越大，横向经济联系日益加强；另一方面，各个企业平等地、公开地参与激烈的市场竞争，迫使竞争的参与者面临成功与失败的双重考验，优胜劣汰。正是这种竞争的压力，促使企业组织积极开展公共关系学研究，掌握公共关系的技巧，增强全体干部职工的公共关系意识，提高开展公共关系活动的水平，以调节企业内部所有者、经营者和职工之间的关系，协调与其他企业、消费者等各类外部公众的关系，随时掌握市场的各种信息，进行科学的管理和决策，通过双向信息交流，提高知名度和美誉度，赢得社会公众的信任、支持和帮助，在竞争中处于有利地位，增强企业活力，提高企业经济效益，为我国全面建设小康社会、加快推进社会主义现代化作贡献。

1.1.4　政治、文化、教育事业的发展需要公共关系

公共关系不仅适用于企业、服务业，而且广泛适用于政治、文化、教育等事业单位和组织。政治上，人民政府要保持和人民群众的血肉联系，争取人民群众的支持和信任，就必须通过搜集信息、发布信息、沟通信息、协调政府与公众的关系，以提高人民群众对政府的信任度，推进社会主义民主。这就需要政府公共关系。学校要吸引学生报考，争取好的生源，培养出受社会欢迎的学生，就需要运用公共关系手段；医院和文艺团体要吸引公众，提高社会效益和经济效益，也需要通过公共关系活动扩大影响，在公众中树立起良好的信誉和形象。发展社会主义民主政治，建设社会主义政治文明是全面建设小康社会的重要目标。公共关系是政治民主化、开明化的产物，它必然能进一步促进政治民主化。尤其是对我国这样一个历史悠久、封建传统根深蒂固的大国，发展公共关系有利于民主化建设。随着社会的发展，公众对社会政治生活的参与性日益增强。政府必须重视舆论、体察民情，必须加强与公众之间的相互沟通，以便促进公众对政府的了解和信任，树立政府的良好形象，争取公众的支持与合作，维护社会的和谐与稳定。

现代民主政治高度重视公众舆论，重视社情民意，视舆论和民意为政治性和行政性决策及行动的根据。重视舆论就必须重视与公众的沟通，就必须建立各种有效的渠道去了解民意、跟踪民意和反馈民意。各级政府及其干部、工作人员，应放下"官架子"，随时深入到民众中去才能听到公众真实的声音。政府的每项事关民生的重大政策或措施出台之前，都应该通过民意测验或调查了解公众的基本态度和意见，为决策提供更充实可靠的根据。定期举行新闻发布会，加强政府自身的传播工作，提高政府工作的透明度，满足公众的知情权。通过公共关系活动，经常向人民群众宣传党的方针政策和工作目标，解释工作中出现的问题，及时反映社会公众的意向要求，争取社会公众的谅解、理解和支持，接受社会公众的监督。随着政治体制改革的深入，公共关系学的研究将会发挥越来越重要的作用。

1.1.5　社会安定需要公共关系

改革开放和市场经济的发展，需要有一个安定的社会局面。社会的稳定，

特别是人心的稳定需要加强社会的公共关系工作，通过双向沟通，在政府和公众之间、领导者和被领导者之间、企业与社会之间创造相互理解、了解、信任与合作的气氛，形成和谐稳定的社会环境。

我国的社会主义现代化建设，需要物质文明建设和精神文明建设同步发展。其中精神文明建设同公共关系观念的确立和公共关系的开展有着密切的关系，精神文明建设需要公共关系为之服务。

从公共关系角度来说，首先，要求社会组织及其成员提高思想道德修养，树立"公众至上"的观念，文明经商，礼貌服务。在自身的日常活动中，增强道德意识、公众意识、信誉意识，重视公众利益和社会利益，不得以损害公众利益来满足自己利益，必须以自己的良好形象影响和感染社会公众，以自身良好的职业道德、职业素养净化社会风气，如履行社会义务，支持和赞助社会上有关的文化、教育、福利事业，为社会、社区的繁荣和发展尽一份责任，树立"合格公民"的良好形象。其次，要通过公共关系优化社会环境，推动社会组织服从社会整体利益，做到组织与社会相一致，经济效益与社会效益相一致。组织与组织之间、组织与公众之间互利互惠，共同发展，有效地协调好组织的内外关系。再次，通过公共关系，倡导和建立社会主义社会新型人际关系，人与人友好相处、诚实守信，遵纪守法，讲究文明礼貌，自觉维护公共秩序，遵守社会公德。如果每个人都这样，整个社会就会形成良好的文明新风，我国的社会主义文明建设就会大大向前迈进一步。

此外，现代社会是信息化社会，特别是大众传播的发展，各种先进的传播沟通技术和方法，日益改变着传统的交往观念和交往行为。特别是大众传播的发展使公众舆论日益敏感，从而使组织的形象管理问题日益突出，需要运用公共关系手段来了解舆论，引导舆论，影响公众的观念和行为，改善组织的生存、发展环境。

1.2　公共关系的含义、基本要素和根本特征

国内外的公共关系专家都认为，作为一项事业，公共关系工作有三个层次：第一层次：接待和一般性宣传工作。这时的公共关系主要是公关人员讲究礼仪，注意形象，吸引公众。一般由公关小姐和公关先生承担。第二层次：塑造社会组织的整体形象，协调社会、组织的各种关系。一般由公关部的主管人员或职业公关人员承担。第三层次：为主管部门和决策者出谋划策。公关人

成为高级主管部门的智囊，可以为他们达到目标，解决重大难题进行成功的咨询，设计出高水平的公关方案。一般由公关部主任或职业公关人员担任。由于公共关系有这样几个层次，作用也不同，所以公共关系的含义丰富多彩，有着自己的特征。

1.2.1 公共关系的含义

在公共关系成为一门学科的一百多年里，人们对公共关系的基本含义的解释有一千多种，这反映了公共关系在不同的历史时期和不同的社会中所发挥的不同功能和作用。自 20 世纪 80 年代公共关系传入我国以后，现实生活中有着不同的理解。有人认为，公共关系就是广交朋友；有的则讲，公共关系是社会组织通过各种手段来树立形象；也有人认为，公共关系是社会组织吸引公众的科学和艺术。

1. 公共关系的定义

"公共关系"是外来词，是英文"Public Relations"（PR）的汉译。"Public"可译为形容词：公共的，公众的；也可译为名词：公众。Publics 是复数，显然是指与"多人"之间的关系。可理解为与公众的关系，也可理解为公众之间的关系。有人认为应译为"公众关系"，这与"公共关系"在译法上有本质区别，但译为"公共关系"更容易被人理解。人们对公共关系的认识还存在许多不一致的地方。就其定义而言，专家学者们从各自不同的侧面对公共关系下了成百上千种定义，在公共关系学界为人们所正式引用的也有几十种。常见的具有代表性的定义有：

公共关系是一种特殊的管理职能——管理职能说。如美国学者卡特利普和森特认为："公共关系是这样一种管理功能：它确定、建立和维持一个组织与决定其成败的各类公众之间的互益关系。"国际公关协会的定义："公共关系是一种管理职能，它具有连续性和计划性。通过公共关系，公立的和私人的组织、机构，试图赢得同他们有关的人们的理解、同情和支持——借助对舆论的估价，以尽可能地协调他们自己的政策和做法，依靠有计划的、广泛的信息传播，赢得更有效的合作，更好地实现他们的共同利益。"中山大学的王乐夫、廖为建认为："公共关系是这样一种内求团结完善、外求和谐发展的经营管理艺术。即一个社会组织在自身完善的基础上，运用各种信息沟通传播的手段、协调和改善自身的人事关系和舆论气氛，使本组织的各项政策、活动和产品符合于相关公众的需求，争取公众对自己的理解、信任、好感与合作，在双方互利互惠中共同发展。"

公共关系是社会组织与公众之间的传播沟通活动——传播说。如英国著名公关学者弗兰克·杰夫金斯认为："公共关系就是一个组织为了达到与它的公众之间相互了解的确定目标，而有计划地采用一切向内和向外的传播沟通方式的总和。"

公共关系是一种艺术与科学。如国际公共关系协会于 1978 年发表的《墨西哥宣言》称："公共关系是一门艺术和社会科学。它分析趋势，预测后果，向机构领导人提供意见，履行一系列有计划的行动，以服务于本机构和公众的共同利益。"

公共关系是社会组织与公众之间的关系状态，是社会关系的一种——社会关系说。如美国普林斯顿大学的资深公关教授蔡尔滋认为："公共关系是我们所从事的各种活动、所发生的各种关系的通称，这些活动与关系都是公众性的，并且都有其社会意义。"

公共关系的目的就是塑造组织形象——塑造形象说。中国社科院明安香研究员认为："公共关系是一个企业和组织，为增进内部及社会公众的信任与支持，为自身事业发展创造最佳的社会环境，在分析和处理自身面临的各种内部和外部关系时，采取的一系列政策与行动。熊源伟等教授认为："公共关系是社会组织为了塑造组织形象，通过传播、沟通手段来影响公众的科学和艺术"。"塑造形象"表现为，在决策和行动中高度重视自身的声誉和形象。自觉地进行形象投资、形象管理、形象塑造，将树立和维护良好组织形象作为重要的战略目标去执行。

可以看出，这些定义分别从某一个角度突出了公共关系的某种固有属性，都有其合理性。实际上各种概念之间并不矛盾，只是侧重点不同。这些定义都有助于我们去把握公共关系的本质属性。

此外，人们在谈及公共关系时，常常是指公共关系状态、公共关系活动、公共关系观念。

公共关系状态是指一个组织所处的社会关系和社会舆论状态，也就是这个组织在公众心目中的现实形象。社会关系状态是指一个组织与其相关公众之间联系的程度，如相互间的关系是紧密还是疏远，是融洽还是紧张，是合作还是对抗等。社会舆论状态是指一个组织在公众舆论中的反应程度，如是赞赏还是反对，是热情还是冷漠等。当人们说要"注意组织的公共关系"的时候。这里就是指要注意维护和完善组织的良好公共关系状态。

公共关系活动是指一个组织为创造良好的社会环境，争取公众舆论支持的一种协调、沟通、传播活动。也就是以创造良好的公共关系状态为目的的一种信息沟通活动。如公关人员在一起时常会相互问起的"贵单位的公共关系是怎样开展的？这里的"公共关系"就是指公共关系活动。

公共关系观念是一种影响和制约着组织的政策和行为的经营观念和管理哲学，它不仅指导着公共关系实务工作的健康发展，而且渗透到管理者日常行为的各个方面，成为引导组织行为的一种准则和价值观。当人们自觉地意识到公共关系状态的客观性和公共关系活动的重要性时，便会形成一定的公关意识或公关观念。如形象观念、公众观念、传播观念、协调观念、互惠观念、服务观念等。

2. 公共关系的定义的理解

公共关系的含义本来就具有多维性，我们不必强求有一个统一的定义。对于公共关系的定义，我们可以从以下几个方面予以理解和把握：

第一，公共关系活动的根本目的是塑造社会组织自身的良好形象。组织形象是公共关系理论的核心概念，是贯穿公共关系理论与运作的一条主线。

第二，公共关系是由社会组织通过传播、沟通手段影响公众。公共关系的主体是社会组织，客体是公众，手段是传播、沟通。换言之，社会组织、传播沟通、公众是构成公共关系的三大要素。

第三，公共关系既是一种状态，也是一种活动。公共关系是一种客观的社会状态，也就是说，公共关系总是在特定的社会关系状态和公众舆论状态的基础上展开，与此同时，公共关系必然影响和造成一定的社会关系状态和公众舆论状态。例如，A饭店的公共关系不错。公共关系同时又是一种活动。现代公共关系活动主要指作为组织的一种经营管理行为的"公共关系实务"，包括公关调查、公关策划、公关宣传、公众关系处理、形象设计、公关交际以及各种公共关系专题活动和特别节目等。例如，B公司赞助希望小学是在搞公关。

第四，公共关系既是一门科学，又是一门艺术。从理论上讲，公共关系是一门科学，有其较完整的学科体系。例如，张三是学公关的。这个公关就是指公共关系学理论。从运作上讲，公共关系又是一种艺术，这种艺术掌握和运用得好坏，直接影响着公共关系工作的成败。例如，尼克松下台是公共关系的失败。

根据上面的分析，我们对公共关系给出以下定义：公共关系是社会组织为实现经济效益和社会效益，通过现代传播、沟通手段影响公众，以建立互利合作的公众关系为重点，以塑造良好组织形象为目标的管理科学和经营艺术。

当然，公共关系的定义各具特色，各有优缺点。各种公共关系的定义都有待于进一步完善。随着公共关系事业的发展，公共关系学科的理论研究也将不断深入，公共关系的定义将不断完善化、科学化。

1.2.2　公共关系的基本要素

公共关系的定义尽管多种多样，也不管如何理解，但都由三个基本要素组成。即由公共关系的主体（社会组织）、公共关系客体（公众）和主客体之间的联系（传播）组成。

社会组织是指由一定的社会成员，按照一定的规范，围绕一定的目标、任务、形式构成的社会团体。如企业、学校、医院等。社会组织作为公共关系主体，是公共关系活动的实施者。公共关系是社会组织的活动和职能，而不是个人的事务和技巧；公共关系涉及组织管理的目标、战略、政策、计划、方法、活动、产品、人员、环境等诸要素，而绝不停留在个人活动的表面上；公共关系处理的是组织的关系和舆论，并非私人的关系和意见；公共关系追求的是整体的公关效应和组织的社会形象，而不是局限于个人的印象、情感和利益。因此，社会组织的任何运作都通过传播来影响公众，决定着公共关系活动和主宰着公共关系活动。

公共关系的客体是指公共关系的对象，即社会组织的内外部公众。公众是指与特定的公共关系主体相联系的对象，是由组织运行过程中涉及的个人关系、群体关系、组织关系所构成的公众环境。公众总是与特定的公共关系主体相关，公众的态度和行为影响到组织的目标、决策和行为；同样，组织的目标、决策和行为也会影响到公众的态度和行为。社会组织的公共关系活动的主要对象就是公众，公众的作用日益增强，公众的支持是一个组织无形的财富和成功的决定性因素。因此，社会组织的发展离不开公众。

传播是社会组织利用各种媒介将信息有计划地与公众进行交流的沟通活动。传播的方法多种多样，包括个体传播、组织传播、大众传播等形式；包括语言传播和非语言传播等方法；包括印刷媒介、电子媒介、实物媒介等手段。公共关系的实际过程就是运用这些传播沟通的形式与方法，在组织与公众之间建立双向的联系和交流。所以，社会组织的公共关系都离不开传播。

11

可以看出，社会组织、公众、传播是构成公共关系的三个基本要素。无论缺少哪一个要素，都不能开展公共关系活动，三者缺一不可。没有了社会组织，公共关系就没有了实施者；缺了公众，公共关系就没有了实施对象；少了传播，公共关系就无法进行，公众和社会组织之间就无法沟通。因此，公共关系活动就是要追求这三大要素的最优状态和优化组合。

1.2.3 公共关系的基本特征

从公共关系的定义及三个基本要素的分析，不难看出公共关系是组织与公众之间的相互关系，是一种传播活动和特殊的管理职能，其目标是追求自身效益和社会效益的一致。因此，具有以下一些基本特征：

从结构上说，公共关系是指一定社会组织与其相关的社会公众之间的网状关系，因此，必须以公众为对象。公共关系也是一种关系。所谓关系，是指人与人之间的普遍联系。国家为主体与他人发生关系，称国务关系；个人为主体与他人发生关系，称人际关系；社会组织为主体与他人发生关系，称公共关系。因此，公共关系是社会组织与其相关的社会公众之间发生的关系。离开了社会公众，组织将无法生存和发展。社会组织必须坚持着眼于自己的公众，才能生存和发展。公共关系活动的策划者和实施者必须始终将公众看做自己的上帝。

从目标上说，公共关系是以在社会公众中树立良好组织形象，并优化组织生存与发展环境为目的的，必须以美誉为目标。在公众中建立和维持良好的信誉，树立组织的良好形象是公共关系活动的根本目的。信誉和形象在商品经济高度发达的社会里，是社会组织在竞争中求生存、求发展的极其重要的手段和条件。搞好人际关系的目的是为了个人的生存和发展，搞好公共关系的目的是为了使组织拥有良好的声誉。所以塑造组织的美好形象，树立组织的良好信誉，是公共关系所追求的目标。

从原则上说，公共关系是以组织与公众互利互惠、真诚合作为基础的，因此，必须坚持互惠原则。组织与公众的关系是以一定的利益为基础的，社会组织只有在实现自身利益的同时，又使公众受益，才能赢得公众的长久合作。否则，一方感到得不偿失，关系就会中断。所以，社会组织在发展过程中必须奉行互惠原则，才能赢得公众的信任和支持，只有满足了公众需求，才能实现自己的目标。

从方针上说，公共关系要着眼于长远打算，着手于平时努力，因此，必须以长远为方针。社会组织面对的是复杂的社会环境和社会关系，要与公众建立起良好的关系，获得美好的声誉，绝不是一朝一夕所能实现的。社会组织的美好形象的树立，必须经过长期的、有计划的、有目的的、持续不断的努力，即便有了好的信誉和关系，也需要维持、发展和巩固，因此，公共关系活动不是权宜之计，不仅仅要考虑眼前效果，还要着眼于长远效果。

公共关系是靠诚实取信于公众，因此必须以真诚为信条。公共关系工作的实效在于取信于人，只有真实、客观地传播信息，才能赢得公众的信任，保持良好的信誉。在传播活动中，任何虚假的信息传播都会损伤组织形象。唯有真诚才能赢得合作。因此，真诚是公共关系活动的信条。

从手段上说，公共关系以现代信息传播的原理、工具和方法进行运作，主要手段是双向传播。社会组织要协调好内外关系，在公众中树立良好的形象，就必须与内外公众保持良好的信息沟通。没有沟通，主客体之间的关系就不会存在，社会组织的美誉也无从产生，互惠互利也不可能实现。但是，如果只注意内部信息的输出，忽视外部信息的采集和反馈，就无法预测社会变化的趋势，适应外部环境的需要；如果只注意搜集信息，而忽视向外传播信息，推销自我，也会在优胜劣汰的竞争中失败。因此，双向传播和沟通是公共关系的重要手段。

1.3 公共关系与其他相关活动的关系

公共关系是一种关系，但有着自己的特殊性。公共关系与人际关系、庸俗关系、广告、市场营销等既有联系，又有区别。

1.3.1 公共关系与人际关系

人际关系指的是人们在社会实践中所形成的个人与个人之间的心理关系。包括血亲关系、亲属关系、朋友关系、地缘关系、业务关系等为条件建立起来的各种关系。公共关系指的是社会的组织与其内外公众间的信息交流关系。

公共关系与人际关系有着密切的联系。公共关系通常表现为人际关系，因为组织整体之间的联系，往往表现为一个组织中的若干人之间的联系，即表现为人际关系。从内容上看，公共关系包括了一部分人际关系，从方法上看，公共关系实务也包括了人际沟通的技巧。良好的人际关系有助于公共关系的成功。

　　虽然公共关系与人际关系有着密切的联系，但也有明显的区别。公共关系与人际关系的主要区别在于以下几点：

　　主体不同：公共关系的主体是社会组织，处理的是社会组织与公众的关系；而人际关系的主体是个人，处理的是个人与个人之间的关系。

　　服务对象不同：公共关系服务于社会组织，关系的融洽与冲突、受益与受损的都是社会组织；而人际关系服务于个人，关系的好坏、受益或受损都属于个人。

　　交往范围不同：公共关系要经常组织专门的活动借助新闻界扩大影响，沟通范围广；而人际交往的范围要小得多，也简单得多。

1.3.2　公共关系与庸俗关系

　　庸俗关系就是平常所说的"拉关系"、"走后门"等庸俗的社会现象，它是一种非正常的、不健康的、庸俗化的人际关系。它以损公肥私、侵占他人利益及危害社会利益为特征，是一种赤裸裸的私利关系。庸俗关系和公共关系有着本质区别，表现在以下几个方面：

　　性质不同。公共关系作为一种状态是客观存在的，作为一种活动是组织与公众之间的必要沟通，它对于组织的生存和发展具有重要意义，因此，公共关系已成为现代组织应予以重视、研究和应用的一门新兴管理学；而庸俗关系则是一种不正之风，它损害了国家和集体的利益，我们应借纠正党风、反腐倡廉之机，对之进行坚决抵制。

　　产生的社会基础不同。公共关系是市场经济条件下的产物，一个社会组织塑造良好的形象、构建良好的公共关系已成为其赖以生存和发展的必要前提；而庸俗关系则是生产力低下、卖方市场和经济落后的产物。当经济落后、商品数量短缺时，即使劣质产品和服务往往也供不应求，公共关系对于组织还没有成为需要。同时，人们的活动范围也局限在狭小、固定的地域，从而使社会关系具有浓厚的宗族关系、地域关系的性质。人们习惯于生活在同族、同乡的熟人世界中，并对外人产生排他性，局外人想从这个关系网中分得一份利益，获得某些商品或服务，就必须与其中的某个人建立关系。

　　代表的利益不同。公共关系将组织利益和公众利益有机地结合在一起。公共关系所追求的是组织在公众心目中的良好形象，强调通过组织的政策、行动来赢得公众的理解和支持。任何一个组织，只有在组织利益和公众利益相互协调、互利互惠的前提下才能得到发展，因此，组织利益与公众利益是一致的；

而庸俗关系背离广大公众的利益，所追求的是小团体特别是个人的私利，甚至为了一时的既得利益，不惜损人利己、损公肥私，危害社会和公众的利益。

手段不同。公共关系活动以事实为基础，利用大众传播媒介，通过双向信息交流，协调组织与公众的关系，以取得公众对组织的了解和支持，因此，公共关系人员光明正大地采用公开的、合法的、符合社会道德准则的手段来塑造组织的良好形象，实现组织与公众的共同利益；而庸俗关系为逃避公众舆论的谴责和法律的制裁，总是采取隐蔽的、不正当的、不合法的手段进行私下交易，通过投机钻营以达到不可告人的目的，如行贿受贿、徇私舞弊等，因此被形象地称为"走后门"。

1.3.3　公共关系与广告

公共关系与广告有密切联系，其主要表现在：公关需要借助广告形式作为一种工具，而广告业务也需要公关思想作指导。出于全局性的考虑，开展公关工作也经常需要做广告，即所谓"公关广告"。但这种广告不是推销企业的具体产品或劳务，而是重点介绍企业的管理、人员素质、服务宗旨以及为社会承担的义务和责任、所做的好人好事等，其目的是塑造企业的良好形象。一般商业广告需要接受公关指导，并纳入公关工作的整体战略中。一个企业的公关工作效果和成绩，可能因一则言过其实的广告而功亏一篑。公共关系工作能对广告起指导作用，公共关系和广告之间实际上可以互相补充、互相促进。

公关广告并非一般的广告，公共关系和广告在内容上有部分的雷同，但传播的目标原则不同，传播的过程也不同。

目标原则不同。公共关系的目标是树立组织的良好形象，增进公众对组织内外部的了解，从而使组织事业获得成功。广告的目标是以最小花费在最短的时间里推销出更多的产品或服务。公共关系工作要以公众利益为原则，讲求真实可信，向公众提供全面的事实真相而非片面的局部消息。广告的首要原则是引人注目，追求的是与众不同的轰动效应。

传播过程不同。公共关系的目标是树立组织形象和信誉，需要长期有计划、有步骤的公关工作。公关工作在经营管理中处于战略性地位，组织的形象和信誉决定组织的生死存亡。广告传播周期是短暂的，可以采用多种手段，往往要求快速有效，有比较明显的季节性、阶段性和短暂性的特征。广告的效果是直接的、可测量的，一项广告的效益可用新产品销量的增加、利润额的上升等指标来衡量。

1.3.4 公共关系与市场营销

公共关系和市场营销在谋求组织的利益方面是一致的，它们都是提高组织的社会效益，并考虑组织长远利益的行动。虽然这种行动有时与近期利益有矛盾，但最终还是有利于提高组织的经济效益的。有效的公共关系通过维护和谐的社会关系和政治环境，促进市场营销工作的开展；而成功的市场营销工作同样有助于建立和维护组织与公众之间的良好关系。但公共关系与市场营销也有着明显的区别，主要表现在以下几个方面：

追求目标不同。公共关系追求的是组织的社会效益和长远利益，而市场营销追求的是组织的经济效益和近期利益。一个组织为了能够长久地在社会中生存下去，就不能只考虑眼前利益，而必须通过创造社会效益来获得社会的了解和支持，这便是公共关系的目的。而市场营销的目标是在长期利益的基础上吸引和满足顾客，以便实现组织的经济目标，其基本责任是建立和维护组织的产品服务市场。

适用范围不同。市场营销主要聚集于顾客的交换关系，其基本过程是通过交换，既满足顾客需要，又赢得经济利益；而公共关系涉及范围广泛的各类公众，包括顾客公众和非顾客公众，如雇员、投资者、邻居、特殊利益集团、政府等。

1.4 公共关系的功能和原则

在现代社会中，公共关系在社会事务中发挥着越来越重要的作用。公共关系自身职能的发挥对组织的发展起着不可替代的重要作用。公共关系在发挥自身职能的同时也要遵循公共关系的基本原则，这样才能更好地发挥公共关系的职能。

1.4.1 公共关系的功能

公共关系以树立和维护良好的组织形象为目的，围绕这一目的，它在现代组织管理的各个环节上都发挥着独特的作用。概括起来，公共关系在组织管理活动中主要有情报功能、参谋功能、宣传功能、协调功能和服务功能五个方面：

1. 公共关系的情报功能：搜集信息监测环境

当今社会是信息社会，信息资源对组织的生存和发展的意义是不言而喻的。公共关系作为组织的"耳目"，在组织的管理活动中，首先要发挥其信息情报功能。公共关系通过广泛收集、整理、分析有关组织生存、发展的信息，了解组织的现状，预测组织发展的未来趋势，帮助组织及时调整自己的政策和行为，使之与变动的社会环境保持动态平衡。这种情报功能具有宏观性和社会性，往往是其他职能部门所无法取代的。

公共关系按其活动的工作程序来说，一般是从信息的采集开始的。从公共关系工作的角度来考虑，其所收集的信息情报主要应包括两个方面的内容：

第一，组织形象信息。组织形象信息是指与组织的公众形象有关的信息，它包括公众对组织的方针政策、管理水平、产品质量、服务质量、人员素质等方面的印象和评价。组织形象信息直接关系到社会组织活动的开展和组织的未来发展，收集这类信息是有效开展公共关系工作的一个重要依据。组织形象信息具体可分为产品和服务形象的信息、组织整体形象信息两个方面。一是产品和服务形象的信息。组织的产品和服务是组织形象的直接体现，是评判组织形象优劣的一项重要指标，这类信息与社会组织生存命运直接相关，公共关系必须首先注意收集这方面的信息。产品和服务形象信息一般包括消费者对产品的价格、性能、质量、功能、款式、包装和对服务的态度、方式、水平等方面的反映和建议。二是组织整体形象信息。公众对组织的形象的评价不仅反映在组织的产品和服务上，还反映在对社会组织运行中所显示的行为特征和精神风貌的评价方面。公众对组织的方针、政策，经营管理水平，机构设置，技术实力；员工的工作能力、精神状态、文化水平、道德风貌、言谈举止方面的印象和评价，也是组织公众形象的重要内容。收集这类信息能帮助组织及时地发现问题和纠正问题，保证组织正常、健康地发展。

第二，社会环境信息。任何社会组织都处于一定的社会环境中，社会组织与社会环境之间存在着交互作用，对于与组织相关的社会环境变化的各种信息，也是公共关系工作必须注意收集的。社会环境信息主要包括政府决策信息、法律法令信息、文化科技信息、新闻舆论信息、市场信息、公众需求信息、竞争对手信息等方面。社会环境信息对于组织的生存和发展具有直接或间接的影响，收集社会环境信息可以使组织充分利用环境中的有利因素，及时避免环境中不利因素的影响，使组织在复杂多变的社会环境中保持高度的敏感性和应变能力。从这个角度说，公共关系是组织的环境监测器和预警系统。

2. 公共关系的参谋功能：咨询建议参与决策

公共关系在组织决策过程中发挥着咨询建议、参谋的作用。公共关系的咨询建议，是指公共关系专业人员向组织领导提供有关公众方面的可靠情况说明和建设性意见。就这种功能来说，公共关系人员在一定程度上成为组织的"智囊"或"参谋"，起到帮助社会组织决策的作用。具体来说，公共关系的决策参谋作用主要表现在六个方面：

一是社会组织知名度、美誉度的形象咨询。由于一个组织在不同公众心目中的形象往往是不同的，组织自己心目中的形象也与公众心目中的形象存在着很大的差异。为此，对本组织知名度和美誉度的评估、鉴定和提供的咨询，就不能依据少数人的意见，不能凭主观想象，而应当本着实事求是的态度，用科学的方法，对各方面的意见进行全面的分析、认真的比较和综合的评判，得出真实的组织形象，供领导层和管理部门决策参考。

二是为组织决策提供各种信息。确立目标是组织决策的第一步，公共关系的参谋功能首先表现在为确立决策目标提供咨询。公共关系的决策参谋作用第二步，表现在为决策提供各种社会信息。如内部员工的思想状况、心理状态、工作状态、外部公众的需求意向和态度，新闻媒介对本组织的评价，政府、主管部门对本组织的了解程度，支持程度等。这类信息不仅提供给最高领导层作为组织决策的客观依据，而且还提供给组织的各个专业部门，以便组织各部门了解组织运行的整体情况，制订和调整各部门的计划、方针和措施，为实现组织目标创造有利条件。由于公共关系是以公众为对象，以树立良好的组织形象为目的的。因此公共关系对组织决策的咨询建议第三步是，组织决策时不但要追求组织利益目标的实现，决策中也应关注公众利益。要注重从社会公众和社会环境的角度评价组织决策的社会制约因素，组织决策的社会影响和社会效果。即在确立组织决策目标的过程中，公共关系要求本社会组织必须站在公众立场上，充分考虑公众的利益和需求，避免只顾自身利益而忽视甚至损害公众利益的片面性倾向，使组织的决策目标体现组织利益和公众利益的统一，近期目标与长远目标的统一，经济效益与社会效益的统一，从而有利于树立组织的良好形象。

三是为公众提供咨询服务。公共关系在为决策提供各种信息的同时，还为各类公众提供咨询服务，帮助公众了解组织的方针政策、组织的目标、组织的现状及面临的问题，广泛征询各类公众对象的意见，吸引公众参与决策，促进决策过程的民主化和科学化，使组织实施的方针、政策、计划、方案与社会公众的利益实现双赢。

四是运用公共关系手段，协助拟定、选择和实施方案。决策目标确立后需要根据目标拟定、选择决策方案，决策方案是实现决策目标的各种方法和措施的总和。公共关系在决策方案的拟定、决策方案的选择和实施方面也发挥着参谋作用。公共关系运用公关手段，根据自己掌握的大量信息，制定出各种提交领导层和主管部门选择的方案和建议，并从经济效益和社会效益的统一角度对各种决策方案进行分析、评价，为决策者选择和实施最佳的决策方案。

五是通过公关渠道观察，评价政策效果。公共关系的参谋作用还表现在通过公关渠道观察、评价、反馈决策实施的公众反响和社会后果，为调整或制定新的决策提供依据，促使决策者不间断地改善组织形象。

六是积极提出各项决策建议。公共关系人员必须在咨询基础上积极地提出各项建议，其目的是弥补社会组织决策的缺陷，从而制定出创造良好组织形象的整体方案。一般来说，这方面的建议有三类：一类是建设性建议，即在社会组织的各项重大活动之前，以及社会舆论或外界条件变化之时，从社会组织的整体角度向决策者提供具有一定指导意义的建议。二类是防御性建议，即在分析预测可能出现的有利或不利情况的同时，提出建议，帮助决策者审时度势，使社会组织能够始终处于良好的社会环境和生产环境中。三类是应急性建议，即对社会组织突然出现的事故或重大失误，做及时有效的挽救工作。因此，公共关系人员站在公众和社会环境的角度来评价这些决策和意见，依据公众利益和社会价值来提供涉及组织形象方面的咨询建议，是十分必要的。

3. 公共关系的宣传功能：创造舆论推广形象

公共关系在组织管理中发挥着宣传的作用。公关作为组织的"喉舌"要不断地向公众传播组织的有关信息，以便让公众了解组织，从而理解信任和支持组织的政策和行为，为树立组织形象创造良好的公众舆论。公共关系的宣传工作包括以下几个方面：

第一，向公众宣传组织的政策，解释组织的行为，增加组织的透明度。一个组织要获得公众的了解和理解，取得公众的支持和合作，需要不断地向公众说明和解释组织的政策和行为，促使公众的认同与接受。这种"告知公众"的信息传播是公关宣传工作最基本的工作。当公众对组织缺乏认识和了解的时候，组织就需要主动地宣传自己，宣传组织的政策和行为使组织的政策、决定和措施为公众与社会所理解，使组织的处境和意愿为公众与社会所理解，使组织的努力、善意为公众和社会所理解，从而消除公众的疑虑，避免舆论的误解，建立良好的公众形象。

第二，运用各种传播媒介为组织及其产品推广形象、扩大影响、提高组织的知名度和美誉度。组织的良好形象必须建立在自身做得好的基础上。同时，还要大力向公众宣传本组织的情况，加强公众对组织的印象。深化公众对组织的了解，提高组织的知名度和美誉度。在组织的不同发展时期，公共关系信息宣传的侧重点应有所不同。在组织的初创时期，应进行全方位的、广泛的宣传工作，创造声势，力求扩大组织的知名度，给公众以较深的"第一印象"，争取公众对组织的产品或服务的信心，增加组织的吸引力；在组织推出新的产品和新的服务项目时，要注意宣传开发新产品的目的及新产品的性能；在组织发展顺利有了基本的公众印象及良好的评价之后，需要注意坚持不懈地作宣传推广，不断维持、扩大已享有的知名度和美誉度，保持、强化良好的社会舆论气氛，不断积累。巩固公众对组织及其产品的良好印象。

第三，引导公众舆论，控制组织的形象。公共关系的宣传功能还在于调节组织的信息输出量，缩小不利舆论的影响，引导公众舆论向积极、有利的方向发展，根据舆论反馈适当调整组织的行为，控制组织的形象。如在组织的形象受到损害时，首先应迅速查明原因，究竟是公众的误解，或者人为的破坏或其他外部客观原因，导致人们对组织产生不良的看法，还是由于组织本身的行为给公众带来损失；其次，应根据事实进行必要的解释，纠正人们的片面印象。对谣言应尽快通过各种渠道，让人们了解事实真相，纠正舆论误解，扭转被动的局面，恢复组织的声誉。对事故需诚恳地向公众道歉和解释，求得公众的谅解，并设法将消极影响减少到最低限度。同时着力于改善自身，然后将改进情况公之于众，化消极为积极，尽快重振声誉。

4. 公共关系的协调功能：减少摩擦创造和谐

公共关系作为组织与公众沟通的桥梁，发挥着协调沟通的重要功能。现代社会中，组织面临着复杂而多变的各种关系，面对众多的公众群体组织必须谨慎地处理各种社会关系和利益关系。公共关系作为组织运转中的润滑剂、缓冲器，运用交际、协调的手段，为组织广交关系，发展横向联系，减少社会摩擦，协调社会关系，缓和各种冲突，与内外公众建立友好、合作的社会关系，为组织的生存和发展创造有利条件。协调功能既是公关人员排解各种纠纷，创造和谐环境的活动目标，也是他们进一步开展工作的基础。公共关系的协调功能一般包括内外两个方面：

一是组织内部的协调沟通。首先，在现代社会组织内部，协调好领导与职工之间的关系是至关重要的。如果领导与职工关系不协调，就会影响干群关系，内部团结和群众的积极性，不能产生协调同步作用，从而影响工作效率和生产效率。这就要求公关部门和公关人员一方面经常向领导反映职工群众的意见和要求，使领导能够了解群众的心声，想群众所想，急群众所急，解决职工的实际困难，同时也从中认识领导工作中的不足，制定改进领导工作的实际措施；另一方面要积极向职工群众宣传解释组织管理方面的方针、政策，传达领导层的意图、组织的发展状况和倾向，并注意消除因为对组织情况的不了解或各种误传而造成的职工不满，使他们能自觉地配合领导者、管理层搞好组织各方面的工作。其次，在组织内部，由于职工之间在思想水平、社会阅历、经验、业务能力、生活习惯、兴趣爱好、组织纪律、利益分配等方面存在着差异，必然发生矛盾和纠纷，影响生产和工作，也影响生活情绪。因此，公关部门和公关人员应当善于发现问题，努力协调职工之间的关系、化解矛盾，求同存异，变消极因素为积极因素以实现组织目标。再次，做好组织内部各部门之间的协调沟通工作。组织的各职能部门，只有互相协调、互相配合、互相支持、协调一致、分工合作，才能产生最佳管理效果。但由于各部门的工作对象、范围、特点和工作着眼点不同，再加上有时不能及时沟通信息，互通情况，往往也会产生这样的矛盾或那样的摩擦等，虽然这些职能部门之间的协调工作主要应由领导者去做，但是公共关系部门应当起到积极的配合作用，沟通信息渠道，互通情报，加强部门之间的经常联系，造成相互支持、相互信任、相互谅解的团结合作气氛，使各部门之间步调一致，协调作战，共同实现最佳目标。

二是组织与外部环境及公众之间的协调。首先，与社会公众建立广泛的联系。增进组织和公众之间的相互了解和理解，使组织与公众建立真诚有效的密切合作关系。一方面公共关系部门应帮助和引导公众加深对组织的性质、宗旨、活动方式和产品、服务等方面的了解，从而扩大组织的知名度和美誉度，使公众对组织产生好感，采取支持合作的态度；另一方面，公共关系部门应认真倾听公众的意见和要求，并且敦促组织及时采取足够的措施，以消除抱怨，满足要求。对于一时无力解决的问题，也应诚恳地向公众予以解释，帮助他们了解组织的实际难处和种种努力，以争取公众的信任和好感。其次，广交朋友、广结良缘。运用公共关系的各种沟通协调手段广交朋友，广结良缘，发展友谊，消除敌意，创造一个"人和"的环境。组织外部的交往沟通有助于组织赢得公众，并能避免或减少组织与环境的摩擦和冲突。适当地运用公共关系协调手段，通过对外联络沟通，接待应酬、社会服务、社会赞助等各种各样的交往活动，不仅能为组织广交朋友、广结良缘、发展友谊，而且在组织与公众发生摩擦和冲突时，能迅速予以协调，从而缓和、淡化矛盾和冲突，消除敌意，为组织的生存和发展奠定"人和"的基础。

5. 公共关系的服务功能：提供良好服务

服务是公共关系的根本职责。公共关系正是通过为公众提供各种各样的服务来建立社会组织的良好形象，实现其工作目标的。公共关系的服务对象大体上分为两类，一类是组织的内部公众，另一类是组织的外部公众，公共关系的服务功能就体现在对内部和外部公众的服务方面。

一是服务于内部公众，使组织内部运转得更加顺畅、协调。公共关系对组织内部公众的服务表现在三个方面。首先，为组织决策层和各个职能部门提供服务。在组织管理系统中，公共关系部门处于中介性的服务地位，它在组织内部不直接生产和推销产品，但却利用其信息传播手段为决策层和各个职能部门服务，渗透到管理的各个环节中去。如公共关系通过监测环境收集信息，捕捉有利于组织发展的信息，为组织决策层和各部门提供信息咨询服务。其次，为协调组织内部的各种关系服务。在一个组织内部，公共关系的纠纷是不可避免的。组织内部的纠纷主要发生于上下级之间和同一层次中的各部门、各单位之间。对于组织而言，关系不协调就会影响到组织内部的团结协作，而要实现关系的协调，就必须开展公共关系活动。通过公共关系的协调和服务活动，创造内部公众良好的合作气氛，增强组织各部门的活动的同步化或和谐化。公共关系在协调组织内部关系方面提供的服务，主要采用的是沟通信息渠道，加强各部门之间的联系等方法。最后，为团结职工服务。一个组织要在激烈竞争中生存发展，必须具备很强的竞争能力，而组织内部员工的团结合作，则是组织竞争能力的基本保证。公共关系以倡导"企业精神"入手，强调社会组织成员对其组织的权利和义务，通过情感沟通和运用传播手段，增强员工对组织的凝聚力和向心力，使成员团结一致，自觉为实现组织的目标而努力。

二是服务于外部公众，使组织外部环境更加和谐、良好。公共关系对组织外部公众的服务也表现在三个方面：首先，为公众提供信息服务。公共关系信息传播在公共关系工作中占有重要的地位，是联系公共关系主体与客体的桥梁和纽带。公共关系通过各种有效的传播媒介把组织有关的信息传递给社会公众，以增强组织与有关公众之间的信息交流，加深公众对组织的了解和理解。公共关系为组织外部公众提供的这种信息服务，一方面可以影响或改变公众的态度和行为，创造有利于组织的舆论环境，另一方面又使组织适应社会环境的发展或者引导社会环境的变化，有利于建立良好的社会形象。其次，为协调组织外部的各种关系服务。任何社会组织都不是孤立存在着的，它与社会其他组织和个人有着千丝万缕的联系。当本组织与其他组织或个人发生矛盾和冲突时，公共关系就充当组织与公众之间的调解员角色，为协调双方之间的关系服务。在协调、沟通过程中，由于公共关系遵循的是组织利益与公众利益相结合的原则，并特别强调公众利益的满足，因此从某种意义上说，公共关系是为公众提供最直接服务的工作部门，公共关系工作本身就是一种服务工作。最后，为社会提供各种服务。为了帮助组织取得社会公众的信赖和好感，创造一个有利于组织发展的社会关系环境，公共关系还通过为社会提供各种社会服务来进一步增进组织与公众之间的相互了解和情感交流。公共关系为社会提供的服务内容丰富，形式多样。如利用自己的经济、政治、技术、人才、设备、信息等优势，带动周围社会组织的发展；保护和改善社会的生态环境；开放组织设施，为社会的经济、文化、科研活动提供支持和便利条件；为社会文体教育活动和社会福利事业提供赞助，促进文体教育和社会福利事业的发展等。这些社会服务既有益于提高社会整体效益，又有利于组织建立良好的社会形象，增进组织的自身效益。

1.4.2　公共关系的基本原则

公共关系活动是复杂的管理行为，其目的在于使组织与其公众保持良好的关系，实现这一宗旨，除了需要周密的计划、持久的努力之外，还需要在公关活动中贯彻正确的公共关系原则。

1. 以事实为基础

公共关系活动不是广告宣传，而是取信于民的活动，决定公共关系活动成败的首要和最基本的因素是公共关系工作人员能否准确地把握事实。公共关系强调一切活动都必须以事实为基础，以事实作为工作的出发点和依据，不文过饰非，不夸大其词，不弄虚作假。能否以事实为基础不仅反映公共关系工作的业务水准，也反映公共关系工作的道德水准。坚持以事实为基础，必须做到以下两点：

第一，信息收集的真实性。公共关系作为组织的"耳目"，要广泛收集与组织相关的各类信息。这些信息，一方面可提供给组织作为组织决策的信息源，另一方面可作为制定公共关系工作计划的依据。公关人员能否出色地做好信息的获取、传输与反馈工作，不仅直接关系到组织决策与目标的实现。而且也关系到公共关系活动的成败，因此，对公共关系工作的一项基本要求就是保证信息收集的真实性。信息的真实性要求公关人员在采集信息的过程中，既不能报喜不报忧，也不能偏听偏信，必须尊重事实，实事求是。

第二，信息传递的真实性。公共关系不仅发挥着组织的"耳目"作用，而且还发挥着组织的"喉舌"作用。作为组织的"喉舌"，公共关系运用双向沟通的手段，一方面向公众发布组织的信息，另一方面将公众信息反馈给本组织。公共关系的这种中介作用要求公关人员在转输信息时必须做到真实、客观、全面、公正、不能有任何弄虚作假。只有这样，组织才能够做到正确决策，公共关系才能实现塑造良好组织形象的目的。倘若不顾事实地欺骗，弄虚作假，一旦为公众所识破，则组织就会失信于公众。不仅组织形象会受到损害，也为今后开展公关工作造成极大的障碍。因此公关人员必须时刻牢记：真实是沟通的基础，是一切公共关系工作的基石。

2. 以组织利益和公众利益的统一为依据

公共关系不是以血缘地缘为基础，而是以一定的利益关系为基础的。一个社会组织在发展过程中必须得到相关组织和公众的支持，一旦组织失去公众，也就失去存在的价值。因此，组织在一切活动中，除实现本组织的利益外，还必须尊重公众利益，承担社会责任。这就要求公关人员在开展工作时必须坚持以组织利益和社会利益的统一为依据。在实现本组织目标的同时，尽量满足公众的利益和需求，使组织与公众双方互惠互利，做到既对组织负责，又对公众负责。

在公共关系工作中坚持以组织利益和公众利益的统一为依据，必须做到以下两方面：

第一，保证圆满实现组织的目标和任务。任何社会组织都有自己特定的目标和任务，公共关系作为组织的一项工作，其工作目的就是帮助组织塑造良好的社会形象，以推进组织的发展和壮大。因此公共关系的各项工作都不能脱离组织既定的目标和任务。尽心尽力帮助组织圆满实现目标和任务，不仅是公共关系对组织负责的具体表现，同时也是对公众负责的主要表现。

第二，保证公众利益的满足及社会整体效益的提高。公共关系的各项工作在保证实现组织利益的同时，还要保证公众利益的满足。公共关系工作必须注意到由组织行为所引起的各种问题对公众和对社会带来的影响。为此，公关人员应该经常收集相关公众对组织的意见和建议，并运用各种公关手段及时、认真、妥善地加以解决，以确保公众利益和要求的满足。

公关工作在不断满足公众利益的基础上，还要主动关心社会，积极参与社会服务，为提高社会整体效益出力。如支持科学、教育和文化事业，赞助社会福利事业等。这是组织争取公众舆论，扩大组织影响，树立良好形象的重要方面。

3. 真实传播双向沟通

市场经济是一种开放型、竞争型的交换经济。市场经济必须讲究诚信，商品交换越频繁，市场竞争越激烈，信誉就越为重要。信誉已成为各类社会组织求生存、图发展的重要条件和手段。对于公共关系工作应如何来维系和增进组织的信誉，最早的公共关系实践就特别强调真实性原则，在具体的工作中必须坚持真实性传播的原则。所谓真实性传播原则的内容有以下三个方面：

第一，组织在公共关系传播的具体信息要完全真实，具体事实要准确无误。如信息中的时间、地点、人物、事件、原因、过程、结果、思想、言语、行动、所引用的材料以及各细节的描写等全部要符合客观实际。决不可为了传播的公告性、趣味性而不符合事实真相。也不可有合理想象，或根据组织所希望的方面来描写、虚构。更不可利用行政的力量，或利用利诱、贿赂收买等不正当的手段搞虚假宣传。传播中对具体事实的概括也要完全真实、完全准确客观地反映事实的全貌，决不可以点代面、以偏概全。传播信息的所有事实来源于社会实践，它最终还要受到社会实践的检验。任何虚构想象的东西、欺诈的东西，可能会一时蒙骗过公众，但总不会长久，甚至要自食其果。一旦被揭露出来，轻者使组织形象一落千丈，信誉丧失殆尽；重者要受到法律的制裁。

第二，公共关系传播的具体信息要与所反映的事物总体一致。公共关系传播应注意从事实的全部总体中去把握事实。决不可为某种需要，或组织自身的目的，有意忽视或隐瞒某些事实，或有意突出大肆宣扬某些事实，把树木讲成森林，滴水写成大海，混淆视听，欺骗公众，把公关传播变成粉饰组织的工具。这种行径不但与歪曲某些具体事实没有两样，而且手段更为恶劣，其欺骗性和危害性更大，一旦被识破，就会造成公众的信任危机。因此，公共关系传播应从事实出发，让公众全面地了解组织的长处和短处、优点和缺点，这才是取得公众最大的支持和信任的正道。

第三，公共关系传播的事实应符合本质上的真实。这是对公关传播真实性原则的更高要求。所谓的本质真实，要求我们传播的事实不仅是具体事实的完全真实，是事实与事实总体的一致，而且传播的事实要与我们所反映的事物的本质和所塑造的组织形象的本质相一致，要真正能反映我们所要报道的社会组织或事物的本质特征。检验这一标准是人们对某一事物或社会组织的总体的、相对稳定的、公认的本质认识。

同时，我们在具体公共关系实践中还要坚持双向传播的工作原则。具体而言，应做好以下几个方面的工作：首先要建立起双向平等的传播关系。在思想上充分认识传播中的了解和影响都是相互的，要充分尊重公众的权利，组织的意见要传达给公众，公众的意见也应传达给组织。组织要影响别人，也要接受别人的影响。那种"以上对下"、"以我为中心"来开展的传播，是不可能真正实现双向传播的。其次，在公共关系工作中要特别注意提供足够的机会、良好的环境，让公众的声音得以充分的表现和传播。公众意见的表达要比组织困难得多，常常受各种客观条件的限制，因此，主动提供各种传播渠道和条件，防止出现传播向组织一方倾斜。同时，要相信公众的大多数是出于友好的诚意，不论公众的意见是否正确，都要有耐心倾听和接受，给予理解。公共关系工作就是要为公众创造良好的表达意见的渠道和环境。此外，疏通组织信息收集、信息反馈的渠道，保证公众表达的意见能传到组织决策的最高层，保证公众意见能对组织的决策和组织的行为产生影响。

真正的双向传播关系的建立，一方面要能及时从公众中了解他们的利益、意愿和要求，了解他们对组织政策、行为的意见、态度，并使之成为组织决策的依据。另一方面又能及时把组织所采取的政策、行为传达给公众，让他们也能及时了解组织的情况，以减少双方的误解。保证组织的政策、行动得到公众的支持和理解，进而建立起良好的关系。

1.4.3　公共关系的职业原则

公共关系具有双重性，一方面它是一门新兴的科学和艺术，另一方面它又是风靡世界的社会职业。作为一种职业，公共关系要求公关从业人员必须严格恪守公共关系的职业原则，以便在全社会树立良好的职业形象。具体说来，公共关系从业人员应当而且必须遵循如下职业原则：

1. 尊重并维护公众利益和个人尊严

公共关系工作的目标是树立社会组织的良好形象，而组织形象来源于公众对组织的看法和态度，这就决定了公关人员在职业活动中必须树立"公众至上"的观念，时时为公众着想，处处为公众服务，一切立足于满足公众的需求。"公众至上"要求公关人员在公关活动中，站在公众的立场上，以公众利益为出发点，尊重并维护公众利益，尤其是在公众与组织之间由于具体利益的差别而发生矛盾和纠纷时，更应注意公众利益的满足。在处理组织与公众之间的矛盾和纠纷时，公关人员对待公众要有宽容的精神和态度，注意尊重并维护公众的尊严，切不可据理不让，针锋相对。只有这样，才能顺利地折中对立的观点，缓和对立集团的冲突，协调对立的利益关系，妥善地解决组织与公众之间的矛盾和纠纷，为组织的发展争取良好的社会环境。树立公众意识，尊重并维护公众利益和个人尊严，是公关职业活动必须遵循的基本原则，这一原则既是公关事业成功的思想基础，也是公共关系良好职业形象的体现。

2. 遵守社会公德

公共关系工作要赢得公众的信任和尊敬，公共关系工作人员就必须具备高尚的道德品行，自觉地遵守社会公德。公关人员是代表组织与人打交道的，个人的任何不正当、不道德的行为，不仅有损于个人形象，而且也有损于整个公关事业的声誉。因此，公关人员在职业活动中必须做到公道正派，真诚老实，具有责任感，谦逊礼貌，宽容大度。

3. 诚实信用

信誉和信用是组织立身之本，发展之源。诚实信用是一个组织树立良好形象和信誉的根本原则，也是公关人员良好职业形象的具体体现。公关人员在职业活动中必须以诚实信用为根本，做到言必信、行必果。在对外宣传中，公关人员要如实反映组织的实际情况，要维护广大公众的利益，决不能因为个人利害关系或某个组织的局部利益而否认事实，编造谎言。对于向外界所作的承诺，要及时认真地履行，不能失信于民。如约定会晤、安排会谈、组织会议、履行合同等要守时，接受的任务要按期完成，说到做到。如因故不能按期完成，必须向对方说明原因，并尽可能地不拖延太久。一个组织，一个公关人员只有把信用看得比生命还重要，才能给公共关系工作带来较好的行业声誉。

4. 遵纪守法

组织的公共关系工作是由公关人员承担的，公关人员的一言一行直接会影响组织在公众心目中的形象。因此，公关人员在公关活动中，一定要自觉接受法律的约束，其行为必须符合国家的法律、法规，做到守法和依法办事。如在公关活动中，签订合同、发布信息、安排广告等都要遵纪守法。公关人员在公关活动中除了要遵纪守法外，在与公众打交道的过程中，还要做到廉洁奉公，杜绝一切私利的诱惑，不行贿受贿，不贪污侵占，不受一切不义之财，从组织的全局利益出发，不计较个人得失。即使在个人利益受损失的情况下也能识大体顾大局，决不为一时之利，影响损害组织声誉。只有这样，公关人员才能做好公关工作，公关活动才能起到建树组织良好形象的作用。

1.5　公共关系的研究对象及方法

公共关系学作为一门新兴的管理科学，是研究公共关系活动现象及其规律的一门科学和艺术。它是运用传播学、心理学、新闻学、社会学、经济学等现代科学知识，总结现代经营管理和行政管理的经验与方法而形成的新兴、边缘、综合性的应用科学。

1.5.1　公共关系学的研究对象及内容

公共关系是组织与公众之间的传播沟通关系，因此，公共关系学的研究对象就是组织与公众之间传播沟通的行为、规律和方法。也就是社会组织与公众之间的传播沟通现象和活动。公共关系学是现代科学相互交叉、相互渗透发展的产物，所以其学科内容呈现多学科特性和综合性。因此，公共关系学的研究内容也相当丰富，其研究内容主要包括公共关系的历史发展、公共关系的理论、公共关系的应用三大部分。详细内容有：

第一，公共关系的理论、范畴及其本质。介绍公共关系学中最基本的概念、主要的范畴，以及这些概念和范畴反映出来的本质，是从理论概念上认识"公共关系是什么"。

第二，公共关系的起源和发展。介绍现代公共关系学形成和发展的概况及公共关系学产生的社会历史条件，从历史的角度揭示"公共关系学是怎么来的"。

第三，公共关系的行为主体及其功能。主要探讨公共关系的组织形成，公共关系人员以及公共关系的主要功能：从主体的角度解决"公共关系由谁来做，有什么作用"。

第四，公共关系的客体即对社会公众的分析。研究公众的分类，分析目标公众的意义，从客体的角度了解"公共关系对谁做"的问题。

第五，公共关系的管理过程。揭示公共关系工作程序的四个基本步骤，从整体的、系统的和纵向的角度把握"公共关系怎样进行"。

第六，公共关系的媒介及其应用方法。介绍公共关系常用的信息媒介和传播方法，从技术的、操作的角度了解"公共关系用什么手段，什么方法来进行"。

第七，公共关系的活动实务。介绍公共关系日常业务的主要内容，公共关系专业活动的主要种类，公共关系活动的技巧，从实际工作业务的角度了解："公共关系工作主要做些什么？"

第八，公共关系工作的职业道德和法律制约。介绍公共关系活动的行为规范和法律界限、依据，从道德和法律的角度了解："公共关系行为的基本规则"。

第九，公共关系在不同部门的实际应用。介绍生产性企业、服务性企业、饭店、旅游、学校、医院、政府、银行等部门如何开展公共关系工作。

第十，公共关系在中国应用和研究的国情和特色。探讨社会主义制度下公共关系的应用规律，总结历史经验。

1.5.2　公共关系学的研究方法

公共关系学有自己的研究对象和范围，也有着自己的研究方法。公共关系学应用性强，其所有原理与实务技能、工作方法都是从实践中总结出来又被用于实践的，因此公共关系的学习和研究，必须掌握一些基本的和具体的方法。

公共关系研究同其他学科的研究一样，需要注意的一般方法，主要有以下几点：

一是要注意掌握辩证唯物主义和历史唯物主义的方法论。公共关系学是一定时期一定政治条件的产物，尤其是在中国，离开了特定的社会政治经济条件，就无法正确把握公共关系的实质。因此，必须运用辩证唯物主义和历史唯物主义的方法论去分析公共关系存在的特性。

二是掌握理论联系实际的方法。公共关系是操作性、应用性很强的学科，在进行公共关系理论研究时，一定要把理论同现实生活中的实际密切结合起来。要有意识地参加一些公关实践活动和训练，培养自己的实际操作能力。

三是坚持"古为今用"、"洋为中用"的原则。现代公共关系学尽管在20世纪80年代才传入我国，但公共关系的思想、公共关系的活动资料在我国古代已相当丰富，许多公共关系案例在当今仍有应用价值。所以，我们要努力挖掘这方面的资料和经验，"古为今用"。现代公共关系发源于美国，所以，目前我国的公共关系体系与研究不可避免地带有西方资本主义社会制度的色彩，因此，就要求我们一定要同中国的具体实际结合，做到"洋为中用"。

公共关系研究除运用一般方法外，还需要掌握几种具体方法，主要有下列六种：

实践实验法。根据公共关系学的原理和实务。在一定范围内进行有计划、有目的的实践，以检验和验证公共关系原理和理论，从中获得实践技能和感性认识，并进行总结提高，上升为理论，对实验实践中的各种现象和规律给予科学的说明。这是研究公共关系的科学方法。

观察法。观察法分为现场观察、实验室观察和自我观察。主要是对社会组织进行实地观察或人工设计程序进行实验观察。或是自身体验，从而对公共关系进行研究，得出结论。

社会调查法。通过对公共关系活动进行调查、了解、分析，从正反两个方面进行观察、统计、分析，得出结论。具体方法有全面调查、抽样调查、典型调查等。可采取问卷、访问、座谈等方式，了解收集材料并对材料进行分析研究，以取得公共关系活动的规律，提出新观点，作出新的理论解释。

情景模拟法，也称模拟公关。指创造一定的公关活动情景环境，按照公关要求，亲临其境进行模拟表演，以收到公关实践的效果，这种方法适宜于学习培养训练公关技能，强化活动能力。

案例分析法。指通过对典型公关事例进行分析研究，从中作出判断，总结经验教训的方法。运用实践实验法和社会调查法搜集来的典型事例，包括好的典型、坏的典型和专项典型案例，最能体现公关活动的本质。因此，对他们进行分析研究，便可以使人们从案例现象中引起思考，从而认识到事例的本质。有利于从感性认识提高到理性认识。

学科比较法。公共关系学是一门边缘性学科，与其他一些学科都有联系，因此，研究公共关系离不开与其他学科的比较，要把公共关系学与其相关的学科，如传播学、管理学、行为科学、心理学、广告学、市场营销学等加以比较鉴别，找出它们之间的相同点与不同点，找出各学科在公共关系学中的地位和作用，以便从公共关系学与相关学科比较中认识它们的相同与差异，从而掌握公共关系学的本质特点和自身规律。

本章小结

　　公共关系是一种观念、一种意识、一种思想；公共关系也是一种方法、一种技术、一种专业职能；公共关系还是一种社会活动、一种社会现象；公共关系又是一种社会文化；公共关系还是一种知识体系。因而公共关系具有综合性、变化性、实践性和灵活性等特点。它所涉及的知识面是广泛的，因此具有前沿性、交叉性、多学科的特点。学习公共关系学，成为一名合格的公共关系工作人员，必须在掌握公共关系基本理论基础上，具备广泛的知识基础和专业的公共关系技能，培养广泛的兴趣和良好的性格修养，参加公共关系实践，才能顺利完成公共关系的各项工作。

　　本章主要从公共关系的涵义和特征（定义及其评析、基本要素、基本特征）；公共关系的功能（情报、参谋、宣传、协调、服务、功能）和原则；公共关系学的研究对象及方法（研究对象及内容、研究方法）等方面加以概括性的阐述，为以后的学习作一个基本理论上的铺垫。

关键术语

公共关系　　公共关系要素　　公共关系特征　　公共关系功能
公共关系原则

思 考 题

1. 如何理解公共关系的含义？
2. 简述公共关系与人际关系、广告的联系与区别。
3. 公共关系的特征包括哪些方面？

4. 公共关系有哪些特殊的功能？

5. 公共关系有哪些基本要素？在公共关系中各自的作用是什么？

6. 公共关系必须遵循哪些原则？

7. 怎样进行公共关系研究？

案例分析

2012 年 1 月 11 日，媒体报道江西都昌县一龙凤胎一死一伤，疑因食用圣元优博所造成，消息一出，一石激起千层浪，将圣元乳业（以下简称"圣元"）推向了舆论的风口浪尖。如何澄清事实，还原事件的真相，对于圣元乳业来讲是一个不可回避、也无法回避的问题。最终，圣元乳业得以沉冤昭雪，成功化解了此次危机。此次圣元危机事件能够得到圆满结局，得益于圣元乳业一系列的公共关系工作。

事件发生后，圣元江西分公司一方面主动向当地工商和公安部门报案，并配合派出所稳定家属情绪和配合当地工商部门进行产品的下架和封存工作；另一方面圣元公司对于家属小孩死亡表示非常痛惜，并称正等待检验结果，若是奶粉问题，绝对不会推卸责任。

在事件进入调查的过程中，圣元通过各种途径传递出一个声音，避免了说辞不统一而让媒体误解的误区。在此后对事件的进展情况的介绍上圣元很好地把握了这个关键点，使真诚沟通的原则得以尽显。

圣元充分发挥了速度第一的原则。首先，从事件发生到被媒体曝光如此短的时间里拿到检测结果，并通过相关媒体、政府官员和政府予以公示，为平息此事件提供了最有力的证据。其次，圣元在问题出现后与核心媒体进行沟通，使此事件没有被扩大化传播，将事件的影响力限制在最小范围，为事件的解决赢取了时间。

圣元十分重视当地媒体、政府的力量。一方面圣元始终声称自己的产品没有问题，并在 2012 年 1 月 12 日通过公司网站公布企业《20111112BI1 批次出厂检验报告》，显示该批次奶粉根据

GB10765—2010 出厂检验所列所有检验项目检测结果均为"合格"，另一方圣元也积极借助外部权威主管部门或者机构力量来为自己验明正身，依靠当地媒体和政府还原事件真相。

圣元还根据事态的变化适时调整策略，如在事情进展中的声明称："我公司对同批次产品留样进行的自检完成，结果显示微生物指标全部符合国家标准。"事实澄清后，圣元及时在其官方网站公布称："九江都昌政府在江西电视新闻发布：权威检测结果已出，圣元奶粉合格，与孩子死因无关。"并在一些其他相关媒体如网易财经、新华网、新华报业网、新浪博客等发布文章以消除事态的后续影响。

至此，圣元"致死门"事件画上了一个圆满的句号。但是，通过圣元"致死门"事件也给企业以警示，当危机来临时我们是否已做好准备，我们该如何去做。在我们的生活中危机是难以避免的，必须为危机做好充分的计划和准备。

（资料来源：http：//www.cpra.org.cn/cpra/Article/HTML/165.html）

思考：
1. 通过圣元此次公关危机的处理体会公共关系的作用、职能。
2. 谈谈社会生活中公关活动做得比较好的企业。

第 **2** 章 公共关系的历史发展

追溯公共关系的源流，了解其发生与发展的历史过程，把握国内外公共关系的现状，剖析公共关系形成和发展的诸多社会历史条件，对全面和科学准确把握公共关系思想与理论，开拓有中国特色的公共关系事业具有重要意义。

2.1 公共关系溯源和现代公共关系的发展

公共关系是人类社会发展进步的必然现象。它是近现代商品经济快速发展，政治民主化浪潮日益高涨和大众传播日益现代化的产物。公共关系的产生、发展，可以追溯到古代准公共关系观念与不成系统的公共关系活动。直到19世纪末20世纪初，公共关系才作为一种专门的职业而萌芽。之后，在20世纪20年代才正式成为一门科学。

2.1.1 公共关系溯源

公共关系的源头可追溯到古代社会人类文明开始的地方——古埃及、古巴比伦、波斯和中国等国家。朴素的公共关系思想和原始的公共关系活动古已有之。自告别灵长类祖先形成人类社会之日起，人类就在相互依存中结群而居，为能安定生活，必须和相邻的人们友好相处、友好往来。这种相互依存、友好共处的观念可以说是最古老悠久的公共关系思想之一。当时的统治者虽然更多的是依靠国家机器——军队、监狱等暴力工具来维护他们的统治，但舆论手段的运用在处理与民众的关系上仍然具有很重要的地位，"水能载舟，亦能覆舟"就是当时的统治方式的反映。虽然"公共关系"这个名词几千年前根本没有出现，但在当时，它作为人类的一种实践活动却已有之。

1.中国古代公共关系的萌芽

在中国，古代的朴素公共关系思想及活动已相当丰富。确切一点来讲，中国古代公共关系的萌芽是从春秋战国时出现的。在当时社会，由于国家分裂，各种势力不断重新组合，造成了一种社会动荡不安的政治氛围，这在客观上为各种思潮的发端提供了现实的土壤。各种思想、言论的冲撞与吸收，终于造就了"百家争鸣、百花齐放"的文化盛世。春秋时期的孔子周游列国，四处讲学。郑国"子产不毁乡校"的故事，就是古代公共关系思想的极好表现。乡校是古代养老和比赛射箭的场所，老百姓常在那里议论和批评政府。有人建议毁掉乡校，子产说："其所善者，吾则行之，其所恶者，吾则改之，是吾师也。"子产不毁乡校，重视群众呼声，颇得百姓爱戴。当时的士大夫阶层，在社会上举足轻重，深受诸侯君王的器重与信任，形成策士游说成风、舌战艺术发达的局面。战国时期君子士大夫争相养士，这些幕僚策士常常为其统治者的利益而四处游说，向对方或民众宣传本国或本君主的政策与方针，争取民心或动摇敌心。战国的孟尝君礼贤下士，门下食客三千，其中一个食客冯谖，擅自将孟尝君在某一领地的全部债券付之一炬，使得不久后孟尝君政治失意逃亡时受到该地区人民的欢迎，并在该地休养生息，重整旗鼓，最终得以东山再起。可以说，冯谖为孟尝君作了"公关投资"。刘备三顾茅庐，才使诸葛亮为汉刘江山"鞠躬尽瘁，死而后已"。诸葛亮七擒七纵孟获，使顽固的孟获终有所感激，归顺汉室，成为汉室的可靠后方。战国的游说，以闻名中外的合纵连横之术为最高境界。此外，在那时人们的日常交往中，自觉的公共关系意识和思想得到一定程度的体现。孔子在《论语》中说："有朋自远方来，不亦乐乎！"孟子说："天时不如地利，地利不如人和。"这些都同现代公关活动的基本原则和追求目标基本一致。诸如这些重视宣传、重视民众的思想，都是我国古代原始公共关系观念与活动的反映。春秋战国时期，秦国宰相商鞅推行变法，为了取信于民，特地在城门口放了一根树干，并贴出告示说：谁能将此树干从这个门口扛到另一个门口，就可以赏其十金。开始人们都不相信，但有一个人完成了此事，真的得了赏金。第二天，许多希望这样轻松得到赏金的人又聚集到城门口，但这时没有了木头，而贴出了政府变法的公告。变法因商鞅"言必信，行必果"，从此在民众心目中树立了威信，这可以看成是一次成功的公关策划，在历史上被称为"徙木立信"。当然，这些自觉的公共关系意识带有很大的随意性，并且这种意识很分散，不具有普遍性。因此，从严格意义上来讲，它只是公共关系的萌芽活动。到了明清时期，公共关系思想开始进入商业活动中。如酒店门口悬挂的写着"酒"的旗帜，店铺门上的"百年老店"招牌，人们经商活动中遵循的"和气生财"准则，都是公共关系思想在商业活动中的运用。

2. 西方古代公共关系思想与活动

在国外，考古学家在伊拉克发现了公元前 1800 年古巴比伦王国的一份农场公告，告诉农民如何播种，如何灌溉，如何对付病鼠害，如何收获庄稼，这与现代社会中某些农业组织公关部的宣传材料很相似。在古希腊，一些精明的统治者和学者也已经注意到了沟通技术对于影响公众及其舆论的重要性。统治者亲自进行宣传鼓动活动，以争取民众的支持。古希腊的民主政治导致公众代表会议和陪审团制度的形成，它为公众表达自己的意见提供了一个舞台，而这种变化所产生的舆论导向在当时有着非常大的影响。公元前 4 世纪，古希腊出现了一批从事法、道德、宗教哲学研究与演讲的教师和演说家，他们在当时被称做诡辩家，他们的演讲技巧被称为诡辩术，而其中，苏格拉底、柏拉图和亚里士多德是他们的代表。一些能言善辩的诡辩者由于得到统治者的重视与重用而威极一时，异常活跃；一些专门探讨传播技术的书籍也开始出现。如亚里士多德的《修辞学》一书，详尽地概括了运用语言来影响民众思想的艺术，强调语言修辞在人际交往和演讲中的重要性。他认为，修辞是沟通政治家、艺术家和社会公众相互关系的重要手段与工具，是寻求相互了解与信任的艺术；他还提出在交往沟通中，要用感情的呼唤去获取公众的了解与信任，要从感情入手去增强演讲和劝服艺术的感召力和真切可靠性。被后人誉为最早问世的原始公共关系学的理论书籍。古罗马时代，人们更加重视民意，并提出"公众的声音就是上帝的声音"。整个社会都推崇沟通技术，一些深谙沟通技术的演说家往往因此而被推选为首领。如古罗马的独裁者儒勒·恺撒便是沟通技术的精通者，面对即将来临的战争，他通过散发各种传单来展开大规模的宣传活动，以便获得人民的支持。其自身的纪实专著《高卢战记》，曾被后来的公关专家亨利·比诺誉为是"第一流的公共关系著作"。再有，西方宗教的兴盛流传也已出现了早期公共关系技术的萌芽。教徒们的布道演讲、礼拜庆典、诵经祈祷等宗教活动，浸透着重视宣传、重视改善传播沟通技巧、重视以舆论争取和统一民心的早期公共关系思想。

3. 古代公共关系的特点

公共关系是一门实践性艺术，它最初的表现形式是古人无意识的实践活动。无论是古中国，还是古希腊、古罗马；无论是张仪、苏秦的纵横之术，还是郑和的下西洋，在当时的社会环境中都不可能产生像现代这样系统的公共关系理论。其实，人类历史上的任何统治者使用宣传舆论与诱导劝说等多种沟通传播手段都是颇为精通的，以树立自身的神圣的形象与地位，来争取民众的支持的。但在大众传播事业及其技术尚不发达，以竞争和开放为特征的商品经济尚未出现之前，这些早期的公共关系活动只能是零碎不成体系的，远没有成为专门职业，更不可能成为一门学科。有专家指出，这些早期的争取民心的活动与公共关系活动，有着极重大的区别：它以利用民众为目的，而非为民服务；它们多数是临时性的、投机性的；它依靠的是编造神话传奇和宗教活动，而非依靠事实真相。故严格上说，这些早期争取民心的传播活动，并不是真正的公共关系活动。它们具有如下两个明显的特征：首先，从自觉程度来看，当时人们所开展的各种沟通、协调活动带有明显的自发性和盲目性。由于缺乏系统的理论，公共关系活动往往是某些天才人物的灵感闪现，很少能流传下来。其次，从其发挥作用的社会领域和范围来看，当时社会生产力相对低下，经济还相对落后，人与人之间的经济关系还相当简单，人类早期的公共关系活动主要发生在政治领域，带有强烈的政治色彩和伦理色彩。这是因为，当时自给自足的小农经济束缚了公关主体的活跃程度，从而使其范围大多局限于社会政治领域，或者说因为这一点把其他方面都掩盖了。古代的公关活动主要形式是人际传播，其层次、范围都是很小的。因此，古代的"公共关系"只能算是一种"准公关"、"类公关"。

2.1.2　现代公共关系的发展

现代公共关系萌芽于美国。在美国的独立战争中，独立运动的领导人利用集会、游行、展览、庆祝等机会，以诗歌、漫画、雕像等手段，宣传自己的政见，号召人民起来赶走英国殖民者。在美国获得独立后的总统竞选活动中，现代公关中常见的一些手法已经被普遍采用，如利用报刊、小册子宣传自己的政治主张，利用与选民见面、握手等机会与民众联络感情，最终达到拉选票的目的。虽然公共关系的历史可以追溯到远古时代，但作为一种全新的思想、一种系统而科学的理论，其建立远远落后于实践。作为一种新型的、专业性很强的职业，它发端于19世纪末、20世纪初的美国。纵观公共关系的产生和发展史，大致划分为起源阶段、职业化阶段、学科化阶段和全面发展阶段四个时期。

1. "凡宣传皆是好事"：现代公共关系的起源

1833年9月，本杰明·戴伊创办了第一张面向大众的通俗化报纸——《纽约太阳报》，从此开启了美国报刊史上以大众读者为对象、大量发行的、价格低廉的"便士报"时期。由于这种报纸许多普通民众也买得起，因而使报纸的发行量大增，进入千家万户。但报纸售价的降低造成了另一结果，即报刊上广告费的大幅度上升。这时一些大公司为了节省广告费用，便雇佣了大批专门人员，在报刊上制造煽动性新闻，为自己的产品或服务进行宣传，以此来扩大影响。报纸为了迎合下层民众的阅读心理，也乐意刊登这类新闻，两相配合，就出现了所谓的"报刊宣传运动"。

当时许多企业雇佣的报刊宣传员，编造了大量离奇的新闻，以便引起公众对自己及他们所代表的组织的关注。其中最突出的代表便是一个马戏团的经理费尼斯·巴纳姆。巴纳姆可以说是新闻传播方面的行家里手，他具有很强的吸引公众注意的才能。他运用他的才能和技巧，编造许多荒诞离奇的故事来吸引公众的注意和好奇，在制造新闻、愚弄公众方面达到了登峰造极的地步。黑人女仆海斯的故事便是其中之一。巴纳姆曾说，"凡宣传皆是好事"，只要别把他的名字拼错了。可见，巴纳姆对初露锋芒的大众传媒的神奇魔力的感悟能力，他已经能够熟练地应用这些手段，无中生有，编造神话。而他在制造"新闻"、愚弄公众之后，又善于审时度势、推波助澜，使事件朝着他希望的方向发展。但是，他走向了极端。首先，他这种宣传完全不顾及公众的利益；其次，当时的报刊宣传员都以获得免费的报刊版面为首要目的，并为此而不断地编造神话，欺骗公众，这种做法与公共关系职业的基本要求和道德准则相去甚远。这些报刊宣传员典型的"个人英雄主义"、忽视公众利益的做法，给现代公共关系的健康发展带来了巨大的负面影响。他们滥用公众信任的大众传播手段，一味地无中生有，制造"新闻"来欺骗公众，最终遭到了公众的唾弃，落得个"搬起石头砸自己的脚"的下场。因此，人们把整个巴纳姆时期称为

"公众受愚弄"时代。

在报刊宣传运动时代，每个报刊宣传员在争取顾客的关注时，都是不择手段地制造神话，甚至不惜愚弄公众。报刊宣传运动还不是真正意义上的公共关系，由于他们并没有认识公众的作用。从思想实质上来看，这时期实际上是一个反公众、反公关的时期。不过，当时巴纳姆等人运用报刊等大众传播媒介为组织进行宣传，已经具有现代公关活动的萌芽。因而，一般称为现代公共关系的起源。

2. 公众必须被告知：现代公共关系的职业化

公共关系作为人类社会活动的一种客观状态早已存在，然而它专门化为一种职业却是在 19 世纪中叶至 20 世纪初。在那个时期，通过美国"报刊宣传活动"的酝酿，"清垃圾运动"的催化，公共关系逐渐形成一门社会职业。

19 世纪末至 20 世纪初，以美国为首的西方资本主义国家相继进入了垄断阶段。以美国为例，占人口 1% 的资本家却控制了国家全部财富的 54%。随着经济的日益趋于垄断集中，美国少数经济巨头几乎掌握了全美大半的经济命脉。这些巨头大多数盛极一时，不注意处理内部关系，更不重视外部社会关系，一味强取豪夺。并在经营管理上实行封闭保密政策，引起人们的反感，人们辛辣地称之为"强盗大王"。垄断资本家的强取豪夺极大地激化了劳资关系和社会矛盾，社会危机日益加深。

这些现象理所当然地引起社会公众与新闻界的不满。于是，新闻界一吐为快，率先掀起了一场"清垃圾活动"。一批热血沸腾、年轻正直的记者，勇敢地充当了揭丑斗士。组成了一股为民众鸣不平、与寡头针锋相对的力量。他们锋芒所向，直指那些不顾公益只重私利的不法巨头以及政府的腐败行为。他们的新闻宣传揭开了不法巨头们的神秘面纱，将其丑恶行径暴露于光天化日之下。一些正直的记者甚至专事"揭丑"活动，自己创办专门尖锐揭丑的杂志，成为美国报刊宣传活动中"清垃圾运动"（揭丑活动）的一面旗帜。这一"清垃圾运动"与当时此起彼伏、愈演愈烈的工人罢工运动相互呼应，给那些政治巨头、经济巨头带来极大的冲击。

在"清垃圾运动"的冲击下，那些利用掌握的舆论工具起家的声名显赫的大财团，受到了公众的普遍怀疑与抵制，他们费尽心机建立起来的封闭的"象牙塔"开始摇摇欲坠。垄断财团最初试图采取高压手段，对新闻界进行威胁；威胁失败后，他们又试图贿赂并高薪聘请新闻代理人撰写虚假新闻以掩盖矛盾和丑闻，但同样不灵。最终他们认识到：为求得生存与发展，他们必须取得公众的信任。于是他们纷纷从"修建"封闭的"象牙塔"逐渐转向"建造"透明的"玻璃屋"，力图提高企业的透明度，让公众广泛地了解整个企业，以期取得他们的信任。开始正视新闻界与社会公众对企业发展的重要影响。一些企业还纷纷聘请一些新闻专家来兼任自己企业的"新闻代言人"，委托他们进行传播沟通活动，增进与新闻各界和社会公众的联系，塑造和改善自身在社会大众中的形象。于是，公共关系活动日趋频繁而重要。一种代表企业及政府组织利益，为沟通社会组织与社会公众之间的对话，并从中收取劳务费用的新职业便应运而生了。

这期间，美国相继出现了几家新闻宣传公司。1900 年，乔治·米凯利斯、赫伯特·斯莫尔和托马斯·马文在波士顿创办了一家新闻宣传办事处，专为企业进行形象宣传。1902 年，威廉·沃尔夫·史密斯辞去了《纽约太阳报》和《辛辛那提问询者报》记者的职务，在华盛顿创办了第二家新闻宣传公司。这些人从事的活动，都可以看成是早期的公共关系活动。但很遗憾，他们都没有将这些活动坚持到底，更没有提出现代公共关系的理念，使它发展成为一门独立的学科或职业。

艾维·李是开创这一崭新行业的先驱者。艾维·李（1877—1934）是美国佐治亚州一个牧师的儿子，毕业于普林斯顿大学，曾就学于哈佛大学法学院。他曾经是《纽约时报》与《纽约世界报》的一名记者。几年的记者生涯使艾维·李深感社会关系的不协调，误导了社会大众。于是，在 1903 年，艾维·李辞去记者工作，和乔治·派克合资成立了"派克和李公司"，为社会公众提供收费的公共关系服务。这是美国，也是世界上较早的公共关系性质的专门公司之一。从此，艾维·李开始了他的公共关系的职业生涯。艾维·李认为，解决企业的形象危机最好的办法是把事实的真相告诉新闻界，采取信息公开的政策，这样不仅可以消除误会，还可以促进企业完善自己。艾维·李坚持自己的信念开展公众工作，使他的公司成为公共关系公司的前身，公共关系从此进入了职业化时期。

1905 年，美国无烟煤业工人大罢工，整个无烟煤业陷入一片混乱。艾维·李临危受命，受聘前来解决这一难题，协调各方关系。艾维·李提出两项要求作为受聘的前提条件：第一，必须有权与行业最高层决策者接触；第二，必要时有权向社会公开全部事实真相。在严重罢工及社会舆论的强大压力下，老板们只好接受了这两个条件。艾维·李一举成功，顺利地处理了这次大罢工事件。就在解决罢工事件期间，艾维·李通过报界对外发表了著名的《原则宣言》，全面阐述了他的事务所的宗旨："我们的宗旨是代表企业单位及公众组织，就对公众有影响且为公众乐闻的课题，向报界和公众提供迅速而准确的消息。"这就是"门户开放策略"。艾维·李的公共关系思想与宣传思想是"公众必须迅速被告知"——对公众"讲真话"。这一原则的提出，彻底改变了过去企业宣传愚弄公众，欺骗新闻界的传统，为日后公共关系的进一步发展奠定了良好的基础。他一改过去企业界蔑视公众，回避记者的工作方法，积极地向报界提供各种有关的资料，以便公众能够获得和他们利益有关的情报，通过沟通来改变企业在公众心目中的形象。他经常对报界免费提供新闻公报，只是要求在公报上标明公报的作者和他所代表的组织名称而已。公开提供客观的新闻材料，放弃一直是神圣不可侵犯的行业秘密，久而久之，艾维·李在社会公众中树立起自己的良好信誉。一次，洛克菲勒财团凶残对待一名员工，引发科罗拉多州的大罢工，令洛克菲勒骑虎难下，处境十分为难。艾维·李受命于危难之时，接受了这一特殊业务，采取了一系列积极措施与工人领袖会晤，聘请国内有名的工运专家撰文并演说、分析罢工利弊，抚慰受伤害工人及家属等，又一次成功地平息了这场大罢工。对此，洛克菲勒曾感激地赞叹道："在科罗拉多州的大罢工中，艾维·李扮演了一个十分成功的角色，为约翰·洛克菲勒家族的历史增添了十分重要的一页。"专家认为，《原则宣言》的提出，标志着公共关系进入了一个新的阶段，是现代公共关系真正的开端。他从事公关工作的原则是"公众必须迅速被告知"和"向公众说真话"，使公共关系走上了一条正确的道路。

当然，由于时代的局限，艾维·李的咨询指导主要还是凭经验和直感而进行的，还缺乏对公众舆论的严密、大量的科学调查。因此，有人批评艾维·李的公关咨询只有艺术性而无科学性。但无论如何，艾维·李作为公共关系职业的先驱者的地位是无可争议的，后人称艾维·李为"公共关系之父"。

3. 投公众所好：现代公共关系的科学化

公共关系职业化的发展，促进了公共关系由简单零碎的活动上升为规律性的较系统的原则与方法的探索，使公共关系自立于学科之林、成为一门独立的学科的条件已成熟。美国学者爱德华·伯尼斯就是公共关系科学化的一名旗手。

出生于维也纳的奥地利裔美国人爱德华·伯尼斯是著名心理学泰斗弗洛伊

德的外甥。1923 年，他以教授的身份首次在纽约大学讲授公共关系课程，同年出版了被称为公共关系理论发展史的"第一个里程碑"的专著——《公众舆论的形成》。在书中，伯尼斯首先详尽阐述了"公共关系咨询"这一概念，而且提出了公共关系的原则、实务方法和职业道德守则等。1925 年，他的一本教科书《公共关系学》出版。伯尼斯的主要贡献就在于，他把公共关系理论从新闻传播领域中分离出来，并对公共关系的原理与方法进行较系统的研究，使之系统化、完整化，最终成为一门独立完整的新兴学科。而在这些原则和理论中，他的公共关系核心思想是"投公众所好"。他认为，以公众为中心，了解公众的喜好，掌握公众对组织的期待与要求的态度，确定公众的价值观念，应该是公共关系的基础工作；然后按照公众的意愿进行宣传，才能做好公共关系工作。伯尼斯不仅是一位公共关系理论家，同时又是一位公共关系的实践家。他与妻子合作进行公共关系咨询，接受过多位美国总统和实业界巨头的委托，运用公共关系实务成功地帮助他们塑造良好的社会形象。有人评价道："他同公共关系这门学科的发展方向保持一致，并且考虑得更深远、更全面。"伯尼斯把他的一生都献给了公共关系事业。正是由于他孜孜不倦的努力，最终建立了一套具有完整体系的公共关系理论，从而使得公共关系成为一门独立的学科。

4."双向对称"：现代公共关系的迅速发展

1952 年，美国的卡特利普和森特等人出版了权威性的公共关系专著《有效公共关系》，论述了"双向对称"的公共关系模式，在方法上坚持组织与公众之间的双向传播与沟通。此后现代公共关系得以迅速发展。

根据"双向对称"模式，组织必须区分那些对组织影响较大的公众，通过调查研究并展开适当的公关活动，以协调和这部分公众的关系。这种公关理论比伯尼斯又进了一步，因为它把公共关系看成了组织与公众之间的一个互动的过程，这才是现代公共关系的真正本质。《有效的公共关系》一书提出的四步工作法，成为公共关系工作中最重要的工作流程。四步工作法是指公共关系活动的一般程序和过程，其内容是公关调查、公关策划、公关实施和公关评估。至此，现代公共关系学的理论框架基本构成，进入了它的成熟阶段。此后公共关系的技巧虽然不断发展，但体系基本稳定下来。特别难能可贵的是，卡特里普和他的学生们根据全世界公共关系的发展，不断对自己的著作进行修订。2000 年，格伦·布鲁姆也加入这一工作，该书已经修订了 8 版，成为公共关系领域最具权威性的教科书。此书不断再版，成为畅销书，被誉为"公共关系的圣经"，使作者成为享有声望的理论权威。至此，公共关系正式进入学科化阶段。一门充满时代特征的、具有强大实用性的新兴学科以其崭新的身姿崛起于学科之林。

公共关系一经产生就显示了强大的生命力，在很短的时间里取得极快的发展。首先，社会组织纷纷建立公共关系机构，公关公司也有较快发展。在美国，早在 1908 年，艾维·李的早期客户之一，有名的美国电话电报公司率先在公司内部设置公共关系部及分配一名副经理主管该部工作，并长期聘用公共关系顾问至今。该公司将公共关系纳入了公司经营管理的范畴，凡公司的一切重大决策若未经公共关系部门参与研究，不能作出决定和付诸实施执行。1930年，在克利夫兰市由约翰·希尔和威廉·诺顿成立了"希尔·诺顿有限公司"。这家公司后来在希尔经营下迅速扩大，拥有 600 多名工作人员，遍及美国 40 多个城市并扩大至 20 多个国家。

其次，公关职业成为令人羡慕的职业。美国一所大学进行一次公共关系人员"职业意向"调查表明，美国在职公共关系人员自认为本身职业的社会地位不低于物理学家、律师和大学教授，高于记者、推销员、飞行员、设计师，对职业自感满意。不少新闻界人士、广告师和推销员也都纷纷转行搞公共关系工作。公共关系在美已成为受人注目、令人羡慕的时髦行业。

再次，公共关系迅速传遍世界各国。早在 1920 年，公共关系由美国传入英国。1926 年，英国成立了第一个正式的公关机构——皇家营销部。为弥补经济萧条的重大损失，皇家营销部竭尽全力组织了一场声势浩大的公关活动，支持首相"买英国货"的号召，这次大规模的成功的公共关系活动，使人们认识到公关能创造社会与经济价值。1940 年，公共关系传入加拿大。1946 年，公共关系在法国崭露头角。1946 年，荷兰出现首批公共关系事务所。紧接着，加拿大、英国、挪威、比利时、瑞典、芬兰、联邦德国等相继成立了公共关系协会。1947 年，美国盟军将公共关系引入日本，强行设立公共关系机构并举办了多种演习会、训练班，广为发动宣传，在日本兴起公共关系热。"日本的PR 王国"——电通公司便是其中的突出代表。1957 年，成立了日本首家公共关系公司。1950 年至 1955 年间，公共关系的种子在中美洲、南美洲、澳大利亚、日本、新西兰和南非扎根。1955 年，"国际公共关系协会"（IPRA）在全球公共关系热潮中宣告成立。30 年来，该协会已发展了 60 多个国家与地区的750 名会员。

最后，公共关系学科化发展的步伐也很迅速，公共关系教育事业蓬勃发展。仅在美国，1955 年就有 28 所院校创设"公共关系专业"，招收学士生和硕士生，66 所院校开设了"公共关系"课程。到 1970 年已有 100 所院校设置此专业，约有 300 所院校开设此专业课程。其中设有博士学位的有 10 所大学，设硕士学位的有 23 所大学，设学士学位的近 100 所大学。1948 年，上万名"有信誉公共关系专家"成立了"美国公共关系协会"（PRSA），成为美国公共关系最高组织，迄今有会员 11 000 名，分会 87 个。1968 年，由在校的学生发起成立了"美国公共关系学生协会"，当下即拥有 80 多所院校的 3 000 多名学生会员。这些人成为美国社会各业从事公共关系活动的一支后备力量。1977 年进行的一项调查表明，在全美的公共关系从业人员中已有 54% 具有学士学位，29% 的人具有硕士学位。进入 80 年代以来，公共关系的教育已开始按不同的行业分门别类进行，各有一套不同的大纲要求，逐步向更细、更深的领域健步发展。

2.2　现代公共关系产生的社会历史条件

公共关系经过零散活动及职业活动的长期酝酿之后，诞生于 20 世纪 20 年代，这不是偶然的。它是当时文化背景、政治背景、经济背景及技术背景等诸方面历史条件综合作用的结果，是时代进步的必然产物。公共关系作为一门实践性科学，总是随着具体的社会环境变化而发展。在古代社会，由于人们交往不多，关系较为简单，所以公共关系最多也只应用于政治领域，还不能形成一种社会意识，当然也就不能产生现代意义上的公共关系。随着科学技术的不断发展，人类近代历史上相继出现了几次较大的科技革命。第一次科技革命以蒸汽机的发明为标志，促使人类社会由农业社会向工业社会转变；第二次科技革命以电力技术的发展为标志，促进了交通运输事业的飞速发展；而第三次科技革命则以信息技术的发展为标志。总之，科学技术每前进一步，不但改善了公共关系的物质技术条件，使其影响力不断向纵深发展，而且带来了人们生活方式和思想观念的巨大变革。根据前面讲到的"双向对称"理论，公共关系不但是组织向公众传递其信息，同时，又通过收集公众反馈的信息，不断对公共关系政策、方法进行调整。从这一层面上来讲，公共关系也必须与时俱进，它只有通过不断调整以适应社会大变革的需求，方能成为一棵长青之树永盛不衰。正因为科学技术不断地向前发展，引起了社会变革，从而最终推动了公共关系不断向前发展。

2.2.1　人性文化的发展：公共关系成长的土壤

美国是一个文化根基很浅的由移民组成的一块新大陆，来自不同国家、不同文化背景的移民组成了一个大杂烩式的国家。正因为这一点，使得这个国家几乎没有历史传统的包袱，多元文化的冲撞与交融使美国形成了自己独特的文化。美国文化体系中有三个突出的特性：个人主义、英雄主义、理性主义。个人主义使美国人富于自由浪漫色彩；英雄主义使美国人崇拜巨头伟人，富于竞争的精神；理性主义使他们注重严密的法规，崇尚教条、数据和实效。管理科学的鼻祖泰罗的思想及其制度，便是理性主义的典型代表。泰罗制的核心是通过"时间和动作分析"，强调对一切作业活动的计量定额，强调严格的操作程序，甚至连手足动作幅度、次数等都要计算限定，"人是机器"是这一时期最典型的代表性口号。它将人视为机器的一部分，颠倒了人与机器的关系，使手段异化为目的。这种机械唯理主义的管理，虽然短期内取得了显赫的高效率，但同时也促使阶级矛盾与劳资矛盾的日趋尖锐激化，孕育着社会危机与动荡不安，也孕育着社会文化意识的嬗变。正是在严峻的现实面前，人们逐渐意识到纯理性文化的局限，人文主义重新抬头，在管理中注重人性、注重个人的文化观念迅速地获得人们的认同。20 世纪 20 年代，哈佛大学教授梅耶在著名的"霍桑实验"中，提出的"人群关系理论"、"行为科学"，便是人性文化逐渐抬头的有力体现。此外，大众传播的发展、社会化大生产的发展，也对尊重个人隐秘但又互不相关、过于狭隘的美国传统文化形成冲击，使社会生活、社会交往更趋开明化、开放化。这种尊重人性的、尊重个人感情和尊严的、人文的、开放的文化，正是公共关系得以滋生及成长的土壤。

2.2.2　民主政治取代专制政治，公共关系产生的政治因素

在资本主义之前的数千年历史自然经济社会中，绝大部分时间是处于专制制度的统治之下。在这种制度下，专制制度的代表——君主利用手中掌握的军队、监狱等国家机器，推行符合他个人意志的统治，他掌握着民众生死予夺的大权，可以说他的话便是法律、是圣旨，任何人都不得违抗。在这种制度统治下，人们只有服从，没有对等的交流，他们也无权进行选择。广大民众自然分散，进行自给自足的生产。由于其力量分散，缺乏统一组织，亦缺少共同的意愿，故民众既无须关心政治运作，亦无法干预政治运作。封建

社会生活的核心是专制，统治者的独裁统治，使民众百姓成了"百依百顺，逆来顺受"的"顺民"。在这种政治条件下，官民之间、上下之间只有绝对服从，表现为"民怕官"。在这种统治者依靠高压政策、愚民政策来实施统治管理的专制政治下，是决无公共关系可言的。所以，不可能产生真正意义上的公共关系。

随着社会经济、技术的不断发展，特别是第一次、第二次科技革命对社会生活各个方面的巨大冲击，资本主义民主制度逐渐取代了封建专制制度。虽然，资本主义民主制度有其虚伪性，但其提倡的"自由、平等、博爱"的精神，无疑解放了人们的思想，为民主政治的建立奠定了坚实的社会文化基础，特别是三权分立和选举制更是在统治者内部建立了一种民主政治的楔子。与专制独裁的封建政治不同，大工业社会的政治生活的核心是民主政治。在民主政治条件下，社会民众的、民主意识日益提高，有统一组织的社会公众越来越强烈地要求了解与参与政治生活，对政治运作的影响力也越来越大。于是，民众逐渐觉醒，并自觉团结起来，组织起来成为政治生活中不可忽视的政治力量。政治运动促进了资本主义工业社会民主政治的发展。民主政治必须体现大多数人的意愿，满足大多数人的要求。这就需要相应的民主制度来保证。这主要是通过代议制、纳税制及选举制来实现的。

代议制是由各种利益集团推选出自己的代表来进行公共事务的决策与管理。这是民主政治的基本体现与保证。而促使民众关注与参与公共政治的动力，则主要来自经济上的"纳税制"、政治上的"选举制"这两种民主化制度。由于"纳税制"，在民众方面，就促使纳税人有权了解政府的政治运作情况，并会产生关心与参与政治运作的需要；而在政府方面，则有义务将政府事务的决策与运作情况定期向纳税人公布与报告，接受纳税人的监督，这就是从经济上促使公共政治生活民主化的动因。同时，由于实行"选举制"，一方面要求民众认真比较、精心挑选能真正代表自己意愿的代表人去行政、去执行并且有权经常不断地监督自己的代表是否准确地反映自身阶层的利益与意见，赋予民众有知情权、议政权，要求政治有透明度；另一方面，被选举者为了登上"宝座"或保住"宝座"，更须及时倾听民众呼声，关心和解决民众所关心的问题。这是从政治上促进公共政治生活民主化的动因。由于代议制的民主政治在经济上靠纳税制来支持，政治上靠选举制来保障，这使得当权者不能不注意与社会各界公众搞好关系，重视舆情民意，接受公众的监督，甚至千方百计地取悦选民和纳税者，唯有这样，方能赢得选票，争得民心，保住官位。为此，必须努力通过传播媒介来促进双边沟通及对话交流。在这种民主政治的社会氛围中，其政治生活的特征表现为"官怕民"。政府机关、社会公共组织与其公众之间除了服从外，还有民主协商、民主对话、民主监督。民主政治取代专制政治，从而成为促进公共关系产生的政治保障。

2.2.3　市场经济取代小农经济：公共关系产生的经济基础

市场经济是一种以社会分工为基础、以交换为目的、以市场为导向、以消费为结果的社会经济形态。在封建社会里，其经济模式是自给自足的小农经济。小农经济是一种自给自足的经济形态，它基本上都是以家庭为生产单位，家庭几乎可以生产满足自家生活的全部产品。所以，他们对社会和他人的依赖性相对较小，人与人之间关系的维系主要是靠血缘、地缘关系，靠传统的伦理观念和义务。这种与生俱来的客观现实，使他们不需要刻意地去努力建立、维持某种关系。其社会联系也就脱离不了这种以家庭、村落为支点的血缘、地缘、人缘关系。这种关系一是非常狭隘，二是相当固定，三是极端封闭。直至资本主义社会前期，大工业尚不十分发达，受经济水平的限制，人们的社会联系仍是相当狭隘的。

20 世纪初，美国的社会环境、政治环境已趋于安定，经济发展速度迅速提高，大工业的商品经济方式突破了时空与血亲的局限，重新形成了以市场为轴心的极广泛的社会分工协作，反过来又促进了商业经济的快速发展。商品经济社会以社会化生产、社会化交换为其重要特征。科学技术的发展促进了社会分工，而这种分工使得社会生产朝着专业化、规模化的方向发展，并且出现了一种相对独立的经济组织——公司或企业。由于这种专业化的分工使得人与社会、与他人的关系愈来愈紧密，使得人不能离开社会而生存，因此这种以交换为目的而建立的经济关系日益成为人们生活中最重要的关系之一，而企业或公司则成为维系这一关系的重要载体。首先，组织大规模的生产需要一大批产业工人和生产管理者，而如何组织、协调好和他们的关系则成为事关企业生死存亡的大事；其次，企业只生产出产品还不够，还必须实现它们的价值，因为他们这种生产是以交换为目的，只有生产的产品全都卖出去了，才能最终实现这种生产的连续更替。为了把产品卖出去，为了在同类竞争者中获胜，企业必须得到社会的广泛认同，获得公众的信任和支持。任何社会组织，均须得到社会广泛承认，获得社会整体的支持，方能生存和发展起来。故商品经济社会势必需要公共关系。

在商品经济的发展过程中，市场形式经历了由"卖方市场"向"买方市场"的逐步转变。正是在"买方市场"这种商品经济的温床中，公共关系才得以产生并越来越显得重要。在生产力尚不发达的资本主义前期，市场中求大于供，供求关系互不平衡，名义上的自愿平等、互惠互利便告消失，于是形成了价格可以随意上升，销售者可以趾高气扬、态度恶劣，恣意妄为地刻薄公众，而消费者则须委屈讨好销售者并屈从于销售者。在这种卖方市场的状态下，卖方可以根本不考虑公众需要，无须公共关系。但随着生产力的提高，产品供给日益充分，市场上供求关系发生了根本变化。消费者具有更多的优势，可以根据销售者的产品质量、价格、服务以及人情关系等条件，灵活地决定向哪一个"卖家"去购买所需商品；而销售者则须竭力在以上这些方面讨好或优惠消费者，努力同消费者发展交换之外的感情关系，从而形成了以消费者为重心的"买方市场"。在买方市场条件下，消费者在消费过程中拥有更多的优势，他们可以根据质量、价格、服务、品牌等去购买所需的商品，必须通过发展良好的相互感情关系方能更有效地维护交换关系，维持市场发展。因此，企业必须通过发展良好的相互感情关系，才能更有效地维持市场发展。搞好公共关系，增进相互理解与感情，提高组织声誉就越来越显得迫切重要。这就为公共关系的兴起奠定了坚实的基础。

此外，随着商品经济的发展，消费者的消费水平也随着商品的不断丰富而不断提高。从初始的满足温饱、安全等"基本需要"，而逐步转向满足消费者的挑选商品的个性、情感等各不相同的"选择需要"。由于人们的选择需要是人人相异、多种多样并又不断发展的，为满足公众这一选择需要，产销的直接见面就日益重要。生产者、销售者必须对消费者多样的、多变的选择需求有及时、深入而全面的了解与掌握，以便能提供适销对路的商品，这就需要公共关系工作来促进双边沟通和相互了解。而随着商品经济的深入发展，也促使社会分工向着更高的专业化程度方向演化与发展，带来了更加广泛深入的社会分工，从而也就要求工商组织要积极增加横向经济联系，用相互合作、平等互利的良好横向网状关系来推动自身的发展。这些社会现实，都十分迫切地需要公共关系。在市场经济的背景下，能否争取市场、争取顾客、争取公众支持，成了企业生死攸关的关键，这就直接促成了公共关系的兴起。

2.2.4 大众传播超越个体传播：公共关系产生的技术条件

在自然经济社会中，经济水平不发达，科技水平落后。落后的经济生活与科技水平，只能产生落后的交往沟通工具。而由于受落后沟通传播手段的限制，社会公众的交往的广度、深度是极其有限的。哪怕是位高权重的帝王，要传播谕令与信息，充其量也不过是"烽火报讯"和"快马加鞭"而已。这种极简陋落后的传播方式不仅传播速度极慢，传播范围相当狭小，而且信息失真率极高。据说在中法战争中，由于信息传递不力，前线战况不明，京城谣言四起，人心浮动，四面楚歌，迫使清朝皇帝惊慌中仓促决定屈降停战。结果，当战争胜利消息传到京城时，中法不平等条约已经签署了，极其可悲！在农业社会中，科技落后、经济不发达、生产规模小，人们几乎处在一种半封闭的、与世隔绝的自然状态之中。由于落后的自然经济本质上不要求广泛的人与人之间的相互沟通与联系，加之又受到当时落后的交通工具和信息传播手段的限制，因而人们也不可能发生广泛而深刻的社会交往和联系。

而在资本主义大工业时代，日益精细的社会化大分工，使人们之间、组织之间的纵横关系与相互沟通依赖日趋重要并日趋加强，成为社会组织生存发展的基本条件。随着经济的发展和社会政治的变革，人们交往的空间不断扩大，人们需要了解的信息量也越来越大。这种客观需求促进了交通运输和信息传播技术的飞速发展，从火车、汽车、飞机、人造卫星的出现，到电报、电话、广播、电视以及光导通信的普及推广，各种信息在一瞬间就可以传遍世界的每一个角落，且具有高保真和费用低廉的特点。正是由于传播技术的发展，人们之间的交往愈来愈广泛，联系也更加方便，使一个多空间、多层次、多文化的传播体制逐渐在全世界形成，使得言论自由、新闻自由的理想能进一步地实现，使得社会舆论力量、公众意见的表达越来越具有影响力，公众对社会组织的干预能力日渐增强。同时，社会组织只要能有效地驾驭传播手段，和公众进行积极的沟通、交流，就能取得公众的信任，协调好和公众的关系，树立起有利于自身发展的良好形象。印刷技术日益普及与提高，报刊媒介遍及千家万户；电子技术不断进步，更带来广播、电影及电话、电视等电子传播媒介的普及；在微电脑、人造通讯卫星全球普及的现代信息社会，具有极高的传播广度、速度与深度及高保真度并且费用低廉的崭新的传媒迅猛发展，世界日益成为"天涯若比邻的地球村"。瞬息万变的信息同时也就"瞬息可悉"，各种大众传媒的迅速而广泛的发展、"地球村"的出现，为人们进行大规模的交往提供了可能性，并为公共关系的产生提供了必要的技术与方法。

综上所述，正是由于 20 世纪初人性文化的兴起，民主政治的深入发展，商品经济的高度发达和大众传播技术的日趋普及与提高等诸方面因素的滋生与促成，才使公共关系学这门崭新的学科脱颖而出，以令人耳目一新的崭新面貌自立于新学科之林。正因为科学技术不断地向前发展，引起了社会变革，从而最终推动了公共关系不断向前发展。

2.3　中国特色公共关系的发展

改革开放的春风，突破了闭关锁国的狭隘视野，开阔了国人的眼界与胸襟，更新了人们的落后观念，加上市场经济的活跃发展，公共关系在中国的兴起成为历史的必然。现代公共关系思想和公共关系实践进入中国，应以 20 世纪 60 年代公共关系登陆中国香港、台湾地区为发端，而中国内地则到 20 世纪 80 年代初才开始引进。

2.3.1　中国特色公共关系发展的基础

研究国情，是发展有中国特色的公共关系学的先决前提。公共关系学一经传入我国即迅速波及全国各地，中国公共关系事业的快速发展，表明中国的国情是中国公关事业发展的适宜的"土壤"与"气候"。

1. 文化心态与公共关系

一般认为，中国传统文化的基本精神包括了正道直行、贵和持中、民为邦本、平均平等及重情轻理等几大方面。分析这些传统文化精神，可以看出中国文化对公共关系在中国传播或正或负的种种影响。

崇尚气节、讲求情操、勇于求真，是中华民族的浩然之风，是中国人引为自豪的、培养正义感和崇高情操的思想规范。这对发展文明的公共关系，抵制不正之风有积极意义。但我们同时也应看到，中国文化重气节、讲情操的观念有一定的缺陷，气节观念常演化为"自我中心论"。表现为仇外、排外的狭隘的民族沙文主义，容易致使闭关锁国、自我封闭、拒绝与外界外族的交往，这于公共关系的发展是极不利的。'

"贵和持中"是东方文明的精髓，它对社会秩序的和谐安宁、处事中庸、求同存异、维护集体统一等有其良好作用，于现代公共关系的广结良缘、和平共处原则也有契合之处。但不可否认，贵和持中，又是一种否认斗争、排斥竞争的简单协同道德，容易压抑个体的创造性，压缩民众的参与感，抑制公平竞争，这与公共关系倡导积极竞争，注重发展个性的思想是相背离的。因为，没有竞争，就没有公共关系学；没有个性与创意，公共关系就没有生命力。

民为邦本是中国文化体系中人本主义的集中表现，它含有以民众为治国安邦之根本、重视民众的积极方面。与公共关系学强调重视民众、尊重公众的"公众意识"有一致之处。然而，应当指出，民为邦本虽曾为各个时代的进步人士作为针砭时弊、劝诫统治者轻徭薄赋、反对暴政的口号，可就"民为邦本"的实质而言，依然是一种以"人治"为特征的专制思想，是"为民做主"的"父母官"意识的反映。故它常常只起着警醒统治者重视利用民众力量为其政权服务的消极作用，这与发展公共关系所需要的现代民主精神是背道而驰的。

中国的平均平等思想，孕育了反对强权暴政、反对贫富不均、反对剥削压迫争取自由的进步意义，这与否定特权、讲求平等、崇尚公平竞争的公共关系规范是相吻合的，是公共关系中国化的必要土壤。但在另一方面，中国文化中的平均平等思想是一种"绝对平均主义"的典型小农意识，它所强调的是享受、收获的平均，而不是贡献和机会的平等，即是"终点线"上的平等而不是"起跑线"上的平等，故它只能采用"损有余而补不足"的方法来实现平均。这便容易成为庸碌之辈打击冒尖先进、嫉贤妒能的工具，或易用行政手段、道德手段强行平均，反对冒尖。这种文化心态对发展公共关系是极为有害的。

由于几千年自然经济的影响，中国人的基本文化心态是重情轻理。即重人缘、血缘、地缘、业缘、道缘的人情伦理关系，它重情、重礼，轻理，遵循情感逻辑办事而非依理性逻辑办事。这使我们的社会关系带上浓郁的"人情味"。古道热肠，风情纯朴，这在一定程度上对追求"人和"、广结良缘的公共关系是有些促进作用的。但这种重情轻理的文化心态同时也必然导致中国社会关系只能局限在狭隘的"五伦"关系圈子内，并且也容易导致我们在处理社会关系时人情化，使我国的公关带有极强的"私关"色彩。

2. 经济方式与公共关系

迄今为止的中国经济依然未达到充分的市场经济水平。一方面，是新中国成立后在前苏联模式影响下，由国家统一安排与计划、统一生产、统一购销的严格大一统的计划经济。另一方面，则是在几千年封建社会自然经济影响下所产生出的"小而全"、"大而全"的企业格局和生产体系，它与全国市场联系松散，横向联系不充分，其实是"自给自足"在计划经济条件下的一种变形。此外，广大农村包产到户，至今仍有许多地方仍停留在小农经济模式阶段。最后一方面，则是在世界经济的冲击下，在改革开放浪潮中所涌现出来的商品经济。这种商品经济在中国内地的发展既不充分，也不平衡。这是造成我国公共关系事业发展先后快慢深浅不一的主要原因。同时，也造成了我国公关发展左右掣肘、四方受制的尴尬局面。

2.3.2 当代中国公共关系发展阶段

随着我国改革开放的不断深入，特别是经济体制改革后市场经济的蓬勃发展，在中国掀起了一股学习公共关系、研究公共关系和从事公共关系的热潮。当然，公关在中国的发展并不是一帆风顺的，由于受到种种因素的干扰和制约，在发展过程中曾经历许多挫折。但总体看来，公共关系在不断发展，影响在不断扩大，而且前景也被众多业内人士看好。

综观中国内地公关发展史，我们发现，公共关系作为一种新的经营管理和技术传入中国后，呈现出由南向北、由东向西、由服务行业向工业企业、由外资企业向国有企业、由企业组织向政府组织逐步发展的格局，而且发展过程也呈现出明显的阶段性。当代中国公共关系的发展大致经历了以下四个时期：

1. 引入、初步发展期

20世纪80年代初，随着改革开放的进行，中国在引进资金、技术的同时也引进了先进的管理经验。一批外资携带着发达国家先进的经营管理观念进入了我国，其中包括公共关系。公共关系作为一种理论和职业，开始引起了中国人的广泛关注。在深圳、广州等改革开放的桥头堡，一些中外合资企业和外商独资企业开始按照西方资本主义国家的管理模式，设立了公共关系部。1980年，深圳蛇口华森建筑设计顾问公司率先成立我国第一个公共关系性质的专业公司。1982年，深圳竹园宾馆成立公共关系部，开展以招徕顾客为目标的、扩大影响的服务性公共关系活动。1983年，中外合资的北京长城饭店成立公共关系部，并因成功策划接待美国总统里根访华而名扬海内外。1984年，广州中国大酒店设立公共关系部。后来，广东电视台以宾馆、酒楼的公共关系活动为题材，拍摄了中国第一部反映公共关系理论与实践的电视连续剧《公关小姐》。1984 年 9 月，我国国有企业的第一家公共关系部——广州白云山制药厂公共关系部正式成立，至此，中国人用照搬照抄的模式初步完成了公共关系在中国的导入。20 世纪 80 年代中后期，公共关系在中国的发展进入了一个全面引进的高潮时期，专业性公共关系公司、公共关系协会如雨后春笋般纷纷建立起来，同时，公共关系教育培训以及公关理论研究也发展迅速。1985 年，伟达公司和博雅公司这两家世界上最有影响的公共关系公司先后进入中国。其中，博雅公司与中国新闻发展公司于 1986 年 7 月合作成立了我国第一家公共关系公司——中国环球公共关系公司。1986 年 12 月，上海成立了全国第一家省级公共关系协会。1987 年 5 月，全国权威性的公共关系社团组织——中国公共关系协会在北京正式成立。许多企业内部的公共关系部开始运作，并取得了较大的成果。1985 年 1 月，深圳市总工会举办全国第一个公共关系培训班。同年 9 月，深圳大学率先设立公共关系专业（专科）。

此后，中山大学、北京大学、兰州大学、首都师范大学、复旦大学、清华大学、中国人民大学等相继讲授公共关系课或开办公共关系专业。1986 年 11 月，中国社科院编著的《塑造形象的艺术——公共关系学概论》正式出版。同年 12 月，王乐夫、廖为建等人的公共关系专著问世。从 1988 年起，全国公共关系组织联席会议相继在杭州、西安、广州等地召开。1988 年 1 月，中国公共关系第一家专业性报纸——《公共关系报》在杭州创刊。1989 年 1 月，中国第一份国内外公开发行的公共关系杂志——《公共关系》在西安创刊。

上述实践表明，公共关系传入我国的时间不长，但因为它适应了市场经济的需要，所以获得了迅速的发展。

2. 相对稳定发展、普及时期

从 20 世纪 90 年代初期到 90 年代中期，公共关系在中国的发展进入了一个相对稳定、成熟的时期。在这一时期，公共关系的发展受到了党和国家领导人的高度重视。1991 年 5 月，中国公共关系协会工作会议在北京召开，党和国家领导人李瑞环、薄一波等同志在贺词中充分肯定了中国公共关系取得的成就。1994 年 4 月，中国国际公共关系协会成立，促进了中国公共关系理论研究与社会实践的国际化。1994 年，中山大学被教育部批准开办部属院校第一个公共关系本科专业，随后在行政管理专业的硕士点招收公共关系方向的硕士生。至今，所有的本科院校全部开设了公共关系学课程，约有 20 多所学校开办了公共关系大专专业。全国公开出版的公共关系专著、教材、译著、工具书已超过 1 000 多种，其中具有代表性的有《中国公共关系教程》、《中国公共关系大辞典》等。而这一时期，学术研究活动活跃，中国公共关系的一些学术流派开始产生，如形象学派、协调学派、传播学派、管理学派等，从而加深了对公共关系的研究。公共关系实践活动由自发走向自觉，全国有一大批公共关系专家、学者分别主持、策划、操作企业公共关系、企业 CIS、政府公共关系、城市 CIS 和城市形象建设。

3. 曲折发展时期

20 世纪 90 年代中后期，公共关系在中国的发展受到阻碍，开始由高潮阶段步入低谷。这一时期，许多地方性的公共关系公司纷纷消失；企业中的公共关系部也被撤销，或者是有公共关系部也形同虚设；公共关系从业人员素质普遍偏低且数量急剧减少。实际上，这并非偶然产生的现象，它有其产生、发展的必然性原因。其一，从 20 世纪 80 年代初到 90 年代中期，公共关系在中国的发展虽然在短时期内似乎是一片繁荣、歌舞升平，但实际上却并非如此。当时，人们对公共关系的引进和运用，都是机械的模仿、一股脑的拿来主义，结果是层次较低、良莠不齐、鱼龙混杂，引进的理论没有消化、没有创新，有的也不符合中国的民族文化习惯。所有这些深层次矛盾爆发的结果，最终祸及公共关系自身的发展。其二，国家对大学本科专业设置进行调整时，取消了公共关系这一本科专业，这对当时满怀激情的公共关系专家、学者来说，无疑是当头一棒，使得当时形势大好的局面消失殆尽。其三，20 世纪 90 年代中后期，中国改革开放进入了关键的体制转型时期，许多企业将其主要精力投入到适应市场经济的内部改革之中，从而在人、财、物上对公共关系重视不够，从而导致了公共关系事业停滞不前。其四，人们对公共关系的理解存在诸多的误区，这些现象却没有引起公共关系专家、学者的足够重视而加以矫正，从而使得公共关系在中国的发展偏离了正常的轨道。例如，当时许多人对公共关系持有一种庸俗化的理解，认为公共关系就是一种"美女公关"，是一种拉关系、走后门的不正之风，而且许多公共关系从业人员也秉承这些原则，取得了一点成绩便沾沾自喜。还有一些人则认为，公共关系既可用于政治，亦可用于经济，还可用于个人交往，总之，它无所不包、无所不有，这实际上是一种公共关系泛化的论调。他们不知道实践性科学的自身特点，而公共关系学与其他学科实际上是既互相交融又互相支持的，结果使得人们形成一个错觉——公共关系完全可以用其他技巧来取代，此时公共关系部成了不折不扣的杂务部，其权力完全被空心化。正是因为上面所述的种种原因，使得公共关系在中国的发展受到了巨大的挫折，迫使人们不得不重新审视、理解这门科学，从而做出相应的调整。这一切又为公共关系以后的发展做好了准备。

4. 稳定、成熟发展期

20 世纪 80 年代初期，中国的改革开放给中国的经济注入了极大的活力，同时，也将公共关系这一理念引入中国，给中国公共关系的传播与发展带来了一次极大的机遇。2001 年，中国加入世界贸易组织（WTO），这不仅为中国的现代化建设带来了机遇与挑战，同时也为公共关系在中国的发展带来了新的契机。我国加入 WTO 将是中国公共关系的第二次大的发展机遇，同时，也将使中国的公共关系事业面临着更多的压力。首先是 WTO 所制定的贸易规则本身，要求各成员国的体制必须纳入世界贸易体系之中，按照 WTO 规则来办事。这对我国政府的公共关系活动带来了巨大的挑战。其次是 WTO 体制迫使中国企业参与国际间的公平竞争，过去的贸易保护措施将不复存在。企业要想求得生存与发展，只有与公众建立良好的关系，建立知名企业，创造名牌产品，提供更好的服务，占有更多的市场份额。同时，国内企业除了要占领本国市场外，更要实施走出去战略，参与国际竞争，这就对国内企业的公共关系部提出了更高、更新的要求，而这也必将使我国的公共关系开创一种新的局面。最后，随着世界经济一体化进程的加快，跨国公司、企业集团势必加快进入中国的步伐，使得竞争更加白热化。但同时，他们也带来了更多、更新的管理经验，而跨文化交流的障碍、冲突，则对我们的协调、沟通能力提出了新的挑战。

加入 WTO 后，对于我国的公共关系事业来说是机遇与压力并存。这不仅需要我国的公共关系专家、学者适应形势的需要，不断创立符合我国具体国情的公共关系理论；也需要公共关系从业人员不断提高自身素质，努力开创适合我国现代化建设公共关系事业的新局面。

2.3.3 我国公共关系发展趋势

综观中国引进公共关系后的发展，中国人经历了从对公共关系的陌生到认识，然后逐渐了解、熟悉的过程，经历了 20 世纪 80 年代末 90 年代初的"公关热"，而后在经历了 90 年代中后期的大浪淘沙、低谷震荡以后，在 21 世纪初走向了成熟与理性，公关理论不断完善，公关实践经验不断丰富，公关组织不断健全，公关所发挥作用的领域不断拓宽。可以预见，公共关系将会在中国未来的发展中起到越来越重要的作用。但由于各国历史不同、文化不同、社会制度不同，反映在公共关系上，每个国家必然形成具有自己特色的公共关系。未来的中国公共关系将呈现出以下的发展趋势：

1. 市场国际化

中国公共关系市场是一个从无到有、从分散发展到逐步规范、从纯国内化到国际化的过程。公共关系市场目前在中国终于成为一个被广泛认可并拥有广阔服务领域的崭新职业，公共关系从业者的人数已达到数十万人，这是一个巨大飞跃。中国加入世贸组织，这不仅对中国和世界经济的发展，而且对中国和世界公共关系业的发展必将产生重大影响。这种影响表现在中国公共关系市场国际化趋势会更加明显。具体表现在：更多的国际公共关系公司将随中国加入世贸的步伐跟进中国市场。中资公共关系公司将不断发展，业务趋向国际化。20世纪90年代，中资公共关系公司的绝大多数客户均是国内客户，但近一两年这种情况已发生了变化，中资公共关系的外资客户比例已大大提高，像世界著名的跨国公司微软、惠普、诺基亚、摩托罗拉的许多公关业务已收于中资公共关系公司名下。同时，一些合资公共关系公司将会增加，中外公共关系公司合作倾向更加明显，这种联手将更多地带动我国国内的一些著名企业走向世界，创国际品牌，建国际市场。这方面现在已现端倪，比如，那些较早进入中国市场的外资公共关系公司已经在四处寻找合作伙伴，希望开拓中资客户在海外的业务，像爱德曼公司早在1996年就与大连、沈阳、成都等一些地方公司开展联营业务。他们拿到的第一批中资客户往往是在海外市场上的中国企业的财经传播业务。公共关系公司的国际化和国内公共关系业务的国际化将促进中国公共关系市场的国际化和本土化相融合的趋势。

2. 实务专业化

公共关系实务从内容到形式将得到极大的丰富。公共关系从企业公关、政府公关、发展到各行各业，高科技公关、时尚公关、环境公关、体育公关等。专业服务进一步细化，更加到位。公共关系公司将从简单的项目执行发展到高层次的整合策划和顾问咨询。公共关系公司的业务操作规范更加国际化、标准化，服务水准将纳入国际统一的标准体系中。从某种程度上讲，中国公共关系的规范化进程即中国公共关系业的国际标准化。专门化的公共关系公司将备受各级组织青睐。针对不同行业组织的专门化公共关系公司将层出不穷，比如金融公关公司、通讯公关公司、旅游公关公司等。这种专门化的公关服务公司将给组织带来更为详尽到位的全方位服务。人们就像离不开法律顾问一样离不开公共关系公司，由此而生的公共关系咨询业将成为新世纪中介服务业新的增长点。

3. 手段科技化

随着多媒体时代的到来，社会组织已越来越认识到信息网络及其他现代传媒技术对公共关系传播的重要意义。这些新技术将完成对公共关系传播沟通管理的手段提升。实际上，网络传播已经实实在在地成为一种主流媒体支持着公共关系传播的开展，像电子邮件（E-mail）、组织形象介绍的网址、主页、网上新闻发布、网上展览、网上市场调查、网上新品推广等，使得公共关系传播的那种平等性、双向性、反馈性得到更大程度的体现，信息传播双方已成为真正意义上的平等交流伙伴，实现更深层意义上的双向互动。随着高科技的发展，人类传播史上的革命还将继续，我们有理由相信，未来的公共关系手段将是一种更加数字化的手段，人们会在高科技的服务支撑下，实现真正意义上的人际互动，这时的高科技不会成为人与人之间的异物，它将是人类亲密无间的朋友。人们遨游在信息高速公路上，好比在自己温暖的家中一样自由自在。50 年前的今天，我们不会知道计算机会如此地改变我们的生活；同样 50 年后，我们所期盼的高科技会再一次地让人们欢呼雀跃。同样，公共关系总是会毫不含糊地选择最先进的高科技传播手段为自己服务，为市场经济服务。

4. 教育精准化

面临新的市场环境和发展机遇，中国公共关系教育必须与时俱进。既有系统扎实的公共关系专业训练，又有对某一领域专业知识的系统掌握，复合型公共关系人才将成为行业的主流和社会的新宠。这就要求高等院校需要根据复合型人才的要求，来设计和创新培训体系和课程大纲，人才培养模式将根据自身的优势作差异化定位，通过差异化的教育机制来满足多元化的市场需求，实现公关教育与市场的精准化对接。

5. 行业规范化

行业的规范既是行业发展的结果，又是行业赖以发展的基础。作为充满创意和智慧的公共关系业，尽管其行业规范的确立相比于其他行业来说显得困难，但行业规范始终是公共关系界必须为之努力的方向，也是公共关系行业健康、理性、和谐发展赖以生存的土壤。

本章小结

公共关系作为一种客观存在的社会关系和社会现象，有着久远的历史。不过作为一种专门化的社会职业，成为一门较为系统和完整的学科体系，至今不过近百年的历史。公共关系的产生、发展，可以追溯到古代准公共关系观念与不成系统的公共关系活动。直到 19 世纪末 20 世纪初，公共关系才作为一种专门的职业而萌芽。公共关系学作为一门独立的学科诞生于 20 世纪初期，艾维·李、爱德华·伯尼斯等著名学者对公共关系学理论与实践所作出的巨大贡献，极大地推动了公共关系学的向前发展。正是该学科的形成将公共关系实践活动加以总结、概括并抽象成规律性的内容，从而取代了以往的经验总结而带有普遍的指导意义。之后，在 20 世纪 20 年代才正式成为一门科学。现代公共关系产生在西方资本主义国家中绝不是偶然的，而是与当时、当地的政治、经济、文化和技术等方面的社会历史条件相联系的。相对于西方发达国家，中国公共关系姗姗来迟，它在理论上被认可，在实践中被自觉地加以系统运用，不过是近几年的事情。我们应该在系统掌握、借鉴国外公共关系学的研究成果的基础上，从中国国情出发，大胆建设具有中国特色的公共关系学。

关键术语

准公共关系　　"便士报"运动　　揭丑运动
中国特色的公共关系学

思考题

1. 公共关系的产生和发展史分为哪几个时期?
2. 现代公共关系产生的条件有哪些?
3. 如何理解中国的国情是与中国公关事业发展相适宜的"土壤"与"气候"?

案例分析

郑和下西洋

郑和下西洋是中国古代规模最大、船只最多（240 多艘）、海员最多、时间最久的海上航行，比欧洲多个国家航海时间早几十年，是明朝强盛的直接体现。郑和的航行之举早于葡萄牙、西班牙等国的航海家，如麦哲伦、哥伦布、达伽玛等人将近一个世纪，堪称是"大航海时代"的先驱。1405 年 7 月 11 日（明永乐三年）明成祖命郑和率领 240 多艘海船、27400 名船员组成的庞大的船队远航，访问了 30 多个在西太平洋和印度洋的国家和地区，加深了中国同东南亚、东非的友好关系。一直到 1433 年（明宣德八年），他一共远航 8 次之多。最后一次，宣德八年四月回程时，病逝在印度的古里，时年 62 岁。

郑和下西洋提高了明王朝的国际威望。从明朝派遣郑和的使命可以看出是实现和平的使命。郑和下西洋调解矛盾，平息冲突，消除隔阂，有利于周边的稳定，维护了东南亚、南亚地区稳定和海上安全，提高了明朝的声望。李约瑟评价：东方的航海家中国人从容温顺，不记前仇，慷慨大方，从不威胁他人的生存；他们全副武装，却从不征服异族，也不建立要塞。据统计，永乐在位 22 年，与郑和下西洋有关的亚非国家使节来华共 318 次，平均每年 15 次，盛况空前。更有文莱、满剌加、苏禄、古麻剌朗国 4 个国家先后 7 位国王亲自率团前来，最多一次有 18 个国家朝贡使团同时来华，还有 3 位国王在访问期间在中国病逝，他们遗嘱要托葬中华。明朝都按照王的待遇厚葬。

郑和下西洋是明朝扩大海外贸易的重要途径。郑和船队除了装载赏赐用的礼品外，还有中国的货物，如铜钱、丝绸、瓷器、铁器等。这种贸易可以用明代铜钱买卖，多数以货易货。郑和下西洋期间，尤其是后几次下西洋贸易规模扩大，遵循平等自愿、等价交换，具备了国际贸易的一些基本原则。郑和下西洋促进和刺激了民间贸易。当时中国主要输出瓷器、丝绸、茶叶、漆器、金属制品、铜钱等，中国换回的主要是珠宝、香料、药材、珍奇动物等。

郑和下西洋还传播了先进的中国文化。当时东南亚、南亚、非洲一些国家和地区社会发展比较落后，非常向往中华文明。郑和将中华文明远播海外，在中外文化交流史上写下了新的篇章。郑和下西洋传播的中华文明的内容主要有以下几个方面：中华礼仪和儒家思想、历法和度量衡制度、农业技术、制造技术、建筑雕刻技术、医术、航海造船技术等。

郑和下西洋在海洋事业上还有许多贡献。他从 30 多岁开始，前后 28 年献身海洋，最后一次下西洋时，已经 60 岁了，他毅然率领船队出使，这次他再没有回来，永远的长眠在他开辟的和平的道路上。郑和不但以先于西方人航海，胜于西方人的航海技术受到国际社会的关注，而且郑和所代表的是一种文化精神：一种中国人不畏艰险、征服自然的价值趋向，一种打开国门走向世界进行文化交流的决心。这种精神是永存的，凝聚着中华民族开放进取、和平友好、交流合作、经略海洋和敢为天下先的优秀品德，是一笔宝贵的精神财富，值得后人继承和弘扬，推进人类的文明。

（资料来源：根据百度百科改编）

思考：

1. 从公共关系视角分析郑和下西洋的意义。

2. 郑和下西洋对现代公共关系的启示。

第 **3** 章 公共关系主体

公共关系主体是指公共关系中主动影响客体的一方。在公共关系学中，一般是指社会组织。此外，本章把执行公共关系任务、实现公共关系功能的行为主体——公共关系的组织机构、公共关系人员也纳入公共关系主体系列。

3.1 社会组织与企业文化

在现代社会，人们普遍生活在组织之中。社会组织是一种复杂的、高级的社会群体。随着社会生产的发展，分工的扩大和协作的加强，在现代社会，人们活动的场所已从家庭、邻里等基本群体扩展到社会这个大舞台，不同程度地从属于各个不同的组织。组织生活是现代人们社会生活的基本形式，社会组织成为社会构成的基本单位。公共关系主体指的就是这种社会组织。

3.1.1 社会组织的构成

根据组织的含义，组织一般由下列要素构成：

组织目标。这是构成社会组织的最基本要素。有了明确的共同目标，才能使不同的人发生关系并整合为一个组织。没有目标，社会组织就不可能存在下去。目标是组织的宗旨，它对组织的全部活动起着指导和制约的作用。

组织成员。社会组织是特定社会成员的有机统一。所谓

"特定"，就是他必须承认组织目标并决心为之奋斗；所谓"有机结合"，就是成员之间有一定的社会分工，担任不同的职责，形成一定的分工合作体系，共同为达到组织目标协调一致地行动。

组织章程。这是为了实现组织目标而制定的一套制约组织成员活动的准则和规范的总和，它是组织活动的依据以及处理组织内部问题和判定是非的标准。

组织管理系统。它包括有一套完善的、多层次的领导体系，有一个明确的管理目标以及为了实现有效管理而设置的各种机构及其功能。

组织设备。这是保障组织得以存在和发展的物质基础，也是保障组织实现其特定目标的客观物质条件。

以上是有关组织构成的一般要素。作为公共关系主体的社会组织，由于其要求的特殊性，使组织的一般构成要素反映出与公共关系相适应的性质和要求。一个社会组织，如果在其构成要素上不能反映这种特殊性，那么只能是一种潜在的公共关系主体，而非现实的公共关系主体。这样，作为公共关系主体的社会组织在构成上就需要有明确的公共关系意识和公共关系目标，有一班专职的公共关系人员和事实上担负或兼任公共关系工作的人员，有健全规范的公共关系准则，有一套行之有效的公共关系管理系统，以及为公共关系活动的高效开展而提供的各种公共关系物质设施。一个社会组织缺少上述其中的任何一个要素，都不能成为真正意义上的公共关系主体。

3.1.2 社会组织的类型

依据不同的标准，可以把社会组织划分为各种不同的类型：

根据组织的功能和目标来划分，可分为四种类型：

一是经济组织。这是最基本最普遍的社会组织。它是指社会中提供产品和服务的各种社会组织，其特点是具有经济职能。各类企业都属于经济组织。二是政治组织。它是指为推动社会发展而进行权力分配的组织。包括各种政党组织和国家政权组织。三是文化组织。它是以满足人们的文化需求为目标，以文化活动为基本内容的各类文化团体。各类文学艺术组织、教育组织和科研组织等都可以纳入文化组织范畴。四是整合组织。它是指调整社会内部关系，维持社会秩序的组织。诸如工会、公安机关等。

根据组织成员的关系来划分，可分为两种类型：

一是正式组织。这种组织成员之间关系明确。组织活动有一定的要求和规定。企业、学校、机关、军队等，都属于这一类。二是非正式组织。组织成员之间的关系比较随便和自由，是一种自发关系。组织机构比较松散。规范要求不严格。各种同乡会、学术团体以及正式组织内部的各种非正式小团体等都属于这一类。

根据组织目标和受益者的关系来划分，可分为四种类型：

一是营业性组织。这类组织以获得利润为目标。各种产业组织都属于此类。二是服务性组织。这类组织是为它的服务对象谋求利益。如公益学校、医院、社会福利机构等非营业性组织。三是互益性组织。这种组织的目标对所有的组织成员都有利益。如各种群众性组织、职业团体等。四是公益性组织。这是为国家和社会公众谋求利益的组织。如政府部门、消防队、公共安全机关等。

根据组织对成员的控制方式来划分，可分为三种类型：

一是强制组织。通过强制手段迫使成员服从的组织。如监狱等。二是实用组织。通过物质报酬使成员服从的组织。如各种企业组织。三是规范组织。通过伦理道德或观念基础使成员服从的组织，如宗教组织。

此外，还可以根据组织人数的多少来划分，有小型、中型、大型和巨型组织等。但目前最常用的分类标准是第一、二种。这些分类法能使我们以不同角度来加深对某一社会组织的认识，如企业组织从不同的角度看，分别属于经济组织、正式组织、营业性组织、实用性组织等。

3.1.3　社会组织的功能

社会组织作为社会生活的单位，体现了社会进化的历程。在现代社会，人们活动的场所已从家庭、邻里等基本群体扩展到社会大舞台。社会组织与人们的社会关系越来越密切，发挥着越来越重要的作用。组织功能就是一定的社会组织对其成员乃至社会有目的地施加影响。这种作用与影响有助于组织成员和社会某些需求的满足。它主要体现在以下几个方面：

整合功能。整合是指调整对象中不同构成要素的相互关系，使之达到有序化、整体化的过程。个人在未加入组织之前，在行为和观念上都是一些离散的个体。加入组织后，通过组织的目标、章程、管理等要素构成的组织机制和组织规则的作用，使他们的行为和观念服从于组织的规范和要求，按照一定的规则在组织中活动。这样，通过组织的整合，一方面使组织成员的活动从无序状态变为有序状态，一方面又把分散的个体力量整合为一个新的强大整体合力。

但是，组织整合功能不能发挥过度，否则会抑制成员的主动性、积极性、创造性，只有组织的统一意志和行为，而缺乏民主气氛，整个组织就会缺乏生机和活力。

协调功能。组织整合功能的发挥，并非使成员在观念和行为上达到完全的同质性。在组织内部，尽管每个成员的活动都要服从组织的统一要求，但是，由于他们在各自的目标、需要、利益等方面，得以实现和满足的程度和方式存在事实上的差异性，因此，组织成员之间以及他们与组织之间必然存在一些矛盾和冲突。从组织外部环境看，组织与周围环境不可能达到完全的统一，也存在一些矛盾和冲突。这就需要组织充分发挥协调功能，对各种关系冲突进行调节、化解，保障组织成员的互助合作以及组织与外部环境的适应性，形成有利于实现组织目标的关系网络。

维护利益功能。组织是基于一定的利益需要产生的，不同的组织是人们利益分化的结果。没有组织的利益功能，也就失去了它存在的价值。进一步说，利益功能不仅维持了组织的存在，而且推动着它的壮大和发展。维护利益功能的有效发挥，能充分调动组织成员的积极性和创造性，提高组织的凝聚力，顺利高效地实现组织目标。组织在发挥维护利益功能时，要注意处理好组织利益与社会整体利益的关系，防止由于过度地维护组织成员的偏狭利益与社会整体利益要求相抵触。否则，最终会影响组织成员需要的满足，削弱组织维护利益功能。

社会组织所具有的上述功能，不是相互割裂的，而是作为一个系统发挥作用，从而增强了组织的整体功能。而且，组织功能的正常发挥，要以健全的组织构成要素为基础。如果组织构成要素发生故障，就会导致组织功能紊乱。如组织目标的模糊性、褊狭性，组织章程的不完善、不严格、不权威等要素故障都容易导致诸如组织涣散，组织成员离心离德，成员的正当需要得不到满足，组织目标偏离社会大目标等组织功能失调现象，因此，加强组织自身建设，是充分有效发挥组织功能的基础和前提。

3.1.4　企业文化

企业是现代社会最重要的经济组织。在所有的组织文化中，企业文化最为引人注目。在现代商品经济社会里，探讨企业文化问题是研究公共关系主体的重要内容，具有十分重要的理论意义和现实意义。

1. 企业文化概念

企业文化概念有广义和狭义之分。广义的企业文化是指企业创造出来的所有物质和精神产品，即其不仅包括企业的各种精神产品，如企业制度、价值观念、经营方针、行为方式、道德规范和风俗习惯等，而且还包括企业的各种物质产品，如产品服务、技术设备、工艺流程和各种具体的经营管理活动等。狭义的企业文化，主要是企业创造出来的精神产品，是指在企业行为中表现出来的价值观念和行为规范的总和。本章指的主要是狭义的企业文化。但这种狭义的企业文化又要通过企业的物质层面和制度层面体现出来。对企业文化概念的理解，我们可从以下几个方面来把握：企业文化是一种"亚文化"，可以说，企业文化是社会文化一定程度的缩影。企业文化是一种复合形态文化，企业文化有以人脑、书籍等为载体的观念形态文化，以生产资料、物质产品等为载体的物质形态文化和以人的行为、企业制度等为载体的行为形态文化三种形态。企业文化是一种群体文化，是企业职工和企业领导者、管理者共同创造、共同遵循、共同维护、共同发展的群体文化。企业文化具有功利性，它的构建和发展，带有明显的功利性色彩，即为实现企业目标服务，企业文化的形成是一个长期过程。

2. 价值观是企业文化的核心

价值观是指企业员工以其需求为参照系，对自己所从事的活动是否与其需求相符合、相一致或相接近的认识，它综合地反映了企业员工的愿望、要求、理想、需要、利益等。它集中体现为企业员工对客观事物，主要是对本企业生产经营活动的意义或重要性的总评价、总看法，是企业员工价值观念在生产和生活实践中的沉淀。当企业价值观为员工所认同，企业的生产经营管理活动就会得到他们的积极参与、拥护和支持；相反，则会遭到他们的厌恶和抵抗。当以被员工认同的价值观为核心的企业文化导入企业后，会给员工以心理上的约束和行为上的规范，使他们齐心协力，共谋企业发展。

价值观之所以是企业文化的核心，是因为价值观对内具有强大的凝聚力、约束力、驱动力，对外具有极大的渗透力、影响力和竞争力。它可以有效地动员和团结企业员工为实现既定目标而奋斗，有效地提高企业知名度，树立企业在社会上的良好形象，在市场竞争中发挥不可替代的作用。组织的生存，其实就是价值观的维系以及大家对价值观的认同。每个著名的企业都有自己的价值观，上海老字号店张小泉剪刀店树立"诚信赚得字号久，谦和赢来顾客常"的价值观，老字号店长盛不衰。美国波音公司的企业精神口号"我们每个人都代表公司"，即是把个人与公司融为一体的价值观。

3. 企业文化内容

企业文化的形成是以一定的价值观念为核心，通过企业的行为机制，最终衍生、外化为企业形象的过程，从而形成了一个具有多载体、多层次结构的复合型文化。因此，从企业文化的形成机理出发，结合企业文化结构，我们认为企业文化应包括深层的观念形态文化、中层的行为形态文化和表层的现象形态文化三个部分。

观念形态文化是指以头脑、书刊等为载体，以人的观念体现出来的企业文化。它处于企业文化的深层，是构建企业文化的基础和指导思想。观念形态文化主要体现在企业的经营哲学和价值观念、企业目标宗旨、企业道德、企业精神等方面。

行为形态文化是指企业在内部和外部发生的多种活动、行为中体现出来的企业文化。它以企业行为（活动）为载体，受到观念形态文化的指导和制约，处于企业文化的中层，是企业文化表层的动态化和深层的具体化形式，在整个企业文化中起着衔接和传递作用。行为形态文化主要体现在企业经营管理方式、企业制度、企业社会关系活动、企业宣传、企业内部文化活动等方面。

现象形态文化是指以企业外观形象要素表现出来的企业文化。它通常以企业生产资料、产品、英雄模范人物等为载体，是企业观念形态文化和行为形态文化的集中外化和凝结，处于企业文化的表层，以生动具体的形象和面貌直接展示在公众面前。现象形态文化主要体现在企业识别标志、企业特质状况、企业文化传统、企业英雄模范人物等方面。

上述企业文化的内容是相互联系、相互制约的。观念形态文化是核心，行为形态文化是现象形态文化的动态化和观念形态文化的具体化，现象形态文化是观念形态文化和行为形态文化在企业外观上的集中体现，三者缺一不可，统一结合为完整的企业文化。只有三者协调发展，相互强化，才能有效地发挥企业文化的整体功能。

4. 企业文化功能

企业文化具有如下功能：

导向功能。企业文化对企业的生产经营管理活动具有导向作用。首先是观念导向。企业文化的内核是价值观。企业文化的形成过程是企业员工价值观的统一、认同过程，不同企业文化背景下的企业员工，往往具有不同的价值观念。其次是行为导向。企业的生产经营活动是由人来推动的，而人的行为要受一定的思想意识和观念的支配，其中最重要的是价值观。人们总是选择从事与自己价值取向相符合的活动，从而使不同企业文化背景下的同一性质企业，在经营管理活动上表现出不同的方向、方式和效果。

凝聚功能。企业文化对企业员工具有凝聚功能。首先，以价值观为核心的企业文化具有使个体认同的归属功能和机制，使企业员工具有共同的价值观念、精神状态和理想追求，从而将他们紧密地凝聚在一起，心往一处想，力往一处使。其次，企业文化含有一种规范机制。以企业员工认同的价值观为核心的企业文化导入企业后会带来无形、不成文的行为准则，给企业员工以心理上的约束和行为上的规范。这种软约束具有很大的灵活性和适应性，弥补了单纯的硬约束（企业规章制度的约束）带来的偏颇和不足，从而把企业全体员工的力量凝聚成一个合力，使企业整体行为获得最佳效果。

协调功能。企业文化对企业具有协调功能。首先，作为企业文化核心的价值观与企业内部成员的价值取向是一致的，它所带来的行为准则和规范，对企业成员具有潜在约束力。这样，能够使企业与员工、员工与员工之间在统一的价值观念、道德准则的影响下，为实现同一目标而奋斗。其次，企业文化作为社会文化的一个缩影，它所反映的价值取向必须与时代的要求和发展相一致。这样，企业文化能够使企业员工、企业集体利益符合国家、社会利益的要求，使企业眼前利益与长远利益保持一致，从而正确处理好国家、企业与个人之间的关系。

激励功能。企业文化具有激励功能。首先，企业文化以人为中心。符合企业员工的价值理想和内心愿望，它所实现的是全方位的价值调节，从而能够最大限度、最全面地激发企业员工的积极性和首创精神。其次，企业文化能创造一个良好的组织环境，这种带有浓厚文化气息的组织环境，弥补了企业员工在企业这种功利性组织环境下所受到的物质的单调性，给他们以精神上的满足，从而发挥其他激励手段所起不到的作用。此外，企业文化中的英雄模范人物，也能唤起企业员工的进取心和荣誉感，起到精神激励的作用。

渗透功能。企业文化对外具有辐射、渗透功能。首先，企业文化作为一种"亚文化"，能给整个社会文化注入更多的时代文明要素，赋予社会文化新的

公共关系学

生机和活力，促进社会文明的进步和发展。其次，企业文化的对外辐射，能够使不同的富有特色的文化气息，享受到企业文化带来的文明成果，促进社会公众文化素质的提高。

3.2　公共关系的组织机构

公共关系的组织机构是执行公关任务、实现公关功能的行为主体，是公共关系工作的专业职能机构，主要包括公共关系部、公共关系公司和公共关系社团。

3.2.1　公共关系部

在组织内部设立的公关职能部门，一般称作公共关系部。各类不同的组织，公关机构往往以不同的名称和形式存在。除"公共关系部"之外，还有许多不同名称，如"公共信息部"、"公共事务部"、"企业传播部"、"沟通联络部"、"公关宣传部"、"公关广告部"、"公关接待部"、"公关与市场推广部"、"公关策划部"、"公关与新闻办公室"、"公关与开发办公室"、"社区关系部"等。政府部门中的"信访办公室"、"政府新闻处"、"外事联络处"等机构，亦是相应的公关职能机构。

1. 公共关系部建立的原则

建立公共关系部是组织内部机构建设的重要内容。公共关系部作为组织的一个特殊职能部门，无论是从它的机构性质，还是从它的工作对象，以及它的职能手段来看，都具有其显著特点。为了更好地实现公共关系职能，在建立公共关系部时，必须坚持以下原则：

精简原则。精简原则是指公共关系部的人员要精，机构要简。公共关系工作是一项科学性、专业性、艺术性很强的工作，为了实现组织公共关系活动的职能化和专业化，在组建公共关系部时，首先必须考虑，在人员配置上，要选择"精兵强将"，人员数量上要尽可能地少。其次，必须保证机构设置上的"简"，即在保证公共关系职能发挥的基础上，机构规模要尽可能地小。

服务性原则。服务性原则是指公共关系部的活动，在指导思想上，必须树立服务的观念，坚持服务至上的准则。服务性原则主要体现在两个方面：一是公共关系部不是领导部门，它必须接受组织最高领导层的领导，并对其负责，

68

为其服务；它作为组织的一个职能部门，但它不参加组织的具体经营管理，而是发挥其为组织经营管理服务的作用。二是公共关系部的工作人员，无论是采集信息，还是为组织决策提供参谋咨询，或者是在协调组织的内外各种关系时都是一种服务的活动。因此，公共关系部的设置和运行，在指导思想上，都必须明确其服务性质，坚持其服务性的原则，否则，就会偏离其正确的方向。

专业性原则。专业性原则是指公共关系部必须是专门开展公共关系工作的职能机构。公共关系部的职能目标是树立组织的良好形象和声誉。因此，从组织机构和活动内容上，都要切实保证其正规性，真正围绕其职能目标开展活动；不能把与公共关系无关的其他事务性工作都交给公共关系部办理。否则，必然影响公共关系目标的实现。为了实现工作内容的专门化，必须做到公关人员的专业化。公共关系部的工作人员应具有强烈的公关意识，接受过专门的培训，具有一定的公共关系的专业知识和能力。

协同性原则。协同性原则是指公共关系部在公关工作中，必须与其他部门协同配合树立全员公关的思想。公共关系目标的实现，是组织内全体员工的共同任务，是各个部门密切配合的结果。公共关系部承担组织、策划、协调的任务，但其他部门必须予以切实的配合和合作；公共关系部又要协调各方面、各层次错综复杂的关系，维系组织内部的协调和平稳。同时，公共关系部还必须主动与外部公众沟通和协调，赢得广泛的支持和合作，才能顺利完成各项具体任务，有效实现公共关系的最终目标。

调节性原则。调节性原则是指公共关系部门内的机构设置和人员安排都要保持动态性和可调节性——公共关系部作为组织内部的一个独立的工作部门，在机构设置、人员安排上，首先要有针对性，即要根据不同的工作性质和组织公众的特点进行思考，使公共关系部富有特色，更加有效和实用。但是，组织所面临的客观环境在不断发生变化，组织的经营和服务活动会不断调整，组织的公众也会发生变化。因此，在公共关系部内部要保持各个工作环节的灵活性和可调节性，使其在不断变化的客观环境中，始终保持其公共关系活动的主动性。

权责一致性原则。权责一致性原则是指公共关系部及其工作人员要有明确的职责和相应的权力。权力和责任是任何组织机构必须明确的基本问题，二者的一致又是这种规定的关键。公共关系部及其工作人员应在规定的范围内具有某项工作的权力，同时承担相应的责任。责任是权力的基础，权力是责任的保障。如果权力和责任不相适应，工作就难以正常进行。

2. 公共关系部设立的基本模式

公关部的设置有四种基本模式可供选择：

部门隶属型。即公关部属于组织的某个职能部门，至于具体附属于哪一类部门，可视具体需要而定。一般来说，可隶属于传播沟通的业务较集中、较繁重的部门。一是归属于销售部门。这种归属法将公共关系的职能局限于商品推销。二是归属于广告宣传部门。此种归属偏重于公共关系的宣传职能。三是归属于接待部门。偏重于它的人际关系方面。四是归属于办公室。此种归属便于最高领导的直接指挥，亦不过分偏重某一方面的功能。它属于一种比较灵活的又便于掌握的形式，在部门隶属型中属于较好的一种形式。

部门并列型。即公关部与组织的其他职能部门平行排列，处于同一层次。与第一种类型相比，此种类型的公关部在组织中地位和权力比较高。反映了公关业务在组织中的独立性和重要性。公关部门可直接参与最高层决策，并有足够的职权调动资源，协调关系，其传播业务也比较完整。但一般来说，只有大型的组织如集团企业，才需要或可能这样来设置公关部，中、小型组织公关部的规模与其他职能部门相比，一般都小很多。公共关系传入我国以后，许多组织将原来从事类似公共关系活动的一些职能部门，如宣传教育科、广告科、接待科、信息中心等合并成为公共关系部，作为组织中的二级机构，并由副总经理（副厂长）领导。这种组织形式，目前被较多的企业所采用。因为它既把公共关系工作放在企业较为重要的地位，又不增加企业的行政编制人员，并可避免和原有一些职能部门工作的重复。

高层领导直属型。即公关部处于整个组织系统中的第三个层次，但作为一个第三级机构，它并不隶属于哪一个二级机构，而是隶属于组织的最高层领导，直接向最高决策层和管理层负责。这种类型综合了以上两种类型的特点。公关部既可以较为自由地与其他职能部门沟通，又具有相当的独立性和自主权，直接介入决策，而且机构比较精简灵活。

公共关系委员会。即由组织的主管领导牵头，各职能部门负责人共同组成的公关工作协调委员会，统一指导和协调全局的公共关系活动，下设公共关系办公室，负责日常工作。特别是当组织需要筹办大型的公关活动项目时，可以设立专项性的、跨部门的公共关系协调委员会，以策划、统筹、协调专题活动涉及的公共关系事务，发挥公关"总调度"的作用。

各类组织在具体设置公关工作机构的时候，必须根据自身的性质、特点、需要、规模等具体情况来考虑。如果条件不具备或不必要，也不一定设立专门的公关职能部门。可以指定某个现有的职能部门（如行政办公室、外事处或宣传部）兼管和负责，使组织的公共关系事务能纳入组织的目标系统和管理系统。

3. 公共关系部的特点

从公共关系实际操作的角度看，一个组织的公关部具有以下主要特点：

第一，了解内情。组织内设的公关部对本组织的业务和人事比较熟悉，因此开展公关工作能做到有的放矢，切合实际。第二，便于协调。内设公关部直接受最高管理当局的指导，直接与其他部门和基层沟通，比较方便和协调。工作任务的临时增减，工作目标和计划的随时调整都比较方便。第三，效率较高。因公关部是常设机构，能够"招之即来，来之能战"，特别是应付突发事件效率较高。第四，成本较低。自设的公关部便于控制预算和投入。第五，工作受到组织内部因素的制约，难以完全做到客观公正。自设的公关机构处于组织的人事环境和目标压力之中，必然首先从组织自身的利益和需要出发，难免受到组织领导者主观意图的控制和约束，传播工作有时候难以完全做到实事求是，客观公正，在组织和公众的天平上难免向组织一边倾斜。

3.2.2　公共关系公司

公共关系公司是指由公共关系专家和专业技术人员组成、以提供公共关系服务为基本工作内容的有偿服务机构。公共关系公司有的称作公共关系咨询公司、公共关系顾问公司等。

1. 公共关系公司的类型

公共关系公司的类型是多种多样的，可以从不同的角度进行分类。从工作范围可以分为跨地区，甚至跨国度经营的公共关系公司和地区性的小范围的公关公司；从经营主体和运作方式可划分为中外合资、中外合作、民办和私营的公共关系公司；从服务对象又可分为各行业服务的综合性公共关系公司，为特定行业服务的专业性公关公司。常见的公共关系公司类型主要有：

咨询型公共关系公司。咨询型公共关系公司是指，主要从事为客户提供信息服务和公共关系业务指导经营活动的公共关系公司。这类公司，一方面要为广大客户提供政策信息、人才信息、科技信息、商品信息、市场信息、投资信息等咨询服务；另一方面，如果哪一个社会组织想要知道怎样建立公共关系部以及公共关系部的机构设置和人员安排、公关计划的制定、公共关系活动的策划和开展等，这类公司要为其提供建议意见和具体方案。企业或组织也可以把公共关系咨询公司作为自己的"信息库"或公共关系业务的"头脑公司"；甚至个人也可通过公共关系咨询寻求新的职业和生活领域。

顾问型公共关系公司。顾问型公共关系公司是由享有盛誉的、具有专业技术能力的各类公共关系专家组成。这类公司受聘于各种组织，专家们走出办公室，到客户单位通过实际调查，为客户提供专项公共关系方案或综合性的公关方案；通过对客户公共关系问题的诊断，为客户协调各种内部和外部公众关系。这些公共关系的顾问还可以通过邀请政府人员、财政专家、法律专家等人员参与工作，从而使客户单位的公众关系得到妥善协调和圆满地解决。这类顾问型的公共关系公司，既可相对稳定地受聘于某些企业或组织，也可受聘解决企业或组织的某个特定公共关系问题。这对于双方来说，都是根据公共关系实际的客观需要而开展活动，是一种极为灵活的公共关系工作方式，有利于人、财、物、资源的节约。

专项服务型的公共关系公司。这是一种由各个行业和系统开办，充分发挥本行业、本系统职能优势的公共关系服务公司。如银行系统的"金融服务公司"，新闻系统的"大众传播事务所"，广告宣传部门的"公关广告事务部"等。专项型的公共关系服务公司的特点是，对客户的要求，能够给予权威性的答复和满意的服务。这类公司，为客户办理专项公共关系事宜，比客户自己办理既能节省开支，又能取得更加满意的效果。比如：由"大众传播事务所"为客户代办记者招待会或新闻发布会，就比客户自己举办既节省又具影响和效果，"金融服务公司"代客户办理经济业务，处理与其他企业或组织的经济关系，就必然取得事半功倍的成效。

综合服务型公共关系公司。这是指具有广泛的服务项目，能为客户提供全方位公关服务的公共关系公司。这类公司，既能为各种组织培训各种专门的公共关系人才，又能为客户举办各类展览会或展销会；既能为各种组织从事公共关系的协调与沟通，又能为组织提供促销产品和服务的公共关系服务；既能为企业或组织设计公共关系活动的总体方案，又能为企业或组织进行专项性或专业性的公共关系策略指导。综合服务型公共关系公司一般规模较大，实力雄厚，人才齐备，有的甚至是跨国性的公共关系服务公司。这类公司与社会其他组织和部门有广泛的联系，而且往往在社会上享有盛誉。它所提供的公共关系服务，能够弥补一个普通企业、组织在处理公共关系事务中的各种不足和缺陷，开展灵活多样的公共关系实务活动。

2. 专业公关公司服务的特点

专业公关公司服务也有其长处和短处，构成了如下特点：

第一，较为客观、公正。专业公关公司以专业的眼光和外部公众的角度去处理客户的公关问题，不受客户内部主观因素的干扰，容易做到客观、公正。

第二，技术全面，专业性强。专业公关公司能够利用其技术专长和丰富的经验为客户工作，比客户掌握更多的专业信息、社会关系和传播媒体，为客户提供较高水准的专业服务。

第三，较灵活，适应性强。可以根据需要随时提供不同的公关服务，不必增加客户的正式人员编制而应付意外的公关事务，具有时间和空间的机动性和适应性。

第四，不了解内情。因为专业公关公司一般难以参与客户的决策过程，与客户内部机构和人事关系疏远，难以得到完整的信息和资料，对客户内部情况的了解有限，对经营活动所提出的方案、计划的可行性往往受到影响。

第五，运作成本较高。聘请专业公关公司的成本一般比自己处理公关事务要高。但从长期来看，如能建立良好的合作关系，能得到高水平的策划和服务，使公关的资源投入更为合理和有效，对于客户来说还是值得的。

3. 公共关系公司的工作原则

公共关系公司所从事的工作，一方面关系到委托单位的信誉和形象，涉及客户的直接利益；另一方面又负有神圣的社会责任感。因此，在工作中必须遵守一定的原则。

第一，应自觉遵守党和国家的方针政策，在法律规定的范围之内开展活动。公共关系公司既是服务性机构，又是经济实体，但其根本职责是为社会公众服务，促进整个社会事业的发展。公司的一切行为都要以遵守党和国家方针政策为前提，在法律约束的范围内从事公共关系的业务活动，才能赢得良好的信誉，促进整个公共关系事业的健康发展。

第二，为客户保密。公司在代理委托单位的公共关系业务过程中，为了实现公共关系的总目标，必然了解委托单位的各种情况。如经营战略、工作计划，甚至包括一些技术秘密和科技秘密。这是委托单位参与社会竞争的资本，也是委托单位生存和发展的物质条件。公共关系公司应当为客户保密，也是公共关系公司的职业道德的基本要求。特别是在代理任务完成之后，更需要强化自我约束。否则，不仅会给客户的利益造成极大的损害，而且也会损害公共关系公司自身的形象和声誉。

第三，一切为客户着想。信誉第一、服务第一是一切社会组织的崇高宗旨。公共关系公司的工作业务都具有强烈的服务意识。因此，公共关系公司在代理公共关系业务或提供其他形式的公共关系服务时，都应尽力为客户办好事情，站在客户的立场上思考问题和处理问题。坚持合理的收费标准，提供高质量的服务，才能吸引更多的客户，创造良好的社会效益和经济效益。

3.2.3 公共关系社团

公共关系社团泛指为实现组织目标而组织起来，从事公共关系理论研究并开展公共关系实务活动的群众组织或社会团体。公共关系社团包括各种公共关系协会、学会、研究会、联谊会等。

1. 公共关系社团的类型

根据我国公共关系社团的现状，主要有以下几种类型：

综合型社团。综合型社团是指不同地域范围的公共关系协调组织。1986年在上海成立的上海市公共关系协会，1987年在北京成立的中国公共关系协会，都属于综合型的公共关系社团。综合型公共关系社团既从事一些学术性的公共关系理论研究、经验交流，又可承担各种公共关系的实务活动，代理有关公共关系业务。公共关系协会多为自筹活动经费或"民办官（政府部门）助"，其主要职能是指导、服务、监督和协调。

学术型社团。学术型社团是以开展公共关系学术研究为主要活动内容的社会团体。它包括各种公共关系学会、研究会等社会团体。学术型社团多为公共关系的理论工作者和高校有关教师组成，它通过举办理论研讨会、学术交流会等具体形式，总结公共关系活动的实践经验，研究公共关系的动态和理论问题，把握公共关系活动的发展趋势，对公共关系的具体实践进行理论指导，促进公共关系事业的发展。

行业型社团。这是一种行业性的公共关系组织。由于各个不同的行业，其公共关系活动有各自不同的特点。公共关系的行业化已成为一种发展趋势，各种行业型公共关系社团也不断出现，如中国煤炭公共关系专业委员会、安徽省商业公共关系协会、浙江省新闻界公共关系学会等，都属于行业型公共关系社团。这类公共关系社团，由于注重把公共关系的基本原理同本行业的具体实际相结合。因此，对于促进公共关系事业在行业内的深入发展，具有极大的作用，是一种很有潜力，大有前途的公共关系社团组织形式。

联谊型社团。联谊型社团属于没有固定活动方式、松散的公共关系社团组织形式。如公共关系俱乐部、公共关系沙龙、公共关系联谊会等。这种类型的公共关系社团，没有严格的组织条例，没有严密的组织机构，它的主要作用是在成员之间沟通信息。联络情感，建立良好的人际关系，一般不从事公共关系的实务活动。

媒介型社团是以创办公共关系的刊物等传播媒介而组建起来的一种社会团体。这类社团，直接利用传播媒介开展公共关系活动。它以探讨公共关系理论，普及公共关系知识，交流公共关系经验，传播公共关系信息的形式，来树立公共关系在广大公众中的良好形象。我国各种公共关系报刊的编辑发行机构就属于媒介型的公共关系社团。

2. 公共关系社团的特征

公共关系社团属于非营利性的群众团体。其具有以下特征：

第一，组织结构的松散性。公共关系社团虽然也属于一种社会组织，但它没有严格的组织结构，没有统一的组织活动，没有严密的规章制度，甚至其内部结构也是根据组织自身需要而灵活设置。因此，公共关系社团对其成员没有组织约束作用。

第二，人员构成的广泛性。公共关系社团一般都由热心公共关系事业的各种人士组成。因此，普遍存在成员来源的多样性，即成员来自各个行业，如企业界、新闻界、教育界、科技界，甚至包括党政机关单位人士和法律工作者。成员素质的差异性，由于公共关系社团是凭兴趣加入，有的可能是公共关系活动的专家；而有的可能是连公共关系常识都不懂的社会成员。成员职业的复杂性，即包括从事各类职业的人士。由于人员构成的广泛性，公共关系社团可能形成四通八达的信息联络网，可以广交朋友和广泛合作，促进公共关系事业繁荣。

第三，活动内容的社会服务性。公共关系社团的服务性主要体现为社会服务。这种社会服务是通过公共关系社团的学术性探讨，实践经验的总结，以及各种公共关系信息的传播实现的。公共关系公司的服务性主要体现在为具体的客户服务；而公共关系社团的服务性主要体现在为整个社会服务。

第四，工作目标的非营利性。公共关系社团不是一个经济实体，它不以营利为目的，一般也不直接为具体的客户服务，而只是从事公共关系的学术活动和信息交流活动。它所创办的经济实体性质的下属机构，可以从事有偿服务活动，但这种实体已经属于公共关系公司性质的社会机构。

第五，经费来源的多渠道性。公共关系社团活动经费来源主要有：一是主管部门拨付，在我国，各种社团都必须挂靠相应的部门，主管部门一般要给予少量的活动经费。二是社会资助，由于公共关系事业是一种引起社会普遍关注的公益事业，社会各界往往对公共关系社团予以资助。三是会费收入，即参加公共关系社团的成员要交纳一定数额的会费。四是服务活动收入，公共关系社团利用联系面广，信息源多的优势，在承担咨询服务，智力开发等项目中可以收取一定的费用。五是所属经济实体的收入，公共关系社团可以从所属经济实体有偿服务收入中提取部分费用，作为社团的活动经费。

3. 公共关系社团的工作内容

公共关系社团，作为公共关系活动的一个社会组织，它的工作内容主要是：

内外联络：任何公共关系社团，都具有相对广泛的成员，社团与成员之间应建立经常性的联系，才能形成凝聚力。同时，社团与社团之间，也应开展横向联系，形成网络系统，建立合作关系。这是公共关系社团最经常、最基本的工作内容。

制定规范：制定、宣传公共关系从业人员的职业道德和行为准则，并监督检查其执行情况，是公共关系社团一项基本工作内容，也是衡量公共关系社团社会效果的重要标准。公共关系从业人员的职业道德，是公共关系活动健康发展的重要因素，世界各国的公共关系社团，都十分重视公共关系从业人员职业道德的培养和提高。

普及知识：公共关系社团，一方面要进行公共关系的理论研究和经验总结，但更重要的是向广大公众宣传、介绍公共关系的基本知识，提高全民的公共关系的文化素养。

专业培训：开展公共关系业务培训是公共关系社团一项经常性的工作。向社团成员传授公共关系的基本理论和工作技巧，是公共关系社团工作目标的重要内容。有的公共关系社团本身就是一所培训学校。

编印刊物：编辑出版有关公共关系的书籍、报刊，传播有关公共关系的信息，是普及公共关系知识的重要手段，也是某些公共关系社团的基本工作内容。

3.3　公共关系人员

公共关系工作实践证明：一切公共关系工作的成败得失，有效程度和创造活力，在很大程度上取决于公共关系人员的素质条件。

3.3.1　公共关系人员的基本条件

公共关系工作是社会组织利用传播沟通手段去影响公众态度，从而在社会上树立良好组织形象的复杂的、高级的劳动，工作的每一个环节都离不开公共关系人员的操作。正是由于它是科学性、艺术性、理论性、操作性的综合学科，所以对公关工作人员的要求也是很高的。

1. 良好的气质性格

所谓公共关系人员的基本素质，首先表现为气质、性格。

良好的气质。气质是人的相当稳定的个性特点，表现在人的情感、认知、语言和行动中比较稳定的心理特征，它是构成公共关系人员素质的重要方面。人类大致有四种气质类型，即：胆汁质、多血质、黏液质和抑郁质。不同气质类型的人所表现出来的恒常性、稳定性各有不同。一般地，胆汁质的人较直率、热情、精力充沛，但情绪不稳，易于兴奋冲动，脾气多暴躁；多血质的人活泼好动，反应敏捷迅速，善于交际，但注意力容易转移，兴趣多变，做事缺乏耐心；黏液质的人喜欢安静、办事稳重、沉着、善于忍耐，但情绪不易外露，大多沉默寡言，反应较为迟缓；抑郁质的人办事谨慎、小心，体验深刻，善于觉察别人不觉察的小事物，但孤僻、忧郁，行动迟缓，疑虑重重。一般认为，多血质气质的人以其活泼、大方、机智、聪敏、善于交际、兴趣广泛的气质特征，更能使自己具有较强的凝聚力，能灵活地使组织领导的决策和措施得到顺利贯彻和落实，并能较好地掌握公众的意见、态度和期望，使信息及时反馈，更适合从事公共关系工作，当然，必须克服工作中不能持之以恒的气质弱点。其实严格地讲，气质本身无所谓好坏，它也不能决定一个人的社会价值和成就的高低，因为任何一种气质类型都有其积极的一面，又有消极的一面。我们说某种气质类型的人更适合做公共关系工作，是因为气质不但可以影响人的活动效率，而且可以影响人的情感和行动，但这并不等于其他气质类型的人就不能从事这一工作。事实上，在实际工作中，典型气质类型的人并不常见，大多数人的气质是介于各种气质类型之间的中间类型，因而不能把它绝对化。

良好的性格。性格是指一个人表现在态度和行为方面的较稳定的心理特点，如刚强、懦弱、寡断等，它是个性的重要组成部分，与人的气质密切相关。优秀的公共关系工作人员在性格上应具备以下特点：

第一，开朗、耐心、善解人意。由于公共关系工作中要与各种公众打交道，要能与社会各界沟通联系，参加各种社交活动，因此，要具有外向、开朗的性格。公关工作人员只有善于辞令，才能向公众表达意向、愿望，以诚恳的态度说服公众。同时，他们还要以极大的耐心，认真听取公众的意见和反映。公共关系工作人员在与公众交谈时要以情感人、以理服人，态度要和蔼、宽容，将心比心，善解人意，营造一种平等、融洽的气氛。

第二，沉着、顽强、勤于思考。公共关系工作面临的人与事往往是非常复杂的，有时甚至是各种矛盾纷至沓来，公共关系工作人员稍有疏忽，就有可能使矛盾激化，甚至酿成大错。为此，要求公共关系工作人员遇事要沉着冷静，慎重思考，善于从表面现象背后抓住事物的本质。当然沉着不等于拖拉，而应该是忙而不乱，有条不紊，对于深思熟虑的事情，要毫不迟疑地大胆去干，对于工作中的失误也要勇于承担责任。特别是当工作中遇到挫折和困难时要有顽强的毅力，不气馁、不灰心、不断总结经验，取得成功。半途而废，终将一事无成。

第三，风趣、幽默、富有感染力。现代社会中，幽默被认为是人际交往的润滑剂。开朗的性格可以通过富有幽默感的谈吐表现出来，语言的风趣、幽默往往是机智、开朗的重要表现方式，它可以缓解紧张的气氛，甚至可以表达用正式语言难以表达的意思。公共关系工作人员在工作中，经常会产生误解，这时，如果以富于幽默感的玩笑话寒暄，就比声嘶力竭的争吵或抑郁寡欢更能巧妙地解脱困境，而且公共关系工作人员幽默的言谈更容易感染公众，影响公众的态度。在西方，富于幽默感甚至成为选择政治家的一个标准，由此可见其重要性。

2. 优良品德

品德是指人的品质与道德。由于公共关系人员所从事的是一种塑造组织形象的复杂的工作，是一项影响、说服乃至征服公众的工作，这就要求工作人员本身具有人格影响力和品德的魅力，具体有以下诸方面内容：

第一，真诚可信，实事求是。真实是公共关系的生命，因此，公共关系人员必须具备实事求是的品质，无论是与公众交往，还是调查研究，收集信息，传播信息，都必须以真实为原则。公共关系工作者能言善辩绝不是无中生有、言过其实，只有以诚相待，开诚布公，才能赢得信任，"言必信，行必果"才能提高组织的知名度和美誉度。

第二，公正无私，乐于奉献。公共关系工作人员是否公正无私，有没有奉献精神，直接关系到公关工作的成败。公正，意味着公共关系人员对公众要一视同仁，平等相待，不搞亲疏远近，更不能以貌取人。无私，则要求公共关系人员不谋求组织利益之外的个人利益，时时处处以组织的利益为重。无私还意味着为了组织的利益，放弃、牺牲个人利益。对于一个优秀的公共关系人员来说，不仅要注重所在组织的特殊利益，而且要重视公众利益，对整个社会负责。

第三，乐于助人，富有同情心。公共关系人员在工作中会遇到各种各样的人，在处理人际关系的时候，应当站在对方的角度为他人着想，要善于理解人、宽容人、乐于助人，乃至于容忍他人的缺点和弱点。公共关系的言行与其说体现着本人的优秀品质，倒不如说体现了社会组织及其领导的风范。

第四，光明磊落，襟怀坦白。公共关系本身就是商品经济竞争的产物，在激烈的竞争中，公共关系人员必须正确处理好与其他组织、个人的关系。他们应该光明磊落，襟怀坦白，不以诋毁竞争对手的卑劣手段来抬高自己，更不能利用行贿、收买、欺骗等违反职业道德的手法去达到自己的目的，而应凭着自身的能力、水平、经验、技术在竞争中立于不败之地。

第五，勤奋努力，不断进取。在一些人眼里，总认为公共关系人员自在、潇洒、轻松，其实并非如此。他们的工作有时是烦琐、乏味的。为了给组织树立美好的形象，他们有时到处奔波，四处应酬，付出辛勤的汗水；有时甚至会遇到误解，被人讥笑嘲讽。这就要求公共关系人员要有吃苦耐劳，勤奋努力，不怕挫折，不断进取的精神。在工作中敢于创新、勇于开拓，不断总结经验，不断进步。

3. 合理的知识结构

知识结构是知识体系在求知者头脑中的内化，它是一种多元素、多系列、多层次的动态综合体。公共关系人员的知识结构是公共关系知识体系在公共关系人员头脑中的内化。

公关人员首先要具有公共关系的基本理论和实务知识。具体包括：一是公共关系的基本理论知识。二是公共关系的实务知识。其次，要具备与公共关系密切相关的学科知识。从管理的角度来看，涉及管理学、组织行为学、市场学、营销学等学科；从传播学角度看，涉及新闻学、传播学、广告学、人际关系学等学科；此外，还涉及社会学、心理学、社会心理学等学科。尽管这些学科不是公共关系本身，但它们的许多理论、应用技巧与公共关系的联系极为紧密，对公共关系人员搞好工作具有重要的指导意义，是公共关系工作人员的必修课。再次，要具备开展特定公共关系工作所需要的专业知识。公共关系人员应掌握自己所服务的组织或企业的专业知识，充分了解组织的情况，包括组织的性质、特点、任务、目标；组织的历史现状、发展前景；员工的精神面貌及竞争对手的行为、心态等。例如：一个钢铁企业的公共关系人员，对本企业、本行业生产的工艺流程、技术指标、产品等级标准；市场或计划调拨价格、生产水平、本企业与国内外其他企业相比的优势或差距；最新技术的开发应用、利润、税收、产值的增长情况及本企业的管理手段，企业的发展历史，职工人数，组织领导状况等都应该有所了解。只有这样，公共关系工作才能得心应手。

4. 健全的能力结构

公共关系人员的能力结构与公共关系人员的知识结构一样，是一个由一系列彼此关联的能力所构成的系统，公共关系人员应具备的能力主要有以下几个方面：

第一，广泛的社交能力。公共关系工作是通过传播活动树立组织形象的，公共关系人员是社会组织形象的体现者和代言人，肩负着沟通公众、环境、社会的重任，因此，他们必须有相当强的社交能力。要努力与众多的社会成员交朋友，了解不同公众的心理特征与行为特征；懂得与不同行业、职业、地位的人交往的技巧；善于主动出击，推销自我，并寻找交际的机会和增加交际的深度和契机；他们应遵循人际交往中的一些约定俗成的规矩，懂得社交场合中的礼仪。总之，公共关系人员只有具备了较强的社交能力，才能潇洒自如地走向各种社交场合，施展自己的魅力和才能，为组织树立良好的形象。

第二，较强的表达能力。表达能力是指运用语言、文字等方式将自己的知识、观点、意见明确地传播给他人的能力。公共关系工作是一种双向的信息交流过程。信息传播和意见沟通是公共关系工作的基础。因此，公共关系人员与公众进行信息交流与沟通，是否成功或有效，很大程度上取决于其本人的表达能力。表达能力主要有以下三种形式：

口头表达能力。口头表达能力往往反映了人们对语言的驾驭水平。作为公共关系人员，要想具备较强的口头表达能力，首先，应具备扎实的语言文字基础，较强的分析判断能力，符合逻辑的口才；其次，语言要生动，富有情感，具有说服力、感染力，要掌握听众的心理，注重用词、语气、面部表情的协调一致，制造良好的谈话气氛；最后，公共关系人员要注重讲话的策略，同样一句话，一个意思，怎样表达，何时表达，何地表达，都要认真仔细地斟酌，万万不可口若悬河，故意卖弄，甚至不讲原则地信口开河。

文字表达能力。文字表达同样是一种传递信息的重要方式，公共关系人员不单要会说、能说，还要能写。在公共关系活动中，许多公文、柬帖、新闻报道、公关调查报告，公关广告等稿件，都需要由公共关系人员起草和修订。这就要求公共关系人员具有驾驭文字的能力。他们不但要熟悉各种文体、文章的基本形式，还要会利用自己的丰富知识给文章润色，创造尽可能完美的文字材料，使文章能给人以清新、生动、流畅、亲切之感。

形体表达能力。形体表达也称动作表达或人体语言，它是利用人们的身体器官、躯干形态、面部表情、手势、下意识动作等传达感情和交流信息的方式。有人统计发现：人的形体表达比语言、文字更能充分、客观地表现人的真实情感和内心世界。因此，公共关系人员应用心研究人体语言，从中了解对方的态度或某种细微的情绪变化。同时，也要注意自己的身体语言可能传达出的某种信息，善于运用人体语言把一些不便用口头和文字表达的信息传达给公众。

当然，在公共关系工作中，三种表达能力不是截然孤立的，它们之间既有区别又相互作用，只有综合运用，互相配合、补充，才能达到最佳的表达效果。

第三，良好的组织能力。在公共关系实践中，经常要利用新闻发布会、公务谈判、沟通性会议、产品展销会、订货会、商品交易会等各种活动传播信息、推销产品、树立组织形象。每一项活动都离不开周密严谨的组织，这就要求公共关系工作者善于计划，头脑清醒，办事周到细致，有良好的组织能力。而每一次成功的公共关系活动，都是公关人员精细、严密的组织能力的表现。

第四，处乱不惊的应变能力。应变能力是应付情况突然变化的能力。在公共关系工作中经常会遇到一些令人尴尬的事件和场合，甚至可能发生意外。如何使自己在不利的形势下扭转局势，如何在遇到突发事件时能处乱不惊，以自己的语言或行动挽救可能出现、甚至已经出现的失误，这就需要公共关系人员具有灵活的头脑、冷静的思考、果断的处理及技高一筹的应变能力。当然，为了应付可能出现的各种意外，公共关系人员在制订工作计划时就应尽可能地对各种意外情况制定出相应的措施，做到有备无患。

第五，自我控制、调节能力。自我控制、调节能力就是人们常说的自控能力，是指一个人自我控制自己的情感、情绪、语言、行为的能力。生活是丰富多彩的，有生老病死、喜怒哀乐；有花开花落、悲欢离合。无论哪种生活都会给人带来不同的情绪、情感，并表现出不同的语言和行为。然而，作为公共关系人员，由于他们举手投足都关系着组织的声誉，他们的责任就是以自己的言行树立组织的良好形象，因此，他们必须有控制自我的能力，不能因喜而得意忘形；也不能因悲而失去理智，更不能因恼而迁怒于公众。如果在工作中受到指责、误解、嘲讽、刁难，公共关系人员必须"忍"字当头，心平气和地认真听取意见，以冷静的态度，和颜悦色的微笑服务去消除对方的误解。

第六，独出心裁的创新能力。创新能力是指人们创立新思想、新事物、新环境等以满足自我发展、自我实现的需要或适应自我变化的能力。独出心裁的创新能力，有赖于创造性的思维，有赖于实践、观察和想象。它要求公共关系人员只有在渊博的知识基础上，克服习惯性思维的弱点，摆脱传统观念的束缚，有批判地学习、借鉴成功的经验，才能不断求新、求异、独辟蹊径，才能在充满竞争的现代社会中技高一筹、领先一步，从而扩大影响推销产品、争取公众、树立形象。

5. 健康的心理素质

公共关系人员的心理素质，是从事公共关系工作的人员必须具备的思想和意识，这些心理素质在实践中表现为自信、热情、开放、审美等心理。

第一，自信的心理。自信就是自己相信自己的能力，客观公正地评价自己的水平。自信是对公共关系人员职业心理的最基本的要求。古人云："自知者明，自信者强。"充满自信的公共关系人员敢于面对挑战，自强不息。当然，这种自信不是盲目的，而应是建立在周密的调查研究，全面了解情况基础之上的。公共关系工作不是一种简单的机械操作，虽然在一定程度上可以预测到工作的成果，但有时还需冒一定的风险。当一个组织遇到危机时，只有充满自信，才能临危不乱，才能以稳健的姿态，凭借着智慧，依靠耐心和毅力，化险为夷，转危为安。

第二，热情的心理。热情是每一位从事公共关系工作的人都必须具备的一种心理品质。公共关系也是一种社会关系、人际关系，只有积极主动，热情开朗地与人交往，才能创造出一个友好、热烈的社交场合。对于公共关系人员来说，一方面要热爱自己从事的工作，有一种敬业精神，以满腔的热情，全身心地投入到工作当中，不怕吃苦，乐于奉献；另一方面，要以真诚去对待每一位公众，把公众作为自己真心的朋友，发自内心地去关心、理解、帮助他们。如果一个人缺乏热情，对什么都没兴趣，对一切都漠然以视，那么他既不可能接受别人，也不可能为别人接受，这样的人是无法胜任公共关系工作的。

第三，审美的心理。公共关系作为一门具有创造性的艺术，它必然具有审美价值。自古以来，人类生活就从未放弃过对美的追求。公共关系工作的目标是追求社会组织的知名度和美誉度，所以要求公共关系人员一定要有高层次、高品位的审美情趣和审美心理。他们要追求美的气质、美的风度、美的语言和美的行为，要适合时代的审美标准，去实现外在美与内在美的和谐统一。

总而言之，公共关系是一门专业化程度较高的职业，要成为一名合格、优秀的公共关系人员，就要具有较为全面的良好的思想道德、性格气质、工作能力和文化修养。此外，他们还必须掌握一些实践性较强的知识和技能，使自己在公关工作和社会生活中施展自己的才华。

3.3.2 公共关系人员的日常工作及行为准则

公共关系工作需要一大批公关人员去做，有些从事公共关系理论研究，有些从事教学工作，有些从事具体的实践活动。由于这些工作人员的工作性质、范围、职能各不相同，因此，在公共关系工作中充当不同的角色。

1. 公共关系人员的日常工作

公共关系人员的日常工作是根据他们的工作性质、人员角色而决定的。公共关系人员角色大体上可分为四种类型：专家型、领导型、技术型、事务型。

专家型公共关系人员是专门研究和解决公共关系理论与实践问题的权威，他们有较高的理论水平和宣传推广能力，知识渊博、经验丰富，是公共关系队伍的中坚力量。专家型角色主要包括以下人员。

第一，公共关系顾问。公共关系顾问是对公共关系工作有一定研究，不仅有理论知识，而且富于实践经验的处理和解决公共关系方面问题的社会技术专家。公关顾问有的是一些公共关系人员兼职担任，有的是一些离退休而富有经验的老同志担任。他们的日常工作主要是：制定与实施公共关系方案，为当事人做决策参谋。帮助组织与公众建立联系，协调与公众的关系。提供各种业务咨询，传播信息、解决公共关系难题。指导与教育一般公共关系人员，提高他们的素质和水平。第二，公共关系学者和教育家。公共关系学者和公共关系教育家是专门从事公共关系理论研究、培养教育公共关系专业人才的专家。他们从事社会调查活动，进行公关理论研究，总结公共关系经验，从事不同层次的正规教育、业余培训。主要包括：有权威的新闻记者与编辑、评论家、大学教师和研究员等。主要日常工作有：从事公共关系理论研究与探讨，为国家或重要部门提供制定政策和策略的依据。介绍、翻译与传播国内外有关公共关系理论、实践、动态的信息。撰写公共关系论文。编写公共关系专著与资料，编辑出版有关报纸、杂志，为电台、电视台提供专题或专栏节目。从事公共关系教育工作，在学校开设公共关系课程，组织公共关系知识的普及和各项竞赛或专题活动。

领导型公共关系人员是指，在各公共关系组织或相关单位担任领导职务的人。他们是一个部门公共关系工作的总设计者，对整个组织有举足轻重的影响。他们主要包括组织的经理、部长、主任等。其日常工作为：

第一，制定公共关系的工作目标，策划公共关系方案与程序，为每一阶段或每一时期的公共关系工作确定明确而具体的任务。第二，估算、分配公共关系实务活动所需要的人才、物力、时间和费用，确保公共关系工作的正常运转。第三，参与高层次决策活动，及时反映各方面情况和信息，从公共关系角度为决策提供参考意见。第四，处理公共关系部的各种问题，领导、检查、监督全体人员的工作。第五，总结评估公共关系工作，定期向组织提出报告，回顾与展望公共关系工作。第六，对内协助各部门的工作，对外作为组织的发言人。

技术型公共关系人员是从事专项技术的业务工作人员，主要包括摄影师、广告师、设计师、编辑、记者等有技术专长的技术人员。他们是公共关系计划与目标的具体执行者和业务技术实施者。他们的日常工作主要是：第一，在公共关系程序中承担某一方面的具体任务，并利用自己的特长发挥作用。第二，进行专业技能的学习和训练。第三，在传播信息、沟通媒介关系中进行组合和搭桥活动。

事务型公共关系人员，是组织中从事一般日常工作的最普通、最基层的工作人员。根据他们不同的工作内容和工作环境等因素，人们常常把事务型公共关系人员分为两部分：

一是对内公共关系人员。任何一个组织要想在公众中树立良好的形象，必须首先开展对内公关工作，取得组织内部公众的真诚理解和鼎力支持。内求团结才能外求发展。对内公共关系人员的日常工作主要有：其一，了解员工、尊重员工，造就员工良好的价值观念。其二，协调组织内部各部门之间、员工之间、领导与员工之间的关系。其三，组织各种形式的联谊活动和福利活动，为员工排忧解难。

二是对外公共关系人员。除了搞好组织内部的工作以外，公共关系的重点仍然是对外部公众的工作。对外公共关系人员的主要日常工作是：其一，负责联系外部的顾客和客户，不但要向顾客进行宣传和产品推销，还要负责对售出商品的维修、服务。其二，收集公众对产品及工作的意见、建议，答复客户的询问和投诉。其三，设计、创意、制作精美的广告。其四，负责与媒介的联系，代表组织与友邻及同行或社会其他部门交际、联系。其五，主持召开记者招待会、新闻发布会、产品订货会、商品交易会。

2. 公共关系人员的职业道德

由于职业的特点和社会的需要，不同的职业对从事该职业的人员都有着不同的职业道德要求。正如医生有医德，教师有师德一样，公共关系人员也要讲究公共关系工作的职业道德，而且对他们的职业道德要求标准更高。这是因为：公共关系通过塑造组织的良好形象，扩大组织的知名度、美誉度来追求组织经济效益和社会效益的最佳统一，因而从事这一职业的人需要有高尚的道德品质；公共关系人员是组织的化身，他们的言行举止不单反映自身素质和水平的高低，更重要的是影响着组织的形象和信誉。公共关系工作职业道德主要包括：

第一，恪尽职守、忠诚老实。塑造组织的良好形象，为组织的生存和发展创造良好的环境，是公关人员的基本工作和根本任务。因此，衡量一个公共关系人员是否具有职业道德，最重要的是看他对公关事业是否尽心尽责，对公共关系工作是否恪尽职守。这就要求公共关系人员热爱本职工作，对工作极端负责，充分履行本职工作的社会责任、经济责任和道德责任，按照国家和政府的法纪和规章制度办事。不从事任何与履行职责无关或相悖的事务，严守组织机密，维护组织形象，为公共关系事业的发展作出贡献。真诚老实就是要求公共关系人员在对待职业的态度上要体现客观真实的原则。要讲真话、说实话，力戒弄虚作假，欺上瞒下，投机取巧，因为"真实"是公共关系的生命所在，只有真实才能取得公众的信任和友情，才能有效地开展公共关系工作。

第二，勤奋学习，努力工作。公共关系工作并非有些人所想的迎来送往、潇洒浪漫，它是实干的事业。因此，公共关系人员职业道德水平如何，不但要看他有无自觉履行职责的愿望，而且还要看他有没有履行职责的过硬本领。公关人员只有通过勤奋学习，才能全面掌握公共关系理论知识，只有努力工作不断实践，才能把知识转化为能力，才能凭借自己的真才实学，为组织赢得信誉。

第三，廉洁奉公，不谋私利。公共关系工作就是服务。每个公共关系人员只有为公众、组织、国家谋利益的义务，而没有谋取个人私利的权力。公共关系人员必须始终把国家利益、公众利益、组织利益放在首位，在任何时候都不利用手中的关系和权力营私舞弊、损公肥私、贪污受贿、敲诈勒索，在工作中要依法办事，坚决与违法行为作斗争。

第四，公道正派，谦虚团结。从事公共关系工作的人员应当为人正直、办事公道、作风正派、品德高尚、原则性强；不逢迎拍马、投机钻营。无论处理什么事情，都站在公正的立场上，从大局出发，维护正义，坚持真理。另外，公共关系工作是复杂的，单凭一两个人是不能完成的，它需要工作人员之间团结、合作、相互尊重、相互信任。这就要求公共关系人员克服傲慢自大、夸夸其谈、争功夺利、妒贤嫉能等不利于团结的作风，去营造谦虚、民主、宽容、忍让的环境和气氛，群策群力，使公共关系工作在良好的环境中健康地开展。

3. 公共关系人员的教育培训

公共关系事业的蓬勃发展，急需一大批高素质的公共关系专门人才，于是选拔和培养公共关系人员，成为我国当前开展公共关系工作和发展公共关系事业的迫切任务。公共关系人员的能力和水平并不是与生俱来的，必须经过严格正规的教育和培训。

要成为一名合格优秀的公共关系人员，需要学习很多的课程，涉猎大量的知识，训练多种技能，这是由公共关系的学科性质和学科特点决定的。就目前的情况来看，在发达的国家中，大多数从事公共关系工作的人通常都在大学社会科学系或大众传播系毕业以后，再经过一段时间的培训，学习一些专门的公共关系技术课程才从事这一工作。其中不乏公共关系专业的硕士、博士。在我国，公共关系工作起步较晚，目前专门培养公共关系人才的专业学校还不多，虽然一些学校已经设立了这样的专业或已经培养出了一些学生，但也解决不了现在公共关系人才短缺的问题。

根据我国的实际情况，公共关系人才的培养途径主要有学校教育和社会教育两个方面。

学校教育。学校教育是指在一些有条件的大专院校开设公共关系专业或公共关系课程，通过正规、系统的教育，培养公共关系人才。这种教育通常有系统、严格的教学计划、教学大纲、专业师资和专业教材，有明确的培养目标。学生在学校通过学习可以全面系统地掌握公共关系的有关知识，具备了良好的知识结构和能力结构，成为独当一面的公共关系人才。目前我国已有20余所大学设立了公共关系专业或辅助专业，有些学校已开始招收公共关系专业方向的研究生，这种通过正规高等院校培养人才的方法，正是我国今后公共关系教育的发展方向。

社会教育。公共关系的社会教育也是一种公共关系人才培养的途径，它主要有普及型和提高型两种类型。普及型的公共关系社会教育的重点是向非公共关系专业人员普及公共关系知识。这些人员在接受公共关系知识后再经过进一步学习和实践，有可能成为公共关系专业人员。提高型公共关系社会教育侧重于对现有公共关系人员进行集中培训，以提高他们的理论和工作水平，它是学校教育的有益补充。公共关系社会教育形式多种多样，较为常见的有：

第一，函授进修。指以高等院校为基础和依托，依靠某些社会组织，利用一些有名望的公共关系专家，联合培训公共关系人才的教育方法。函授教育比院校教育时间短、课程集中，学习不受时间、地点等条件的限制。既有广播电视函授，又有书面函授，这种形式比较适合我国现阶段的状况，可以缩短周期，早出人才。

第二，短期培训。公共关系培训班时间没有统一规定，有的长达数月，有的短短几天。由于培训时间长短不同，讲课者和学员的情况差别很大，所以各种培训班的教学内容不尽相同。培训班的主攻目标往往以掌握各种业务技能为主，培养专才式的公共关系人才。由于学员本身具有一定的社会工作经历。他们通过培训班的学习，可以具备公共关系某种专业技能，如广告设计、新闻采写、情报调查、美工摄影等。这类人才在我国目前比较缺乏，需要积极培养。因此公共关系短期培训班对社会在职人员了解公共关系的基本内容，获知公共关系研究和实践的最新成果，提高公共关系工作水平，有一种"短、平、快"的效果。

公共关系是一门专业化程度较高的职业，它要求公共关系人员不但要有广博的知识，多方面的修养和能力，还必须掌握一些实用性较强的知识和技能。从目前来看，一个合格的公共关系人才究竟要学习哪些知识，国内外尚无统一规定，各国家、各地区都有不同。欧美一些国家的公共关系教育培训内容主要有三大系统：即基础课程，主要包括：经济学、政治学、法学、社会学、哲学、逻辑学、统计学、人类学；专业课程，主要包括：公共关系原理、公共关系实务、员工关系、民意测验、摄影、演说、新闻写作等；应用课程，主要包括：大众传播学、舆论学、新闻学、社会心理学、外国语言学、市场学、财政学、销售学、工商管理学、广告学、会计学等。从这三大系统的课程设置，可以看出欧美国家非常重视公共关系人员理论水平的培养教育。而我国从 20 世纪 80 年代才开始进行公共关系人员的培训工作，所以到目前为止，按照什么体系安排培训内容，是偏重于理论还是偏重于应用，仍然是一个有争议的难题。但无论如何，我们必须注意把德才并重，知识与能力并重作为重要原则；扬长避短，从长计议，培养出真正能为组织树立良好形象的优秀公共关系人才。

本章小结

公共关系主体是指公共关系中主动影响客体的一方。在公共关系学中，一般是指社会组织。此外，本章把执行公共关系任务、实现公共关系功能的行为主体，公共关系的组织机构，公共关系人员也纳入公共关系主体系列。

社会组织是一种复杂的、高级的社会群体。随着社会生产的发展，分工的扩大和协作的加强，在现代社会，人们活动的场所已从家庭、邻里等基本群体扩展到社会这个大舞台，不同程度地从属于各个不同的组织。组织生活是现代人们社会生活的基本形式，社会组织成为社会构成的基本单位。公共关系主体指的就是这种社会组织。组织一般由组织目标、成员、章程、组织管理系统、组织设备要素构成。依据不同的标准，可以把社会组织划分为各种不同的类型。一定的社会组织对其成员乃至社会有目的地施加影响，这种作用与影响主要是整合功能、协调功能、维护利益功能。在所有的组织文化中。企业文化最为引人注目。广义的企业文化，是指企业创造出来的所有物质和精神产品。狭义的企业文化，是指在企业行为中表现出来的价值观念和行为规范的总和。企业文化包括深层的观念形态文化、中层的行为形态文化和表层的现象形态文化三个部分。企业文化具有导向功能、凝聚功能、协调功能、激励功能、渗透功能。

公共关系的组织机构是执行公关任务、实现公关功能的行为主体，是公共关系工作的专业职能机构。主要包括公共关系部、公共关系公司和公共关系社团。公共关系部是组织内部设立的公关职能部门，各类不同的组织往往以不同的名称和形式存在。公共关系公司是指由公共关系专家和专业技术人员组成、以提供公共关系服务为基本工作内容的有偿服务机构。公共关系社团泛指为实现组织目标而组织起来，从事公共关系理论研究并开展公共关系实务活动的群众组织或社会团体。包括各种公共关系协会、学会、研究会、联谊会等。

公共关系人员是对从事公共关系工作的职业人员的常见称呼。一切公共关系工作的成败得失，在很大程度上取决于公共关系人员的素质条件。公共关系人员的基本条件是良好的气质性格、优良的品德、合理的知识结构、健全的能力结构、健康的心理素质。公共关系人员根据工作性质、范围、职能不同，在公共关系工作中充当不同的角色。公共关系人员也要讲究公共关系工作的职业道德，主要包括：恪尽职守、忠诚老实；勤奋学习，努力工作；廉洁奉公，不谋私利；公道正派，谦虚团结。公共关系人员的能力和水平并不是与生俱来的，必须经过严格，正规的教育和培训。根据我国的实际情况，公共关系人才的培养途径主要有学校教育和社会教育两种。

关键术语

组织　　企业文化　　公共关系部　　公共关系公司

公共关系社团　　公共关系人员

思 考 题

1. 企业文化的含义和功能是什么？
2. 公共关系部的工作特点是什么？
3. 公共关系公司及其业务特点是什么？
4. 公共关系人员应具备哪些基本素质？

案例分析

百度的狼性文化

2012年11月初，百度公司创始人兼首席执行官李彦宏在百度内部网上发了一封以《改变，从你我开始》为题的公开信，并引发了圈内的广泛热议。

李彦宏在文中讲述了百度在未来的一段时间内要走的路线：在战略上，首先是整顿投资不足的问题，除了把更多的钱投入到更多的新业务和创新上，还应该增强推动者和保护者；再就是需要愿意改变自己，提前预知市场的变化，争取在市场斗争中处于主动而非被动的地位。在执行上，李彦宏主张进行两点变革：鼓励狼性，淘汰小资。李彦宏称，百度现在需要有敏锐的嗅觉、不屈不挠奋不顾身的进攻精神以及群体奋斗。同时，李彦宏提出要毫不留情地"淘汰小资"，因为他发现小资主义已经腐蚀了百度团队的效率和执行力。他对小资定义是"有良好背景，流利的英语，稳定收入，信奉工作只是人生的一部分，不思进取，追求个人生活的舒适才是全部"。李彦宏还指出"淘汰小资就是为了呼唤狼性，呼唤狼性就是要胡萝卜加大棒。要让所有员工更明确如果想找一个稳定工作不求有功但求无过的混日子，请现在就离开，否则我们这一艘大船就要被拖垮"。李彦宏预示到不淘汰小资，那么将会面临企业被淘汰的困境。小资式员工的懈怠将会导致整个组织的精神懈怠，如果不懂得居安思危，只是一味沉迷于行业霸主的幻觉之中，迟早会遭遇企业发展困境，甚至会在行业竞争中惨遭淘汰。最后，在管理上，李彦宏提出要减少管理层级，提升效率，并再次强调了企业文化的重要性，倡导使命和文化高于 KPI 的理念，要做符合公司文化和使命的东西。

自李彦宏呼唤狼性文化至今已有一年多的时间，百度新狼性文化的效果如何？今天看来，狼性文化的回归，百度新狼性文化的实施对于百度的发展效果显著。一年间，百度催生了 13 款用户过亿的产品；完成了中国互联网历史上最大一宗并购案；百度移动业务收入贡献超过 10%，在追求健康生态产业链上迈出稳健步伐；资本市场的积极认可，股价重回 160 美元高位，突破历史最高点。

企业文化是企业的灵魂，也是企业人力资源管理的核心。在百度的辉煌时刻，李彦宏发布这封内部信体现了其作为百度公司的创始人兼首席执行官，具有强烈的危机感和责任感，具有很强的居安思危、预警未来的能力。他在移动互联网大变革的关键时期，再次敏锐意识到了百度发展中可能存在的问题与危险，他提出的"呼唤狼性，淘汰小资"的理念，就是旨在激发员工的创新与激情。小资式员工是公司发展的既得利益者，害怕创新和改变，无形中就成为了公司发展和创新的绊脚石，李彦宏正是看到了这一点才呼吁一定要"淘汰小资"的。"淘汰小资"就是为了"呼唤狼性"，让员工们有勇气进行革命与创新。由此可见，百度作为互联网领军企业，能够清醒地认识到互联网丛林法则的残酷性并不断保持自警，不断挑战自己，果断摒弃那些"舒适"、"懈怠"的不正之风，保持清醒和危机意识，是非常可贵的。

我们不能肯定百度未来的发展会如何一帆风顺，但是，在企业发展中企业文化应该随着时代的发展变化而不断进行调整。成功总是属于那些有准备的人，李彦宏正是看到企业文化对于企业的重要性才促使了百度狼性文化的崛起。

（资料来源：根据百度百科改编）

思考：

1. 分析企业文化对于企业的影响。

2. 联系实际，谈谈企业文化的建设。

第 **4** 章　公共关系客体

　　公共关系客体，是指在公共关系中处于客体地位的人和人群，一般称为公众。在协调公众关系、改善环境中，在树立自身形象、提高信誉的过程中，在沟通内外联系、谋求支持与合作中，社会组织都居主动地位，在公共关系的过程中起着控制者和组织者的特殊功能，但公共关系的客体——公众不是被动消极、无所作为的。公共关系主体不能把期望得到的印象强加于公共关系客体，公共关系主体只能对公共关系客体施加影响，最终决定公共关系客体印象的是公共关系客体自身。所以公众的态度和行为足以反映公共关系目标的实现程度，也是检验公共关系成败的最好尺度。本章着重分析公共关系客体及其相关内容。

4.1　公共关系客体的含义和特征

　　"公众"一词在社会科学和日常生活中使用得很广泛，但它在公共关系学中的含义不同于其他学科。在社会学中，公众即大众，指社会上的大多数人；而在公共关系学中，只有与特定的公共关系主体相关的个人、群体或组织，才被称为公众。因此，正确地理解公共关系客体，必须准确地理解和把握公众的含义和特征。

4.1.1　公共关系客体的含义

　　公众是公共关系学中最基本的概念之一。所谓公众，是指与特定公共关系主体相互联系、相互作用，对一个组织的目标和发展具有现实或潜在的利益关系或影响力的所有个人、群体和组织的总和。

公众是公共关系学的特有概念，其内在含义包括以下几个方面：

第一，公众是公共关系活动的目标。公众伴随公关活动的产生而产生，失去了公关活动，也就失去了公众的意义。因此，作为公众，是特定的组织的公众，是公关活动中的公众，而不是泛指社会生活中的大众或某一领域的部分人。

第二，公共关系中的公众与一定组织构成某种利益关系。只有当特定的个人、群体和社会团体与一定组织发生利益关系，从而使他们的意见和行动对组织的生存发展产生影响力时，这些个人、群体和社会团体才成为组织的公众。

第三，公共关系中的公众总是与某一组织构成某种互动关系。公众的意见和行动对一定组织的生存发展具有影响力，同时组织的行为对公众的生活也具有影响力。也就是说，公众与一定组织之间利益关系是双向的，组织和公众都可以从对方那里获得利益，以此为基础，形成了组织和公众之间的公共关系活动。

第四，公共关系中的公众又是一个复杂的系统。一方面，公众的结构是立体式、多层次的，小到个人，大到社团，公众是由若干个人、群体和社团组合而成的。另一方面，公众又是多类型的。从不同的角度，组织的公众分为不同的类型。

4.1.2 公共关系客体的特征

在公共关系中，公众总是一定组织的公众，因此，不同的组织、同一组织在不同的发展时期，以及同一组织、同一时期在不同的公关活动中，所面对的公众是不同的。任何一个组织其公共关系工作所面对的公众都不是单一的，而是由社会各方面的公众所组成。例如：一家百货商店所面对的公众包括顾客、上级主管部门、政府机构、员工股东、新闻媒介、业务往来单位、社区及其他百货商店中的竞争对手等。而一所学校所面对的公众则包括学生、学生家长、学校教职员工、教育经费的提供者、雇用毕业生的单位、学校所在的社区等。虽然不同的组织面对着不同的公众，但各类公众又都具有一些相同的性质，这就是公众的同质性、群体性、多样性、可变性、相关性、层次性。

第一，同质性。公众的形成是因为公众成员遇到了共同的社会事件或共同的社会问题，而且该事件或问题对公众成员有着这样或那样的利害关系。这种问题从大的方面说，可以是国家大事乃至国际问题；从小的方面来说，也可以是家庭琐事或个人问题。无论事件的巨细，问题的大小，只要是有充分数量的人所共同遇见，则这些人就可能形成公众。例如某电视机厂片面追求产量，粗制滥造了一批电视机投放市场，用户购买使用后，很快发现了其严重的质量问题，由此，引起了他们的强烈抗议，纷纷致信厂家，要求给予经济补偿，那么这些购买这类电视机的用户就自然成了该厂急需沟通的"公众"。显然，这一特定公众，就是因为他们共同面临着"购买了质量差的电视机而蒙受经济损失"这一共同问题而形成的。

第二，群体性。公众，其英文的本意指的是具有"合群意识"的社会群体，共同的利益、意志和兴趣及共同的文化心态，使某些人结合成一个社会群体，形成公众。因此，公共关系处理的是一种公众关系，旨在解决组织与某一特定群体间的关系。社会组织是公共关系要处理的第一类社会群体。

此外，在特定的条件下，那些并不是在社会交往过程中而结合在一起的人群，如同一架飞机、同一列火车、同一艘轮船上的旅客，同一个剧场、同一个影院同一场次的观众，都可能因面临着共同的问题，有着共同的利益要求，从而成为同一组织的公众。这也是公共关系要处理的一类社会群体。

第三，多样性。公众的存在形式不是单一的，而是复杂多样的。"公众"仅是个统称，具体的公众形式可以是个人，可以是群体，也可以是团体和组织。日常的公共关系工作对象，包括各种各样的个人关系、群体关系、团体关系、组织关系等。即便是同一类的公众，也可以有不同的存在形式。比如消费者公众，可以是松散的个体，也可以是一个严密的组织（如集团消费），还可以是特殊的利益团体（如消费者协会）。公众形式的多样性，决定了沟通方式如传播媒介的多样性。

第四，可变性。公众的可变性，取决于公众自身的流动性与公共关系工作的变化性。公共关系要处理的公众始终处于变化之中，一个组织找到了相对确定的公众范围，不等于已经选择到了确定的公众，在同一个范围内的公众乃是一个复杂的社会集合体。他们的年龄特征、职业特征、文化特征、心理特征都可能处在流变之中，具有不确定性。例如，一个股份制企业，股东是其主要的公众之一。但是，由于股票的自由买卖，股票的持有人具有不确定性。再如，一家商店，顾客是其首要的目标公众。但是，顾客的构成是随机的。每天，甚至每时，顾客都处在变化之中，由此决定了组织公众是确定性和不确定性的统一。另一方面，由于公众的形成取决于共同问题的出现。因此，一旦问题解决，公共关系意义上的公众也就不复存在了，但是组织所处的社会关系复杂性和流变性，决定了组织在问题解决之后或同时，又会产生新的问题，公共关系工作人员亦随着组织的需要去解决新问题，由此，又形成一批新的公众。公关人员在开展公关工作时，是在同不断变化、流动的公众交流信息，而作为公关人员自身只有充分认识到这个问题，才能增强公关工作的针对性、应变性、灵活性。

第五，相关性。"公众"虽然广泛存在，但实际与某一社会组织发生关系的公众都是有限的。几乎不与某一社会组织发生关系的"公众"，都不是该组织的公众。社会组织的特定公众对社会组织具有特定的要求，与该组织存在着一定的利益关系，也就是说，特定公众都是要求从该组织获得某些应得的权益。由于公众与社会组织的这种相关性，公众的选择和确定就成了公共关系的重要任务。

第六，层次性。公众是一种社会群体，社会群体具有层次性，因此公众也就有层次性，它包括社会组织、群体组合和初级群体三个层次。我们曾在前一章的第三节中讨论过这三个层次，这里要强调的是，公共关系所说的"社会群体"同社会学里理解的不一样。社会学不把按地缘、年龄、性别和肤色等划分的人群组合体理解为"社会群体"，但在公共关系学来说，这种人群组合体同样可面临共同的问题，并与社会组织发生关系，因此同样可以成为社会组织的公众，如儿童对于玩具商店，妇女对于妇女用品商店等。所以公共关系学把这种人群组合体也理解为"社会群体"。

从上可知，"公众"概念在公共关系中有自己特殊的规定，它既不同于"人民大众"等概念，也与"顾客"等概念有别，甚至跟通常所说的"公众"的一般概念也不完全一样，但无疑它同这些概念都有一定的联系，了解它们之间的区别和联系，对于作为社会组织的客体的"公众"概念的把握，同样也是有一定帮助的。

4.1.3 公众心理分析

不同的公众有不同的心理，公共关系工作必须针对公众的不同心理采取不同方式，因此，必须对公众的心理进行必要的分析。

公众的心理定势。心理定势是在日常生活中存在着的一种心理，影响着公关活动，公关人员必须高度重视。

公众的心理定势，是指在一定社会条件下，由人与环境相互作用而出现的公众对某一对象的共同心理状态与一致的行为倾向。人们在共同的社会生活中，其心理和行为存在着一种社会化标准化倾向，这种倾向规定着人们的行为，共同的规定就构成了公众的心理定势。公众的心理定势潜伏在人们的意识之中，制约着人们的行为，成为存在于公众之中的一种无形的影响力。善于利用这种影响力，有利于提高公关工作的效率。公众的心理定势可按公众类型来划分。如：国民公众心理定势，城市公众心理定势等。

心理定势具有自己的特征，主要表现在：自发性：心理定势是对特定情境的适应性反应，是公众经过相互作用后自发产生的。内隐性：心理定势是一种内在的心理倾向，由人们对某个对象的评价、情感体验和意向三个因素组成，不易直接把握。主动性：心理定势一经形成并成为公众的内在心理倾向之后，便表现出激发人的行为的主动性，从而起着控制与支配公众的现实生活的作用。规范性：心理定势是人们对某一自然现象或社会事务的共同心理反应，在其反应方式、策略、原则和标准上，带有一定程度的规范性。此外，心理定势是容易变动的，不稳定的。

心理定势的表现形态很多，基本的有模仿、暗示和感染；遵从和服从；时尚、舆论与流言；风俗和习惯。公关人员应根据不同的心理形态采取不同的措施，顺应公众的一般心理要求。把握并运用公众的特殊心理要求，正确引导公众。

公众的消费心理。公众的消费心理指公众在消费过程中的心理活动表现，它是影响消费者行为的内在因素。

公众的购买行为充分体现了公众的消费心理，常见的几种消费心理主要有：求廉心理，即以商品价格低廉为中心的购买心理。求实心理，即以商品的使用价值、讲究实用为目的。求名心理，主要是追求名牌商品。虚荣心理，往往借助某些商品来显示自己。求新心理，主要注重商品的外形、式样、追求时髦。习惯性心理，购买商品主要是出于消费的习惯。

日常生活中，公众的消费存在着心理需要。心理需要是人类为提高物质生活水平而产生的高级社会性需要。主要有：（1）知晓需要：日常消费中，对商品的知晓是公众购买的第一位心理需要。（2）尊重需要：人人都有被尊重的需要，消费过程中同样期待着被尊重。（3）美观需要：爱美之心，人皆有之，消费过程中，同样要求商品的美感。（4）价值需要：一个人最高层次的需要就是体现其自身的价值。

根据公众的不同消费心理和需求，公关人员可用各种各样的方法来吸引公众。常见的几种方法是：第一，利益吸引。任何一个组织都应把公众利益放在第一位，从而吸引公众。组织的行为只要给公众带来利益，公众就会被吸引。第二，新奇吸引。公众的共同心理是对新奇的东西很偏爱，对陈旧的东西较为反感，因此，组织的行为力求创新，就能有足够的吸引力，从而"出奇制胜"。第三，信息吸引。当今时代，许多企业靠捕捉信息而起死回生，而及时地，恰当地传播组织的信息就能争取公众。第四，形象吸引。如果一个组织在社会公众中信誉好，形象佳，就会赢得公众，受益无穷。第五，示范吸引。用直观的，可学习的行为来吸引消费者，是最实用的方法。组织可以有意识地组织一些商品博览会、展销会，条件许可的话还可将商品提供给消费者试用。第六，目标吸引。组织的目标是组织未来所要达到的状态或事实。公关人员可及时传播信息，借助良好的形象吸引公众。

公众的心理和行为。公众的行为都受一定的心理所支配，因此，了解一下公众的心理与行为之间的关系是十分必要的。

第一，公众的知觉与行为。知觉是人脑对直接作用于它的客观事物的整体反应。一定的知觉导致一定的行为。因此公众的不同行为是由公众的知觉不同而决定的。公众的知觉不仅具有选择性，而且具有偏见。因此，公关人员必须设法改变公众的知觉偏见。

第二，公众的价值观与行为。公众对是非、善恶、好坏的评价标准是有差异的，对自由、幸福、荣辱、平等这些观念的理解也有不同，而且不同生活背景和文化传统会形成不同的价值观。因此，就决定了人们的行为方向和能达到的程度，决定了公众向往什么，追求什么，喜欢什么，推崇什么。因此，公关活动应根据公众的价值观的差异，制定相应的方针策略，以达到最优效果。

第三，公众的态度与行为。态度是人们在认识和行为上相对固定的倾向。态度的变化影响着公众的行为变化。公共关系工作必须通过宣传、教育、引导来影响或转变公众的态度，使之对组织的发展有利。

第四，公众的需求与行为。需求是人们对特定目标的渴求与欲望，是推动行为的直接动力。人们的行为总是直接或间接、自觉或不自觉地为了实现某种需求。人们的需求是多样化的，但在一定条件下，总有一种需要是最为迫切的，支配着人们的行为目的。因此，公共关系的政策和活动不一定能够满足公众对象的所有要求，但要尽可能满足公众对象的特定需要。

第五，公众的性格、气质与行为。性格是人们待人接物稳定的态度和行为方式，气质是人们较典型、稳定的心理特征。一个人的性格、气质决定着人们的行动，因此，公关工作必须针对不同性格、气质的人，运用不同的沟通形式。

第六，公众的兴趣、能力与行为。兴趣是人们力求认识某种事物或特别爱好某种事物、活动的倾向。能力是人们从事活动、完成工作的本领。一个人的兴趣和能力将影响一个人的目标选择和行动，因此，公共关系的活动应当适合公众的口味，从而具有较强的吸引力。

第七，公众的从众心理与行为。从众心理是指在社会团体的压力下，个人被迫放弃自己的意见，采取与大多数人一致的行为。尽管团体压力不是强制性的，但更能制约个人的行为。公共关系活动要充分利用从众心理去增强组织的凝聚力，创造人和的气氛。

第八，公众的逆反心理与行为。逆反心理指作用于个体的同类事物超过了个体感官所能接受的限度而产生的一种相反的体验，从而形成抵触行为。公关工作应力求防止出现逆反心理和行为。

4.2　公共关系客体的分类

在现实生活中，公众不是一个简单的整体，而是一个极其复杂的网络系统。每一个组织在开展公共关系活动之前，都必须根据不同的需要，从不同的角度，按不同的方法对自己的公众进行分类。

公众分类具有重要意义，它为公关调查研究和组织形象评估确定范围，为制定公关政策，设计公关方案明确方向，为公关活动的组织和运行打下基础，为科学评估公关工作的效果提供依据。

第一，公众分类是认识公众的手段，是开展公关工作的前提。每一个组织只有认清自己所面对的特定公众才能开展工作，没有明确的公众就没有调查与分析的对象。而通过公众分类，公共关系工作者可进一步认识对象的特点和结构，了解其愿望和需求，从而有的放矢地开展工作。因为公关计划的制订，公关策略的选择，都要因公众的不同而不同。反之，如果忽视不同公众之间的差异，甚至蔑视公众的存在，仅凭主观想象办事，也就谈不上开展公关工作。

第二，公众分类增强公关工作的针对性，提高工作效率。组织所面对的公众是多方面、多层次的，而组织所开展的公关工作总是具体的、有针对性的。从不同角度把公众分为首要的和次要的、受欢迎的和不受欢迎的、顺意的和逆意的，等等，使公关工作有主有次，有先有后，层次分明，重点突出，不仅提

高了工作效率，更使有限的公关经费得到了最充分，最合理的使用。正所谓
"集中优势兵力打歼灭战"。在人力、物力、财力、精力有限的条件下，通过
公众分类，确保重点公关。

第三，公众分类锻炼公关人员的分析能力，提高其公关自觉性。公众分类
反映了公关人员的基本功，对各类公众及其与本组织关系的了解程度和判断水
准。因此，对公众进行必要的分类，是每个公共关系部的必修课。一名公关工
作人员要做好本职工作，就必须分析不同类型公众的不同需要，满足各类公众
的愿望。进行公众分类不仅是锻炼自己认识分析公众能力的必要环节，也是增
强个人公关自觉性的有力措施。

依据不同的标准，公众可以分为不同的类型。

4.2.1　功能性公众

根据公众的不同功能，公众可分为四类：

生存性公众。又称"支撑性公众"、"权力性公众"。它的存在和活动使得
组织可以合法存在，正常运行。主要有：国家立法机构、政府部门、上级主管
部门、股东、社区等。这些部门具有组织生命线的意义。因此，组织对生存性
公众应给予高度重视，掌握生存性公众的信息、要求及变化发展状况，争取得
到生存性公众的了解、关心和支持。

功能性公众。指使一个组织的功能得以正常发挥的公众。主要有：组织员
工、组织的各职能部门与组织具有密切联系的协作或合作单位、接受组织产品
的顾客及接受组织服务的有关公众等。离开了这些公众，组织就不能正常运
转。

横向同业公众。指通过合作与竞争与组织分享相同价值的公众。主要有：
与组织具有相同功能的其他团体和组织、行业协会、行业联合会等。横向同业
公众有的可能是合作伙伴，有的是竞争对手。当横向同业公众与组织相互取长
补短、相互协作时，将会促进组织的发展；与组织发生尖锐矛盾、冲突和斗争
时，将会危害组织的生存。因此，组织应力求与这类公众精诚合作，开展公平
竞争。

扩散性公众。指具有传播中介功能的非组织性公众和新闻传播媒介。主要
有：社区、居民、学生、报纸、杂志、广播、电视等。扩散性公众可以成为各
种信息的传播媒体。一方面传播组织需要的信息，另一方面也向外传播组织的
信息。因此，应重视扩散性公众，使其了解组织并对组织形成好感。

4.2.2 内部公众和外部公众

根据公众与组织有无归属关系。可以把公众分为内部公众和外部公众。这是对一个组织公众最简单的分类。

内部公众。内部公众一般与组织有归属关系，是组织的构成部分，它包括组织的员工、股份制组织的股东及他们的家属等。这类公众与组织有着直接而密切的联系，他们的意见、态度、情感等对组织的生存与发展有着直接的影响，同时组织的状况也直接决定着他们的利益，所以他们是组织最重要的公众之一。同内部公众协调关系，也是公共关系工作中最重要的环节之一。

外部公众。与内部公众相对应，外部公众是指那些与组织没有归属关系的公众，亦即是除内部公众以外的组织的全部公众。它包括政府、社区、新闻媒介、服务对象等。

当然内部公众与外部公众的划分是相对而言的。在公关实践中，任何一类公众都既是本组织的内部公众又同时是其他组织的外部公众。内部公众与外部公众的划分，旨在为制订具体公关工作计划提供一个依据，使对内公关与对外公关都有的放矢。

4.2.3 首要公众和次要公众

根据公众对组织的重要性程度，我们把公众分为首要公众、次要公众。

首要公众。首要公众是指对组织的生存和发展具有重要的影响力和决定性作用的公众。一般来说，组织的内部公众都是组织的首要公众，同时还包括那些可以直接决定组织兴衰，关系组织生死存亡的目标公众。由于首要公众对组织最为关键，所以，组织要投入最多的时间、主要的人力、财力和物力去对他们开展公共关系，建立、维护和保持同这一类公众的良好关系。

次要公众。次要公众是相对于首要公众而言，是指那些对组织的生存发展具有一定影响力，但这种影响力尚不具备决定作用的公众。他们虽不是组织的公共关系的重点对象，但是，建立、保持与这类公众的良好关系，也是组织发展所不可缺少的。

应当注意的是，首要公众与次要公众只具有相对的意义。今天的首要公众可以变成明天的次要公众，今天的次要公众也可以变成明天的首要公众。这种变化是由组织需要的变化，环境条件的变化及公众自身的变化造成的。根据首要公众、次要公众在一定条件下相互转化的原理，公共关系部或公关人员应及

时对公众进行重要的考察与分析，根据组织需要，确定一定时期内的公共关系
的主攻对象。

4.2.4　从逆意公众到顺意公众

根据公众对组织的不同态度，可以把公众分为逆意公众、独立公众、顺意
公众。

逆意公众。是指对组织贯彻的政策、采取的行为持反感、反对、不合作态
度的公众。一般来说，逆意公众的形成有两种原因：一是由于组织的政策、行
为的不当而危害了公众的合法利益或因为组织与公众的价值取向不同而形成了
利益上的冲突；二是由于组织、公众之间的信息渠道不畅使公众对组织的政
策、行为产生了误解。逆意公众的产生，直接影响着组织形象的树立与进一步
的发展。因此，一旦逆意公众形成，组织公关部应立即展开工作，根据逆意公
众形成的不同原因，采取不同的方式，促使逆意公众向独立公众或顺意公众转
化。

独立公众。独立公众是指对组织贯彻的政策、采取的行为持中立态度或尚
未表态、态度还不明朗的公众。独立公众的发展有两种趋势，一是成为逆意公
众，二是成为顺意公众。由于独立公众的态度具有较大的可塑性，因此，他们
被视为公共关系的重点争取对象。组织通过有效的公共关系工作，一方面防止
独立公众向逆意公众的转化，另一方面使独立公众转化为顺意公众。

顺意公众。顺意公众是指对组织贯彻的政策、采取的行为持赞成、支持、
合作态度的公众。组织的公共关系工作的基本目标，就是建立、保持、扩大顺
意公众队伍。应当注意的是，公众对组织的态度，时刻都处于变化之中。逆意
公众可以转化为顺意公众，顺意公众也可以转化为逆意公众。当顺意公众已经
产生，那么，保持与他们的沟通与联系，防止他们的态度发生逆转，则是组织
公关部经常的工作。

4.2.5　从组织不欢迎的公众到组织追求的公众

根据组织对公众的态度，可以把公众分为三大类：组织不欢迎的公众、组
织欢迎的公众、组织追求的公众。

组织不欢迎的公众。组织不欢迎的公众指那些抱着既定的目的接近组织，
而最终将给组织带来利益损失的公众。如以各种名义向组织索取赞助费的个人
或团体，等等。对于组织不欢迎的公众，也应开展公共关系，向他们阐明组织

的观点，与他们保持适当的距离，给组织发展扫清障碍。

组织欢迎的公众。组织欢迎的公众是指那些主动接近组织、支持组织、有利于组织的生存与发展，而组织也对他们持欢迎和重视态度的公众。包括赞助者、投资人、股东及其他有利于组织发展的个人、集团和组织。

组织追求的公众。组织追求的公众，是指那些能给组织带来利益、令组织十分感兴趣并努力想接近、渴望建立良好关系，而其自身对组织并不一定感兴趣的公众。这类公众是组织发展所必需的，当然也就是公共关系部或公关人员工作的重点。由于这类公众与组织欢迎的公众不同，他们本身并不一定具有与组织建立良好关系的愿望，因此，建立、保持、发展与这类公众的良好关系，其公关难度是可想而知的。

4.2.6　从非公众到行动公众

根据公众对组织的影响力的变化，可以把公众分为：非公众、潜在公众、知晓公众、行动公众。

非公众。是指在一定时空条件下，与组织无任何联系，无任何利益关系的群体和个人，即组织和这些群体、个人不发生任何交互作用。非公众不构成公共关系的对象，正确区分公众与非公众可以减少公关工作的盲目性。但是，非公众不是绝对不变的，而是随时间、地点、条件的变化而变化，非公众有可能转化为潜在公众。

潜在公众。当一个组织的行为与一定的个人、群体和社会团体发生了利益关系，使他们已面临着由这个组织的行为引起的共同问题，但他们本身暂时未意识到这种问题的存在时，他们在组织的视野中就成了潜在公众。如，一家自行车厂在一段时间内生产了一批油漆质量未能达标的自行车，但等到发现问题的时候，这批自行车早已上市售完。据技术测定，这批暂时看上去质量完好的车子，经过一段时间后会出现油漆剥落现象。由此，购买这批自行车的客户，就遇到了一个共同的问题——虽然他们现在还没有意识到这一问题的存在——车辆油漆将在一段时间内剥落。那么，这批客户便成了这家自行车厂的潜在公众。当潜在公众本身没有意识到问题的存在时，他们不会采取任何行动，也不对组织构成威胁。但是，这种状况又不会始终存在下去，他们迟早会注意到问题的存在。因此，及早发现潜在公众，并着手进行公关活动，是公关活动的最佳方案。而一旦潜在公众自己发现了问题，他们就成了知晓公众。

知晓公众。当一定的个人、群体和社会团体面临着由一个组织的行为引起的共同问题，而他们本身已经意识到这种问题的存在时，他们在组织的视野中就成了知晓公众。知晓公众是由潜在公众发展而来的，潜在公众已经面临着组织行为引起的共同问题，但尚未意识到；知晓公众则不仅面临着共同的问题，而且本身也意识到了问题的存在。由于知晓公众已经意识到问题的存在，因此，他们对任何有关问题的信息都会感兴趣，他们急切地想了解问题的缘由以及解决办法。一旦知晓公众形成，组织的公关部就应立即开展公关活动，及时向组织反映公众的意见与要求，准确地向公众传播组织的政策与行动，保证组织与公众之间的信息渠道畅通。当知晓公众采取具体行为去寻求问题的解决时，他们则由知晓公众成为行动公众。

行动公众。当一定个人、群体和社会团体不仅意识到由组织行为引起问题，而且准备采取或已经采取行动以寻求问题的解决时，他们在组织的视野中就成了行动公众。行动公众是由知晓公众发展而来，行动公众不仅意识到问题的存在，而且准备或已经采取行动以求得问题解决，这样就可能对组织构成某种威胁，对公关工作造成较大的困难。如：前面所谈到的自行车厂与客户关系的例子。当购买这种油漆质量不过关的自行车的客户，在使用过程中发现了问题时，他们就成了该厂公关部的知晓公众，在这一阶段，如果公关人员能及时向组织反映客户的要求，并及时向公众传达组织的政策（或赔偿损失，或给予修理等），使问题得以解决。那么，知晓公众就会转化为非公众。反之，如果该厂公关人员没有抓住这一时机，而使公众自行寻求解决问题的办法，如，到厂门口大吵大闹，投书新闻界给予揭露等，这时的公众就由知晓公众转化为行动公众，解决行动公众的问题其难度是较大的。这就要求公关人员加倍地工作，采取各种补救措施，防止事态扩大化，使问题得到妥善解决。而一旦问题得到解决，行动公众就会消失而成为非公众。

由此可见，从非公众到潜在公众，再到知晓公众及行动公众，反映了由组织的某一行为引起的问题，从而形成的相应公众的发展过程。在这个过程中，在潜在公众、知晓公众、行动公众任何一个阶段上，经过公关人员的努力工作，都可使之转化为非公众，而在潜在公众和知晓公众阶段上，是实现这种转化的最佳时机。

公众系统是复杂的，对公众的分类也是多角度、多层次的。分类的目的，在于增强公共关系工作的目的性、针对性。应用何种方法进行分类，则应当视具体的公关实践而定。恰当的分类，是公关活动成功的条件之一。

4.3 几种常见的公众关系分析

每个组织都有特定的目标公众对象。组织的性质、类型不同,具体的目标公众对象也就不完全相同。比如政府的目标公众对象、企业的目标公众对象、学校的目标公众对象,相互之间会有很大的差异。以下列举一般社会组织较为常见的带有一定共性的目标公众,简要分析其内容、目的和传播意义。

4.3.1 员工关系

员工关系又称为内部公众关系。内部公众指组织内部沟通、传播的对象,包括组织内部全体成员构成的公众群体,如企业内的员工、股东;政府部门内部的干部、工作人员等。内部公众既是内部公关工作的对象,又是外部公关工作的主体,是与组织自身相关性最强的一类公众对象。加强内部公众沟通的目的,是为了培养组织成员的向心力、凝聚力;培养组织成员的主体意识和形象意识。

员工关系是指在企业内部管理过程中形成的人事关系,其具体对象包括全体职员、工人、管理干部。因此,建立良好员工关系具有重要意义。

第一,组织需要通过员工的认可和支持来增强内聚力。一个组织的存在价值和整体形象在取得社会的认可以前,首先需要得到自己成员的认可;组织的目标和任务在赢得社会支持之前,也需要赢得自己成员的配合与支持。否则,组织的价值和目标将会落空,组织将无法作为一个整体面对外部社会公众。每一个成员都是组织的细胞,他们对组织有机体的认同和依附,是这个有机体得以存在的基础。因此,良好的内部关系是公共关系的起点,组织内部的公关工作首先要增强内聚力,将全体成员组合成为一个有机的整体。一个组织如果其形象得不到自己成员的认可,就很难赢得社会的认可;组织的目标得不到自己成员的配合与支持,就很难赢得社会的支持。因此,组织的内部公共关系工作首先要增强内聚力,使员工组合成一个有机的整体。

要达到这一目的,就需要将本组织的成员视作传播沟通的首要对象,尊重组织成员分享信息的权利,争取他们的了解与理解,形成信任与和谐的内部气氛。如果内部传播出现障碍,沟通不灵,成员对本组织的信息没有了解的优先权,就会在组织内部产生麻木不仁、忧虑不安、焦急烦恼、猜疑传言等消极情绪和现象,从而形成隔阂冷漠、离心离德的状况。要避免这种情况的发生,就需要健全组织内部的传播渠道，完善组织内部的沟通机制，使全体成员在信息分享和感情沟通中与组织融为一体。要争取员工的理解和支持，就需要将员工视作传播沟通的首要对象，尊重员工分享信息的优先权，使员工在信息分享中与组织融为一体，形成信任与和谐的内部气氛。可定期召开职工代表会议，改善员工的工作、医疗、起居等条件，改善员工的福利等待遇，了解员工的需求，从而使员工凝聚在一起。

第二，组织需要通过全员公关来增强外张力。一个组织的对外影响力有赖于全体成员的努力与配合。因为每一个组织成员都是组织与外部公众接触的触角，都处在对外公共关系的第一线；组织的整体形象必须通过他们在各自工作岗位上的良好行为具体体现出来。如电话总机的接线员，服务台、问询处、接待室的工作人员，行政部门的办事员，业务部门的业务员，乃至生产线上的员工等，都是有形无形的公关人员，他们的一言一行都代表着组织的形象。在对外交往中，每一位组织成员都是非常重要的公共关系行为主体。这种主体性的发挥则有赖于他们对组织的认同感和归属感，向心力和凝聚力。组织的外张力是与组织的内聚力成正比的。一个组织如果希望其成员能够时时处处自觉地维护组织的形象，就应该时时处处善待和尊重自己的成员，将他们作为重要的公共关系对象，努力培养他们对组织的认同感、归属感，增强他们对组织的向心力、凝聚力。没有全体员工的努力和配合，组织要树立良好的形象，是不可能的。因为每一个员工都是组织与外部公众接触的触角，组织形象必须通过他们在生产、服务岗位上的实际行动具体体现出来。因此，组织应时时处处以"员工为第一"。要尊重员工的个人价值，才能培养员工对组织的认同感、归属感，不断增强员工对组织的向心力、凝聚力。

4.3.2　顾客关系

顾客关系是指组织与组织的产品或服务的购买者、消费者之间的关系。在现代社会里，顾客泛指一切物质产品、文化产品及服务的购买者、消费者。顾客是与组织具有直接利害关系的外部公众，因此，建立良好的顾客关系具有重要意义。

第一，良好的顾客关系能够为组织带来直接利益。一个组织的存在价值，很大程度上在于其产品或服务能够得到顾客的接受和欢迎。对于企业来说，顾客就是市场，有了顾客就有了市场，有了市场企业的效益就能够实现。得人心者得市场，良好的顾客关系是企业经营的生命线，可以给企业带来直接的利益。

第二，建立良好的顾客关系能够帮助企业树立正确的经营思想。"利润第一"还是"顾客第一"是两种根本对立的经营观念，但是，组织要实现自己的利润目标，最根本的就是使其产品或提供的服务得到顾客的认可与接受。组织必须通过满足顾客和社会的需求来换取自己所希望的利润。因此，组织应认真做好顾客的公共关系工作，重要的是树立"顾客就是上帝"的思想。组织不仅要满足顾客消费的需求，还要满足其知晓的需求、情感的需求、选择的需求、表达和参与的需求，从而达到经济效益和社会效益的统一。

第三，建立良好的顾客关系，能够引导和培养积极、健康的消费意识，形成稳定的消费者系列。认真做好顾客公共关系工作能够培养具有现代消费意识，自觉维护消费者权利的消费者公众，就是能为现代社会营造一个健康、良好、稳定的消费公众环境，即培养顾客的"皇帝"意识。组织要尽可能地进行消费教育，比如：为顾客和公众编辑印发指导性的手册和刊物；举行操作表演或实物展览会，帮助顾客认识和熟悉新产品的性能、技术等；举办培训班，让商店销售人员和顾客掌握使用、维修和保养某类产品的基本知识；向报纸、杂志、电台、电视台提供有关新产品的介绍性资料。总之，为顾客提供免费的介绍、示范、指导、咨询、培训等，通过这些工作，满足公众的愿望。组织要担当起消费教育者、引导者、组织者的角色，与顾客一起设计生活、美化生活，从而形成和谐的顾客关系。

4.3.3　媒介关系

媒介关系也称新闻界关系，指组织与新闻传播机构（包括报社、杂志社、广播电台和电视台）以及新闻界人士（记者、编辑等）的关系。新闻界公众是公共关系工作对象中最敏感、最重要的一部分。因此，对任何一个组织来讲，都必须与新闻界保持良好的关系。

第一，良好的媒介关系就等于良好的舆论关系。一般情况下，每一个与新闻界保持良好关系的个人或组织，都容易获得良好的公众舆论，每一个与新闻界交恶的个人或组织，都会在舆论中遇到麻烦。因为，在现代信息社会中，新闻界是社会信息流通过程中的"把关人"，他们决定着哪些信息应该中转、疏导、传播，哪些信息应该终止、抑制、封闭。新闻媒介报道的热点，往往成为公众的舆论话题，直接影响着公众的舆论。因此，组织公共关系的重要任务之一就是努力建立一个良好的媒介关系。

第二，建立良好的媒介关系是运用大众传播手段的前提。组织与公众沟通的重要途径就是运用大众传播，大众传播借助于现代印刷、电子等传播技术，大量地、高速度地复制信息，因而是公共关系绝对不可缺少的手段。但是，大众传播媒介不是由组织内的公共关系人员直接掌握和控制的。组织的信息能否被大众媒介所报道，以及报道的时机、频率、角度等，决定权不在组织的公共关系机构，而在专业的传播界人士如记者、编辑、总编那里。因此，与新闻界人士建立广泛、良好的关系，是成功运用大众传播媒介的必要前提。

4.3.4 政府公众关系

政府公众指政府各行政机构及其官员和工作人员，即组织与政府沟通的具体对象。任何社会组织都必须接受政府的管理和制约，因此需要与政府的有关职能机构和管理部门打交道，包括工商、人事、财政、税务、市政、治安、法院、海关、环保、卫检等政府职能部门及其工作人员，它是所有传播沟通对象中最具有社会权威性的对象。组织必须与政府各职能部门建立和保持良好的沟通，这是组织生存、发展的重要保障和条件。

与政府保持良好沟通的目的，是争取政府及各职能部门对本组织的了解、信任和支持，从而为组织的生存和发展争取良好的政策环境、法律保障、行政支持和社会政治条件。具体分析政府公共关系的意义有两点：

第一，政府的认可和支持是最高权威性和影响力的认可和支持。政府掌握着制定政策、执行法律、管理社会的权力职能，具有强大的宏观调控力量，代表公众的意志来协调各种社会关系。一个组织的政策、行为和产品如果能够得到政府官方的认可和支持，无疑将对社会各个方面产生重大影响，甚至使组织的各种渠道畅通无阻。为此，应该把握一切有利时机，扩大本组织在政府部门中的信誉和影响，使政府了解本组织对社会、对国家的贡献和成就。如一个企业可以利用新厂房落成、新生产线投产、企业周年庆、新技术新产品问世等机会，邀请、安排政府主管部门领导及党政要人出席企业的重要活动，主持奠基仪式或落成剪彩，参观新设备、新产品，通过种种现场活动，提高政府部门对本企业的信心和重视程度。

第二，与政府建立良好关系能够为组织形成有利的政策、法律、管理条例。政策、法律、管理条例是一个组织决策与活动的依据和基本规范，组织的一切行为都必须保持在政策法令许可的范围之内。通过良好的政府关系，组织能够及时了解到有关政策的变动，能够较方便地争取到政策性的优惠或支持，能够对有关本组织的问题在进入法律程序或管理程序之前参与意见，使之对组织的发展有利。为此，应该主动建立和加强组织与政府有关部门之间的双向沟通。一方面，组织的公关部门应该详尽地分析研究政府的方针、政策、法令，提供给本组织领导及各部门参考，使组织的一切活动都保持在政策法令许可的范围内，并随时按照政策法令的变动来修正本组织的政策和活动。另一方面，组织的公关部门应随时将实际工作部门的具体情况上传至政府有关部门，并根据本地区、本行业、本部门的特殊情况，主动地提出新的政策设想和方案，并通过适当的渠道进行说服性的工作，协助发现及纠正政策执行中出现的偏差或失误。

此外，处理政府关系，还需要熟悉政府机构的内部层次、工作范围和办事程序，并与各主管部门的具体工作人员保持良好关系，以免因办事未遵循正规的程序或越出固定的工作范围而走了弯路，减少人为造成的"公文旅行"或"踢皮球"的现象，提高行政沟通的效率。

4.3.5 社区公众关系

社区公众指组织所在地的区域关系对象，包括当地的权力管理部门、地方团体组织、左邻右舍的居民百姓。社区关系亦称区域关系、地方关系、睦邻关系。社区是一个组织赖以生存和发展的基本环境，是组织的根基，与组织在空间上紧密地联系在一块，千丝万缕难以分离。共同的生存背景使社区公众具有"准自家人"的特点。

发展良好的社区关系是为了争取社区公众对组织的了解、理解和支持，为组织创造一个稳固的生存环境；同时体现组织对社区的责任和义务，通过社区关系扩大组织的区域性影响。

第一，社区关系直接影响着组织的生存环境。社区如同组织扎根的土壤，没有良好的社区关系，组织就会失去立足之地。社区公众是由特定的活动空间所确定的，区域性、空间性很强。地方性组织的活动直接受社区公众的制约，社区关系便直接影响着组织其他各方面的关系，如员工家属关系、本地顾客关系、地方的政府关系和媒介关系等。跨区域性的组织也不能脱离特定的社区，甚至要善于同各种不同背景的社区公众打交道，以争取社区提供各种地方性的服务和支持，使跨区域性组织能够在各种完全不同的社区环境下生存和发展。因此，组织需要将社区作为自身发展的一个组成部分，将社区公众视作"准自家人"。

第二，社区关系直接影响着组织的公众形象。社区公众涉及当地社会政治、经济、文化、教育等各个方面和阶层，类型繁多，涉及面广，对组织客观上存在着各种不同的感受、要求和评价；由于处在同一社区，对组织的某一种评价和看法又极容易相互传播，形成区域性的影响，从而形成组织的某一种公众形象。很显然，组织的社区关系好坏，直接影响着组织的社会公众形象。比如一家企业，即使产品很好，远销海外，但如果社区关系恶劣，所形成的不良形象最终也会影响到市场的销售。一个组织如果连左邻右舍的关系都处理不好，就很难在社会获得良好的名声。组织要提高自身在社区中的地位，就要树立一个"合格公民"的形象，主动承担必要的社会责任和义务，像爱护自己的家业一样爱护社区，在社区的物质文明和精神文明建设方面发挥中坚作用，为社区造福，为社区公众多作贡献。

4.3.6　名流公众关系

名流公众指那些对公众舆论和社会生活具有较大的影响力和号召力的有名望人士，如政界、工商界、金融界的首脑人物，科学界、教育界、学术界的权威人士，文化、艺术、影视、体育等方面的明星，新闻出版界的舆论领袖等。这类关系对象的数量有限，但对传播的作用很大，能在舆论中迅速"聚焦"，影响力很强。通过社会名流去影响公众和舆论，往往具有事半功倍的效果。

建立良好的名流关系的目的，是借助名流的知名度扩大组织的公共关系网络，扩大组织的公众影响力，丰满组织的社会形象。其意义和作用包括：

第一，借助于社会名流的知识和专长。与社会名流建立良好关系，能充分利用他们的见识、专长为组织的经营管理提供有益的意见咨询。社会名流往往见多识广，或是某一方面的权威，组织的管理人士能够在与他们交往的过程中获得广泛的社会信息或宝贵的专业信息，无形中使企业增添一笔知识财富、信息财富。

第二，借助于社会名流的关系网络。与社会名流建立良好关系，能通过他们良好的社会关系网络为企业广结善缘。有些社会名流虽然不可能为本组织直接提供所需的专业信息或管理咨询，但由于他们与社会各界有广泛的联系，或对某一方面的关系有特别重大的影响，组织便能通过他们与有关公众对象疏通关系，扩大社会交往范围。

第三，借助于社会名流的社会声望。与社会名流建立良好关系，能借助他们较高的社会地位，或具有某方面的权威性，或由于他们对社会的特殊贡献、突出成就等，而具有较高的知名度。另一方面，一般公众存在"崇尚英雄"、"崇拜明星"的社会心理。组织与社会名流建立良好关系，就将本组织的名字与社会名流的名望联系在一起，利用公众崇拜名流的心理，提高本组织在公众心目中的位置。

4.3.7　国际公众关系

国际公众指一个组织的产品、人员及其活动进入国际范围，对别国的公众产生影响，并需要了解和适应对象国的公众环境的时候，该组织所面对的不同国家、地区的公众对象，包括别国的政府、媒介、消费者等。国际公众对象具有与本组织完全不同的社会和文化背景，因此传播沟通活动具有显著的跨文化特征。

搞好国际公众关系的目的是争取国际公众和舆论的了解、理解与支持，为本组织及其政策、活动、产品和人员塑造良好的国际形象，创造良好的国际声誉。

第一，发展国际公共关系，为对外开放服务。我国实行对外开放政策，企业发展外向型经济，参与国际经济大循环，需要发展国际公共关系。一方面需要通过公共关系方法及时、准确地了解国际市场动向，了解有关国家的政治、经济、文化、社会等方面的信息，了解国外的投资者、合作者和客户等；另一方面，需要运用国际公共关系手段，向国外的公众、舆论和市场传播自己的信息，树立自己的形象，介绍自己的产品和服务，提高自己的国际知名度和国际信誉。即使不出国门的企业，在对外开放的条件下，也要运用国际公共关系，为来华投资、经商或合作的外商以及来华旅游参观的外国客人提供信息服务，做好接待工作，等等。

在文化、艺术、科学、教育、医疗、体育等方面的国际交流中，也需要接触许多国际公众对象。良好的国际公共关系有利于促进这些方面的交流与合作，有利于树立中国在世界上的良好形象。

第二，运用跨文化传播手段，促进组织形象的国际化。参与国际性活动的组织需要建立国际化的形象，即能够适应别国公众，获得各国人民接受和欢迎的形象。这就需要注意研究和适应别国公众的社会和文化差异，调整公关的政策和方法。国际公共关系是一种跨文化传播，与国内公共关系有很大不同。在信息的传播和对外交往方面，不仅要懂得运用外国的语言文字，还要了解对象国的历史文化、风俗习惯、公众心理，以及了解国际商法和对外交往的国际惯例，使传播的信息尽量符合对象国公众的习惯。

国际公共关系要成功，还必须善于运用国际新闻传播和广告传播手段。不仅运用我国的对外传播工具，更要了解对象国及国际知名的新闻媒介和广告界，与国外的新闻机构和广告业建立联系，懂得如何为他们提供新闻资料和广告资料。国际公共关系界早已进入中国，我们的企业及各类组织一定要抓住机遇，运用国际公共关系帮助自己走向世界。建立良好的股东关系，能够创造有利的投资气氛，稳定股东队伍，吸引新的投资者，最大限度地扩大企业的财源。

本章小结

公共关系客体就是公众。公众是与一个社会组织发生直接或间接关系，对这个组织的生存和发展具有重要影响力的个人、群体和社会组织，是与公共关系主体利益相关并相互影响和相互作用的个人、群体或组织，是公共关系对象的总称。社会组织的形象是由公众来评定的，不同的组织，由于目标和利益不同、性质和内容不同、价值准则和管理观念不同、人员结构和运作方式不同、历史背景和环境条件不同等，必然面对着不同的公众。因此，社会组织在运行中所面对公众的类型、特点、对社会组织的反应都与社会组织的形象能否按预期设想建立起来有直接的关系。换而言之，这将对公共关系工作目标的实现、公共关系活动的成效有直接的影响。因此，公共关系实际上也就是公众关系，对公众及其概念的把握对公共关系课程的学习与实践具有重要的意义。

关键术语

员工关系　　顾客关系　　媒介关系　　公众　　外部公众
内部公众　　非公众　　公众心理定势

思 考 题

1. 如何理解公共关系客体的含义和特征？
2. 如何进行公众心理分析？

3. 为什么要对公共关系客体进行分类？如何分类？

4. 如何建立良好的顾客公众关系、社区公众关系、政府公众关系和媒介公众关系？

案例分析

家乐福价格欺诈事件

2011 年 1 月中旬，经济之声《天天 315》节目连续报道家乐福玩价签戏法，价签上标低价，结账时却收高价；明明是打折，促销价却和原价相同。家乐福超市虚假促销，被消费者质问却百般狡辩。

家乐福欺诈消费者一事曝光后，引起国家发展和改革委员会（简称"发改委"）的高度重视，经查实，家乐福在一些城市的部分超市确实存在多种价格欺诈行为。比如虚构原价，长春市家乐福新民店销售"七匹狼男士全棉横条时尚内衣套"，价签标示原价每套 169 元、促销价每套 50.70 元，经查实原价应为每套 119 元。另外，家乐福部分城市的超市还存在误导性的价格标示行为，例如昆明市家乐福世纪城店销售特色鱿鱼丝，销售价格为每袋 138 元，价签标示时用大号字体标示"13"，用小号字体标示"8.0"，诱导消费者误认为销售价格为每袋 13.80 元。还有超市存在结算价格与标签价格不符的现象。上述行为违反了《中华人民共和国价格法》的有关规定，构成了价格欺诈的违法行为，严重侵害了消费者权益。已责成相关地方价格主管部门依法予以严肃处理，没收违法所得，并处违法所得 5 倍罚款；没有违法所得或无法计算违法所得的，最高处以 50 万元的罚款。包括央视、新华社、新浪网、《人民日报》等所有国内最重要的门户网站、报纸期刊开始连续地、大篇幅地跟踪报道事件动态，一时间造成了巨大的社会反响。

随后，家乐福就价签问题发表简短声明，并采取了一系列补救措施。然而，媒体调查显示，公众对家乐福的补救措施并不买账，顾客流量锐减三分之一。

　　当然，存在这类现象的超市还有很多，但是家乐福却引起公众的关注，因为这不是家乐福第一次"犯事"，在前几次事件的基础上，顾客对家乐福表现出的傲慢，以及缺乏真诚的道歉，开始由失望变为愤怒。家乐福作为一家国际知名企业，欺诈消费者的行为屡教不改，被迫道歉时又缺乏诚意，没有与顾客建立良好的合作关系。事后采取的补救措施，实际执行效果并不好，更有甚者，部分城市的家乐福超市，顶风作案，并没有采取任何整改措施。消费者的选择是多样化，当企业都在努力提升自己的客户体验，试图与顾客建立长期的、良好的关系的时候，家乐福的做法未免太鼠目寸光。

　　（资料来源：根据周婕发表于《民生周刊》2011年第7期上的文章改编）

思考：

1. 企业应该从家乐福身上吸取哪些教训？
2. 企业应该如何处理好顾客关系？

第 **5** 章 公共关系传播与媒介

公共关系活动的整个过程就是一个信息传播、信息交流的过程。正是传播在公共关系主体与客体之间架起了桥梁，成为连接公共关系主体与客体的纽带。因此，全面理解公共关系传播，有效利用各种传播媒介，对于组织开展有效的公共关系活动起着十分重要的作用。

5.1　传播及其分类

传播是人类社会的一项基本活动，人们处在不断的传播活动之中。从不同的角度出发，传播有多种含义，也可以对传播进行不同的分类。

5.1.1　传播的含义与特征

传播一词，是从英文 communication 翻译过来的。但至今还没有一个不可更改的、能为大家全部接受的"传播"的定义。英国《牛津大辞典》给传播的定义是："借助语言、文学形象来传递或交换观念和知识。"《大英百科全书》把"传播"定义为："思想及信息的传递，有别于货物和旅客的运输，传播最基本的形式是通过形象和声音。"我国也有类似的"传播"定义，我们应从以下几个方面理解"传播"的内涵。

1. 传播的定义

传播有广义与狭义之分，在广义上，传播指人类社会，生物界乃至整个自然界的一切信息传递现象，如人与人之间语言文字的使用，动物世界中色、味、声、光的传递，电子技术中符号与图像的传送等。

狭义上，传播是一种社会现象，是人类赖以生存及发展过程中所特有的。在这个意义上，传播是个人之间，群体之间或群体与个人之间交换和传递新闻、事实、意见、感情等信息的过程。一般来说，我们把传播主要诠释为狭义上的传播，为公共关系主体与客体互动关系的中介和传播（或称为公共关系传播）。以下，我们将只从狭义上使用它。

2. 传播的基本特征

传播具有以下几个基本特征：其一，传播是信息流动、传递和扩散的过程；其二，传播的信息载体是多样的。如语言文字符号、图像、图表、数字、声音、动作等；其三，传播是一种社会现象，是人类所特有的，人是传播的主体；其四，传播是互动的过程，是双向性的信息交流与分享。传播在人类社会发展过程中起着极为重要的作用。人们习惯于把信息、物质和能源三者放在一起，称为人类社会赖以生存的三大基础，而信息就是靠人类社会的传播活动而扩散的，因此，也可以说，传播活动已成为人类最基本的活动。现代社会是信息社会，离开了有效的信息传播，难以想象，社会将是什么样子。

3. 公共关系传播

公共关系传播是指公共关系主体利用一般的传播形式和方法与客体进行有效的双向信息交流，以建起相互信任，相互理解的良好关系的过程。离开传播这一中介，公共关系主客体之间就缺少相互沟通的桥梁，也就不可能有公共关系的建立与发展。

有意识地开展各种双向传播活动，对于公共关系的发展，组织形象的提高有重要作用。首先，它可以使公共关系主体能够准确地把握自身与现实环境及其关系的真实状况，从而调整公共关系策略。其次，它可使公共关系主体增加选择能力，扩大选择范围，从而提高公共关系决策的可行性。最后，它可以使公共关系主体的预定公关目标易于实现。离开了有意识的信息传播，任何公共关系过程都无法变成现实。

5.1.2　传播的要素

传播作为人与人之间的信息交流活动，它是一个过程，即是由各种要素有机地组成的动态系统。构成传播的基本要素主要有：

第一，传者。也就是传播者，是在信息传递过程中处于"传播"一端的组织或个人，是信息的制造者。其基本任务是提出、产生、形成各种传播内容。在公共关系传播中，传者是公共关系主体。但有时，也可以委托媒介或其他专门机构与个人负责制造有关信息。

第二，受者。就是信息（传播内容）的接受者。它是接受信息，解释符号，并对信息内容作出反应的个人或团体。公共关系传播的受者是其全部或某一特定的部分公众，哪些公众成为受者，其数量和范围如何，取决于公共关系传播的具体需要，即由公共关系具体目标来决定。同时公共关系传播的形式也对受众的范围有很大影响。如人际传播的受众就是很有限的一个或一群公众，而大众传播的受众就可能是所有的公众，甚至包括各种非公众和潜在公众。

第三，信息。也就是传播的内容。包括各种具体的意见、观点、消息、思想感情等。公共关系传播中的传播内容是各种各样的公关信息。公共关系信息既包括公共关系主体传达给受众的各种具体意见、观点等，也包括公众向主体反馈的各种意见和建议。简单说来，公共信息有两类。一是关于组织自身的信息如组织及各部门运行情况、财政经营情况、股东信息、员工情况、组织决策与政策信息等。二是关于公众的各种信息，如社会各界对本组织的反应、竞争对手的基本情况、消费者的人数、比例及其对本组织产品的依赖程度、消费者的购买动机、购买模式、购买特点、潜在顾客公布情况、各种流通渠道信息等。因此，公关信息的范围极为广泛。公关传播要根据具体传播目标而合理有效地选择和利用各种公关信息。

第四，媒介。也就是用来传播信息的物质手段，即插入传播过程中，用以扩大并延伸信息的各种工具。如报纸、杂志、书籍、广播、电视、电影等。它的范围和形式也十分广泛和丰富，任何用以记载和保存信息的痕迹并随后由其重现信息的媒介体或物质载体都可以称作媒介。任何信息都不能独立存在，必须借助于信息载体才能存在。公共关系传播中，各种媒介形式与一般传播没有多大区别，也几乎要用到所有这些媒介形式。但是，不同媒介对公关传播的效果有很大影响。因此，必须对各种媒介有深刻而全面的认识，并学会如何选择和运用最佳的媒介形式。

第五，反馈。是指受者对传者所发出信息的反应。在传播过程中，传者可以根据受者反馈回来的信息检验传播的效果，并以此为依据对下一步的传播活动进行调整和完善。

116

总而言之，传播是一个动态的系统，它由许多要素构成。从这些要素的相互作用看，传播可以理解为发送者利用、选择一定的媒介将传者要传递的各种信息有效地发送给受者，为受者所接受、理解和记忆并作出相应反应的过程。相应地，公共关系传播作为一般传播的一种形式，也可看成是公关人员或其他受公关主体委托的机构与人员利用各种媒介将公共关系主体要传递的各种公关信息有效地发送给具体的受众，为受众所理解、接受和记忆的过程，其目的是树立良好的组织形象，建立与各种公众之间的良好互利关系。

5.1.3　传播的模式

传播模式可以看成是传播过程运行的方式和机制。为解释信息传播的机制和传播本质，分析传播心理和传播过程中人的大脑神经功能，预测未来情报的形式和结构，传播学家从不同角度研究了传播现象，提出了各种传播模式。

各种各样的传播模式大致可归结为两大类：一是传统的线性传播模式；二是新型的控制论传播模式。前者侧重于揭示传播过程的运行机制；后者侧重于研究如何有效地对传播过程进行控制，以便达到最理想的传播效果。

1. 传统的线性传播模式

传统的线性传播模式，也被称为"香农—韦弗模式"，是由信息论创始人、数学家香农和韦弗一起提出的。其模式如图 5-1 所示。

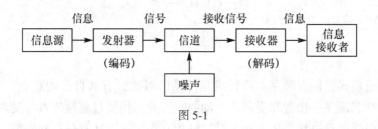

图 5-1

线性传播模式把传播过程确定为以传播者为起点，经过媒介，以受传者为终点的单向、直线的运动过程。

最典型的线性传播模式是拉斯韦尔模式，它是由美国著名的传播学者拉斯韦尔提出的。其模式如图 5-2 所示。

这种模式用一句话来表示就是："Who says what in which channel to whom

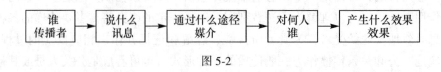

图 5-2

with what effects", 所以也被称为 "五 W" 模式。拉斯韦尔认为传播过程应包括 "向谁传播"、"谁在传播"、"传播了什么"、"通过什么渠道"、"产生了什么效果" 五个组成部分，传播就是这五者构成的整体性过程。

2. 新型的控制论传播模式

新型的控制论传播模式，是美国学者施拉姆提出的。其模式如图 5-3 所示。

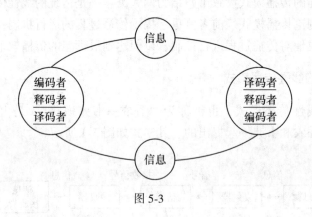

图 5-3

控制论模式把传者和受者都看成是活动的对象，有其自己的观点、行为、心理、特性和需要，传者和受者是互动的。因此，传播过程是传者与受者相互作用的双向性运动过程，传者必须对这种相互作用加以认真分析和研究，从而达到控制传播流程的目的。

总之，传播的模式至今已提出许多种，很难说哪一种正确，哪一种错误。在实际的传播中，采用何种传播模式，也不是一概而论的，必须具体问题具体分析。

5.1.4　传播的分类

传播是人类的一种基本行为，它是普遍的社会现象，无时不在，无处不有。而人们在进行传播时，往往又有不同的传播目标，不同的传播范围和性质，不同的传播内容，这样就会形成千差万别的传播形式。对复杂多样的传播活动形式，可以从不同角度加以分类。

1. 根据传播活动的通道方式或所采用的媒介形式来划分

自我传播。自我传播是指局限于个人内部的传播，如自言自语、自我反省、沉思默想，等等。人在视、听、触、味的触发下，通过人的大脑的各部位的联络协调，将信号在人的神经思想中进行搜索、反省、记忆、前瞻，从而对对象作出反应。

人际传播。又称为个体传播，指个人与个人面对面地互通信息，或者个人通过信件、电话、演讲等与群体进行信息交流。它是人与人之间的直接传播，不通过大众传播媒介来分享信息。

群体传播，亦即群体对个体或群体对群体进行的信息交流活动。如展览、展销、联谊活动，利用自控媒介如闭路电视、有线广播、内部刊物、传单、招贴等所进行的各种传播。

组织传播。组织传播是指社会组织与其成员之间、社会组织与其所处的环境之间的信息交流与沟通。它包括对内和对外两个维度。组织传播的目的在于稳定、密切组织成员之间的关系，协调行动以维持和发展组织的生命力，疏通组织内外渠道，应付外部环境的变化。

大众传播。指的是由职业传播者（大众传播机构及其个人）利用大众传播媒介（报纸、杂志、广播、电视等）将大量复制的信息传递给分散的公众，从而影响传播对象的传播活动。大众传播是随着现代大众媒介而产生的扩散迅速、广泛，但信息反馈比较延缓的传播形式。传者与受者一般不直接见面。

公共关系传播主要是采用大众传播、组织传播、群体传播、个体传播。

2. 根据信息传播过程中的信息流向来划分

单向传播，即只有信息传递与发送，没有信息反馈的传播，这种传播形式在受众者与传播者之间不发生直接的交流关系，例如广播。显然，单向传播活动中只有信息由传者向受者的一个流动方向。

回应传播。传播者根据受众提出的要求和问题进行的交流。这种传播表面上看是单向性的,只有一流向,但在传播时往往已经完成由受众到传播者的信息流动,然后再进行反向性的信息传播。所以,它是对前一阶段传播的回应。

双向传播,传播者与受传者之间相互向对方发出信息,构成信息的双向交流。它是真正的沟通活动。在同一次传播活动中既有由传者向受者的信息通道与信息流动,又有由受者到传者的信息通道与信息流动。因此,这种传播的传播者实际上既是传播者又是受传者,受众者既是受传者又是传播者。

公共关系传播主要是信息双向沟通,双向性是其基本特征。因此,它主要采用双向传播,但又不否定必要时采用单向性的和回应式的传播。双向传播是公关传播的基本形式而不是唯一形式。

3. 根据传播者对传播过程的控制特征来划分

自发传播。即传播者对传播过程不加以人为控制,也不对传播内容加以精选,任其自由传播的过程。这种传播也称为自由传播。就如同人们常说的"酒好不怕巷子深"。它是任凭信息自由流动,因此还称不上是严格意义上的传播活动。但这种传播形式大量存在于人类社会生活中,对人们的社会心理以及深层次的行为动因有着重要的影响。

自觉传播。即传播者根据一定的目的和需要对传播过程加以人为控制,对传播内容加以认真选择,对传播媒介和传播方式进行精心设计而进行的信息传播过程。这种传播是有计划、有目的、有意识地进行的,具有明显的"人为"性质。

公共关系传播主要强调自觉传播,但又要注意运用自发传播渠道,以使两者相互补充,相互促进,共同维护和宣传组织形象,与公众进行有效的沟通与交流。

5.2 传播效果及其制约条件

有效地提高公共关系传播的效果,取决于多种条件,但在宏观上深入研究把握公共关系传播的一般规律,在微观上熟练掌握公共关系传播的技巧,是提高传播效果的重要因素。

5.2.1　公共关系传播的规律

公共关系传播的一般规律主要有：

1. 双向沟通律

在公共关系传播中，组织与公众之间的信息传播既有传递，又有反馈，两者互相理解，互相影响，互相适应，从而建立和谐的关系。这一规律被称为双向沟通律，这一规律包含以下三方面的内容：

第一，沟通双方互为角色。当一方是发出者时，另一方是接受者；另一方是发出者时，这一方又成了接受者。在整个传播过程中，不断地更换双方的角色位置。这就要求注意消除在传播沟通中的"心理巨大性"和"心理微小性"的影响，使沟通双方不但在行为上，而且也能在心理上形成真正的平等沟通的状态。

第二，传播沟通的双方呈现一种螺旋上升的认识过程。沟通的双方均是具有主观能动性的人，在信息传播经过一个循环后，双方的认识一般不会停留在原来的起点，而是向更高的层次发展。

第三，传播过程由传递阶段和反馈阶段两个基本阶段组成。传递阶段，是指组织将信息编码以后传递给公众；反馈阶段是指公众译码之后进行领会、理解，然后通过传播渠道将意见、态度反映给组织。如果反馈成功，就意味着一次沟通活动的实现和下一次沟通过程的开始。因此，公共关系传播是一个没有终点的双向沟通活动。

双向沟通律是公共关系传播中最基本的规律。在实际运用时，要注意以下几点：

首先，传播双方应该尽量扩大共同的经验范围。传播双方必须具有共同的经验范围，这是双方进行沟通的基础。共同的经验范围越多，沟通时的共同语言也就越多，传播效果也就越好，信息的分享程度也就越高，如果双方毫无共同经验范围，则传播沟通根本无法进行。

其次，传播双方必须具备良好的反馈意识。所谓反馈意识，是指传播双方在理解了所收到的信息后所作出反应的意识。它要求组织和公众在反馈信息时要主动、及时、适路和适量。主动是指传播双方不仅要对所接受到的信息简单地表示赞成与否，还应该主动地指出自己的意见，以补充修正原始信息。及时是指传播双方要反馈迅速，不要延误时机。适路是指反馈的内容不要偏离信息主题。适量是指反馈的信息要适当，不要冲淡主要信息的传递。

再次，传播双方应该根据反馈来做自我调节。在公共关系传播中，社会组织同公众永远是一对对立统一的矛盾体。社会组织要根据公众反馈来的信息调整自己的行动以适应公众的需求；公众则根据社会组织的策略情况，满意的就以此为根据调整自己的行为，不满意的就提出意见反馈给社会组织。如此往复，传播双方根据反馈不断自我调节，逐步达到一个完美和谐的统一体，从而实现公共关系工作的目的。

2. 情感唤醒律

人的情感是丰富多彩的，但其表现形式基本上分为两类，即情感的两极性，如肯定情感和否定情感。在公共关系传播中，公众获得信息以后，不是产生肯定情感就是产生否定情感。公共关系人员运用传播艺术进行情感移入，促使公众由否定情感向肯定情感转变，并且增大肯定情感强度的规律，就是情感唤醒律。

运用情感唤醒律，要注意两个方面：

首先，公共关系人员在进行信息传播时，必须让信息内容"适销对路"，满足人的需求，并根据人的需求变化不断调适，才能使公众不断产生肯定情感。很明显，人的情感同需求紧密相关，当传播的信息符合人的需要时就产生满意、欢愉等积极的情感；否则就会产生忧伤、恐惧等消极情感。例如，有的消费者公众想购买一种可以放在房间自由移动的空调器，遍访不得，这时如果某组织提供的信息正好符合这一要求，那么这个组织就会同这一部分公众沟通得相当充分。相反，同样还是这个组织，如果它向已经购买了这种空调的公众继续传播这方面的信息，就会引起这部分公众的反感，导致传播失败。

其次，公共关系人员在进行信息传播时，必须注重"情感投资"、"动之以情、晓之以理"，激发公众的肯定情感，加深公众对信息的认识，增强公共关系传播的效果。这是因为人的情感同人的认识关系十分密切。例如，同样是洗衣机信息的传播，有的强调大功率、大容量、省电节能；有的则说："小天鹅洗衣机，献给妻子的爱"。前者给人一种冷冰冰的感觉，而且有自吹自擂之嫌，使人避而远之；后者则温馨一片，让人听后感到亲切、舒服，激发了人们进一步认识的欲望。再比如，我国著名的教育艺术家、演讲家曲啸同志在演讲中就善于利用情感唤醒律。他在开始演讲时，往往诉诸情感，现身说法，让听众沉浸在他坎坷的人生命运之中，引起听众心灵上的共鸣；然后他再侧重于理性说教，引导听众深入思考，从而形成持久、系统的观点。

3. 客观超脱律

在公共关系传播中，据研究表明：越是没有明显目的和倾向地宣传某一观点、事实，组织的影响力越高，传播效果越好；相反，如果组织明显地宣扬某一观点、事实时，影响力反而降低。越是宣扬同组织的自身利益密切相关的问题，组织的影响力就会降低；相反，如果宣扬同组织自身利益无关的问题影响力反而提高。根据这一现象，在公共关系传播时，我们要做到一要客观、二要超脱，即遵循客观超脱律实施有效传播。要做到客观，就要在传播时保持信息的高保真度，实事求是，有一说一，有二说二。只要组织把事实真相传递给公众，公众便会自己根据信息内容得出结论，这样的结论才是真实的、可靠的。在公共关系传播中遵循客观原则，要切忌"王婆卖瓜、自卖自夸"和"价廉物美、誉满全球"之类的浮夸之词。所谓超脱，是指社会组织在传播同自己利益密切相关的信息时，自己不亲自出面传播，而是利用第三者去传递信息。所谓"第三者"，既可以是大众新闻媒介，也可以是社会上的权威机构。

4. 因人因时适宜律

辩证唯物主义告诉我们：要从客观实际出发，一切以时间、地点、条件为转移。在公共关系传播中，我们要因人适宜、因时适宜。

所谓因人适宜律，是指公关人员根据公众的不同需求和认识，而采取不同传播策略和手段的沟通规律。这也是我们常说的"己所不欲，勿施于人"，"到什么山上唱什么歌、用什么钥匙开什么锁"。公共关系人员要想遵循因人适宜律，必须克服"以自我为中心"的传播模式，要树立"以公众为中心"的传播观念。

所谓因时适宜律，是指公关人员根据不同的时机不断改变传播信息的内容、方式和手段的沟通规律。选择时机的不同，可以使一个一般的公共关系传播活动大获全胜，也可以使一个计划相当周密的公共关系传播活动功亏一篑。例如某钢铁企业由于种种客观原因被迫宣布钢铁涨价，而钢铁原料涨价必然引起一系列的产品涨价，其社会震动可想而知。但是这个消息不公布又是不行的。为了减小震动，该企业将宣布涨价的时机选择在新总统上任之际，收到了良好的传播效果。再如，美国杜邦公司精心策划了一场本该引起轰动的公共关系传播活动——该公司宣布向全美 100 所大专院校资助 100 万美元。但是，这条信息公布以后却并没有引起多大反响，究其原因是没有选准时机。因为就在公布这条信息的同一天，美国福特基金会则宣布向教育机构和医院捐赠500万美元，美国公众的注意力为这一更大的新闻事件所吸引。运用因时适宜律要注意让公共关系传播活动避开或利用重大节日和重大事件，凡是同重大节日没有任何联系的活动都要避开节日，以免被节日气氛所冲淡；凡是需要广为人知又希望引起轰动的活动要避开国内外的重大事件，以免被重大事件所冲淡。

5.2.2 影响传播效果的因素

在传播过程中，影响传播效果因素有许许多多，有的来自于传播过程本身，有的来自于传播的环境。几乎和具体的传播活动相关的每一个方面都会影响传播的效果。从公共关系传播的角度看，影响传播效果的因素大致有以下几个主要方面：

1. 传者因素

传者作为信息的制造者，决定着信息的内容和传播技巧，传者是否了解受者的心理、文化背景、需要等；选择的信息内容是否合理；使用的传播技巧是否恰当；传播时间的确定是不是最理想，等等，这些都会在很大程度上影响到传播的效果好坏。

2. 受者因素

传播的内容最后要到达受者那里，而每个受者都有独特的价值观和心理特征，其个性特质对传播的效果有着重要的影响。从信息的传播来看，它要经过使受者注意、使受者理解和记忆三个决定性环节。这每一个环节都是由受者去选择的，而传者却不能决定受众的选择。

3. 发送者因素

由于发送者的主要任务是把传播内容转化为符号然后发送出去，因此它是传者与受者之间的重要中介。其影响传播效果的程度主要取决两个方面：一是编码的准确度。编码就是将一定的观念、信息、意义转化为符号或代码，如果编码失误，就不可能使受者正确理解和接受信息。二是发送中的噪音干扰大小。噪音是信息传播中常见的伴随现象，它指的是信息传递过程中的附加物。如收音机里的静电干扰、电话、电视、电影里的声音、图像失真、电报的误译等，噪音在传播中增加了不确定性，是一种虚假的信息量。如果发送者的信息量中噪音多，就会大大影响受者对信息的接受程度。

4. 信息因素

信息对传播过程影响是多方面的，其中，最为重要的是多余信息的安排问题。所谓多余信息，指的是信息中某些部分，虽然不是传播的内容本身，但根据符号使用规则看来是必须的，而它又不是由发送者自由选择的。例如：使用英语时，所能做的选择约有一半是由语言的性质及其使用规则所制约的，这是无法自由选择的。重复也是多余信息的主要表现形式，而且在传播中很重要。重复越多，就越容易预测它的发展趋势。但同时，重复又会相对减少所要传播的信息量。因此，合理安排所要传播的信息量与多余信息，是传播中极为关键的问题。当然，信息源的可靠性也至关重要。

5. 媒介因素

传播总要运用一定的媒介，如前所述，不同的媒介有不同的特点，也有着不同的传播效果。传播媒介对传播效果的影响包括两个方面：一是传播媒介本身的客观效果差异。这是客观的，传者和发送者都无法自由选择。不同媒介在传播效果上客观地存在着差异。二是传播媒介的选择和使用所带来的不同效果，如媒介选择是否合理？运用的方式恰当与否？等等。比方说，我们选择了某种大众传播媒介进行传播，那么，是采用新闻形式还是广告形式？在新闻形式中采用邮寄新闻稿的方法还是新闻发布会的方法？这显然会在传播效果上出现一定的差异，而这种差异都主要因传者对媒介的选择和运用而产生。这就要求在公关传媒中必须学会正确运用媒介。

6. 环境因素

传播总是在一定的客观环境中进行的，而传播的环境是否有利于传播者进行传播和受传者接受信息，这无疑会对传播效果产生重要的制约作用。例如，一个人想劝说另一个买一件衣服，这人也确实看中并想购买，但周围的人都说他穿这件衣服难看，那么，任何劝说工作都可能会受阻，甚至完全失败。而这种阻力既不来自传播本身，也不来自受者，而是来自环境（在这里，是他人的看法）。这充分表明，环境对传播效果的影响是不容忽视的。人是环境的产物，传者不可能在具体环境之外去进行传播，而传播环境又是多方面综合因素的合力作用，如经济的、文化的、政治的、舆论的，等等。这就要求传播者必须善于选择最佳的传播环境，还要善于创造最有利的传播环境。

5.2.3 寻求最佳传播效果的途径

公共关系传播要达到最佳的效果，我们认为，应重点从以下几个方面去努力：

第一，时机要最有利。有利时机，也叫最佳时机，指的是能够最大限度地发挥公共关系作用的时间与机会。如果错过这一时机，公共关系传播的效果就会大大减小；相反，抓住这一有利时机，同样的传播活动就会有意想不到的效果。选择时机主要考虑两个因素：一是公众的可接受程度，包括媒介可能予以重视的程度；二是对组织的生存与发展的重要和有利程度。从前一因素看，所选择的时机必须满足这样的最优化条件：首先，公众的注意力最容易集中。不同时间段里，公众的注意点是不断变化的，而最佳时机应当非常容易并且自然而然地引起公众的注意。为此，在所选时间里，公众的注意点要尽量少。其次，影响和发展的范围要广，可能受影响的公众要尽量多。再次，媒介机构主动关注。从第二个因素看，所确定的时机必须对组织自身是最有利的，它应在某种程度上标志着组织发展的一个"里程碑"或转折点。在这个角度上，组织的一些重大事件自然就成了公众关心的热点。企业改名、合并、推出新产品或新的服务项目、出现失误或被公众误解之时，都是极其有利的公关传播时机。当然，有利时机都具有一定的隐藏性，它潜伏在各种必然过程和偶然事件之中，公关人员应当主动地去发现和寻找。为此，一方面公关人员应有强烈的公关意识，不放过任何一个机会，始终保持"公关之弦"高度紧张。另一方面要学会细致地观察和分析事物，善于从一些小事或表面上不相干的事件里捕捉到开展公关传播的契机。同时，公关人员还必须善于利用各种偶然事件，头脑始终保持开放状态，在各种机遇的启发下找到开展公关传播的最佳时机。另外，还应进行公关传播效果预测，对各种时机里可能产生的传播效果加以比较分析，从而选择预期效果最佳的时机。

第二，讲究传播沟通的技巧。首先，信息主题词要一目了然。传者必须首先注意信息的安排要有中心、有重点、主题词突出。受者对信息的注意主要靠主题词。只有注意后，才会去理解信息的内容，进行译码活动。所以，主题词明显与否是引人注目的关键。公关传播必须把传播主题用极为浓缩的符号反映出来，否则传播效果不可能理想。其次，要合理安排信息内容。在传播信息时，公关人员应善于了解受众。尽管公共关系不是一味地讨好公众，但只有相互沟通才会有效果。为此，必须对受众进行全面分析、研究、把传播定向与受众需要和心理艺术性地结合起来，才能架起相互理解的桥梁。如果信息内容和传播定向不符合受众的特性，传播就不会产生预期的效果。最后，利用合理的传播方法。比较常见的强化效果的传播方法有：其一，提高信息刺激强度，即用某种方式使信息的刺激给公众的印象更加深刻，因为科学证明，印象越深的信息越不会忘记。其二，提高对比度。不仅在图案色彩、线条的设计上要形成鲜明的对比，而且要让公众自然而然地把所接受到的信息与其他任何先前或同时存在信息相对比。其三，重复刺激。当代社会，信息饱和，竞争激烈，要让公众记忆，就不得不反复刺激。但是，重复刺激也容易引起公众的厌恶感，为此必须合理控制刺激的频率和改变刺激的角度、手法等。

第三，建立全优的信息表达形式系统。一定的信息内容需要一定的形式来表达。所谓信息的形式，也就是信息的符号、标记、语言和信息的结构。在选择信息的表达形式时，可考虑下列几个方面：其一，字符大小。其二，色彩。其三，字符的排列和组合。先出现哪个句子，后出现什么词，什么地方用印刷体，何时用美术体或手写体等。都必须认真考虑。其四，语言的价值色彩问题，有些词是中性的，有些则具有不同的褒贬意义，必须准确地运用。其五，简洁、生动、易懂。

第四，选择恰当的传播媒介。首先要根据传播目标选择媒介。离开了媒介，公关活动的任何形式都不可能实现。媒介一般可分为受控和非受控两种。群体和个体传播媒介属于受控媒介，组织是可以对其加以控制的，大众媒介是非受控媒介。媒介的主要作用就在于它给公共关系传播提供一条特殊的信息通道。使用受控媒介的公关人员可根据需要开通或关闭这条通道，相反使用非受控媒介则无法这样做。所以，在选择媒介时，首先就必须根据传播的目标考虑选择哪种类型更合适。其次，要根据传播的内容选择。一般来说，公共关系部门如果想把本组织的详细情况，包括空间环境、历史变革以及重大成就等方面全方位地介绍给公众，或者要介绍一种新颖独特的产品、演示某个项目的流程，这样的传播内容最好选择图文并茂的电视；如果传播的内容比较单一，可选择广播做一次性说明；如果传播的内容比较复杂，需要仔细分析思考才能理解，最好选择报纸等印刷媒介；在特殊情况下，可选择多种传播媒介。再次，要根据传播对象的特点选择。不同的社会组织在不同的时期其公关目标是不同的，需要联系的公众对象也各不相同。公众的类型不同，性格、文化素质、心理承受能力、经济状况也不相同。因此，在选择媒介时，一定要分析研究传播对象的特点，结合传播的内容选择恰当的媒介。最后，要根据经济承受能力选择。在选择传播媒介时，还应考虑组织的经济承受能力。每个组织的公关经费是有限的，如果不考虑经济承受能力，必将打乱整个公共关系计划，因此，一定要结合组织的经济条件综合考虑，选择恰当的传播媒介。

5.3　公共关系传播媒介

公共关系传播必须使用一定的媒介。要正确地使用媒介，必须了解有关媒介的特点。公共关系传播媒介主要分为以下四大类：第一类是以语言、文字为代表的文字传播媒介；第二类是以广播、电视、电脑为代表的电子传播媒介；第三类是视觉形象为主要手段的图像和标识；最后一类是以身势语言和情态语言为代表的非语言传播符号。

5.3.1　文字传播媒介

文字是一种书面语言，是有声语言的符号形式；这种符号体系有一整套形式上相对稳定的规则和方法，人们能够借助于它有效地记录和传递信息、交流信息。公共关系所使用的传播媒介中，运用文字符号的媒介占了大多数。

文字媒介主要包括：报纸、杂志、书籍等。它们通过印刷文字将信息和意见传递给公众，是最具渗透力和扩散力的传播工具之一。文字传播媒介具有以下特点：

第一，记录性。在录音设备发明之前，语言交流受时间、空间的限制，无法记录，无法重现。文字则可以将信息资料记录下来，进行跨时空的传播。第二，扩散性。文字传播可以借助各种媒体发送到遥远的地方，扩散到大范围的公众，从而扩大了信息的影响范围。第三，渗透性。文字传播资料可以长时间保存，同一信息有可能对读者产生反复刺激和影响；而且读者接受信息的过程比较从容。有利于通过思考来加深理解，因此文字传播的信息渗透性比较强。第四，准确性。文字媒介的信息在制作的时候可以字斟句酌，反复推敲修改，对信息内容的表达更具条理性、逻辑性和准确性。

文字传播媒介最常见、最常用的是报纸、杂志。

报纸、杂志通过印刷文字将大量的信息和意见传递给公众，属于印刷类大众传播媒介。公共关系传播工作是离不开报纸、杂志的，它不仅要通过报纸、杂志去搜集公众的信息，更要通过报纸、杂志向公众传播信息，如刊发新闻稿、做公共关系广告等。

报纸作为一种印刷媒介，是以刊登新闻为主的面向公众发行的定期出版物。杂志也是一种印刷媒介，它是定期或不定期成册连续出版的印刷品。报纸和杂志合称报刊。

报刊传播有许多优势：

一是广泛性。报刊传播的受众很广泛，遍及社会各个阶层。二是自由度高。读者在接受信息的时候自由度比较高，有充分的选择余地。既不需要专门的设备，也不受既定顺序和场地的限制，可以按照自己的需要和兴趣来选择阅读的内容、顺序、速度和方式。三是有深度。报刊能够通过增加版面和发行密度，充分地处理信息资料，使报道的内容更为深入细致。四是具有保存性。报刊传播的资料便于保存和检索，具有较高的史料价值。五是低成本。相对广播、电视来说，报刊的制作比较容易，成本较低，易于普及推广。

报刊传播也有许多弱点：

一是传播信息不如广播、电视那么迅速、及时。主要是因为报刊的传播要受出版周期和发行环节的制约。二是受读者文化水平和理解能力的限制。三是报纸刊物不如广播电视那么形象、生动、直观和口语化，特别是在文化水平低的公众群体中，传播的效果受到制约。

文字传播的另一种媒介是书籍。书籍也是一种印刷类的大众媒介，与其他大众媒介一样，具有提供信息、教育劝服和娱乐服务等功能。手册、纪念刊则是公共关系使用的一种书籍形式。

书籍作为一种文字媒介的传播特点与报纸、杂志基本相同。区别在于：其一，书籍对信息内容的处理更有深度，因此劝服性较强，资料性更强，保存价值更高。其二，书籍的出版周期长，亦非定期出版，时间性不强，传播的时效性不如报刊。其三，书籍的内容比报刊更为专业，所适应的读者面比较窄。一般来说发行量不如报刊（当然也有发行量很大的畅销书，但直接用于公关传播的书籍发行量均有限），社会影响面也相对较窄。其四，书籍一般不刊登广告（亦有例外）。从这些特点可以看出，书籍这种媒介形式适宜对某一专题作深入的探讨和介绍，这种专题对特定公众的针对性、教育性较强，但时间性的要求不强，内容较稳定。它的传播影响面不是很广，但传播的影响周期较长。

在公共关系传播中常用的文字传播媒介还有：海报、传单、名片、函件等。

129

海报是一种提供简短、及时、确切信息的招贴。它常张贴于能引起公众注意的醒目之处，以告知公众某事，营造宣传气氛；或澄清某一事实，以稳定公众情绪。

传单是一种印成单张向外散发的宣传品，如：在传单上写明产品的名称、功能、特点及生产厂家地址和联系方法，将其作为促销广告使用。它的优点是散发到个人，人手一张，给人留下印象较深，且人们反应直接；它形式灵活，造价低廉，散发方便，时间、地点和对象均可视具体情况而定。

名片是印有姓名、身份、单位和联系地址等内容的小卡片，它多用于社交场合的自我介绍，方便日后的联系。

函件指的是组织和个人发出的信件，它是进行组织内部和外部沟通的重要手段。信件的优点是：经济实用；直接和个人接触、印象深刻，对个人的影响力大；以及简便快速。信件能够确保传递信息准确，通过强调那些重要和值得注意的问题，来加强直线交流。

5.3.2 电子传播媒介

电子媒介是指运用电子技术设备来制作、传送信息的传播媒介。包括广播、电视、电脑、电影、录音、录像、幻灯等电子媒介的发明和使用，给语言、文字信息传播提供了高技术的、现代化的载体，是现代公共关系工作最有效的手段。

电子媒介，最初指通过无线电波或电缆导线将信息和意见传递给公众的工具，如广播、电视和电脑。现在它的概念扩展了，包容了除广播、电视、电脑之外的电影、录音、录像、幻灯等。

大多数电子媒介属于大众传播媒介，它们对语言、文字信息都具有强大的放大功能。其中广播、电视、电脑是最主要的电子媒介，与印刷类大众媒介相比较，它们在信息传播中具有以下特征：

第一，时效性。电子媒介具有最好的时效性，与印刷媒介相比，对信息的传播更迅速、更及时，消息的报道与事件的发生、发展能够做到同步，具有同时性。第二，远播性。电子媒介通过电波作远距离的传播，不受空间的局限，不受气候的影响，即使与事件的发生地点相隔遥远，消息的报道也能做到同步进行，具有同位性。第三，生动性。电子媒介通过声音、图像、色彩、文字的组合。使信息的传播比印刷类媒介更加生动，现场感比较强，更富于感染力。第四，技术性。与印刷媒介相比，电子媒介的科技含量更高，无论播发还是接收信息，都需要专门的技术设备；而且制作和播送信息的操作过程复杂，需要有专门的技术人才。

广播、电视和电脑通过电波的形式传送声音、文字、图像，通过电波将大量的信息迅速地传送给大众，是电子类大众媒介。公共关系组织经常要运用广播、电视和互联网去播发新闻、广告，及时、有效地影响公众，这是非常重要的传播手段。

广播是指通过无线电电波或导线传送声音节目、供大众收听的传播工具。广播分无线广播和有线广播。通过无线电波传送声音符号称无线广播，通过导线传送声音符号称有线广播。广播具有以下优点：

第一，传播面广。广播使用语言作工具，用声音传播内容，听众对象不受年龄、性别、职业、文化水平的限制。广播用电波作为传播手段，听广播不受距离、时间、空间、地点、条件的限制。第二，传播迅速。广播传播速度快。广播能把刚发生和正在发生的新闻告诉听众。实施转播和广播大会是新闻报道中最恰当的形式，被称为"同步新闻"。第三，感染力强。广播依靠声音传播内容，声音的优势在于具有传真感，听其声能如临其境、如见其人，能唤起听众的视觉形象，有很强的吸引力。播音员用声情并茂的语言调动听众的感情，有很强的鼓动性和感染力。第四，多功能性。广播是一种多功能的传播工具，可以用来传播信息、普及知识、开展教育、提供娱乐和服务，能满足不同阶层、不同年龄、不同文化程度、不同职业分工的听众多方面的需要。而且传播方式较灵活，广播听众的收听状态比较自由，不受严格的时空限制。

广播也具有自身的弱点：传播效果稍纵即逝，耳过不留。信息的储存性差，难以查询和记录。线性的传播方式，即广播内容按时间顺序依次排列，听众受节目顺序限制，只能被动接受既定的内容，选择性差。广播只有声音，没有文字和图像，听众对广播信息的注意率不够高。

电视是用电子技术传送活动图像的通信方式。它应用电子技术的静止或活动景物的影像进行光电转换，然后将电信号传送出去，使远方能即时重现影像。

电视与其他传播媒介比较，其主要优点有：

第一，它用形象和声音表达思想，这比报纸只靠文字符号和广播只靠声音来表达要直观得多。电视这种形象和声音相结合的表达手段，最符合人类感受客观事件的习惯，因而最容易为人们所理解和接受。第二，它可以对事物作直接目击报道。靠文字表达的报纸和靠声音表达的广播，对事物的报道都是间接

131

的。它们只能凭记者对客观事物的观察和感受，用文字或语言进行描述，转告给读者或听众；读者或听众只能从报纸上的文字和收音机的声音领会并想象出客观事物的情景。然而电视则不同，它能让观众直接看到事物的情景。这种纪实性使电视报道特别逼真、可信，能使观众产生亲临其境的现场感和参与感，时间上的同时性、空间上的同位性，对事件的纪实性最强。第三，它与广播一样，用电波传送信号，向四面八方发射，把信号直接送到观众家里。因而传播迅速，服务范围广，观众多。第四，适应面广，娱乐性强。由于直接用图像和声音来传播信息，因此观众完全不受文化程度的限制，适应面最广泛；而且电视集各种艺术手段和传播媒介之长，是当今娱乐性最强的一种传播手段。

电视也存在许多弱点：和广播一样，电视传播的效果稍纵即逝，难以把握。电视节目同样受时间顺序的限制，加上受场地、设备条件的限制，使信息的传送和接收都不如报刊、广播那样具有较大的灵活性、随意性。电视节目的制作、传送、接收和保存的成本较高。

网络是信息时代最强有力的新兴的大众传播媒介。它不仅具备了电子媒介的一切优点，而且还克服了广播和电视的诸多弱点，并具备人际交往的特点，可以迅速地接收反馈信息，实时互动，进行无边界交流和反馈。同时，它还提供了最丰富的媒介应用，最宽阔的信息平台，能产生最广泛的影响。所以随着时代的发展，电脑已成为目前最先进的传播工具。

但网络也有自己的不足之处：受上网费用、设备费用和使用者科学文化水平的限制。同时，网页和栏目的制作、发送和反馈信息的接收均需要专业人员才能完成。信息量巨大，信息的选择困难，不确定信息多。

5.3.3 图像和标志

视觉形象是最生动的语言，图像和标志就是以视觉形象为主要手段进行信息传播的一种符号。所谓图像和标志实际上指两类媒介：其一是图像，如照片与图画；其二是标志，如商标、品牌名称、徽记、包装、门面与代表色。

图像和标志能集中、生动地再现事物的某一方面，或表现组织及其产品的某种特征，以特定的视觉标志吸引公众的注意力，强化公众的记忆，帮助公众在众多的商品信息中识别出本组织及产品。因此图像标志具有较强的装饰性、标志性、持久性。它有宣传组织及其产品、宣传组织活动的作用。绝大部分组织的职能性公共关系部和社会上的职业性公共关系公司，都配备有摄影和美工人员，这些人的一大任务就是设计和制作图像和标志。

照片与图画均属图像的范畴，它们都是通过平面构图造成视觉上的空间立体感，用来传播物体特定的形象信息。照片是现代科学技术发展的产物，它是运用光学、化学等技术方法，将现实生活中发生的转瞬即逝的现象，加以记录呈现的图片。

照片与图画在特点上有相同之处，也有不同之处。它们的相同之处表现在：照片与图画都是通过平面构图造成视觉上的空间立体感；两者都是要在不停流动的时间过程中，捕捉事物具有典型意义的内容，以物质媒介将其凝定下来，构成一种形象。两者都具有丰富的表现力，它们通过光影、色彩、线条在一张平面上将事物的丰富性表现出来，让人们一眼可见地接受下来。它们的不同之处在于：照片更准确地记录客观生活，更逼真地表现客观事物；图画则比照片具有更灵活的想象力和表现力。

公关人员在公关活动中经常使用照片和图画，以强化公关传播的效果。如在制作各类宣传小册子和举办各种展览、展销会的时候，就要大量使用照片和图画，并配以必要的文字说明，以生动、形象地介绍组织的有关情况，使读者、观众一目了然，留下深刻的印象。一般来说，公关人员可以运用图画将抽象、枯燥的事物变得具体、生动，运用图表说明、比较有关的复杂数据的情况，运用照片反映组织活动。

标志系列包括商标、品牌名称、徽记、包装、门面与代表色等，作为图像标志它们都是以特定的文字、图案、色彩等符号设计，向公众提供自己组织或产品有别于其他组织或其他产品的有关信息，成为本组织及其产品的形象标志。图像标志还可以反映组织特有的文化价值和精神风貌。也许我们可以这样说，与一个组织有关的图像标志是该组织形象的有机组成部分，因而设计图像标志属于公共关系工作。公关人员要想设计好图像标志，就必须充分了解各种图像标志的性质和特点。

商标。商标是商品经济发展到一定阶段的产物，它是区别不同的商品生产或经营者所生产或经营的商品的一种特定的标记，它反映了商品的质量和商品生产者或经营者的信誉。商标通常是以文字、图案或符号，或者是以这几者的结合所构成。

商标有这样一些功能：第一，标记功能，它可以帮助消费者在购买商品的过程中，识别该种商品是哪个企业生产与销售的；第二，服务功能，它可以帮助消费者在使用商品的过程中，比较迅速地找到生产者或销售者，以获得咨询、维修和更换零部件等方面的服务；第三，传播功能，一个设计出色的商标，可以通过商标本身的鲜明图案和色彩，以及陈列和广告等各种手段，突出地宣传商标，把它所代表的商品广泛地传播给消费者，以在消费者脑海中留下深刻的印象；第四，促销功能，商标能表明商品合法经营以及它在展销会上已经建立的信誉，因而它往往能成为消费者选择商品的根据之一，消费者中"认牌购货"和重复购买的行为，就能印证商标的这一功能；第五，保护功能，商标一经在国家的商标管理机构注册后，就取得了专用权，受以法律的保护，禁止他人假冒或仿照使用；第六，监督功能，商标能成为公众监督企业产品质量的一个重要手段。由于商标具有上述如此之多的功能，企业的经营者，或公关人员都应给予它以足够的重视。

一般来说，要使一种商品的商标在竞争的市场上站住脚，获得成功，就必须注意这样几个问题：生产企业要力保产品质量稳定，产品质量是商标的基石；生产企业还要确保商品的稳定供应，这是商标能稳固占领市场的必要保证；商标设计必须突出商品的特征和优点，简练醒目，美观大方，容易识别，这就要求商标设计的构思巧妙新颖；商标设计还必须考虑当地消费者的文化风俗，如我国生产出口的"白象"牌电池在美国市场上三年无人问津，其原因不是电池本身的质量，而在于该商品的商品形象"白象"，在美国人心目中是累赘无用、令人生厌的东西。

品牌名称。品牌名称是商品的牌子，它一般与商标图形紧密相连。给商品定牌子，起名字时，一般可考虑这样几个因素：第一，语感好，"春花"、"飞亚达"、"星海"，读起来顺畅，听起来悦耳，容易令人产生好感；第二，具有独特性，给消费者印象深刻，难以忘怀；第三，寓意美好，将 Coca Cola 译成"可口可乐"，将 Pepsi Cola 译成"百事可乐"，都是出于寓意受人们欢迎、易为人们接受的考虑；第四，贴近消费者，为老年人生产的商品用"福寿康"，给孩子们生产的商品用"大白兔"，能令消费者感到亲切。

徽记。徽记指组织自己的标志，它是组织的"商标"。人们把自己组织的徽记镌刻在组织大门旁、招牌、广告、建筑物、专用车辆，印制在信封、信笺、名片、纪念品上，以宣传自己的组织，或在更高的层次上反映组织的文化价值。

包装。包装是商品的"外衣"，它主要起保护商品使用价值和促进商品销售的作用。它涉及产品的形象，对顾客发挥着"第一印象"的作用。在市场竞争日益激烈的今天，商品的包装已成为帮助商品争夺商场、争夺消费者的一个有用的工具，包装设计由此也成为企业的一项重要工作。包装设计一般应注意其实用性，如对商品的保护、安全因素的考虑等，还应注意其创造性，如美观大方、新颖独特等。以往我国的商品不讲究包装，在对外贸易中吃了亏，国内消费者对此也很不满意。如今我们在这方面的工作已有所改善，但其水平仍有待于进一步提高。

门面。门面是组织的"包装"，每个组织都应根据自身的特点来设计自己的门面。有一阵子，国内一些高级宾馆、饭店、商场采用茶色玻璃作为自己的门面，国内一些中、低档饭店、商店也争相仿效，企图借此提高自己的档次，其实这样的做法是弄巧成拙，因为它无形中把自己组织与消费者的距离拉开了。门面设计不能相互抄搬，否则会令自己组织处于一种被动的局面。

代表色。代表色是组织为其自身或其产品选定的具有代表意义的色彩，被用在产品包装、建筑装修、人员服饰、专用设备、宣传品、广告设计等一切具有传播意义的物品上。代表色一经选定就应当相对稳定，因此在设计时就要注意其形象内涵、美学效果、情感象征、文化风格，以及在各类应用设计上的延伸性、实效性。

代表色不仅在物理上有美化装饰作用，经心理学研究证明，它还有一定的情感性和象征意义。如红色代表热烈；黄色代表明快、轻松；蓝色代表清静、凉爽；绿色象征春天和平；白色代表纯洁，等等。因而，组织在选择代表色时，应注意各种色彩的内在特点。这里，我们举两个有关代表色的例子。北京吉普汽车有限公司在美国克莱斯勒公司董事长李·艾科卡来访之时，把所有的厂房建筑都刷上了克莱斯勒公司所特有的蓝颜色，以表示自己是克莱斯勒团队的一个成员。这一行动效果很好，受到了艾科卡先生的极大赞赏。国内市场上进口彩色胶卷和国产彩色胶卷各自都有着自己的代表色，"柯达"为黄色，"富士"为绿色，"乐凯"为红色，"福达"为蓝色，有人把这些彩卷相互之间的激烈竞争称之为"色彩之战"，可见这些颜色已成为人们辨认各种彩色胶卷的一个最为简捷的方法。

5.3.4　非语言传播符号

人类交流信息、相互沟通，除了使用语言、文字以及各种语言、文字媒介以外，还要使用非语言符号来进行交流，它们主要是身势语言和情态语言。在面对面的沟通以及电视演讲中，非语言符号是很重要的一种传播手段。它们传递出来的无声的信息是语言或文字所不能取代的，而且对有声语言起着强化或弱化的作用。

身势语言是指人们身体部位作出表现某种具体含义的动作符号。人们往往把人高兴到极点或因兴奋而失去常态形容为"手舞足蹈"，这里"手"、"足"的动作就是身势语言。中国有许多成语属身势语言，如：措手不及、手忙脚乱、拍手称快、赤手空拳、搓手顿脚、袖手旁观、握手言欢等。

公关人员在与别人交往时，需注意对方的身势语言，以了解对方的内在心情或理解对方传递的细小信息。同时，也要注意自己的身势语言，以免误传信息或给对方留下不好印象。为此，他们须熟悉各种身势语言的基本含义。

手：用手势动作构成的语言是身势语言的基本主体。人们用手来表示数目计量，也用手来表示情感，如中国人跷起大拇指表示赞叹；伸出小拇指表示鄙视；在人背后指指点点，代表友好、褒扬或鄙弃、厌恶。西方一些民族则把拇指朝下表示"坏"或"差"。可见，各民族由于文化背景的不同，其手势表达的含义也不尽相同。

肩：西方人有耸肩示意的习惯。其含义通常为"没办法"、"无可奈何"、"不明白"。中国人则习惯于拍拍肩膀以示亲热。

臂：臂的动作和形态可有摇臂、挥臂、摆臂以及袒胸露臂等，可给人特定的信息。

腿：拔腿、伸腿、蹬腿、扯腿、撒腿、叉腿及跷腿、盘腿之类的动作形态，在具体环境里，各有不同的含义。如"跷起二郎腿"，是一种悠悠自得或满不在乎、大大咧咧、不拘小节的象征标志。

腰：叉腰、哈腰、猫腰、伸腰、弯腰都会间接给人某种暗示信号。如在客人面前或庄重的正式社交场合伸懒腰，是一种粗俗无知、不拘小节乃至戏谑的表示，直接暴露出人的文化修养的不足。

足：顿足、跺脚、拔脚、插足、失足、手忙脚乱、手足无措、指手画脚，都有其特定的含义。

情态语言是指人脸上各部位动作构成的语言。其基本主体是"眼语"。印度诗人泰戈尔说过："在眼睛里，思想敞开或是关闭，发出光芒或是没入黑暗，静悬着如同落月，或者像忽闪的电光照亮了广阔的天空。那些自有生以来除了嘴唇的颤动之外就没有语言的人，学会了眼睛的语言，这在表情上是无穷无尽的，像海一般的深沉；天空一般的清澈，黎明和黄昏，光明与阴影，都在这里自由嬉戏。"中国人也说："眼睛是心灵的窗口。"眼睛会说话，喜、怒、哀、乐、嗔、怨，丰富而复杂的情感都可通过眼睛反映出来。

情态语言除了眼语，还有用口、舌、齿、鼻、耳、头、颈等部位的动作构成的语言，它们在具体场合能表达种种情感的丰富含义。公关人员由于工作需要，应该对各种情态语言有足够而充分的了解。

本章小结

传播有广义与狭义之分，在广义上，传播是指人类社会，生物界乃至整个自然界的一切信息传递现象。在狭义上，传播是个人之间、群体之间或群体与个人之间交换和传递新闻、事实、意见、感情等信息的过程。一般来说，我们把传播主要诠释为狭义上的传播。

传播是一个由各种要素有机地组成的动态系统。构成传播的基本要素主要有：传者、受者、信息、媒介、反馈。从这些要素的相互作用看，传播可以理解为发送者利用、选择一定的媒介将传者要传递的各种信息有效地发送给受者，为受者所接收、理解和记忆并作出相应反应的过程。相应地，公共关系传播作为一般传播的一种形式，也可看成是公关人员或其他受公关主体委托的机构与人员，利用各种媒介将公共关系主体要传递的各种公关信息有效地发送给具体的受众，为受众所理解、接收和记忆的过程，其目的是树立良好的组织形象，建立与各种公众之间的良好互益关系。

传播模式大致可归结为两大类：一是传统的线性传播模式；二是新型的控制论传播模式。前者侧重于揭示传播过程的运行机制；后者侧重于研究如何有效地对传播过程进行控制，以便达到最理想的传播效果。

对复杂多样的传播活动形式，可以从不同角度加以分类：根据传播活动的通道方式或所采用的媒介形式来划分，可以分为自我传播、人际传播、群体传播、组织传播和大众传播；根据信息传播过程中的信息流向来划分，可分为单向传播、回应传播和双向传播；根据传播者对传播过程控制特征来划分，可以分为自发传播和自觉传播。

从公共关系传播的角度看，影响传播效果的因素大致有以下几个主要方面：传者因素、受者因素、发送者因素、信息因素、媒介因素、环境因素。有效地提高公共关系传播的效果，取决于多种条件，但在宏观上深入研究把握公共关系传播的一般规律，主要是双向沟通律、情感唤醒律、客观超脱律、因人因时适宜律等，在微观上熟练掌握公共关系传播的技巧，如抓住有利时机、讲究传播沟通的技巧、建立全优的信息表达形式系统、选择恰当的传播媒介等，是提高传播效果的重要因素。

公共关系传播必须使用一定的媒介。公共关系传播媒介主要有四大类：文字传播媒介（包括报纸、杂志、书籍、海报、传单、名片、函件等）、电子传播媒介（包括广播、电视、电脑、电影、录音、录像、幻灯等）、图像和标志（包括照片、图画、商标、品牌名称、徽记、包装、门面、代表色等）、非语言传播符号（主要是身势语言和情态语言）。

关键术语

传播　公共关系传播　传播模式　传播类型　传播效果
公共关系传播媒介

思考题

1. 传播的含义是什么？其构成要素有哪些？
2. 传播的分类情况如何？
3. 什么是传播模式？它可以分为几大类？
4. 什么是公共关系传播？公共关系传播的规律有哪些？
5. 影响传播效果的制约因素有哪些？公共关系传播要如何才能达到最佳的传播效果？
6. 公共关系传播的媒介有哪些？应如何选择适当的传播媒介？

案例分析

"@深圳交警" 微博事件

2012 年 5 月 26 日凌晨 3 点多,一男子驾着一辆价值百万元的红色跑车带着 3 名女性以据称接近 200 公里的时速,在深圳市滨海大道由东往西高速行驶,至侨城东路段时,先后与两辆出租车发生剧烈碰撞,其中一辆电动出租车起火,该车的 3 人(出租车司机和两名女性乘客)当场身亡。事后,肇事司机弃车逃逸,7 小时后,自称为肇事司机的侯某到福田交警大队投案自首。经检测,侯某属于醉酒驾驶,交警部门以涉嫌危险驾驶罪、交通肇事罪对侯某实施刑事拘留。让人意想不到的是,此事件在此后几天持续地在网络发酵,公众对此案的强烈质疑使得深圳交警部门瞬间陷入了一场严重的公共舆论危机中。

2012 年 5 月 26 日上午 11 点 43 分,"@深圳交警"发布第一条关于这起交通事故的微博时,其中"跑车"、"飙车"等字眼就刺激到了公众的神经。但是,由于微博只是简单地提到事故时间地点和死亡人数,公众的情绪更多地是对飙车这一恶劣行径的强烈谴责以及对遇难者的同情。

当天下午 5 点多,"@深圳交警"通过微博发布了更加详细的"事故续报":事故发生后跑车司机侯某弃车逃逸,后于当日上午 10 时许到福田交警大队自首,交警立即对其进行呼气式酒精测试(结果为 104mg/100ml)和血液检测(结果当时没有公布)。从对该微博的评论中可以明显地看出,公众的情绪就由愤怒的谴责迅速地转变为强烈的质疑和对交警部门的不满,怀疑侯某不是真正的肇事司机而是"顶包者",而对政府部门可能存在的权力腐败也成为网民情绪宣泄的内容。

5 月 27 日下午两点之后,一股非常强大的负面舆论在网络上汇集。几乎所有的评论都是一边倒地对政府表达极大的不满、质疑甚至是愤怒。

面对升级的舆论危机,深圳交警备感压力,于 5 月 29 日通过微博贴出了新的证据,公布了新获取的肇事司机侯某离开酒吧登上跑车的监控视频以及侯某和车主许某辉赤裸上身的照片，照片显示许某辉上半身没有任何车祸的痕迹，而侯某则脸上有明显的擦伤，并公布了许某辉案发时间进入小区电梯的视频。为了更好地回应公众质疑，5 月 30 日，微博进一步公布了肇事司机侯某从进入酒吧、离开酒吧、出车祸、弃车逃逸到自首的完整视频。

5 月 31 日，深圳交警召开了第四次新闻发布会，并通过微博链接了发布会的情况。至此，可以说，之前公众所有的质疑都得到了很好的回应，事故发生以来所凝聚的舆论压力得到了明显的舒缓。6 月 2 日下午一位网友代表在负责处理此次事故的深圳福田交警大队的门前拉出横幅，向交警方面表示歉意和慰问，深圳交警方面的微博公关终于使得自己在这场网络公共舆论危机中走出来，并总体上得到了外界普遍的认可和赞许。

评价：在整个事件中，深圳交警的官方微博一直都处于一种非常被动的境地，完全是处于网络舆论强大压力下的一种被动式回应。这种被动式的回应主要体现在两个方面：（1）从微博回应的时间点上看，深圳交警的微博都是在网络舆论形成强大的压力后才做出反应的，几乎没有一次是主动的信息公开；（2）从微博内容上来看，在整个事件的微博回应中，所有的微博内容都是针对公众的质疑，也就是说公众怀疑什么，微博就回应什么，基本上没有超出公众质疑之外的其他内容。以至于有人质疑交警方面到底还有什么不为公众所了解的内情没有对外公开。深圳交警微博总体上处于网络舆论倒逼式的回应，相关信息的微博发布也被外界认为是挤牙膏式的信息发布。这在很大程度上影响到了政府的形象，成为公众不满的重要原因。

（案例来源：钟伟军 . 公共舆论危机中的地方政府微博回应与网络沟通 . 公共管理学报，2013（1））

思考：

1. 为什么深圳交警会陷入公关危机？如何评价深圳交警的微博回应？

2. 如何利用微博进行公关传播管理？这种传播媒介的优缺点分别是什么？

第 6 章　公共关系工作程序

公共关系活动的程序就是按照时间先后顺序依次安排和进行的公共关系活动步骤。将公共关系活动全过程分为不同的步骤有利于公共关系活动的程序化、规范化和科学化。通常将公共关系活动的程序分为调查、策划、实施和评估四个步骤。这一程序就是公共关系工作者习惯称之的"四步工作法"。

6.1　公共关系调查

所谓公共关系调查，是指运用定性分析与定量分析相结合的方法，对组织公共关系的现状及其影响因素进行考察和分析，寻求建立组织良好形象的科学认识活动。公共关系调查是公共关系工作的首要步骤，是公共关系人员考察、了解、分析、研究组织的公共关系状态，以搜集信息、发现问题、掌握情况为目的的一种公共关系实践活动。

6.1.1　公共关系调查的意义和原则

公共关系调查在公共关系活动中具有重要的意义，主要表现为：

首先，公共关系调查为组织决策提供科学依据。公共关系是组织与其公众之间的信息交流关系，如果没有信息交流也就不会有公共关系。公共关系工作的每一个步骤、每一个环节、每一个方面都需要有相关信息作为基础和依据。只有通过调查，组织才能了解公众的相关信息，才能做出符合他们要求和愿望的决策，只有这样的愿望才能很好地执行，才能在公众那里得到良好的形象评价，得到好的知名度和美誉度。

其次，公共关系调查有利于塑造组织形象。公共关系调查作为一种实践活动需要公共关系工作人员深入社会、深入实际和深入公众，这对组织在公众中树立和传播形象具有直接作用。公共关系作为组织的代表深入基层，了解民意，了解公众疾苦，搜集公众的意见、建议、评价和需求，必然会使公众形成对组织的良好形象，在搜集信息的过程中，本身也可以传播组织的相关信息活动，将组织的良好形象传播给公众，从而起到塑造组织形象的作用。

再次，公共关系调查使组织及时把握公众舆论。公众舆论是自发产生的对组织的一种浮动的表层的认识，但是当少数人的观点、态度扩展为多数人的意见、甚至变成声势浩大的公众共同反响时，对组织的形象将产生很大的影响。此时，公共关系调查就可以起到组织内部和外部交流意见，沟通观点的作用，化解不利的舆论风向，引导舆论到对自己有利的一面。因此，通过公共关系调查，监测公众舆论，并使组织及时扩大积极舆论，塑造良好的形象是十分重要的。

最后，公共关系调查能够提高组织的公共关系活动的成功率，并适时监测环境，化解纠纷于无形中。组织在开展公关活动之前，必须对现有的人力物力条件作充分的调查，这样组织才能对公共关系活动的环境有充分的了解，才能对环境实施适时监控，了解公众态度，化解矛盾于无形中，从而才能保证公共关系活动有充分的准备和切实可行的计划，并取得良好的效果。

公共关系调查有很强的科学性，为了保证公共关系调查的科学性，调查必须遵守以下原则：

首先是客观性原则。公共关系调查是为了准确地了解公众对组织的评价，因此，客观性是调查人员应该遵循的最重要的原则。调查人员在调查过程中，应该从客观实际出发，区分公众的客观态度和主观想象。在调查中只有掌握了公众的客观态度才能对公众的相关评价得出科学，准确地结论。此外在调查过程中调查人员要切忌主观性，以免给客观事物加入主观猜测的成分，只有这样才能确保调查结果的可信度和时效度。

其次是时效性原则。公共关系调查的目的是了解调查对象在某一确定的时间对组织的评价，调查得到的信息具有很强的时效性，信息的价值与时效性密切相关，迟滞的信息会使组织失去取胜的良机，所以在调查中不仅要注意信息的准确性，还要注意信息传递的快捷性。此外还要注意公共关系的一次调查只能反映此时此刻公众的态度，这种态度会随着时间的延续而发生变化，公共关系工作千万不可根据公众一时的态度去制定一劳永逸的决策。

再次是计划性原则。公共关系调查是组织传播管理中的重要一环，组织不可期望一次调查就能获得永久有效的信息，调查应该按计划经常进行，并使之列入组织的整体工作计划中，使之制度化经常化，只有这样才能使组织及时得到有价值的重要信息，提高调查工作的质量。对于每项具体调查来说事先也要制订一个完整严密的调查计划，只有这样才能保证调查工作的有序性和时效性。

最后是规范性原则。规范性原则是指调查人员在调查的过程中要注意调查内容的科学性和行为的规范性。这里所说的规范性是指要符合道德礼仪规范，在调查的过程中不要对调查对象采取欺骗诱导的手段获得调查结果，或者在进行资料分析时片面地引用调查数据。调查人员本身的行为不符合规范也难以取得调查对象的重视和信任，这样，难以保证调查结果的客观性和全面性。

6.1.2　公共关系调查的主要内容

公共关系调查是一项基础性工作，公共关系调查与其他社会调查不同，它是就公众对组织形象的评价进行统计分析，用数据或文字的形式显示公众的整体意见，或就某一具体公共关系活动条件进行实际考察。

公共关系调查主要有三项内容：组织情况调查、公众状况调查和社会环境调查。

1. 组织情况调查

（1）组织的基本情况。组织基本情况的调查包括组织的总体情况如组织的性质、任务、管理体制，机构设置、主管部门等以及组织的经营目标、经营方针、服务质量、服务态度、市场占有率、经营产品的种类以及公众对组织的评价意见等。

（2）组织实力情况。组织实力情况主要是指组织自身的物质基础和技术方面。主要包括调查组织拥有的先进技术、组织拥有的各种设备等，还要调查组织拥有的技术人员的数量以及组织技术的领先程度等，调查组织的财务实力情况等。

（3）员工的基本情况。员工基本情况的调查主要包括调查员工的年龄结构、知识结构、心理结构等，还要调查员工之间的人际关系、员工的工作态度变化以及员工的价值观等。

2. 公众状况调查

公众是公共关系工作的客体，也是公共关系工作的对象。在公共关系工作中，公关人员必须将社会公众的情况调查作为工作重点。公众情况调查主要包括：

（1）公众构成情况。公众构成情况主要包括：第一，内部公众构成情况，如组织成员的数量构成、专业构成、年龄构成、能力构成、文化程度构成、知识构成等方面；第二，外部公众构成情况，如外部公众的数量构成、需求构成、观念构成等方面。

（2）公众需求情况。社会组织必须掌握好公众的需求情况，才能满足公众的需求。公众的需求情况主要包括两个方面：第一，公众的物质需求情况，如公众对改善物质生活环境的需求，公众对产品服务质量的需求等；第二，公众的精神需求情况，如公众对合法权益的需求，公众对获得重要信息的需求等。

（3）公众评价情况。公众对组织评价主要包括：第一，对组织产品的评价，如对产品质量的评价、对产品价格的评价、对产品外形的评价等；第二，对组织产品服务质量的评价，如公众对组织服务项目、服务方式、服务措施、服务水平的评价等；第三，对组织管理水平的评价，如公众对组织管理机构及办事效率的评价、对组织经营理念和管理创新的评价等。

3. 社会环境调查

社会环境对组织的经营发展具有重要作用，因此，公共关系工作必须做好社会环境状况的调查。社会环境调查一般包括：与组织有关的政治环境状况、经济环境状况、文化环境状况、市场需求状况以及消费者状况的调查等。

（1）对政治环境的调查包括了解社会的政治气候，社会中的政党系统和政治组织性质，国家的方针政策等方面的内容以及对本组织生存、发展和前途的影响等。

（2）对法律环境调查包括了解现行法律系统的性质，法律所管辖的范围，各类政府部门的司法执行，与组织相关的法律法规。

（3）经济环境调查包括了解组织所处的经济环境中的类型、金融、财政、经济等方面的政策，资源的开发水平，消费特征和市场状况等。

（4）文化环境调查包括了解文化背景、风俗习惯、伦理道德、意识形态、社会心理、社会价值和标准、领导方式、人际关系等构成因素。

6.1.3 公共关系调查的方法

公共关系调查不仅对信息的数量有要求，而且注重信息的质量。要使调查所得的信息客观公正地反映现实真相，就必须运用科学的调查方法对调查进行精心地计划和安排。公共关系的调查方法是多种多样的，一般来说，公共关系调查的方法主要有两大类：一是非正规调研，二是正规调研。

1. 非正规调研

非正规调研的作用在于：可以节省调查费用，缩小调研的范围。如果能够通过查阅有关文献、资料就可以获得需要的数据的话，就没有必要再派人做实地调查，这样可以大大节省调研费用。同时，通过初步情况分析，可以进一步确定调查项目，明确调研的范围。非正规调查主要有两类：馆藏调查和网上调查。馆藏调查是指通过查阅馆藏的文献资料，如图书、报刊、档案、内部资料等，获取公共关系调查所需要的数据资料。利用馆藏来调查收集公共关系所需要的资料，能够简单、快速，节省调研费用。网上调查是指通过网络来查询信息资料。当前社会网络资料丰富，并且时效性很强，运用网络查询可以广泛地收集公共关系信息，并且可以及时了解公众的消费意向以及有关市场竞争状况的信息等。

2. 正规调研

正规调研的形式主要有访谈法、观察法、问卷法、追踪调查法、文献法。

（1）访谈法。访谈调查法又叫访谈法，它是调查员通过与调查对象进行有目的的谈话，收集口头资料的一种方法。访谈法的特点是通过访谈员与调查对象进行面对面交谈的方式来实现的，因此，它具有直接性的特点。此外，访谈法具有较好的灵活性和适应性。由于访谈法获取资料的过程是由访谈员来直接进行的，因此，访谈员个人的访谈技巧、人品气质和性格特征等都会直接影响到调查的结果。

访谈法回答率高、效度高，但标准化程度低，常常给统计分析带来一定的困难。而且，访谈法费用大，所以一般应用与那些准确性要求较高的问题的研究上，或者应用于探索性研究。

访谈法的类型有：访谈法可按访谈提纲的方式分为结构性访谈和非结构性访谈；按访谈的场所分为机关访谈、街头访谈、家庭访谈和公共场所访谈；按受访谈的人数可分为集体性访谈和个别访谈；按访谈的时间可分为一次性访谈和跟踪访谈。

（2）观察法。观察调查法的类型有参与观察和非参与观察两种。参与观察是观察者和被观察者一起活动，比如和公众一起劳动、一同就餐、一同游玩，从亲身参与的活动中观察、了解有关的信息。非参与观察是作为旁观者而观察。一般领导人的巡视、视察大多数是非参与观察。观察法的优点是了解的情况自然真实，而缺点是受观察者本身经验、阅历的局限，而且带有很多个人色彩，了解的信息带有很大的偶然性和表面性。

（3）问卷法。问卷调查法是目前国内外社会调查中使用最为广泛的一种方法。问卷是指为统计和调查所用的、以设问的方式表述问题的表格。问卷调查法就是研究者用这种控制式的测量对所研究的问题进行度量，从而搜集到可靠资料的一种方法。

问卷调查法的类型主要有两种：开放型问卷和封闭型问卷。

所谓开放型问卷，是指问题虽然对每一被访者是同一的，但不是事先做出任何选择答案，被访者可根据自己的情况自由回答。封闭型问卷是指不仅问题是相同的，而且每一个问题都事先列出了若干个可能的答案，由被访者根据自己的情况，在其中选择认为恰当的一个答案。封闭型问卷根据其提问的方式，又可分为两项选择、多项选择、对比选择、排序选择和意见程度选择等。

（4）追踪调查法。追踪调查法是选择一些特定对象，进行定人或者定产品的连续性的深入调查，时间短则数月、长则数年。其优点是能更深入地了解特定对象的思想态度变化的轨迹，摸索和总结工作经验，掌握被调查对象的心理特点，此外，还可以联络感情，形成固定的信息网点，提高组织的知名度和美誉度。

（5）文献法。文献法是一种搜集、保存、检索、分析资料的方法，即通过各种出版物、新闻资料、政府或行业公报，组织内各部门的工作报告、报表、财务、记录、销售记录等书面信息资料的研究分析，来提取有关信息。文献法分为搜集资料、整理资料和保存资料三个步骤。

6.2　公共关系策划

公共关系策划是公共关系工作程序的第二个环节。主要是根据组织形象的现状和目标要求，分析现有条件，设计最佳活动方案的过程。

6.2.1 公共关系策划概述

公共关系策划是制订公共关系工作规划和实施方案的过程，其目的是为组织设计形象，与一般策划有着明显的区别。

1. 公共关系策划的含义

公共关系策划是公共关系人员为了塑造社会组织形象或改善社会组织环境这一根本目标，在分析整理现有信息的基础上，遵循科学的原则和方法，凭借自身的知识和经验，为决策或计划而构思、设计、制订传播沟通方案的智力活动。公共关系策划包括四个基本要素：策划主体（公共关系人员）、策划依据（信息）、策划方法（手段）、策划对象（公众）。

2. 公共关系策划的意义

公共关系策划是组织形象管理的一个重要过程，对组织的形象管理有着重要的意义。

（1）增强组织形象管理的有效性。随着市场经济的发展，社会组织之间的协作不断加强，竞争日趋激烈，组织的环境和公众的态度也处在不断的变化中，组织在公众中的形象也会不断发生变化。因此，组织要求得生存和发展，就要开展各种公共关系活动。经过巧妙策划的公共关系活动，可以使组织收到事半功倍的效果，从而增强组织形象管理的有效性。

（2）增强组织形象管理的目的性。组织形象管理的目的是不断完善组织的形象，而组织形象完善的重要环节就是公共关系策划。无论组织处在什么条件下，都需要开展公共关系活动。只有公共关系策划才能开展公共关系活动，才能实现目的、达到目标。好的策划不仅可以使组织摆脱困难，还可以进一步完善组织形象，从而可以使组织开展的公共关系活动能更有效地达到组织形象管理的目的。

（3）增强组织形象管理的计划性。组织塑造形象是一个长期的过程，组织处在不同的发展阶段可选择不同的公共关系活动。组织在开创初期选择的公共关系活动，与组织在顺利发展时期选择的公共关系活动既有区别又有联系。组织在不同发展时期的形象管理工作有一个完整的计划。此外，组织在开展某一公共关系活动之前，也应就开展活动的事件、空间和人力、财力、物力等条件的考虑，这些都需要在策划过程中完成。因此，公共关系策划可以大大增强组织形象管理的计划性。

（4）促进公关工作的规范性。公共关系的实质就是促进公共关系的三大要素优化组合，尽量趋于协调，这些均需要巧妙地策划，但是策划，不是毫无章法的胡思乱想，也不是没有依据的胡说八道，是在社会规范的制约下，针对组织面临的具体问题进行创造性的、理性的脑力劳动。通过科学、严谨、周密的策划而制定的活动方案，对于公共关系工作的规范化必然会起到促进作用。

3. 公共关系策划的原则

公共关系策划是公共关系工作程序的中心环节，公共关系策划是一种社会行为，必然要遵循一定的原则。公共关系策划一般应遵循以下几条原则：

（1）事实性原则。尊重客观事实是公共关系策划的重要原则。在现实生活中不存在的事物，不能作为公共关系传播的内容。公共关系传播必须要以事实为依据，要言之有据。组织在运作过程中发生的事情，如有必要公开，必须依据事实，做到客观、真实、全面和公正。客观，就是不以猜测和想象代替事实，要还事情本来面目；真实，就是不夸大也不缩小面对的事实；全面，就是充分掌握事实，公布事实的全景材料；公正，就是不偏不倚地对事实采取公众可接受的立场。无论有利的事实还是不利的事实，只有组织尊重事实，才能理智地进行策划。

（2）公众利益优先原则。组织开展公共关系活动，目的是树立组织的良好形象，从而实现自身的利益。因此，公共关系的策划，在考虑组织自身利益的同时，一定要把公众的利益放在首位。只有组织在圆满完成自身的任务，为社会作出贡献的同时，还要重视其行为所引起的公众的反应，关注整个社会的进步和发展，才能获得自身利益的满足。公共关系策划讲求公众利益优先的原则，就是当公众利益与组织利益发生冲突时，要以公众利益为重，这就是公共关系策划利益原则的核心。

（3）灵活性原则。公共关系策划应该随着形势的变化，积极主动及时地进行。公共关系策划应该增强变化意识，掌握变化情况，预测变化趋势，根据变化形势，灵活地修订策划方案。

（4）整体性原则。指挥全局的人，最要紧的是把自己的注意力摆在照顾战争的全局上面，谋篇全局，"善谋者，谋势。不善谋者，谋子。""谋势"重于"谋子"，这个"势"就是全局和整体，这个"子"就是局部和部分。因此，公共关系策划应遵循整体性原则，即从塑造社会组织整体形象出发，从社会组织全局的角度来审视公共关系策划活动和度量策划方案。这是决定社会组织公共关系策划能否取得最大成效的一条原则。社会组织形象作为一个整体出现在公众面前，是内外公众对社会组织的一种整体印象和评价。社会组织形象作为整体形象是产品或服务形象的有机结合和融化。在公共关系策划中，应该把具体形象放在整体形象中衡量，以整体目标来协调各个具体形象的单项目标，进行总体性的综合平衡，形成整体的最优化。

（5）创新性原则。创新是公共关系策划的灵魂，公共关系离不开创新，公共关系策划活动必须具有创新性。由于同一个组织的自身条件和环境是在不断变化着，不同组织的主客观条件也不一样，公共关系人员要根据社会条件的变化、公众心理状况的变化、组织内部的变化进行新的策划，使其标新立异，先声夺人，取得好的效果。

6.2.2 公共关系策划的程序

公共关系策划过程，主要有公共关系策划的准备和实施两个阶段。

1. 公共关系策划的准备

公共关系策划的准备阶段，包括搜集信息、整理信息、分析信息、界定公众四个部分。

（1）搜集信息。搜集信息是指根据公共关系策划工作的需求，把关于组织内外环境的各种凌乱无序的信息加以聚集的过程。搜集信息对公共关系策划具有重要意义，主要表现在以下四个方面：为发现和研究问题提供客观依据；为公共关系的策划奠定科学基础；为审定策划方案限定参照标准；为开展公关活动创造有利的条件。

（2）整理信息。整理信息是指对搜集到的信息资料进行初步加工处理，使其便于保存、分析和应用。在公共关系策划过程中，整理信息的意义具体表现为以下三点：提高信息的有序性和完整性；提高信息的真实性和准确性；提高信息的概括性和针对性。

（3）分析信息。分析信息是指针对公关策划活动的实际需要，运用专门的科学方法，对搜集到的信息资料进行比较、估量、计算、筛选等加工过程。信息分析工作对于公共关系策划来说其优势在于明确现状，找出差距；总结经验，发现优势；获取新知，闯出新路；寻找时机，实现目标。

（4）界定公众。通常将公共关系活动的针对对象称为目标公众或对象公众。策划准备阶段发现的问题主要出自相关公众，搜集信息的目的是全面掌握特定公众，而分析信息的目的是为了界定公众，以便为正式策划做好准备工作。界定公众的意义在于：便于明确活动目的；便于设计活动主题；便于选择实施人员；便于选择传播媒介。

2. 公共关系策划的正式实施

公共关系策划是一个动态的过程，正式策划阶段包括确定目标、设计主题、选择媒介、预算经费、审定方案等五个主要步骤：

（1）确定目标。确定目标是继准备工作之后正式进行策划的第一个步骤。公共关系策划的目标是指期望通过策划方案的实施所要达到的理想结果。确定目标是以现实公共关系状态为依据，确定通过策划方案的实施会实现何种目的的过程。确定目标既要以发现的问题、搜集的信息及信息分析、界定公众为前提条件，又对整个策划的过程以及策划结果具有重要影响。确定目标的意义主要有三点：为策划指明方向；为后续活动奠定基础；为实施方案提供主要依据。

（2）设计主题。公共关系活动的主题是对公共关系活动内容的高度概括，对整个公关活动起着指导作用。设计一个好的公共关系活动主题一般要考虑到公共关系目标、信息特征和公众心理三个方面的因素。要求做到：主题必须与公共关系目标一致，并能充分体现目标。主题表述要独特新颖，有鲜明的个性，突出特色，有强烈的感召力。主题要适应公众心理的需要，要形象、富有激情，又贴切朴素。主题要简明扼要，易记易传播。

（3）选择媒介。根据公众的类别和要求不同，应该选择不同的传播媒体。各种传播媒体都有其特定的功能，都可以为实现某一特定目标而发挥作用。只因作用的效果各不相同，所以有必要对其加以选择，一般来说，传播媒介主要有以下几种：一是个体传播媒介，主要针对个别特殊的公众和关键公众；二是群体传播媒介，主要针对一群人的特殊要求、特殊问题进行传播；三是大众传播媒介，它传播迅速，辐射面广，影响力大，主要有利于解决共性问题。报纸、杂志、电视、广播以及互联网在所有媒体中占有重要地位，这五种传播媒体是公共关系策划选择传播媒介时应该重点考虑的对象。

（4）预算经费。公共关系活动都要花费一定的人力、物力、财力，因此，公共关系活动必须进行经费的预算。通过预算，组织可以预先知晓自己的计

划、项目、活动需要投入多少经费，使计划具有可行性和现实性。预算的基本
内容有行政开支和项目开支两大项，行政开支主要指劳动力成本、管理费用及
设施材料费等。项目开支主要指实施各种公共关系活动项目所需要的费用，
如：赞助费、专家咨询费、调研费、专项组织形象的广告费以及为不测事件而
准备的经费等。

（5）审定方案。审定方案是对公共关系计划的再分析，看有没有其他方
案可以达到同样的目的，而更省力、省时、省钱。审定方案第一步是对方案进
行优化。方案的优化主要考虑三个方面：增强方案的目的性；增加方案的可行
性；降低耗费。通过优化选定的方案还要进一步论证，一般由有关领导、专家
和实际工作者对公共关系方案的目标、潜在的问题及预期的结果提出问题，由
策划人员答辩论证。方案论证后，必须写成书面报告。其报告的内容为：综合
分析的介绍，公共关系活动的计划书和方案的论证报告。方案报告可交决策层
审核批准，实施。

6.2.3　公共关系策划的模式

公共关系模式也叫公共关系活动方式。是指以一定的目的任务为前提，针
对不同的对象和不同的公众对象，运用各种传播媒体和方法技巧所形成的具有
特定功能的工作方法系统。

1. 公共关系策划的业务模式

根据不同的标准，可以将活动方式分为不同的类型。根据活动方式的主要
特点可以分为五种：

社会型的活动方式。这种方式是通过参加有组织的社会性、公益性、赞助
性活动来树立组织的良好形象。特点是着眼长远，影响较大，但花费较多，须
量力而行。

征询型的活动方式。这种方式是通过舆论调查、民意测验的办法采集信
息，分析、研究、加工信息、为组织决策提供参考意见。特点是充当组织的耳
目，需耐心、细致、诚恳，通过日积月累地不懈努力形成良好的信息网络。

服务型的活动方式。这种方式是以提供各种实惠服务获得公众的信任与好
评，树立组织的良好形象。特点是具体实在，效果显著。

交际型的活动方式。这种方式是通过人与人的直接接触来联络感情，广结
良缘，深化交往层次，建立社会关系网络。特点是富于人情味，给人以亲切

感，直接灵活。

宣传型的活动方式。这种方式是选择不同的传播媒介，运用各种传播手段，迅速将组织的有关信息传播出去。

2. 公共关系策划的功能模式

根据活动方式的功能或所达到的目的可以将其分为以下五种：

建设型的活动方式。通过较多的宣传和交际活动向公众作自我介绍，主动结交朋友，让更多的人了解接近组织。这种方式适合于组织的开创时期，主要作用是提高知名度，引导启发公众。

维系型的活动方式。通过各种传播媒介以较低的姿态持续不断地传播组织的相关信息，使公众在潜移默化中接受影响。适用于组织的稳定发展阶段。主要作用是维护组织的良好形象，使公众深化对组织的认识，推动组织的行动。

防御型的活动方式。采取以防为主的策略，重视信息的反馈，及时调整组织的政策和行为。适用于出现潜在公关危机的情况，主要功能是防患于未然，使组织始终保持主动地位。

矫正型的活动方式。采取有效措施，做好善后工作，平息风波，稳定舆论，挽回影响。适用于公关失调，组织形象受到损害的关键时刻。主要功能是维护声誉，目的在于求得公众的谅解与同情。

进攻型的公共关系。抓住有利时机，利用有利条件，迅速调整变换决策。适用于组织遇到严重的不利情况，需要改变被动局面的时候。主要功能是反守为攻，出奇制胜。目的是摆脱被动局面，寻求新的机会，开辟新的环境。

6.3 公共关系方案的实施

公共关系实施是指公共关系主体为了实现既定公共关系目标，充分依据和利用实施条件，对公共关系创意策划实施策略、手段、方法设计，并进行实际操作与管理的过程。公共关系实施是公共关系四个步骤中最重要的一个环节。

6.3.1 公共关系实施的基本要求

公共关系人员通过调查研究发现公共关系工作中存在的问题，公共关系工作不但要看方案的策划，而且要看方案的最终实施情况。公共关系实施的基本要求有：

局部服从整体。公共关系实施过程中，要准确把握公共关系工作的目标，一切活动以实现公共关系的总目标为准绳。要有整体和全局的观念，当局部的公共关系工作和全局的公共关系目标发生矛盾时，要以局部服从全局。

充分发扬民主。公共关系方案的实施过程充分采用民主的方法，让所有的公共关系从业人员在各自所负责的工作中充分发挥自己的主动性、创造性和积极性，引导他们以公共关系总目标为核心，在遇到问题时，能在顾全大局的情况下灵活解决、修正工作方法。

及时反馈修正。公共关系方案实施的过程中要不断反馈、修正方案的内容。由于客观环境和组织内部的状况是不断发展变化的，不管公关方案制订时考虑的多么周密慎重，也不可能预料到未来发生的所有事情，也难免会出现方案与实际实施过程不符的现象。因此要对实施过程中的信息进行及时的收集和反馈工作，不断和总目标进行对照，找出差距及时予以调整，使整个公共关系方案的实施受到良好的控制，能更好地实现公共关系目标。

6.3.2　公共关系障碍及排除方法

公共关系方案的实施是一个完整的过程，在公共关系实施过程中，影响公共关系实施的因素主要包括：目标障碍和沟通障碍。

1. 目标障碍及排除

公共关系中的目标障碍是指由于所拟定的公共关系目标不正确或不明确、不具体而给实施带来的障碍。

（1）目标障碍的具体表现为：公共关系计划目标不符合公众利益，在实施过程中必然不会感受到目标公众的合作热情；公共关系计划目标过低，在实施过程中就不能唤起目标公众的激情；公共关系计划目标太高，在实施过程中则会使实施人员望而却步。

（2）在公共关系实施过程中对目标障碍的排除主要可以从五个方面进行：检查计划目标是否切合实际并可以达到；检查计划目标是否可以进行比较和衡量；检查计划目标是否指出了所期望的结果；检查计划目标是否是计划实施者在职权范围内所能完成的；检查计划目标是否规定了完成的期限。如果在某些方面有疏漏，实施人员应主动与计划制定者取得联系并促使其重新修订，从而使计划得以实施。

2. 沟通障碍及排除

沟通障碍是指由于传播沟通工具运用不当、方式方法不妥、渠道不畅等而给实施带来的障碍。

(1) 常见的沟通障碍主要有：

语言障碍：语言差异、语义不明等都会使沟通遇到困难。

习俗障碍：不同的道德，不同的礼节习俗，不同的审美习俗都会影响沟通，使沟通受挫。

观念障碍：封闭观念会排斥沟通，极端观念会破坏沟通。

心理障碍：人们的认识、情感、态度等心理因素也会给沟通带来麻烦，偏见易于歪曲事实真相，情感失控会使沟通受阻。

组织障碍：组织是由若干系统组成的，因此，传递层次过多会造成信息失真，机构臃肿造成沟通缓慢，条块分割造成沟通短路，沟通渠道单一造成信息量不足等。

(2) 沟通障碍的排除方法应注意两方面的问题：一是要注意缩小传播者与其公众之间的差异。基本方法有：利用公众所处的社区位置最接近的媒介；利用公众心目中信誉较高的传播媒介；尽量减少与公众在态度方面的冲突；用公众可以接受的语言或事例来说明所要沟通的问题；确定大多数公众的立场，表明立场与这些人的立场一致；发挥"公众细分"的作用，因为公众细分将会帮助沟通者得到积极的反应；根据形势需要随时调整反映组织要求的信息。二是沟通者要牢记以下基本事实：公众是由许多受到各方面影响的个体构成的；公众乐于接受与他们切身利益密切相关的信息和与他们原有认识、态度相一致的信息；各种大众传播媒介有各自的公众，大众传播媒介所产生的社会影响并非都可测量出来。

6.4　公共关系的效果评估

公共关系评估就是依据特定的标准，对公关计划、实施及效果进行检验、评价和估计。公共关系评估是公共关系工作程序的最后一个步骤。通过对公共关系工作的评估，对其实施情况进行总结和分析，做出客观的评议，找出工作中的经验和教训，为进一步提高公共关系工作水平和决策的科学性提供依据。

6.4.1 公共关系评估的意义

公共关系效果的评估是公共关系工作程序的最后一个环节，对公共关系工作的顺利进行有着重要的意义。

1. 公共关系评估是衡量公共关系工作的依据

公共关系活动具有明确的目标和实现目标的各种具体计划、方法等。这些方法是否有效、计划是否明确、目标是否能够实现，离开检验是无法知道的。公共关系成果的好坏，除了要在实践中检验外，还必须在科学的理论指导下对其做出科学的评价，公共关系工作的成绩与不足、优点和缺点，都需要评估的结果才能充分反映出来，只有以具体标准评价的公共关系活动才能成为衡量公共关系工作是否有效的标准。

2. 公共关系评估是改进公共关系的重要环节

活动效果评估有利于加强对公共关系工作全局的控制和监督。由于公共关系工作面向社会，所涉及的领域较为广泛，工作的实际效果不易被反映出来，工作中的问题难以发现。而对组织形象进行及时的检验可以发现问题，找出原因，采取相应的措施，从全局和整体上对公共关系工作进行监督和控制。这有利于把握公共关系活动过程，正确处理局部效果和全局利益的关系，促进公共关系工作的顺利开展。

3. 公共关系评估是激励内部公众，引起领导重视的重要形式

当一项公共关系计划实施后，由相关人员将该项计划的目标、措施、实施的过程和效果向内部员工解释和说明，有助于反映公关人员的工作实绩，提高公关工作的地位和作用，可以使他们认清本组织的利益和实现的途径，自觉地将本组织的战略目标与自己的本职工作紧密地联系在一起，并转变为自觉的行动；同时也可以使本组织的领导人员看到公共关系工作取得的成果，使他们更重视公共关系工作。

4. 公共关系评估是开展后续公关工作的必要前提和依据

从公关工作的连续性来看，任何一个新的公关工作的开展都不是孤立的，都与以往的工作密切相连。评估是对上一轮公共关系的总结，也是对下一个公共关系活动的新起点；新的公关工作的开展能够发现并解决新问题，形成一定的经验和教训，这就为下一轮公关工作的开展提供了必要的前提和依据。只有全面准确地了解公关活动中各个环节的反馈，才能使后续公共关系借鉴成功的经验，吸取失败的教训，从而更为成功地开展公关工作。

5. 公共关系评估可以为组织的管理决策提供参考依据

通过公关活动效果评估，可以总结经验，吸取教训，提出借鉴性乃至修正性的意见，还可以使组织的领导人看到开展公共关系工作的明显效果，认识到公共关系与组织形象、组织的社会效益和经济效益的关系，从而获得对公共关系活动的进一步理解和支持，并使他们更加重视公关工作。

6.4.2 公共关系评估的内容

公共关系的评估工作包括三个阶段：计划阶段、活动实施阶段和活动效果阶段。

1. 计划阶段的评估

在公共关系的计划拟定过程中，透过评估可以发现不足。在这一阶段中，主要的评估内容包括：公关活动所带来的预期效益、计划内容与目标是否具有一致性、活动主要的诉求对象如何以及预算成本的掌控方向等，掌握整个公关方案对准预期目标是这一期间最大的任务。在计划阶段主要评估三个方面：背景材料是否充分，应反复审阅计划中有无遗漏和重要项目、目标公众是否正确且完整，以及提供给新闻界的新闻背景资料是否齐备等。其次，信息内容是否适合、能被接受。检查传播的内容、信息是否和计划目标相符合，欲传播出去的信息对于目标受众是否都合适，有无意义，会否造成误解，能否接受等问题。再次，信息表现形式是否恰当。公关人员应反复论证容易影响受众的表现形式是哪一种，包括从选用的媒体到用图表或文字陈述。在计划准备阶段，评估方法以组织内部的小组为主，根据上述参考标准来修改。

2. 实施阶段的评估

实施阶段的评估包括各项宣传发送的数量，例如新闻稿件发送的数量、海报的张数等。透过数量的统计，不仅能反映公关人员的执行度，还能和后续其他的数据资料相比较作为以后工作的参考。此外，信息被媒体采用的数量，对广播播放率，新闻报道次数，新闻见报率，接受采访的次数都要记录。再次，接收到信息的目标公众数量和注意到信息的目标公众数量都是评估要注意的内容。

3. 活动效果的评估

这个阶段的评估不仅是综合上述两个阶段的评估结果，为整个计划成效作出评断，同时也为组织领导阶层继续支持公关活动，以及往后实施计划的依据。在效果评估阶段要注意了解信息的公众数量，改变观点的公众数量，改变态度的公众数量，发生期望行为的公众数量，重复期望行为的公众数量，达到的目的与解决的问题以及社会经济与文化的改变，等等，都是活动效果评估的内容。

6.4.3　公共关系评估的基本方法

评估公共关系活动的效果方法有很多种，主要有以下具体方法：

1. 内部总结

内部总结是公共关系评估的重要方法，内部总结的内容很多，主要可从以下几方面进行。

（1）总结公共关系方案在执行过程中和整体目标是否一致，是否和外部环境相符，公共关系活动的实际效果是否达到了公共关系的期望目标。

（2）总结公关工作的状态如何，措施是否得当；公关技巧有无创新；公关人员思想水平、业务素质、工作效率以及道德水准有无明显改善和提高；员工对组织的关心度、归属感、责任感是否有了提高；公共关系自身工作中所涉及的部门和负责人是否理解并配合工作；公关活动是否对所有的公众对象产生影响。

（3）总结公共关系工作的具体成绩在质和量上的表现，以本年度公共关系方案和预算为根据，将实现结果与预期目标相比较，找出可测量的成果、实例和存在的差距，借助于"消费——费用分析"方法，计算本组织公共关系投资所取得的正、负效益，以货币量来衡量组织的公关效益，并就公共关系工作对组织及社会的贡献做出总结报告。

（4）广泛征求组织的领导、各部门管理人员及员工对公共关系工作的意见及评价，以及在管理层中的影响和作用。参考组织内部的评定，对公共关系工作做出参考性的总结意见。

组织的内部总结评估是一个自我提高的过程，仅有此项内容评估还不够，必须得到真实客观的效果评估，还必须进行广泛的外部调查，即收集反馈信息。

2. 外部调查

进行外部调查主要是以收集来自各方的反馈信息进行的。反馈的主要途径是公众的来电、来函，报刊的报道、评论，专家的咨询意见以及民意测验等。一般有以下两种方法。

（1）统计法。统计法主要是针对新闻媒介的反映所采用的。由于新闻舆论具有很高的敏感度和很强的透明度，因此通过统计新闻媒介对本组织的报道动向及其频率，可以测知本组织形象的改善情况。对报道的次数、篇幅、时数、种类和受众覆盖面进行统计，从中可以得知组织引起公众注意的程度；对媒介的层次（报刊、电台、电视台的级别）、影响性（公众、政府等有关方面的反映）、有关资料的使用情况，与社会热点的关系、社会综合反响（如新闻报道后，询问该组织有关情况的人数）等内容进行统计，可以了解组织的知名度；对读者人次，受听众、观众欢迎程度加以统计，不仅可以得知报道组织情况的新闻媒体本身的影响力，而且也可以从中得知组织的影响力。

（2）分析法。分析法主要是针对公众进行的，因为公众是组织树立形象的对象。如果不对公众进行调查分析，就不可能得知组织的发展及现状。调查分析公众，主要是了解公众态度怎样，组织对公众的吸引力出于什么水平，公众对组织的理解出于什么状态。这些分析可以通过访问、座谈、问卷、民意测验等方法获得。另外，可以将社会作为一个横断面做广泛的调查，寻求不同层次的公众对组织机构不同意见和评价，并抽样分析，既可以得知组织外部的专家对本组织的评价，又可以了解一般公众对组织的看法。同时，还可以通过第一个步骤的调查结果与最近调查结果相比较，了解进行公共关系活动后，公众对本组织的态度是否有了明显的变化，分析影响公众态度的内在动机，分析方法侧重于非量化的心理方面，这是评估公共关系效果最基本也是最复杂的一种方法。

3. 重新规划

通过内部外部评估公共关系的效果，可以得出三种结论：效果较好；效果一般；没有效果。这三种结论是经过周密的设计、科学的分析得出的。因而公共关系部门及工作人员要正视评估效果，写出既有理论分析、又有实例佐证的工作总结报告。对效果较好的，找出成功的原因，明确有效的方法和措施，并在本组织内部积极加以推广和应用，写出书面经验总结，然后按照原方案实施下一项公共关系活动。如果效果一般，不太显著，就要对每一个工作环节认真地分析，找出差距和存在的问题，在执行下一个方案时增补或去掉什么措施。通过调查总结来补救工作，同时要对公共关系从业人员做一定的教育培训，并尽力争取领导的理解和支持。如果工作没有成绩，最易引起组织内部的各种舆论和不解，公共关系从业人员也容易为此受到压力和泄气。因此面对这种情况，首先要做好组织内部的调解工作，调动公共关系从业人员的积极性，振作精神，找出没有效果的真正原因，总结教训，提出改进的措施和方法，对计划方案做出局部调整或全面调整，重新规划并开始新的公共关系活动。

本章小结

　　本章主要介绍了公共关系四步工作法：调查、策划、实施和评估。通过学习公关四步工作法，有助于我们了解公共关系的一般程序，认识公共关系活动的本质，理解和掌握公共关系活动的操作特点及其相关的方法和技巧。

关键术语

　　公共关系　　公共关系调查　　公共关系策划
　　公共关系实施　　公共关系评估

思考题

　　1. 进行问卷调查应该注意哪几个方面？
　　2. 请确定一个与自己周围环境有关的调研主题，自行设计问卷进行调查，并写出调查报告。
　　3. 公共关系策划方案包括哪些内容？
　　4. 请在教师指导下，为相关企业策划一次公共关系宣传活动。
　　5. 公共关系评估应该包括哪些内容？

案例分析

老字号　新辉煌
——全聚德 135 周年店庆大型活动公关案例

主办单位: 中国北京全聚德集团有限责任公司咨询单位: 中国北京全聚德集团有限责任公司

项目背景: "全聚德"作为我国餐饮业驰名中外的老字号企业,自清朝同治三年（公元 1864 年）创立至今已有 135 年的发展历程,经过几代人努力,"全聚德"形成了以烤鸭为代表的系列美食精品和独特的饮食文化。"全聚德"这家百年老店已成为国家领导人宴请国际友人的主要场所,成为国际国内朋友了解、认识北京的窗口。改革开放以来,我国餐饮市场迅速发展。面对日趋激烈的市场竞争和国外餐饮业的挑战,"全聚德"于 1993 年 5 月组建了以前门、和平门、王府井全聚德三家店为基础,包括 50 余家联营企业的大型餐饮企业集团,结束了过去长期形成的一家一店、分散经营的不利局面,全聚德集团成为"全聚德"商标的唯一持有人,从而开创了"全聚德"这一北京传统名牌集团化经营发展的新阶段。截至 1999 年初,全聚德集团在国内已注册 11 个商标,涵盖 25 大类 124 种商品或服务项目;同时在世界 31 个重点国家和地区注册了"全聚德"商标。1996—1998 年度"全聚德"商标连续两届被北京市工商局评为"北京市著名商标";1999 年 1 月"全聚德"品牌又被国家工商总局认定为"中国驰名商标",它是我国首例服务类驰名商标。21 世纪即将到来,全聚德老字号正演绎着它发展历史上的第二个百年。全聚德品牌战略的成败,是决定企业在新世纪能否保持旺盛生命力的关键。

项目调查: 面对 21 世纪,全聚德品牌的发展同中国的餐饮业、乃至中国商业、服务业一样,面临着良好的机遇和严峻的挑战。

面临的机遇:1. 随着市场经济的发展和人们消费水平的提高,名牌效应日益明显,使用名牌、享受名牌逐步成为一种社会时尚,久负盛名的全聚德将进一步得到社会与消费者的推崇与青睐;

2. 全聚德国有企业改革的推进，现代企业制度的确立，企业经营机制的完善，为全聚德企业形象的提升奠定了良好的制度保证；3. 全聚德全体员工对"全聚德"具有深厚的感情，对弘扬品牌、发展品牌具有崇高的历史责任感和社会责任感，成为全聚德企业形象公关的思想基础；4. 此外，全聚德品牌形象在社会公众心目中占有较高的地位。1998 年 3 月北京电视台《北京特快》栏目组与中国人民大学舆论研究所就"哪些产品最能代表北京的品牌形象?"这一话题采用问卷方式调查。调查问卷要求被访者具体写出 4 种最能代表北京经济形象的产品，结果被提名的北京产品有四五十种之多，其中，全聚德烤鸭名列榜首，被一致认为是最能代表北京经济形象的标志性产品。北京果脯、北京吉普、牡丹彩电、二锅头酒、北京小吃、燕京啤酒、大宝化妆品、王致和腐乳、联想电脑、同仁堂中药分列第 2~11 位。

遇到的挑战：1. 从买方（消费者）的角度看：随着人民生活水平的提高和生活方式的改变，广大消费者对全聚德餐饮的品位提出了更高要求；2. 从卖方（生产者、经营者）的自身看：全聚德集团特许经营管理体系的运作，要求统一企业形象；3. 从现在国内餐饮竞争者来看：国内餐饮业持续发展，单就北京市目前以"北京烤鸭"命名的烤鸭餐馆就有 400 多家，兼营北京烤鸭这道菜的饭店、餐厅更是数以千计，竞争更加激烈；4. 从未来潜在竞争者、替代者方面分析：全球经济一体化进程加快，我国加入国际贸易组织后，洋餐饮将更加无障碍地长驱直入，对国内包括全聚德在内的餐饮业的生存与发展将会构成威胁。为了抓住机遇，迎接挑战，积极参与市场竞争，创造具有中国文化底蕴、实力雄厚、品质超凡、市场表现卓越、享誉全球的餐饮业世界级名牌，集团公司决定以 1999 年全聚德建店 135 周年为契机，全年推出多层次、一系列的企业形象公关活动。

项目策划公关目标：发扬"全而无缺，聚而不散，仁德至上"的企业精神，（对外）弘扬全聚德民族品牌，树立全聚德老字号的崭新形象，以店庆造市场，以文化兴市场，（对内）强化全聚德烤鸭美食精品意识，丰富全聚德企业文化内涵，激励全聚德集团的全体员工以百倍的信心迎接新世纪的挑战。

公关策略：为了达到这一目标，准备举办"全聚德杯"有奖征集对联、全聚德烤鸭美食文化节、全聚德品牌战略研讨三项大的活动。这些公关活动的媒体选择上主要以报纸为主，兼有电视台、电台，并辅以本公司宣传刊物。具体计划：全年系列公关活动分为三个阶段，从序曲到高潮：

第一阶段：在含有元旦、寒假、春节、元宵节等节假日的第一季度与《北京晚报》、北京楹联研究会联合举办"全聚德杯"新春有奖征集对联活动（以下简称征联）；面向全社会（包括集团员工）开展《我与全聚德》征文，征集店史文物活动；着手整理资料，编辑、出版《全聚德今昔》一书。

第二阶段：在农历六月初六，即全聚德创建日的 7 月 18 日举办"全聚德建店 135 周年店庆暨首届全聚德烤鸭美食文化节开幕式"。

第三阶段：在金秋的 10 月份，借新中国五十华诞举办全聚德品牌战略研讨会。

项目实施：年初，集团公司在工作会上针对全年公关系列活动进行动员。针对每一活动分别成立了由总经理或副总经理牵头的、由不同业务部室有关人员组成的专门工作组负责具体实施。

（一）序曲："全聚德杯"新春有奖征联活动（1998 年 12 月—1999 年 3 月）下面是此次活动期间《北京晚报》五色土版的媒体宣传报道：1998 年 12 月 22 日刊登"本报副刊中心、全聚德集团、北京楹联研究会联合举办'全聚德杯'新春有奖征联活动"通知。【引起注意】

1999 年 1 月 10 日"'全聚德杯'新春有奖征联评委会名单"【突出权威性，以引起读者重视并参与】

1999 年 1 月 16 日"'全聚德杯'新春有奖征联作品"选登之一【6 天后，首次活动提示】

1999 年 1 月 22 日"'全聚德杯'新春有奖征联作品"选登之二【6 天后，再次提示活动正在进行中】

1999 年 1 月 26 日"'全聚德杯'新春有奖征联作品"选登之三

【4 天后，第三次提示活动截稿日期将至】

1999 年 2 月 15 日（农历除夕）公布"'全聚德杯'新春有奖征联活动获奖作品及名单"【选在大年三十这一天公布，一来读者比平日多，二来也算给广大读者送上新春文化礼物，以示祝福。】

1999 年 2 月 25 日"'全聚德杯'新春有奖征联活动获奖作者名单"【答谢广大读者及社会各界的关注】

1999 年 3 月 12 日刊登"'全聚德杯'新春有奖征联"颁奖会消息。【宣布活动圆满结束】

1999 年 3 月 16 日 北京人民广播电台《企业文化》栏目播放"全聚德杯"新春有奖征联颁奖会记者现场采访录音。

第一阶段征联活动结束后，为更好地开展第二阶段店庆活动，集团公司及时进行总结，并于 1999 年 3 月 30 日以书面形式正式下发《关于庆祝全聚德建店 135 周年系列活动的安排》的通知，将每项活动进一步分解落实。向全社会开展《我与全聚德》征文，征集店史文物活动；着手整理资料，编辑《全聚德今昔》一书，在全聚德 135 周年店庆日当天举行首发仪式；请具有权威的资产评估机构对全聚德无形资产价值进行集团成立以来的第二次评估。以 1999 年 1 月 1 日为基准日的全聚德无形资产价值为 7.0 858 亿元人民币，是 1994 年第一次评估的 2.63 倍。（不仅使全聚德国有有形资产保值增值，而且使无形资产也增值。）这一消息放在全聚德 135 周年店庆日当天通过新闻媒体向社会公布。

（二）主旋：全聚德建店 135 周年店庆暨首届全聚德烤鸭美食文化节开幕式 1999 年 7 月 18 日上午 9：30~11：30 在前门全聚德烤鸭店一楼大厅举办了隆重的开幕仪式。来自国家内贸局、北京市委、市政府有关委办局、所辖区委、区政府的领导和负责同志、新闻单位的记者及全聚德成员企业代表 200 余人出席了本次活动。

具体安排：

1. 唱《集团歌》
2. 集团董事长致辞
3. 北京市商业联合会致贺词

4. 向集团总厨师长、副总厨师长、各企业厨师长授聘书、绶带【展示全聚德雄厚的技术力量。】

5. 新编《全聚德今昔》一书首发式。【传播全聚德历史文化。】

6. 第135号全聚德冰酒珍藏仪式。【展示全聚德品牌延伸产品。】

7. 请有关方面的领导讲话

8. "打开老墙，重现老铺"——全聚德老墙揭幕仪式。【向现场来宾再现历史，追溯往昔，给人留下深刻印象。】

9. 第1亿只全聚德烤鸭出炉仪式。【第1亿只烤鸭出炉成为新闻记者争相报道的热点。在11点钟，全聚德第1亿只烤鸭出炉之前，10几名摄影记者早早等候在烤鸭炉前，占据最佳拍摄位置。烤鸭出炉时，记者们迅速按下快门，用相机记录下这一有意义的历史时刻。《北京晚报》的记者为了抢得第一新闻，顾不上吃午饭，立即返回报社发照片，当天下午的晚报就在第一版刊发新闻照片，使晚报成为第一家报道这一活动的媒体。】

10. 第1亿只全聚德烤鸭片鸭仪式。【由原市政府副秘书长、全聚德集团第一任董事长杨登彦先生片下第一刀。这只烤鸭奖给了当天中午来全聚德就餐的一对法国夫妇。】为了报道这次活动，中央电视台还对集团董事长进行了独家采访。出乎预料的是，还有一些国外的新闻记者不邀自来。如当天上午活动期间，南斯拉夫电视台闻讯赶来，进行现场拍摄；在活动结束后，《香港商报》的记者对未能进行现场采访而深感遗憾，事后专门来公司进行了追访。

全聚德特色菜品推出仪式（1999年7月18日）

时间：下午：15：00~18：00

地点：和平门全聚德烤鸭店208房间出席：集团公司领导、各成员企业代表、有关部室负责人

内容：1. 集团主管副总介绍推出全聚德特色菜的重要意义及安排。【统一菜品质量，实施精品战略】

2. 集团总厨师长讲解全聚德特色菜品的制作、口味特点。【菜

品量化定标，提高科技含量】

3．"打通一楼，亮出大厅"揭匾仪式。【重新装修的一楼大厅——"中华一绝"重新开张】

4．来宾观摩特色菜品制作过程，并品尝用餐"美食文化节"活动（7月18~25日）期间推出的活动还有：（1）精品烤鸭优惠销售【真诚回报消费者】；（2）国际烹饪大师巡回献艺；（3）亚洲大厨、获奖名厨精彩绝活表演；（4）发放"全聚德会员卡"。

5．赠送全聚德135周年纪念品

6．开展由顾客参加的趣味性烹饪、服务技能、全聚德知识竞赛活动。

（三）提升：全聚德品牌发展战略研讨会（1999年10月16日）9：00~12：00在和平门全聚德烤鸭店500会议室邀请中国商业经济学会、中国商业文化研究会、中国社会科学院、中国人民大学、首都经贸大学、北京工商大学、北京工业大学、北京财贸管理干部学院的专家、教授、副教授与集团全体领导及有关部室负责人就全聚德品牌战略进行研讨。【借助外脑进行分析，理论指导实践】

项目评估：1999年全聚德集团企业形象公关活动达到了预期的公关目的。

1．"全聚德杯"新春有奖征联活动，历时两个月，共收到应征楹联作品3 954.5副，它们来自北京、河北、辽宁、内蒙、山东、江苏、安徽、江西、湖南、贵州、广东、海南等12个省市自治区，使全聚德的品牌遍及大江南北，长城内外。作者中年龄最小的为14岁的初中生，最大的为82岁的老人。还有的老者率领全家老少三代参与撰写，甚至还有几位福利工厂的盲人请同事代笔，参与热情之高，是我们始料未及的。经过专家评委的初评、复评和终评，从中评选出一等奖5名，二等奖10名，三等奖20名，鼓励奖135名。此次活动把迎春与商业宣传融合为一，把树立全聚德品牌形象与中国传统楹联文化有机地结合起来，营造了"以文化树品牌"、"以文化促经营"的新闻热点，弘扬了全聚德饮食文化，品牌文化，在社会上引起较大反响。

2. 提高了全聚德品牌的知名度和美誉度。众多新闻媒体都对"全聚德建店 135 周年暨美食文化节"做了全面报道。报道的形式有新闻、照片、侧记、专访。下表是对有关新闻媒介及宣传报道次数的统计:(见表)从上表可以看出,这次活动的媒体报道率是相当高的,不仅国内形成一股全聚德企业形象的冲击波,而且通过海外一些媒体把全聚德 135 周年庆典活动的新闻消息传出北京,飞向世界。"全聚德"成为人们普遍谈论和关注的话题,使"全聚德"品牌的知名度和美誉度进一步提升,强化了"全聚德"品牌形象。

3. 全聚德集团通过 135 周年店庆活动取得了良好的经济效益。由于全聚德 135 周年店庆暨首届全聚德烤鸭美食文化节活动的拉动作用,国庆节期间(10 月 1~7 日)集团公司 10 家直营店共完成营业收入 703.5 万元,接待宾客 76 325 人次,日平均营业额达100.5 万元。到 1999 年 11 月底集团公司营业收入、利润均已提前完成全年的计划任务。其中利润达到全年计划指标的 110%。1999年下半年和平门店、前门店日均营业额均比上年同期增长了 20%左右。

4. 全聚德品牌发展战略研讨会明确了全聚德品牌战略目标,即以全聚德烤鸭为龙头、以精品餐饮为基业,通过有效的资本运营,积极审慎地向相关产业领域延伸,创造具有中国文化底蕴、实力雄厚、品质超凡、市场表现卓越、享誉全球的餐饮业世界级名牌。全聚德的战略研讨又引发首都的专家、学者对以全聚德为代表的京城老字号发展的内在规律的探索与研究。参加过"全聚德品牌战略研讨会"和曾经参与全聚德有关活动的专家学者就"老字号怎样迈向新世纪"为主题又多次开展大讨论。从全聚德这一典型的经营管理实践作为案例上升为京城老字号发展的一般规律的理论探讨。专家们认为:"发展老字号品牌食品是历史重任","老字号要发扬品牌优势,紧跟时代步伐","立足传统,创新发展"。(参见《中国食品报》,2000 年 1 月 20 日)

项目策划和实施单位:中国北京全聚德集团有限责任公司

案例点评：

1. 全聚德集团有限公司是一家具有悠久历史和文化传统的京城老字号餐饮企业。面对改革开放和市场经济的浪潮，全聚德集团进行了重组，成为"全聚德"商标的唯一持有者，并在国内外进行了商标注册。截至 1999 年初，集团已在国内注册 11 个商标，涵盖 25 大类 124 种商品和服务项目，同时在世界 31 个重点国家和地区注册了"全聚德"商标。1999 年 1 月 1 日，经权威资产评估机构对"全聚德"品牌评估，"全聚德"品牌价值 7.0 858 亿元人民币。在此基础上，全聚德集团开始全面实施"名牌战略"工程，以确保企业在新世纪继续保持旺盛的生命力。本案例充分显示，全聚德集团领导高瞻远瞩，具有较强的市场意识，通过实施"名牌战略"工程将"全聚德"百年老店的金字招牌全面推向第二个百年。

2. 大型活动是公共关系活动最常见的一种形式，也是企业最容易达到其公关目标的手段。因为它社会影响大、针对性强、沟通效果好，同时实施难度也较大。"全聚德 135 周年店庆大型活动"是全聚德集团实施"名牌战略"工程的一个重要对外传播案例，本案例从策划、筹备、实施和提升历时近一年，涵盖"全聚德杯"新春有奖征联活动、首届全聚德烤鸭美食文化节、全聚德品牌发展战略研讨会等三项大型活动，这些大型活动又包括系列专题。在本案例中，"全聚德"针对不同目标公众，巧妙设计公关活动，并与传播手段相结合，取得了良好的公关效益，如针对一般消费群体，采用"新春征联"、"烤鸭文化节"活动，并配以大众媒体宣传；针对重要目标公众，邀请有关领导、社会名流参加全聚德 135 周年店庆暨首届全聚德烤鸭美食文化节开幕式；针对专业人士，采用"研讨会"形式进行沟通交流。同时，我们也看到，每项活动除了针对不同目标公众外，传播信息具有很强的针对性。应该说，本案例的实施难度非常大，涉及集团众多部门，对于一家传统国有商业企业来说更是如此。为确保项目的顺利实施，集团总裁亲自挂帅，相关部门分工负责，按计划逐一落实，可以说大型活动的实施除了需要严密的计划外，还需强有力的执行。

3. 第 1 亿只全聚德烤鸭出炉及片鸭仪式是本次大型活动最吸引人、最具新闻价值的活动，全聚德抓住这一亮点大做文章，而《北京晚报》记者抢新闻的劲头，说明活动创意策划的到位，这是本案例画龙点睛之处，也是众多媒体报道的一个重要主题。

4. 在本案例中，全聚德集团对大众媒体的宣传非常重视，就"全聚德135周年店庆暨首届全聚德烤鸭美食文化节开幕式"一项活动就有24家媒体参与报道，报道量达56次之多；另外《北京晚报》对"新春征联"活动互动式的追踪报道，将征联活动不断推向高潮，为全聚德135周年店庆活动作了很好的铺垫。新闻媒体的积极参与反映出全聚德集团平时与媒介能保持良好的合作关系。

5. 本案例充分反映了全聚德集团在大型公关活动策划和实施上已具专业化水准，整个策划的实施，一环扣一环，既有前奏，又有后续。前期铺垫为店庆高潮作了良好的准备，后期升华将全聚德的品牌战略推向深入。当然，仍有一些不足之处，整个活动策划有点刻板，传播信息相对不是特别集中，有所干扰。另外，文案写作仍需提高。相信经过不断的公关实践，全聚德集团的企业品牌会像其"全聚德"著名商标一样名扬海内外。

（点评者：陈向阳，第四届中国最佳公共关系案例大赛评委；中国国际公共关系协会发展部主任。）

第二编 公共关系实务

第二篇　公共关系实务

第 7 章 公共关系演讲

在公关实务活动中，演讲是一种较为常用的人际传播方式。就一个社会组织来说，信息的传递是实现公关目标的关键环节。在公众中良好形象的塑造，与社会公众间互益关系的建立，都必须以信息的传播为纽带。可以说，在公关人际传播过程中，演讲承担着相当部分的信息传播任务。而作为演讲者的公关人员经常要在各种不同的场合运用演讲向公众宣传组织的理念，传递组织的有关信息，与公众进行思想交流和感情的沟通，以达到感召公众、说服公众的目的。因此，演讲是肩负"内求团结、外求发展"使命的公关人员必须具备的职业素养。

7.1 公共关系演讲的要素与特征

古人云"一言可以定国"，"一言可以丧邦"。作为口头语言表达高级形式的演讲亦如此，往往能在公众中造成相当的影响，其成败直接影响组织的形象及声誉。出色的演讲可以使组织"柳暗花明"、左右逢源；拙劣的演讲则可置组织于"山穷水尽"的孤立无助之境。演讲的成功与否以及成功的程度如何，涉及的因素较为复杂，除了受演讲者本身的素质和演讲现场的环境、演讲对象的特点、演讲内容的选择等因素的影响外，演讲前的准备是否充分、临场技巧的发挥是否正常，语言表达方式的选择是否适当，都会对演讲的成败产生直接的影响。为此，公关人员应从多方面去学习和掌握演讲的技巧。

7.1.1 公共关系演讲的基本要素

演讲，指的是演讲者在特定的环境中，以口头语言为主要表达手段并辅之以相应的姿态，面对广大听众发表意见，抒发情感，从而达到感召听众并促使其行为的一种带有艺术性的社会交际活动。演讲活动源远流长，公共关系演讲则是人类社会发展到一定阶段的产物。它是公关人员代表组织在公关活动中针对特定的公关目的所作的演讲。作为一种社会实践活动，公关演讲由以下三个相互制约、相互配合的基本要素构成：

第一要素：演讲者。演讲者是演讲活动的实施者、行为者，在演讲活动中处于核心地位，起着主导作用。演讲者不仅决定着信息传播的多与寡、正与误，而且还能动地支配着信息，直接影响演讲的效果。所以，演讲成功与否的关键主要取决于演讲者的素质高低，观点表达是否恰当，行为举止是否得体等。一个高水平的演讲者除了应具备最起码的口齿伶俐、思维正常等基本条件外，还必须具备一定的素养和能力，如正确的、科学的思想观点、高尚的道德品质修养、良好的心理素质、丰富渊博的文化知识修养、敏捷的思维能力以及娴熟的口头表达能力和控场技能，等等。"冰冻三尺非一日之寒"，所以公关人员要注意日积月累，平时多学习、多实践。

第二要素：听众。听众指的是演讲活动指向的对象、演讲信息的接受者，也是语境中最为主要、最为复杂、最为活跃的因素。相对于居主导地位的演讲者而言，听众在演讲活动中处于被动的、从属的地位。然而听众也是演讲活动不可缺少的一个因素。演讲是演讲者面对听众发表的讲话，任何演讲都必须有一定数量的听众。虽然演讲效果主要决定于演讲者的水平，但并不等于说听众这一因素就无足轻重。演讲是演讲者与听众的双向交流活动，听众可以能动地反作用于演讲者和演讲的过程。听众遵守场内纪律、自觉地配合演讲者，可以为演讲创造一个良好的氛围；听众积极的情感回应可以激发演讲者的兴致和热情；听众良好的认知素质和欣赏水平可以提高演讲的效果。反之，则会限制演讲水平的发挥，降低演讲效果，影响演讲的顺利进行。因此，演讲的成败好坏，也可以说是以听众的反应为尺度的。演讲者应精心研究听众的心理状况、目的要求、心理诉求等基本情况。掌握这些情况之后，演讲方能做到有的放矢，针对性强。在此基础上再辅之以各种艺术手法才能感染听众，影响他们的行为。

第三要素：环境。环境指的是开展演讲活动所必要的客观条件。它包括两个方面：自然环境和社会环境。自然环境指的是会场、讲台等空间条件和扩音设备等物质条件。社会环境指的是一定的时代背景。演讲总是在一定的时间和环境中进行的，所以环境也是演讲必不可少的因素。一般情况下人们总是认为只要演讲者的水平高，不论在何时何地发表演讲都会受到欢迎。其实不尽然，环境状况有时也会对演讲的效果产生重要的影响。适当的环境能给演讲增添气氛，使演讲者保持积极进取的精神状态，使听众心情舒畅、精神集中；不恰当的环境则会大大削弱演讲的效果，比如会场过大，空空荡荡，听众东一个西一个，演讲者就容易情绪低落；会场布置过于华丽、奇异，听众就容易精力分散。所以，组织演讲时应该选择与演讲的主题、内容相适应的环境，并尽量把环境布置得美观大方些，力求庄重、典雅、艺术化和卫生整洁。

7.1.2　公共关系演讲的特征

公关演讲是人类文明的结晶，是人类社会特有的一种行为方式。与其他的人类活动相比，它具有以下基本特征：

1. 大众性

公关演讲是一种综合性的、群众性的交际活动，是演讲者与听众之间交流信息、沟通情感的有效形式，它具有广泛的适应性。从内容上来说，时事形势、企业文化、业务进展、技术报告、庆典仪式、迎来送往等活动主题，都可以借助演讲这个工具来传播。就场所来说，演讲既可以在会堂、广场、报告厅或是宴会厅等正式场所举行，也可以在一切适合演讲的非正式场合进行，如街头巷尾、村落田野、车间工地等。听众可多可少，少则几十人，多则成千上万人。从实效来说，时代色彩十分强烈，演讲的内容、形式、风格无不切合时代的脉搏。

2. 目的性

公关演讲实际上是一种追求高交际效能的言语艺术。每一次演讲都是有明确目标的有计划公关活动。演讲者必须按照一定的目的有选择地、针对性十分明确地准备和实施自己的演讲。同时，听众也是带有一定思想目的、范围要求、根据自己的兴趣爱好参与演讲的。所以，目的性明确不明确，针对性强不强，直接关系到演讲的成败。演讲没有有无目的之分，只有目的的正确与否、高雅与否之别。

3. 直接现实性

公关演讲是公关人员通过对社会现实的判断和评价，直接向广大听众公开陈述自己主张和看法的一种现实活动。演讲者以其思想性、原则性，帮助听众弄清楚复杂的社会想象，解决某一问题。或者总要提出一个问题，加以分析，然后解决这个问题。它讲现实之事、表现实之情、评现实之理、判现实之是非，因此，具有直接现实性。除广播电视外，公关演讲都是在演讲者与听众面对面的情况下直接进行的，现场直观性强。而且演讲产生的效果表现得也比较直接，听众在现场一般都会有一定的情感反应、行为表现。另外，公关演讲不同于舞台表演艺术，不存在情景虚拟的现象，而是一种现实活动。

4. 鼓动性

公关演讲具有强烈的宣传鼓动性。一场成功的演讲，不但可以传递给听众新的知识、新的思想观点等理性的内容，更重要的是让听众兴奋激昂、情绪勃发，情不自禁地投入到演讲者所营造的情感氛围之中，受到感染，产生共鸣，从而达到被鼓动的目的。首先，演讲传达的是真善美的内容，而真善美是一切正直的人们所追求和渴望的，因而自然会引起共鸣，激励和鼓舞听众。再者，演讲是以理服人、以情感人。说理时深入浅出、旁征博引、严格周密，表情真实自然、准确贴切，因而极易说服听众、打动听众。此外，演讲的表达手法多样，不仅将信息用有声语言诉之于听众的听觉，而且还以相应的动作、表情作用于听众的视觉，声情并茂，因而能扣人心弦，牢牢地将听众吸引住。

美国著名黑人领袖马丁·路德·金于 1963 年 8 月 23 日在华盛顿林肯纪念堂发表了著名演讲《我有一个梦想》。他以坚定的信念、激昂的情感、磅礴的气势，深深地感染了所有的听众，极大地鼓舞了人民为自由而奋斗的决心，成了脍炙人口的演讲名篇。

5. 艺术性

演讲的强烈的宣传鼓动性是通过演讲语言的艺术表达来实现的。公关演讲虽不是一种艺术活动，但它需要把真的东西、实的东西表现得更和谐、更具魅力。也就是说，它追求一定的美感和艺术格调。一方面，演讲的内容安排、结构布局独具匠心，讲究艺术性。在演讲的开头、结尾、叙事、抒情、说理、修辞、论证方面，演讲者总是苦心构思，巧妙组合，把深刻的思想内容寓于灵活精巧的艺术结构当中，使听众产生一种艺术的结构美感和文采美感，从而加强表现力和感染力。另一方面，演讲的表达形式讲究一定的技巧、技艺。演讲以口头语言表达为主，姿态表达为辅，只有将二者巧妙地结合起来，做到字正腔圆、语调动听、双目传神、表情丰富、动作优美、仪态大方、感情充沛多样，才能更加充分、有效地表达出深刻的思想内涵和态度。

6. 交际性

公关演讲是一种比较正式的、有组织的、有目的的社会交际活动。从形式上看，它是一种群体活动，是演讲者与听众在公共场所面对面的比较规范的交往活动。从实际效果来看，在演讲过程中演讲者与听众之间不仅交流了思想，而且也沟通了感情。通过演讲，演讲者、组织与听众加深了了解，增进了友谊。

7.2 公共关系演讲的类型

公关演讲适用于社会生活的诸多领域，演讲的内容和目的多种多样，其形式和风格也各不相同。因此，从不同的角度、按不同的标准可将其划分为多种类型。

7.2.1 按公关演讲的内容分类

公关演讲的内容极为丰富，包括政治、经济、军事、科学、文化、艺术、宗教、道德、法律以及日常生活等，无所不及。根据内容的这一差异性，公关演讲主要可分为政治类演讲、经济类演讲、学术类演讲、礼仪类演讲等。

1. 政治类演讲

这一类演讲可以是指代表国家、地区、组织向公众阐明某一政党或政治集团的政治主张、政治立场、政治策略、施政纲领，进行政治性宣传鼓动的信息传播活动的演讲，如竞选演讲、就职演讲、政治集会演讲、军事演讲、外交演讲等；也可以是就人们所关注的社会政治、社会意识形态以及社会生活的某个方面的社会政治问题提出分析、评论和看法的演讲，如针对政治制度、民主进程、民族团结、思想道德、价值观念以及就业、婚姻、教育等问题发表的演讲。政治性演讲的基本特点是具有鲜明的思想性、严谨的逻辑性和激昂的鼓动性。

2. 经济类演讲

这是为发展经济、开展经营活动而发表的具有经贸性质内容的演讲。如企业公关演讲、推销新产品演讲、商业广告演讲、介绍管理措施演讲、信息发布会演讲等。经济类演讲在公关活动中对企业顺利开展经济活动有重要的作用。其基本特点是：具有高度的求实性、重视信息，讲究策略；语言明确，简明扼要、极具说服力。

3. 学术类演讲

就是运用演讲的方式讨论学术问题、阐释学术见解、介绍学术动态、传达学术信息等。学术类演讲通常是面对专业人员的，一般具有较强的专业性，如学术会议上的发言，学位论文的答辩，高等学校中的学术讲座，各种治学或创作的经验报告等。学术类演讲应该有独到的见解，或者能提出新的问题、新的方法或新的研究角度。其基本特点和要求是：科学性、严谨性和表达的平实性和通俗性。

4. 礼仪类演讲

这是在各种社交仪式上发表的情感型的演讲。包括庆贺演讲（祝词、贺词、开幕词、闭幕词）、凭吊演讲（悼词）迎送和宴请时的欢迎词、欢送词、祝酒词以及答谢、告别演说等。礼仪类演讲最突出的特点是：诉诸情感。宜于选用以抒情为主，寓理于情的语体。礼仪类的演讲一般篇幅短小，内容凝练，不宜有复杂的论述或详尽的介绍，语言表达上要情真意切、自然大方，既要热情奔放又要讲究严谨规范，特别要注意语体选择与演讲场合的和谐统一。

7.2.2 按演讲的表现风格分类

演讲是一种信息传播和说服的重要方式。演讲者或者要表达观点立场、情感态度；或者要说服、鼓动并影响听众的行为；或者阐明道理，传播信息；或者以启迪心智、教化民风、宣明事理、弘扬正气，其具有的功能是多方面的。根据演讲的表现风格来划分，可分为激昂型演讲、深沉型演讲、严谨型演讲和活泼型演讲。

1. 激昂型演讲

这类演讲的特点是语言节奏的快慢和语音的轻重对比强烈，语调抑扬顿挫，情绪激昂慷慨，因而富有号召性、鼓动性，多用于对公众的动员、鼓动之类的演讲。

例如，郭春喜的演说词《人类只有一个地球》，在历数了森林被砍伐、植被遭破坏、水土流失、环境污染等种种痛心的情况后，大声疾呼：

> "……朋友们，我们应该踊跃加入'环保'的行列，积极行动起来，为让那一片蓝天永远保持蔚蓝，让大自然的森林永远郁郁葱葱，让碧波荡漾的河水永远明净……努力吧！
> 朋友们，让我们都永远记住：人类，仅有一个地球！"

2. 深沉型演讲

这类演讲的特点是节奏较缓，力度对比不太强烈，语音较柔和，语调也相对低沉，富有感情色彩，发人深省，多用于凭吊演讲。

3. 严谨型演讲

这类演讲的特点表现为语言经过较多的加工，节奏中等，比较平稳，没有太大的起伏；言辞精练，逻辑性强；层次分明，条理清晰。学术类演讲多采用这种风格。

4. 活泼型演讲

这类演讲旨在营造喜庆、热烈、欢乐的氛围，愉悦听众。这类演讲的风格多采用节奏明快，轻松愉快、诙谐幽默、生动形象。常用于社交类演讲中的各种庆典仪式上、联欢会上发表的演讲等。

请看我国台湾地区影视艺术家凌峰在某年春节联欢晚会上的开场白：

> "在下凌峰，我和文章不同，虽然我们都获得过'金钟奖'和最佳男歌手称号，但我以长得难看而出名……一般来说，女观众对我印象不太好，她们认为我人比黄花瘦，脸比煤炭黑。"

这一番话嬉而不谑，妙趣横生，令观众捧腹大笑，为联欢晚会增添了欢快、热烈的气氛。

7.2.3 按演讲的方式分类

根据演讲的方式可分为有备演讲和即兴演讲。

1. 有备演讲

指演讲前经过充分的准备，把所要演讲的内容形成文稿或形成详细的提纲，演讲时脱稿或是在演讲稿提供的要点、论据和结构的基础上临场发挥。做此类演讲时，一定要避免照本宣科，演讲者应当把所要演讲的内容融会贯通，牢记在心，这样才能把演讲内容与演讲者的仪表、表情、举止等有机地交融在一起，使演讲者与听众之间形成情感的交流和沟通，使演讲达到预期的效果。

2. 即兴演讲

这是事先对演讲未作详细准备，依据实际场合的具体要求，随机应变、临时构思而作的演讲。这类演讲的特点是：有较高的灵活性和应变性，对演讲者的思维能力、认知水平和表达能力都有很高的要求。

此外，演讲还可以按场所来分类。演讲活动不需要很复杂的条件和设备，会堂、宴会厅、街头、土地、法庭、教堂、广播电台、电视台等都可以作为演讲的场所。因此，可区分为大会演讲、宴会演讲、街头演讲、法庭演讲、教堂演讲、广播和电视演讲等。

第二次世界大战期间，英国首相丘吉尔到美国同罗斯福总统商讨共同对敌事宜，丘吉尔在演讲中大谈在美国过圣诞节的心情与祝福，以过节作为铺垫，他的演讲句句在理，字字含情，娓娓道来，深深地打动了美国人，最终达到了求得美国援助的目的。

7.3 公共关系演讲者的心理素质

正式讲话，其成败事关组织和个人的声誉、形象，演讲者心理承受着巨大的压力。有的人心理素质好便能承受住这份压力，演讲时从容不迫、娓娓道来；有的人心理素质差则承受不住这份压力，演讲时控制不住自己，只能草草收兵。由此可见，良好的心理素质对演讲者成功地完成演讲任务具有至关重要的意义。

良好的心理素质最主要包括敏锐的观察能力、诚挚的情感品格及高度自信的意志品格。

7.3.1　敏锐的观察能力

善于观察是演讲者应具有的最基本的心理素质。演讲的整个过程都需要有敏锐的观察能力。在日常工作和生活中，只要演讲者是个有心人、细心人，就能掌握大量的素材，并从中提炼出既能符合听众的兴趣、爱好、需求和特点，又能反映生活本质和社会主流的演讲题材；在演讲中，演讲者只要"眼观六路，耳听八方"，就能从听众的眼神、面部表情、身体姿态的表露中，感受到听众的文化素养和听讲态度，以便及时调整演讲的内容、形式、节奏等；演讲结束后，演讲者若多加留意，就能搜集到大量的听众反映，并从中综合分析出自己演讲的成败得失，从中总结经验，吸取教训，使自己的演讲水平不断得到提高。可见，敏锐的观察能力在演讲过程中具有十分重要的作用，是演讲活动顺利、有效进行的有力保证。一个闭目塞听、麻木不仁的演讲者是不可能完成精彩的演讲的。

敏锐的观察力主要包含以下几方面的具体要求：

1. 观察要准确

演讲过程中出现的情况复杂多样，演讲者要善于"去粗取精，去伪存真"，透过现象看到本质，准确把握听众的状况。如果观察的结果不能正确地反映听众的实情，演讲者就会做出错误的判断和行为。

2. 观察要及时

演讲过程中出现的情况变化多端，有的甚至稍纵即逝。如果演讲者捕捉得不及时，就会错失有效调控演讲的大好机会。

3. 观察要全面、细致

俗话说："众口难调"、"青菜萝卜各有所好"。演讲题材、内容、形式不可能符合所有听众胃口，而只能满足大多数听众要求。所以，个别或少数听众对演讲不满或兴趣不浓厚是很正常的。如果演讲者在演讲过程中观察得不周全、不仔细，仅着眼于个别或少数听众的兴趣、爱好，只看到现场出现的个别情况，一叶障目，就会错误地估计形势，误导自己。

一个优秀的演讲者所具有的敏锐的观察力不是先天的，而是后天培养的结果。只要演讲者热爱生活、追求事业、具有强烈的社会责任感，自然会事事关心、处处留意，进而达到明察秋毫之境界。

7.3.2　诚挚的情感品格

众所周知，演讲的目的是感召人、打动人，使听众与演讲者产生强烈的共鸣。唐代诗人白居易说："感人心者，莫先于情。"可见，在演讲时，演讲者不仅要"晓之于理"，更要"动之以情"，以自己的感情火花去点燃听众的感情火花，以自己的心声去呼唤听众的心声。如果演讲者不注重情感的表达，演讲时表情冷漠，语言空洞，平铺直叙，其结果是将演讲变成了说教，听众就无法接受，更不用说产生共鸣了。即使演讲者注意到了情感的重要性，但如果演讲时乱用情感，其结果只能适得其反，令听众反感不已，甚至倒胃口，无从接受。可见，演讲时不仅要重视运用情感，而且还要善于运用情感。

情感表达应从以下几个方面入手：

要真实自然。情真意切才能牵动听众的心，自然而然才能达到"润物细无声"的效果。矫情虚情，无病呻吟，则会使听众拒之千里。

要明晰准确。人的情感丰富多彩，而且不同的情感具有不同的含义。演讲者必须根据演讲的内容、时境和听众的特点正确选择运用，并努力表达清楚明白。含含糊糊、张冠李戴，听众则无所适从。

要深沉凝练。情不深，仅仅停留在一般化程度上，只能引起听众浅浅的感情涟漪，对听众的触动转瞬即逝。而发自内心的、经过长期体验和感受的深刻的情感，则会引起听众感情的波澜，对听众产生强烈的心灵震撼。

要适时适度。情感的表达无论在何时何地、对何人都应讲究"度"，把握住"分寸"，"发于当发、止于当止"。情不满，当发不发，则达不到"快者掀髯，愤者扼腕，悲者掩泣，羡者色飞"的效果；情太满，当止不止，则会"有情反被多情误"。

要积极向上。演讲的目的在于鼓舞人、激励人，催人奋发进取。因而演讲者应多表达积极、乐观、反映社会主流的情感，而不应散布消极悲观情绪，或把演讲当成发泄个人不满情绪的途径。

7.3.3 高度自信的意志品格

自信是行为者对自己的能力以及行为的结果所作的一种积极的、肯定的判断。它是演讲者最重要的心理素质。自信心强，演讲者就能不慌不忙、泰然自若，按部就班地照计划行事，顺利完成演讲任务。由于具有充分的自我认可，演讲者会精力充沛、轻松自如，没有心理负担，往往能创造性地发挥，增添演讲魅力。相反，自信心不强，即便知识再渊博、能力再超常，也不敢登台演讲。勉强上了台，也不能达到满意的演讲效果。

演讲者如何才能做到高度自信呢？

1. 认真做好各项准备工作

演讲的准备工作主要有：了解听众、熟悉演讲场所、搜集演讲材料、写好演讲稿、熟记演讲稿、搞好试讲、带好演讲道具等。一旦演讲者做了充分准备，他就能胸有成竹，稳操胜券。而准备不充分，自然就会信心不足，怕讲不好，怕露馅，怕出洋相，严重分散精力。

2. 克服恐惧心理

不少人把演讲看得高不可攀，非常害怕演讲。据美国的一项"你最害怕的是什么？"的调查结果表明，"死亡"只名列第二，而"当众演讲"却赫然名列榜首。害怕的必然结果便是胆怯、紧张，本来精心准备好了的演讲就会大乱方寸，出现"口欲言而嗫嚅，足欲行而趑趄"的现象，严重影响演讲的效果。因此，演讲者应积极克服恐惧心理。

3. 充分肯定自己

在演讲前，演讲者要善于自我暗示，相信自己完全能够胜任演讲，也要相信自己演讲的内容、形式是听众感兴趣的、愿意接受的。千万不能自己给自己泼冷水，自己给自己泄气。不要以"我不会演讲，可能会讲不好，请大家原谅。"之类的话作为演讲的开场白。这类话表面上是谦虚之意，而实质上是缺乏自信心的一种表现。

4. 正确看待成功与失败

每个演讲者都希望自己的演讲能成功。但"胜败乃兵家常事"，没有常胜将军，所以不要把成败看得过于严重。即使失败了也不要气馁，"失败是成功之母"，总结经验继续实践，相信自己终能成功。只要抱着这种积极乐观的态度，就能增强信心，不至于患得患失。值得一提的是，这里所说的高度自信不同于盲目自信，而是必须建立在充分准备、正确评价自己和客观分析实际情况的基础之上的自信。

7.4 公共关系演讲的技巧

公关演讲是一门综合艺术，演讲者不仅要"胆大"，即敢讲，还要"艺高"，即会讲。这就要求演讲者掌握演讲的基本技巧。所谓演讲的技巧，就是演讲者巧妙提高演讲成效的技能和方法。讲究技巧的演讲往往妙趣横生、生动活泼，听众不仅能得到知识启迪，而且还能得到艺术享受，令人回味无穷。生硬、机械的演讲则枯燥无味、死气沉沉，听众苦不堪言。演讲的技巧很多，贯穿于演讲活动的整个过程。这里主要介绍演讲的开头、结尾、逻辑运用、口语表达、姿态表达和控场等方面的基本技巧。

7.4.1 公共演讲的开头技巧

俗话说，"良好的开端是成功的一半"。一个引人入胜的开头，至少可以有两方面的作用：一是造成气氛，引起兴趣，控制情绪，开始初步的思想情感交流；二是为所要讲述的主要内容铺平道路。因此，几乎每个演讲者都会无例外地对演讲的开头做出精心的设计和安排。演讲的开头可以千变万化，但也有一些开头的方式比较常用，可作为参考：

1. 设问式

以提问的方式开头可以紧紧吸引听众，开启听众的心扉，引发听众的思考，使其思维紧随演讲者的思路。同时此法也是一种有效的控场术，即鼓励听众参与，演讲者又牢牢控制着演讲现场。运用此法，首先，要求所提问题具有一定新鲜感，听众感兴趣，内容最好是听众略有所知的；再者，演讲者本身对问题有比较可信而新颖的答案。语言表达上主要运用设问句式，或设问加排比手法。

例如，1918 年李大钊在《庶民的胜利》演讲中是这样开头的：

> 我们这几天庆祝胜利，实在是热闹得很。可是战胜的，究竟是哪一

个？我们庆祝，究竟是为哪个庆祝？

这一问，一下使听者冷静下来与他思考这一问题，同时也在静静地等待演讲者的回答。

2. 开门见山式

演讲开始不作任何铺垫，开宗明义，立即进入正题。通常以精练的语言先把要讲的问题作扼要介绍，目的是先让听众对所要讲的内容从整体上有个初步了解。一般来说，这种方式主要以内容的质量、分量取胜，比较适用于严肃庄重的场合发表的演讲。

3. 幽默式

以幽默法开头，可以使演讲亦庄亦谐，妙趣横生，既语带双关、又不失犀利，让听众在轻松愉快的氛围中进入演讲。这种方式的运用，须特别注意场合的适应性。

例如，一位黑人演讲者对他的白人听众演讲的第一句话是：

"女士们，先生们——我来到这里，与其说是发表讲话，还不如说是给这一场合增添了一点'颜色'。"（听众大笑）

4. 说明情况、介绍背景式

以阐明题目、介绍事件背景、说明人物或事物的基本情况为开头，以便使听众对演讲的内容，所涉及的人物、事件有一个简要的了解。

例如，有一场关于狄更斯的小说《圣诞欢歌》的演讲是这样开头的：

在 82 年前，也正是这一时候，伦敦出了一本被公认为不朽的小说杰作，很多人都叫它是"环球最伟大的一本书"，当该书出版之初，伦敦市民在街头巷尾相遇，都要彼此问一声："你读过这本书吗？"答案一定是："是的，我已经读过了。"这本书出版的第一天就销出了一千多部，两星期共销去一万五千部。自然，以后又再版了不知多少次，世界各国有了译本。在几年前，大银行家摩根以一个巨大的代价，买到了这部书的原稿，现在这本原稿和摩根的其他无价之宝一并陈列在纽约市的美术馆中。这一部世界名著是什么呢？就是狄更斯的《圣诞欢歌》。

5. 以现场素材开端

演讲时以现场素材开端的，往往能很快切入主题。如何利用现场的素材，这是一个技巧问题。

在美国，最具演讲能力的总统要数林肯。在林肯刚当选为总统之初，有一次到参议院演讲，当他刚登上演讲台的时候，突然有一个人站起来说："林肯先生，在你开始演讲之前，我希望你记住，你是一个鞋匠的儿子。"场内一片大笑，许多议员为自己不能打败林肯却能当众羞辱他而开怀不已。林肯立即利用现场素材，作了一个开场白：

> "我非常感谢你使我想起我的父亲。他已经过世了。我一定永远记住你的忠告，我永远是鞋匠的儿子，我知道我做总统永远无法像我父亲做鞋匠那样做得那么好。（场内一片寂静）（对着那个傲慢的提问者）据我所知，我父亲以前也为你的家人做过鞋子，如果你的鞋子不合脚，我可以帮你改正它。虽然我不是伟大的鞋匠，但我从小就跟父亲学到了做鞋子的技术。（然后，又面对所有的议员）对参议院的任何人都一样，如果你们穿的那双鞋是我父亲做的，而它们需要修理或改善，我一定尽可能帮忙。但是有一件事是肯定的，我无法像他那么伟大，他的手艺是无人能比的。"

林肯智慧地反其意而用之，艺术地利用现场素材——嘲讽，巧用假设，一语双关、绵里藏针，终于使那些议员们不得不爆以掌声。

除了上述常见的开头方式以外，还有诸如比照式、倒叙式、悬念式、非常规式、道具式等法。演讲者应根据不同的公关目的、不同的场合、不同的听众灵活运用，创造出独具一格、新颖别致的开头技法。

7.4.2 公共演讲的结尾技巧

如果说良好的开头是成功的一半，那么好的结尾是演讲走向成功的最后一步，也是极为重要的一步。一个好的结尾应能给人留下深刻的印象，久久不能忘怀。较为常用的结尾方式有以下几种：

1. 归纳总结式

在演讲结束时，演讲者对所述内容作简洁扼要的概括总结，以升华演讲内容，在更高层次上阐发其深远的意义。一则加深听众印象，二则又一次强化了主题。例如，毛泽东的《纪念白求恩》：

> "我们大家要学习他毫无自私自利之心的精神。从这点出发，就可以变为大有利于人民的人。一个人能力有大小，但只要有这点精神，就是一个高尚的人，一个纯粹的人，一个有道德的人，一个脱离了低级趣味的人，一个有益于人民的人"。

2. 呼吁号召式

这是演讲者运用富有感召力、鼓动性的语言，向听众发出呼吁、号召，唤起听众激昂的情绪，推动他们的行动。这种方式适用于不仅要"使人信"，而且要"使人动"的目的明确的演讲。

例如，宋庆龄 1933 年 9 月 30 日在上海反战大会上的题为《中国的自由与反战斗争》的演讲，就是这样结尾的：

> "最后，我们对全中国人民、对劳苦大众还有一个呼吁，呼吁大家在反对日本和其他帝国主义的斗争中，即在争取中国统一、独立和领土完整的斗争中，团结一致！让我们团结起来，向那些背叛国家、把我们的国土一省一省地出卖给帝国主义的人们作斗争！让我们团结起来，用我们最大的力量来保卫那已经由帝国主义统治和封建剥削的羁绊中解放出来的中国工人和农民，他们现在正受着国民党军队第五次而且是最大规模的进攻。……让我们联合起来保卫苏联，反对干涉苏联的战争！让我们在整个远东，尤其在中国，发动一个强有力的运动，反对帝国主义战争！"

3. 名言警句式

这种方式是引用名人的话语或诗句、格言、警句作结尾。该法格调清新高雅，意味深长。它可以把演讲推向一个高潮，给演讲者的思想提供有力的证明。这一方式用好的关键在于：所引语句必须与所述内容相吻合；引句的内容确实高度凝练、精警，且为人熟知。例如，张惠光的《幸福与尽责社会》的演讲，就是引用马克思的话来结束的：

> "马克思曾说：那些为共同目标劳动因而使自己变得更加高尚的人，历史承认他们是伟人；那些为最大多数人们带来幸福的人，经验赞扬他们为最幸福的人。"

4. 赞颂式

利用人们一般都喜欢听赞扬话的心理，选用合适的语词，对听众加以称赞，感谢听众的支持，以作演讲的结束。只要话语得体，常能使会场气氛达到新的高潮，在双方关系融洽的气氛中，使演讲的内容在听众中留下更为深刻的印象。这种方式要注意适度，防止庸俗，不要哗众取宠。

5. 对比式

演讲者运用对比的方式来结束演讲，将事物的前后情况加以比较对照，通过这种对比使听众得到鉴别，更能明辨真伪。这种方法成功的关键在于相比照的两事或两物，或同一事物的前后状况应有较大差异，对比度应该比较明显，这样才能产生征服听众的力量。例如，《强者之歌》的结尾，演讲者运用对比法和排比句阐述自己的演讲主题，铿锵有力，形象生动：

> "亲爱的同学们，同是一辆车上，有人在奋进，有人在沉思，有人在昏睡，有人在挥霍，还有人可能中途下车，销声匿迹……生活给予我们每个人的，可能不像天平称量过的那样均衡、准确，我们学习、工作和生活的环境和条件也许有各自的不同，但是通向理想的、成功的道路只有一条，就是我们用什么动力，以什么速度，怀着何种目的，以什么样的方式前进！"

7.4.3 公关演讲的逻辑技巧

逻辑在演讲中有着极其重要的作用和多方面的功能。它不仅可以帮助演讲者清楚地说明事理、准确表达思想感情、有效地批驳错误观点，而且还具有一股不可战胜的力量。它能像万能的触觉和钳子一样，"紧紧地抓住听众，一步一步地感动听众，然后就把听众俘虏得一个不剩。"如何增强演讲的这种逻辑力量呢？演讲者除了要掌握一些基本的逻辑知识，提高逻辑修养外，还要懂得一些基本的逻辑技巧。

准确使用概念。概念是思维形式最基本的单位，是组成判断和推理的基石。演讲要表达观点、抒发感情，就必然要使用一系列的概念。而使用概念必须准确，这是基本的逻辑要求。只有概念确切、明晰。听众才听得清楚，理解得确切。相反，如果演讲者对自己所用的概念的含义和适用范围都不清楚，那就不可能准确地表达自己的思想，就会出现概念不明确和概念含混不清等逻辑错误。所以，演讲者一定要仔细推敲。明确所使用的概念的内涵和外延，并加以准确的阐明。

恰当运用判断。判断是概念的发展，是概念的有机联系。同时也是组成推理的基本要素。只有判断形式运用得恰当，才能进行合乎逻辑的推理。演讲时随时都会遇到需要做出判断的情况，随时都要应用判断。演讲者只有对客观事物做出恰如其分的断定，才能把真实可靠的信息准确无误地传达给听众。所以，演讲者必须弄清各种判断的逻辑形式和逻辑特征，了解判断的对应关系，在演讲中正确地选择适用。

正确使用推理。演讲时演讲者不能总是堆砌概念，也不能总是简单地判断事物是什么、不是什么，而需要把一些有某种关系的判断联结起来，去反映事物之间的各种复杂关系；需要根据某些已知的判断合乎逻辑地推出新判断。可见，演讲离不开推理。而推理要正确地表达思想和反映情感，就必须合乎逻辑，做到：第一，前提真实；第二，形式正确，并符合逻辑学的有关规律和规则。

例如，毛泽东在中共中央警卫团追悼张思德的会上的演讲，其中讲道：

> "为人民利益而死，就比泰山还重；替法西斯卖力，替剥削人民和压迫人民的人去死，就比鸿毛还轻。张思德同志是为人民利益而死的，他的死是比泰山还要重的。"

这段话运用的是从一般到个别的演绎推理，将论题（他的死是比泰山还要重的）和论据（为人民利益而死，就比泰山还重；张思德同志是为人民利益而死的）相联系，组成一个严密的网络。

遵守四条基本逻辑规律。同一律、矛盾律、排中律和充足理由律是逻辑学的四条基本规律，它们是人们进行思维和运用思维形式时必须遵守的最基本的准则。演讲作为一种高级智力活动也毫无例外。只有遵守了它们的要求，演讲时才能保证思维和表达的确定性、无矛盾性和明确性，从根本上做到概念明确、判断恰当、推理正确、论证有据。反之，演讲时就会出现偷换概念、转移论题、自相矛盾、模棱两可、虚假理由等逻辑错误。就不可能使演讲具有论证性和说服力，也不可能获得预想的演讲效果。

例如，一位演讲者在讲到"劳动的伟大意义"时，是这样说的：

> 劳动不仅创造了人类，而且创造了人类社会。人类要生存，就要向自然界索取生活资料和生产资料，而要取得这些资料，不是孤立地个人活动所能完成的。它要求人们按照一定的方式结合起来，共同改造自然，征服自然，这样才能获得吃、穿、住的资料。可见，没有劳动，人类就不能生存，也就没有人类社会。在现代社会里，停止劳动，哪怕是很短暂的时间，也会给社会带来损失。报载：1985 年 7 月 9 日，重庆市中区邮电局少数领导干部目无法纪，玩忽职守，擅自切断电讯通信，使值班人员停止工作 8 个小时，使该区与全国各地的电报联系中断，671 份电报被积压，给用户造成了很大的经济损失。马克思说得好："任何一个民族，如果停止劳动，不用说一年，就是几个星期，也要灭亡，这是每一个小孩都知道的。"

演讲者适当地引用名家名言进行逻辑推理，增加了权威性，使论证有理有据，加强了论题的力度。

7.4.4　演讲的口语表达技巧

"讲"是演讲时最主要的活动方式。"讲"即口头语言表达。口头语言也称有声语言，它是演讲信息的主要载体，其表达水平的高低直接影响听众信息接受量的大小。所以演讲者必须十分重视口语表达。口语表达的水平主要取决于对语音和语义的把握程度。语音的基本要求是字正腔圆、抑扬顿挫、悦耳动听。语义的基本要求是准确贴切、明白易懂、生动形象、感情丰富。要达到这些要求就应掌握咬字、吐词、音色、音量、重音、停顿、节奏、语气、语调、语速等方面的技巧。

首先要恰当地运用重音。重音就是演讲时为了表情达意的需要，有意加重某些词语的读音。通过重读，一方面可以突出这些词语，引起听众的格外注重；另一方面可以使演讲听起来音调高低起伏、抑扬顿挫，避免平淡、刻板的弊病，显示演讲的感人力量。

重音分为语法重音和逻辑重音。语法重音是与语法结构相联系的重音形式。它要求把谓语读得比主语更重一些，有时也要求把句子的定语、状语、补语等附加成分读重一些。逻辑重音是与句子的逻辑结构相联系的重音形式。它要求重读表示句子主要含义的词语。

重音处理的关键在于确定好重音词。重音词要根据一定词语在句子中的地位和作用来确定。一般情况下，表示并列、选择、递进、转折、因果、条件、假设、目的等语法关系的词语需要重读；具有比喻、夸张、对偶、对应、排比、反复、设问、反问、双关、反语等修辞效果的词需要重读；句子中的关键词需要重读。

例如，高尔基的《海燕》（黑体字表示强调重音的位置）：

> 在**苍茫**的大海上，狂风卷集着乌云。在乌云和大海之间，海燕像**黑色**的闪电在**高傲**的飞翔。
>
> 一会儿翅膀碰着海浪，一会儿箭一般地直冲云霄，它**叫喊**着……
>
> 在这鸟儿**勇敢**的叫喊声里，**乌云**听到了欢乐。
>
> 在这叫喊声里，充满着对暴风雨的**渴望**！在这叫喊声里，乌云感到了**愤怒**的力量、**热情**的火焰和**胜利**的信心。
>
> ……
>
> 这是胜利的预言家在叫喊：
>
> ——让暴风雨来得更**猛烈**些吧！

适当的重音词的确定，使演讲更加激昂，体现出高尔基对革命的热切渴望的思想感情。

其次，要恰当地运用停顿。

停顿就是口语表述中、句子当中、句子之间、句群之间、段落之间的断顿和停歇。停顿，一方面是一种生理需要，人说话需要换气，换气就必然会有停顿；另一方面是表达感情的需要，在表达异常和复杂的思想感情的"关口"，突然沉默一下，可以渲染某一思想或使情绪转化。

停顿可分为语法停顿、逻辑停顿和心理停顿。语法停顿是根据语法结构的特点而作的停顿。它可以使结构明确、层次清楚。在语法结构中标点符号是表示语音停顿的，凡是有标点符号的地方都应该进行适当的停顿。不同的标点符号停顿的时间长短不一，按由长到短的顺序排列，它们依次为句号、分号、冒号、逗号、顿号。另外，段与段之间的过渡也要有所停顿，其停顿时间要稍长于标点符号停顿。逻辑停顿是为了强调某一语意或某种逻辑关系所作的停顿。逻辑停顿应放在两个词组中间以及两个句子之间，其停顿的长短决定于词组含义的重要程度。心理停顿是为了充分地表达感情，在语言逻辑上不应该停顿的地方有意识地突然停顿。它是由演讲者的心理情绪决定的。心理停顿有三种情况：第一种是，当需要加以强调的意思讲出之前戛然而止，或让听众引起注意或启发听众的思维；第二种是，当演讲者绘声讲述一番后，稍事停顿，让听众鼓起想象的翅膀；第三种是，当演讲的感情处于极度激动、悲痛、愤恨、惭愧之中时，演讲者的内心世界剧烈变化，此刻语言已无法表达出内心的强烈感情，不得不出现暂时的沉默。"此时无声胜有声"，这种停顿对听众具有一种深刻的内在感染力。心理停顿往往不受时间的约束，为了适应思想感情的需要，可以超出原来逻辑停顿的时间很多。

例如，下面一段话语的录音记录（"#"号表示停顿，"#"号的多少表示停顿的长短）：

###在人类语言中##有一些词语#被赋予了无限美好的意蕴##自由#就是其中之一###匈牙利著名诗人裴多菲#有一首脍炙人口的短诗##生命诚可贵##爱情价更高##若为自由故##两者皆可抛###自由的意义和价值#究竟有多高##由此可见一斑###然而##诗人所歌颂赞美的自由#毕竟是理想化的##而实际上#自由#乃是一个十分复杂的理论问题###

如果去掉这些长短不一的停顿，这段话的意思就会变得含混不清而难以理解了。

再次，要恰当地把握节奏。

20世纪的口才大师、英国前首相丘吉尔认为：口头表达艺术主要有四大要素，而其中占第一位的就是口语的节奏。节奏就是演讲时交替出现的声音抑扬顿挫、轻重缓急的有规律变化。口语的节奏像音乐的节奏一样，可以把语言变得悦耳动听。另外，节奏还具有强烈的表情作用，听众可以随着它的演讲者的思想感情一起波澜起伏，增强演讲的感染力。

不同的节奏，其声音的抑扬、停连、轻重、快慢的组合特点也不相同，因而构成了轻快型、凝重型、低抑型、高扬型、舒缓型、紧促型等六种基本类型。它是体现演讲感情基调的主要形式，演讲时的节奏类型不应该是单一的，而应随着演讲内容情节的变化和演讲情感的转换而运用适当的节奏。例如，魏巍的《谁是最可爱的人》，宜选择多抑少扬，语调平稳，音强有力度的凝重型节奏，表达深沉含蓄的感情：

> 在朝鲜的每一天，我都被一些东西感动着，我的思想感情的潮水，在放纵奔流着。它使我想把一切东西，都告诉给我祖国的朋友们。但我最急于告诉你们的，是我思想感情的一段重要经历，这就是，我越来越深刻感觉到谁是我们最可爱的人！

7.4.5　演讲的体态语表达技巧

演讲，顾名思义，是既有"讲"又有"演"，是二者的有机结合。固然，"讲"是第一位的，但"演"也非常重要。光"讲"不"演"不是真正意义上的演讲，其效果也大为逊色。这里的"演"是运用无声的体态语言（面部表情、手势、身姿等）。它们既可以独立表达思想感情，又有协助有声语言共同完成信息传达的作用。通过体态语的运用，可增强演讲的感染力，渲染演讲的环境氛围，更形象地传递信息，更有效地传达感情，更直观地昭示心灵，使演讲更有魅力。古希腊著名的演说家德摩西尼说："演讲之秘诀在于姿态。"可见，演讲者在注重口语表达的基础上，还应尽力掌握一定的体态语表达技巧，使深刻的语言、得体的表情和灵活适当的手势融为一体。更有效地表情达意，增加演讲的艺术美感。体态主要有站姿、目光、手势等。

站姿。一般情况下，演讲者是站在讲台上进行演讲的，站立的姿势适当，演讲者会觉得全身轻快灵活，呼吸舒畅，发声吐词流利自然，同时还能呈现出一种美的造型来。使演讲者显得稳健潇洒、干练英武，给听众一种气宇轩昂、胸有成竹、生气勃勃的印象。所以演讲者必须使用标准的站姿。演讲时的站姿的基本要求是抬头、挺胸、直腰、收腹、双手自然下垂于身体两侧。演讲者在台上，应该有一个基本的立足点，并且根据演讲内容的需要，围绕这个立足点小范围适当活动。一般来说，演讲者向前移动，可以表示积极的意义，如赞同、号召、进取等；向后退则表示消极的意义，如歉意、否定、退让等；向左或向右移动，表示对某一侧听众的特别关注。要注意的是，演讲者不可过于频繁地移动身体，否则，可能给听众造成忙乱的感觉，也可能会分散听众的注意力，破坏演讲的和谐统一。高尔基在赞扬列宁的演讲时说："他的演说的和谐、完整、明快和强劲，他站在讲台上的整个形象——简直就像一件古典艺术作品：什么都有，然而没有丝毫多余，没有任何装饰，即使有的话，也看不出来，正如脸上的两只眼睛，手上的五个指头那样天生不可缺少似的。"

手势。一定的手势总是代表一定的心理。手势的运用不仅可以强调和解释演讲的信息内容，同时也可以帮助情感和情绪的表达，使整个演讲更加生动，加强某些内容的力度。手势在演讲中的作用和类型：一类是帮助表达演讲者的情感和情绪，使之形象化、具体化；第二类是用来指示具体对象的"指示手势"；第三类是用以模拟事物的形状，比划事物的大小的"象形手势"。在演讲中，手势的运用应遵循以下几条原则：一是要大方自然；二要简洁易懂；三要富于变化；四要节制频率使用。

目光。"眼睛是心灵的窗户"，是最能传达信息的"表情语言"。演讲者应不断用眼神来与听众交流，用眼神去影响听众的心理。许多成功的演讲证明，与听众建立交流关系最快的方法就是坦然地看着他们。听众可以从演讲者的目光中揣测出他的自信程度、待人态度等心理特征，因此演讲者在与听众的视线接触中，应该以友善、坦诚和自信的目光注视听众。

常用的目光接触的方法有四种：一是前视法，即视线平直向前看去，扫过全场听众。实现的落点一般落在最后一排听众的头顶部位。主要用来统摄全场的听众，可以使听众感到演讲者的指向性，也有利于演讲者保持端正优美的身姿。二是环视法，就是环顾场内的所有听众，与他们保持目光接触，增强感情联络。但要避免摆动过多，幅度过大，而分散听众的注意力，也不能冷落某一角落的听众，这些都会影响到演讲的效果。三是点视法，即有选择、有重点地注视某些听众，主要用以观察听众对演讲的反映，起到启发引导和批评制止的作用。但不可长时间盯着某一个听众，那样会使听众感到局促不安，同时会使其他听众感觉被冷落。四是虚视法，指的是运用一种并非完全指向性的目光对听众"视而不见"，似看非看，尽管什么也没有看清楚，但作为一种过渡性手段，可以有效地用来消除演讲者的怯场心理。总之，演讲时切忌目光呆滞或情绪紧张，回避听众的目光。

例如，1775 年 3 月，美国独立战争前夕，国务卿菲特瑞克·亨利在弗吉尼亚州议会上的演讲，以传神的体态表达了为自由奋战到底的决心。当他说道："难道生命这么珍贵，和平如此可爱？甚至不惜以戴锁链、受奴役的代价来换取吗？"时，语调深沉而痛苦，声音微弱而嘶哑，他身躯佝偻着，双手捧着胸口，缓慢地走向讲台的前沿，似乎被沉重的镣铐压得直不起腰来。台下的听众被感染了，似乎也被奴役与屈辱压迫得透不过气来，整个会场鸦雀无声。忽然，亨利挺起胸，站直身，双手高举仿佛拽下镣铐，他高声喊道："万能的上帝啊，阻止这种妥协吧！"接着，他扫视全场，大声说道："在这场斗争中，我不知道别人会如何行事，至于我，不自由，毋宁死！"他那发人警醒的语言和极富感染力的体态控制了全场，极大地激励了听众，给听众以强大的震撼力。当他的话音刚落，先是全场愕然，随后就响起了"拿起武器"的呼声。这种感召力与亨利撼人心魄的体态语是分不开的。

7.4.6 演讲的控场技巧

演讲时，演讲者一般是有备而来的，但"天有不测风云"。由于主观和客观诸方面的原因。在演讲过程中出乎意料的情况总是难免会发生的。出现了不利的意外情况，演讲者首先要处变不惊，镇定自若；其次要冷静分析，找出缘由；最后要采取相应措施及时对情况加以控制，以使演讲更顺利或更有成效。这就要求演讲者具有一定的应变能力，并针对性地运用一些控场技巧。

控场技巧即演讲者对演讲场面进行有效控制的办法和技能。基本的控场技巧主要有以下这些：

1. 处理怯场的技巧

有的演讲者登上讲台心里就害怕，不知所措；也有的演讲者一开始能沉着冷静，但开讲以后就会紧张、害怕，声音发颤，手脚发抖，这些都是怯场现象。怯场会严重影响演讲效果，必须及时克服。可根据自身的具体情况，选择采用以下几种有效调控紧张情绪的方法：呼吸松弛法、情绪发泄法、语言暗示法、满不在乎法、集中注意法、排除刺激法、心情调节法、回避目光法等。

2. 静场技巧

由于多方面的原因，有时演讲一开始会场会闹哄哄的，有时演讲过程中有的听众也会私下讲话，这不仅会影响演讲者的情绪，而且还会严重影响演讲者的声音传播。出现这种情况，演讲者可以运用无声静场的方法，即站在讲台上，面对听众，不言不语，用目光巡视会场，把每一位听众都看到，或对说话的听众进行点视。这样能使会场很快静下来。

3. 处理失误的技巧

俗话说："智者千虑，必有一失。"再高明的演讲者在演讲时也难免会有失误，如出现忘词、讲错、讲漏等情况。如果是忘词，演讲者要强使自己集中思想，争取在极短的 3 秒钟左右回忆起应讲的内容。假如一时想不起，千万不要僵持着不说话，应即兴连缀下去，或果断地"另起一行"，即把下面的内容提上来讲。如果遗忘的内容比较重要，而且后来又想起来了，还可以采取结尾补充的做法，简要陈述几句。如果是讲错，演讲者既不能置若罔闻，我行我素，一味讲下去，也没有必要声明讲错了。最好的办法是按照正确的讲法再讲一遍，借以纠正错误，挽回影响。

4. 调解气氛的技巧

演讲时如果过于沉闷，听众听讲的兴趣会减退，变得疲倦，他们要么交头接耳，要么反应冷漠，出现东张西望、看书报、织毛衣、打瞌睡、溜号等冷场现象。演讲者活跃演讲气氛的最有效方法就是运用幽默诙谐的语言。或者讲生动有趣的故事，让听众笑起来。笑，可以使听众的面部肌肉乃至全身肌肉得到放松，解除疲劳；笑，可以刺激听众的神经，使大脑兴奋起来，振作精神。另外，演讲者也可采用提问的办法来改变会场冷场现象，但提问不可滥用或乱用。

5. 处理听众对立情绪的技巧

由于某些原因，特别是当听众对演讲者或其所代表的组织有误会、有成见时，听众对演讲者的观点会持怀疑，抵触乃至对立的情绪，这时演讲者千万别与听众"顶牛"，也不要强迫听众接受自己的观点。而应创造一个和谐、宽松的气氛，对听众进行循循善诱的疏导，慢慢地扭转这些听众的戒备心理，进而说服他们。

6. 处理听众不礼貌、不友善情况的技巧

在演讲中，某些缺乏修养的人，可能会有一些不礼貌、不友善的行为，如鼓倒掌、吹口哨、跺脚、起哄、嬉闹、大声喧哗鼓噪、敲击东西等。如果这是由于演讲者的言辞平庸、乏味，或者发生了政治性、知识性、逻辑性的语言失

误和差错而引起的，演讲者就应该持虚心的态度，认真纠正，并从中吸取经验教训，决不应去斥责听众。如果是某些听众出于无知的偏见，故意刁难，有意寻衅捣乱，演讲者就要根据场合和对象，有的需要保持沉默，有的需要善意规劝，有的则需要义正词严地批评。例如：著名剧作家萧伯纳在他的《武器与人》首演成功后，应观众要求，上台接受人们的祝贺，当他正准备讲话时，突然有一个人对他大声喊道："萧伯纳，你的剧本糟透了，谁要看？收回去，停演吧！"萧伯纳不但不生气，反而笑容满面地向那人深鞠一躬，彬彬有礼地说："你说得对，我完全同意你的意见。"说着用手指着观众说："遗憾的是，我们反对这么多观众有什么用呢？我们能禁止这剧本演出吗？"说完，全场响起暴风雨般的掌声，那个捣乱者灰溜溜地跑了。

7. 处理内容多、时间少矛盾的技巧

演讲一般都有一定的时间限制。但有时内容较多，在预定的时间内讲不完。这时怎么办呢？有的演讲者采取拖延时间的办法，其实这是演讲中最忌讳的。它往往会使听众产生烦躁情绪，引起骚动，影响演讲的顺畅进行，讲的效果也不好。有的演讲者则"虎头蛇尾"，胡乱结束演讲。正确的做法应该是：在不影响整个演讲体系完整的基础上，演讲者要多用概括语，并果断地压缩某些次要内容，删除某些句段和事例。

8. 对答技巧

在演讲过程中，听众当场往往会采用递条子或口头质疑的形式向演讲者提问，有时甚至是恶意的诘责。听众中途提问虽会打断演讲，但并非不是好事。有时还可以借宣传纸条或回答口头质疑的时机，进一步激发听众的情绪，把演讲气氛推向高潮。而且这里还有一个尊重听众的问题。所以演讲者必须重视听众的提问。对于听众的提问，演讲者应根据演讲的主旨、气氛、环境、时间、与演讲内容相关的程度以及自身的能力等因素来决定答还是不答以及如何答。不能一概不答，也不能一概都答。一般来说，对于那些易于解答的问题，经过简短思考后，应迅速、果断地作答；对于那些比较深奥、怪诞、离奇或者离开演讲主旨很远的问题，可以暂时搁置起来，待演讲完毕后视情况再作处置；对于那些带有主观片面性的问题，应做出科学、有理有据的回答，使提问者从中受到教育和启迪；对于那些别有用心的人提出的有意刁难或挑衅性的问题，一般情况下应不予理睬，以保证演讲有条不紊地进行。

本章小结

本章首先阐明公共关系演讲的基本要素、特征，并对公共关系的类型进行了阐述，进而从敏锐的观察能力、诚挚的情感品格、高度自信的意志品格等方面，对公共关系演讲人员的心理素质进行了分析。最后，介绍了公关人员演讲的主要技巧。着重介绍演讲的开头、结尾、逻辑运用、口语表达、姿态表达和场面控制等方面的基本技巧。

关键术语

演讲　　公关演讲　　政治性演讲　　经济性演讲　　学术性演讲
控场技巧

思 考 题

1. 公关演讲的基本要素是什么？
2. 公关演讲有哪些基本的特征？
3. 以公关演讲的内容为标准，可分为哪几种类型？
4. 公关演讲者应具备哪些良好的心理素质？
5. 公共演讲的开头和结尾的技巧有哪些？
6. 演讲者应该掌握哪些基本的逻辑技巧？逻辑技巧在公共演讲中有哪些作用和功能？
7. 怎样才能使演讲的口语表达准确贴切？
8. 体态语表达的主要手段有哪些？在演讲中所起的作用如何？
9. 结合自己的演讲实践，谈谈怎样才能有效地克服怯场情绪。

案例分析

我成功的唯一理由是"三多"

关于社会对80后、90后的担忧、抱怨、埋怨，我最早是在前年的一次会议上听到的，后来是连续不断的听见，他们被认为是没有希望的、垮掉的一代。但引起我思考的是，阿里巴巴的人、淘宝的人、支付宝的人、腾讯的人、百度的人都是 80 后的，公司的建设靠他们。

就像刚才所有提出的问题（一样），我深为大家骄傲。我问我自己：在你 20 岁的时候，有没有这种水平、这种胆略、这种想法，提这样的问题？没有。我深信不疑地认为，80 后比 70 后、60 后、50 后更加（有）成长（空间），更有希望。

社会上很多人说 80 后、90 后不听话，我们也要反思我们听了孩子们的话没有？我觉得，80 后、90 后是我们的产品，我们没有理由，也没有权利去批判我们的产品，我们唯一有的权利和责任是完善我们的产品。

所以（对于）大家刚才提的问题，我是蛮感动，我更加坚定的认为，一代胜过一代。

最早我爷爷这一代是通过报纸来了解世界；我父亲这一代希望耳听为实，他们通过收音机来了解世界；我们这一代则是"眼见为实"——我们通过电视机了解世界。而你们这一代和你们后面那几代是通过互联网。你们告诉我们不希望听到别人告诉的，你们想参与，这就是社会的进步。

我们看到的是什么呢？我们看到，抓出来的都是贪官，企业家抓出来的是像黄光裕这样的，（一些）教授是（有）剽窃（行为）的，（一些）医院是不负责任的，但是社会（整体上）在进步。

我们永远要积极、乐观的看待未来。在我 20 岁、30 岁的时候，我也跟大家一样抱怨过，（譬如）我父亲为什么没有地位？为什么不是局长？我舅舅为什么不是银行里的？我为什么应聘 30 几份工作没有一家录取我？

我去应聘肯德基擦盘子的（工作）也被拒绝过，我抱怨过，（但是）抱怨有什么用？

我相信在我 20 岁的时候，这个时代不是我们的；我相信 40 岁的时候，这个时代是我们的。为了 40 岁的时代，我从 20 岁开始寻找完善的机会，寻找未来而不是埋怨别人。

　　我感谢大家今天晚上来交流，因为你们来意味着每个人都关心未来，包括刚才 90 后的一个同学说，我不知道自己未来是什么。这很正常，我在你这个年龄的时候我也不知道，30 岁的时候也不知道。我创业做阿里巴巴开始的时候只是一个梦想，到今天为止，我越来越清楚我要干嘛。

　　所以我想不知道（未来什么样）没关系，但是要心存理想，要坚信会找到。我们不断在思考这些问题，大家说社会到底怎么了，看到的全是坏的（一面）。但是我相信在座的以及今天在网上的人，假如你看到社会积极、正面的一面，你才会产生乐观的想法，去改变自己的另一面。我前面十年唯一没有放弃的是对未来理想的坚持，没放弃对别人的关注，但我放弃了自己很多喜欢的东西。

　　人就是这样，内和外。所以包括刚才问的所有的问题，我感谢这些问题，这些问题也许都没有解答，这个答案一定是要用你的人生去证明，你觉得是对的就去做。

　　创业永远挑选最容易、最快乐的事情做，创业不是为了赚钱，而是你要喜欢这个工作，你喜欢做这件事，那是最大的激情和最大的动力所在。如果你为了挣钱（而创业），我告诉你，永远有比你能想到的更挣钱的东西。你选择是因为你喜欢，喜欢就不要抱怨。

　　这个世界我们可以批判，但是你们一定会替我们找到未来。今天中国的问题，50 年以前中国有过，60 年以前中国也有过，600 年以前中国还是有，这个世界丰富多彩就是因为有这些事。

　　不是每个 80 后、90 后都会成功，但你勤奋有理想，完善自己完善别人，这样的人一定会成功。

　　所以没有什么抱怨的，坦荡的做自己。怎么做自己，要先问自己这些问题：我有什么？我要什么？我愿意放弃什么？我们这一代不是来创业的，不是来做事业的，我们是来体验生活的。

　　世界本来就是不公平的，怎么可能公平？你出生在农村，盖茨的孩子出生在盖茨家，你能比吗？

　　但是有一点是公平的，比尔·盖茨一天 24 小时，你一天也是

24 小时。这 24 小时有 3 个 8 小时, 8 小时你在路上走, 你根本不知道自己干什么, 这时候需要好的朋友。还有 8 小时你睡在床上不知道干什么, 你需要有一个好的床, 床上有一个好的人。还有一个 8 小时你知道自己干什么, 那就是工作。

假如你工作是不开心的, 讨厌这份工作, 你做得不爽可以换, 千万别 (继续) 做。娶了这老婆天天骂, 又不离婚, 什么意思? 我觉得这些人是没有意义的, 对不对?

所以我想每个人要清楚, 世界不公平, 你如果想改变它, 告诉你, 第一不可能, 第二从政也不可能。只是人可以不一样, 出生的条件不一样, 但人是可以幸福的。

我们要让年轻人明白, 不要怪人家富, 不要怪人家有钱, 而要改变我, 寻找快乐, 寻找幸福感。创业不会给你带来幸福感, 会给你带来快感, 但快感的背后会带来很多痛苦, 真正的幸福感是你知道自己在做什么, 知道给别人带来什么, 你会逐渐从痛苦中找到快乐。

我坚定不移的相信, 你们会为我们、为这个国家找回价值体系, 而这才是中国真正腾飞的时代, 永远是如此, 一代胜过一代, 而最最高兴和高傲的则是, 我从你们眼光里看到了希望。

毛主席说世界是年轻人的, 我今天觉得他讲得太对了, 一定是你们的。所以今天请大家不要抱怨, 这个时代还不是你的, 如果你想成功, 看任何问题都要积极乐观。

我刚才就说了, 你们有权抱怨, 但你们没有资格抱怨; 等你们四五十岁的时候, 你们有资格抱怨但你无权抱怨, 你必须把它干好。今天你没有坐到那个位置, 你不知道那个位子有多么痛苦, 20 年以后别轮到我们抱怨你们。

所以我今天来讲创业, 我的网站、公司将会全力支持大家。但是我不想谈具体怎么做一家公司, 碰到这个问题可以交流, 我们有个语音计划可以交流。

我不喜欢看成功学, 我只看失败的, 从失败中分析怎么去做, 从成功中去反思, 他为什么成功? 学他的成功还是学他的精神。

人的心态决定姿态, 从而决定你的生活状态, 心态好 (一切)

自然会好起来的。你们要比的是 20 年以后，谁能够成为这样的人。

什么是最好的机遇？上一个世纪的商人抓住机会成功了，阿里巴巴、腾讯、百度、微博抓住了这个时代，下一个世纪，能解决社会问题的公司才是未来的真正公司，想一想你能为社会解决什么问题？这样的公司会成功。

没有人是完美的，社会也不可能完美，因为社会由所有不完美的人组成。你的职责是比别人多勤奋一点、多努力一点、多有一点理想，只有这样世界才会好起来。我就是这么走过来的，我能走到今天没有任何理由，唯一的理由是我比我同龄人更加乐观，更加会找乐子，更加懂得左手温暖右手，相信明天会更好，就是这样。

（资料来源：百度文库）

思考：
请运用公共关系知识分析马云的这一演讲。

第 **8** 章 公共关系危机处理

任何社会组织的日常活动中都会遇到公共关系危机事件，公共关系危机的出现会给组织带来严重的危害，如果这些危害组织的事件处理恰当，不仅能够为组织增加知名度，而且能够美化组织的形象。预防和处理这些危机事件是公共关系工作的一项重要任务。

8.1 危机与危机管理

2008 年 5 月 12 日 14 时 28 分，四川汶川发生 8.0 级地震。地震发生后，我国政府迅速成立抗震救灾指挥部展开救灾布署，19 时 10 分许时任总理温家宝就乘车前往震中地区现场办公并深入救灾现场。与 5 年前的 SARS 危机处理相比，中国政府的危机管理的应急机制运转越来越灵活、越来越有效，危机管理的制度建设和经验积累已经有了较大提升。危机管理是公关实务方法和技巧的全面应用。由于做好这方面的工作具有相当大的难度，因而它不仅要求公关从业人员能敏锐地发现问题，具有较强的洞察力，而且要求公关从业人员能随机应变，具有较强的创新意识以及处理问题的灵活性与技巧性。

8.1.1 危机的含义

在现代汉语中，"危机"一词有两种意思。一是指潜伏的祸根，如危机四伏。二是指严重困难或生死成败的紧要关头，如经济危机。上海辞书出版社 1979 年版《辞海》的解释是：危机"是潜伏的祸机，指生死成败的紧要关头"。就社会组织而言，危机则是指由于组织自身或公众的某种行为，而导致组织环境恶化的那些突然发生的、危及生命财产的重大事件。比如飞机失事、火车脱轨、地震、台风、水灾、爆炸等恶性事故，还包括罢工、骚乱、舆论危机等。

这些危机不仅给组织造成人财物的损失，而且会严重损坏组织形象，使组织陷入困境。因此组织处理突发事件，处理危机的能力如何，是关系到组织生死存亡的大事。

8.1.2 危机的特征

危机有很多特征，主要表现在以下几个方面：

突发性。危机事件一般是在组织毫无准备的情况下突然发生的。这些事件容易给组织带来混乱和惊慌，使人措手不及，如果对事件没有任何准备就可能造成更大的损失。

难以预测性。组织所面临的危机往往是在正常生产情况下难以预料的，它在某种程度上具有不可预测性，会给组织带来各种意想不到的困难。特别是那些组织外部的原因造成的危机，如自然灾害、国家政策的改变、科技新发明带来的冲击等，它们往往是组织始料不及并难以抗拒的。

严重的危害性。无论是伤人损物的危机还是形象危机，对组织、对社会都会造成相当的损害。对组织来说，它不仅会破坏目前的正常生产秩序，使组织陷入混乱，而且还会对组织未来的发展、经营带来深远的影响，特别是发生了有人身伤亡的事故之后。从社会角度看，组织危机会给社会公众带来恐慌，有时还会给社会造成直接的物质损失，如产品不合格或是机毁人亡的事故，抑或污染公害，给人造成终身残疾或对生态环境造成不可逆转的破坏。

舆论的关注性。现代社会，大众传播十分发达，组织危机常常会成为舆论关注的焦点、热点，成为媒介捕捉的最佳新闻素材和报道线索。有时候它会牵动社会各界，乃至在世界上引起轰动。所以说危机对组织带来的影响是非常深刻和广泛的。

在现实生活中，危机往往是由两种甚至三种、四五种因素共同引发，所以不能机械地、简单化地寻找原因，而应整体分析，对症治疗。

8.1.3　危机的类型

常见的危机事件有重大工伤事故；意外性的火灾、偷盗、抢劫；消费者因权益受到损害的抱怨、投诉甚至起诉；舆论的负面报道；员工情绪强烈对立；因组织自身行为损害社会利益而受到的舆论攻击（如环境污染），以及被故意陷害、中伤等。具体可分为以下 5 种类型：

组织自身行为损害社会利益而引起的危机。近年来，我国一些地方化工厂、造纸厂违规排污，造成周边区域水污染等事件。随着人民生活质量的提升，对卫生、环保、绿色的要求日趋强烈，一旦社会组织在追求自身利益过程中，不注意公众和社会利益的保护，那就是站在社会的对面上，肯定要受到社会舆论的谴责和惩罚，而解决的唯一途径也只有社会组织充分重视社会利益，并积极承担自身应尽的社会责任，事先采取积极有效手段，减少组织在发展过程中对社会利益的损害。此外，生产假冒伪劣产品，或产品中含有影响消费健康的不合格成分以及组织内部员工行为，严重损害消费者利益。这类事件的直接后果是与消费者的直接对立，会使组织形象和产品形象受到直接的打击。如南京冠生园陈馅月饼事件、安徽阜阳劣质奶粉案等。一旦事发，亦应迅速采取积极有效手段，并在事后着重考虑如何设法补偿社会的损失、挽回组织的声誉，维持与社会公众的良好关系。一味地隐瞒事实真相，甚至置社会利益于不顾，结果只会是自取灭亡。

意外灾难性事件而引起的危机。如 1976 年我国唐山大地震，1990 年厦航飞机在白云机场发生的撞机事故，杭州著名购物中心天工艺苑火灾事故等。一般讲，这类事故属于天灾人祸，组织主体的直接责任不大，关键在于处理是否及时、得当。因此，此类事故的处理要求：一是尽快做好抢救和善后工作，以最大限度减少事故带来的人身安全与财产设备损失，使受伤害的公众及社会有关方面感到满意，并对组织这种主动、认真、负责的行为表示理解与认同；二是及时做好舆论报道工作，将事实真相告诉给公众，消除谣言造成的危害，确保危机的处理有一个公正、有利的舆论环境。著名危机管理专家诺曼·R. 奥古斯丁曾说道："我自己对危机的最基本经验，可以用六个字概括'说真话，立刻说'。"

舆论的负面报道引起的危机。传媒的舆论导向作用是非常显著的，在某种程度上讲，传媒宣传还起到树立某种社会评价标准的作用，还往往直接影响着民众对某种社会现象的评价态度与关注程度。在美国，人们将舆论视为司法、立法、行政三权之外的"第四权力",因此对任何一种舆论负面报道,都必须引起足够的重视。

8.1.4 危机管理的含义

危机管理是指通过科学预测与决策,修订合理的危机应急计划,并在危机发生过程中充分运用科学的手段,减少危机给组织与公众带来的影响,进而寻求公众对组织的谅解,以重新树立和维护组织的形象的一种管理职能。

危机管理有广义和狭义之分。广义的危机管理是指在危机意识或危机观念的指导下,依据危机管理计划,对可能发生或已经发生的危机事件进行预测、监督、控制、协调处理的全过程。狭义的危机管理通常与危机处理的概念一致,指对已经发生的危机事件的处理过程。

8.1.5 危机管理的程序

危机的管理和预防是日益被人们重视的新课题,是组织主动出击战胜危机的有效手段。

1. 危机发生前

危机预测分析。危机管理是对危机的产生、发展、变化实施的有效控制,为此,事先要对可能发生的危机做出预测、分析。预测包括:可能发生哪些危机,危机可能具备的性质及规模,它对各方面可能带来的影响。公关人员需要根据组织具体情况,按轻重缓急把危机分类,如:A 类是很可能发生的危机,如产品质量、媒介关系、环境变化等;B 类是有一定可能但又不是很可能发生的危机,如被盗窃、合作伙伴违约等;C 类是很少发生但又不是不可能发生的危机,如产品被投毒、水管爆裂等。

制订应急计划。在危机发生之前做好准备——制定完善的计划,以便一旦出现危机即刻能做出反应,这是减少危害的有效措施。计划应包括对付各类不同危机的不同方法,安排好危机中、危机后在各个工作环节中负责处理各种问题的适当人选,同时让这些人员事先了解面对不同危机时他们的责任和应该采取的措施。这项工作也涉及其他部门,所以往往是公关部难以独立完成的。

成立危机管理委员会。大中型组织应设有这样的委员会,这是顺利处理危机的组织保证。危机管理委员会的人员应包括组织领导、人事经理、工程管理人员、保安人员、公关经理、后勤部门领导等。如果组织有分支机构,每个分支机构、子公司、分厂都应向委员会派一代表，以便发生问题时能迅速在各地协调行动；特别是当分支机构也都生产同样的产品，采用同样的质量标准、同样的购销渠道，具有同一组织形象时更有必要。此外，还可以根据危机内容和可能的发展趋势，确定是否聘请外部专家介入对危机的处理，有些危机只有靠专业的、经验丰富的公关专家，才能帮助组织控制灾难。

印制危机管理手册。将危机预测、危机情况和相应的措施以通俗易懂的语言编印成小册子，可以配一些示意图，然后将这些小册子发给全体员工。还可以通过多种形式，如录像、卡通片、幻灯片等向员工全面介绍应对危机的方法，让全体员工对出现危机的可能性及应对办法有足够的了解。目前，仍有很多组织不注意这方面的工作，员工长时期不了解本组织可能出现的危机，也不了解一旦出现危机应该采取什么样的措施来自救和保护，这是非常危险的。

建立处理危机关系网。根据预测的组织可能发生的危机，与处理危机的有关单位联系，建立合作网络，以便危机到来时能很好合作。这些单位有医院、消防队、公安部门、邻近的驻军、相关的科研单位、同行业兄弟单位、保险公司、银行等。在平时就要通过互相沟通使它们了解组织的基本情况，以及在危机中组织会向他们寻求哪些帮助等。

搞好内部培训。处理危机是公关工作中的一项重要内容，但由于危机并非经常发生，所以大多数工作人员，对处理危机都缺乏经验。可组织短训班专门对公关人员进行培训，内容包括：模拟危机，让受训学员作出迅速的反应，以锻炼他们面对危机、处理问题的能力；向他们提供各种处理危机的案例，让他们从各类事变中吸取经验和教训，帮助他们在心理上做好处理各种危机的准备。危机的发生是很难预测的，因而危机管理应常备不懈，各种方案、计划、培训都不能一劳永逸，应常备常新，万万不可心存侥幸。

2. 危机发生时

组织应将所有已知信息在第一时间通告政治和社区领袖，寻求他们的理解与支持。这类特殊公众一般都处于权威地位，如政府部门权威人士、行业专家、专业机构、消费者协会等，社会组织如能与他们保持良好的沟通与了解，他们就会采取理解、支持的立场（至少不会以反对者的身份指责组织）。而且，这类公众很可能会在危机中成为第二信息来源，其发出的信息对组织与公众影响力是不容忽视的，因此，政治和社区领袖意见往往会对危机处理能起到决定性的作用。

尽快调查并公布真相，澄清事实。危机发生之后，社会组织在迅速抢救受害公众，减轻危机影响程度，并尽快将最新情况告诉公众。同时，还须尽快查明危机根源，如果是组织的自身的原因，就应勇于承担过失责任，向公众道歉；如果是其他因素所致，也应将事实告诉公众，减轻组织自身的压力。在这里，尽量邀请技术权威机构介入对危机事件真相的调查与论证，可提高信息的可信度，对于减少谣传、寻求传媒与公众的理解尤有好处。可惜的是，许多组织往往不能正确对待社会活动家、行业专家及专业机构的批评建议，一味强调所谓的合法性、科学性，反而给人一种漠视社会利益，有逃脱责任之嫌，从而造成更大的被动。

慎重处理危机中的有关人员伤亡事宜。正所谓人命关天，一旦出现人员伤亡事故，当事组织务必引起足够重视，充分认识到受难者家属在危机事件中的微妙地位。

3. 危机发生后

危机发生后将会触及各类公众的利益，对此应分别处理。

对内部公众。首先，应将事故情况及组织对策告诉全体员工，使员工同心协力共渡难关。其次，如有人员伤亡，应立即通知家属，并提供条件满足家属探视、吊唁的要求，组织周到的医疗和抚恤工作，由专人负责；如果是设备损失应及时修理。

对事故受害者。首先，对受害者应明确表示歉意，慎重地同他们接触，冷静地倾听受害者的意见和他们提出的赔偿要求。这时即使他们的意见不完全合理，也不要马上与之辩论、讨论；即使受害者本身要对事故负有一定责任，也不应马上予以追究或立刻诉诸法律。应该同他们坦诚、冷静地交换意见，同时谈话中应避免给人造成推卸责任、为本组织辩护的形象。还要注意在处理事故的过程中，没有特殊情况，不要随便更换负责处理事故的人员和探望受害者的人员，以便保持处理意见的一致性和操作的连续性。

对新闻传播媒介。新闻是政府的"喉舌"，代表着大众利益，公开、坦诚的态度和积极主动的配合是处理媒体关系的关键，唯有这样，才能取得新闻朋友的信任和支持，更何况组织与公众的沟通也只有借助媒体的支持才有可能进行，因此社会组织应该非常乐意，且能够与媒体作更深层次的沟通（让媒体成为危机事件的新闻咨询顾问）。

对上级领导部门。危机发生后，应及时向组织的直属上级领导汇报情况，不能文过饰非，不允许歪曲真相、混淆视听。在处理过程中应定期将事态的发展，处理、控制的情况，以及善后的情况，陆续向上级报告。事故处理结束后，应将详细的情况、解决的方法及今后预防的措施、组织应承担的责任形成综合报告，送交上级部门。

对企业所在社区。对待社区，如果是火灾、毒物泄漏等给当地居民确实带来了损失的，组织公关部门应向当地居民登门道歉，根据事故的性质也可以挨门挨户道歉。必要时可以在全国性或地方性报纸上刊出致歉广告，直到给予经济赔偿。这种致歉广告应该面向有关公众，告知他们急需了解的情况，明确表示组织敢于承担责任、知错必改的态度。

此外，对在外地发生的危机，如有必要应派人到有关单位去处理。如"霞飞"事件中，当企业听说新闻媒介要对其产品曝光时，马上派负责人乘飞机到北京了解情况，澄清事实，承担责任。

8.2　公共关系危机的含义、特点及类型

公共关系危机对于任何组织来说都是一场严峻的考验。组织在进行公共关系危机事件处理之前，必须先了解公共关系危机的含义、特点和类型，准确把握公共关系危机产生的原因，才能采取有针对性的措施，有效地处理危机事件。

8.2.1　公共关系危机的含义

公共关系危机，是公共关系学的一个较新的术语，专指灾难或危机中的公共关系。换句话说，公共关系危机是公共关系在危机中的开发和应用，是处理危机过程中的公共关系。当危机或灾难发生时，我们要从不同的方面予以调查、处理和解决。公共关系只是解决这个危机问题的一个视角，是危机管理或问题管理的一个重要组成部分。

公共关系危机的发生，是组织（包括企业、政府等）内部的各种危险因素累积到一定程度，并伴随着外部环境的变化而突然爆发的，它直接威胁到组织的基本目标或优先目标，需要组织在信息不充分，人、财、物缺乏的情况下做出正确决策和积极、快速地进行处理的事件。

8.2.2　公共关系危机的特点

引起公共关系危机的原因有多种，但是所有的公共关系危机都具有较为明显的共同特点：

第一，偶发性。公共关系危机事件是一种突发性事件。它大多是在人们毫无察觉或准备的情况下偶然发生的。它让人们既感到意外、吃惊，又感到恐惧、害怕，并给组织带来一定程度的混乱。如市场上十分抢手的"霞飞"系列产品，一夜之间就突然不那么畅销了。造成这种突发性的原因主要有两方面：一是由于组织内部的原因，如人们的危机意识淡漠、工作上的疏忽、违反操作规程、危机处理不力等；二是由于组织外部的因素，如各种自然灾害、新闻媒体的负面报道、国家政策的突然变化等，而这些外部因素对于企业来说往往是不可控制的因素。

第二，未知性。未知性又称为潜伏性。指公共关系危机包含许多未知因素，具有不可预测的特点，它往往潜伏着。航空公司可能会遇到空难事故，但我们不知什么时候会发生空难事故。一家企业可以想象会受到舆论的批评、顾客的指责，但却很难预料什么时候受到批评和指责，事情是否会越闹越大，会不会由此使企业陷入更加不利的境地。

第三，关注性。危机事件常常成为社会舆论关注的焦点和热点，它往往是新闻传播媒介最佳的新闻素材与报道线索。正如国外危机管理专家所指出的，每一起意外事件不尽相同，相关机构应变的态度也颇见差异。但有一件事是无疑的：当悲剧发生的时候，群众和媒体的注意力一定集中在出事的公司。有时，危机事件不仅引起国内各界公众的关注，而且还会引起世界各国的关注。如 1984 年 12 月美国联合碳化物公司印度分公司发生的博帕尔毒气泄漏事故，1986 年前苏联的切尔诺贝利核电站的核泄漏等事故，在非常短的时间内成为国内外大小媒体广泛报道的焦点。

第四，普遍性。危机的发生带有普遍性。大到一个国家，小到一个企业，都可能遭遇到灾难和不幸事件。世界上许多跨国公司，诸如雀巢、可口可乐、三星等，在其发展的过程中都遇到过性质不同、表现形式各异的危机。

第五，复杂性。公共关系危机有比较显著的复杂性。一旦发生危机，无论是处理危机、控制危机，还是协调与危机有关的方方面面，都非常复杂。往往涉及比平时更多的人、投入大量的钱财和物资。通常，一个企业发生灾难事故，又造成人员伤亡的话，其涉及的单位、部门从十多个到几十个不等。

　　第六，危害性。危机事件不同于一般的矛盾或小问题，它涉及面广，影响巨大，危害严重，造成企业或组织多方面的损失和伤害，甚至遭到灭顶之灾。危机事件一旦发生，如果组织未能有效地处理危机，轻者可能会破坏组织正常的经营秩序，重者可能导致组织的破产或倒闭。如 2005 年 6 月雀巢中国公司生产的雀巢成长奶粉多批次碘含量超标事件，而雀巢公司在这一危机处理中处理不力，导致 90% 以上的中国消费者不愿再购买雀巢公司的产品，雀巢奶粉的销售量急剧下降，甚至有消费者起诉雀巢公司，雀巢公司在中国消费者心目中的形象受到了极大的损害。南京冠生园是一个有着 70 多年历史的老品牌企业，曾经有过一段辉煌的历史，曾经是消费者心目中的名牌。但是当 2001 年南京冠生园的"陈馅月饼"事件（用陈馅翻炒后再制成月饼出售）被中央电视台焦点访谈栏目曝光之后，不仅南京冠生园陷入窘境，还拖累数十家"冠生园"企业乃至影响到全国当年月饼的销售量。最后，这家知名企业无奈以"经营不善，管理混乱，资不抵债"为由，向南京市中级人民法院申请破产，这便是一个典型的危机处理不当的个案。危机事件一旦发生，还会造成一系列的甚至比较严重的危害。比如，空难、海难事故引起的危机，往往在危害企业的同时，还危害当事人及其亲属的心理健康，许多人对失去亲人久久不能节哀。

　　第七，双重性。危机具有破坏性和建设性的双重特性。危机既可以给企业带来损失，又可以给企业带来启示和机遇。优秀的企业越是在危机的时刻，就越能显示出它的综合实力和整体素质，面临危机事件，它们会沉着应对，从危机中发现自身弊端，找出自身应该改进的地方，严格管理，并主动地、有意识地以该事件为契机因势利导，不但可以恢复企业的信誉，而且可以借机扩大企业的知名度和美誉度，危机就可能成为企业发展的转机，最终渡过难关，赢得胜利。1985 年，张瑞敏刚到海尔（时称青岛电冰箱总厂）。一天，一位朋友要买一台冰箱，结果挑了很多台都有毛病，最后勉强拉走一台。朋友走后，张瑞敏派人把库房里的 400 多台冰箱全部检查了一遍，发现共有 76 台存在各种各样的缺陷。张瑞敏把职工们叫到车间，问大家怎么办？多数人提出，也不影响使用，便宜点儿处理给职工算了。当时一台冰箱的价格是 800 多元，相当于一名职工两年的收入。张瑞敏说："我要是允许把这 76 台冰箱卖了，就等于允许你们明天再生产 760 台这样的冰箱。"他宣布，这些冰箱要全部砸掉，谁干的谁来砸，并抡起大锤亲手砸了第一锤！很多职工砸冰箱时流下了眼泪。然后，张瑞敏告诉大家——有缺陷的产品就是废品。三年之后，海尔人捧回了我国冰箱行业的第一个国家质量大奖。这应该说是企业危机带给海尔集团的机会，也是海尔人对危机的正确处理，帮助海尔赢得了胜利。

8.2.3 公共关系危机的主要类型

准确认识和判断公共关系危机的类型，是成功地进行公共关系危机处理的一个必不可少的重要前提。"横看成岭侧成峰"，从不同的角度划分，公共关系危机存在不同的类型。

1. 一般性危机和重大危机

从存在的状态看，公共关系危机可划分为一般性危机和重大危机。

一般性危机。一般性危机主要是指常见的公共关系纠纷。对一个企业来说，常见的公共关系纠纷主要有：内部关系纠纷、消费者关系纠纷、同业关系纠纷、政府关系纠纷、社区关系纠纷等。从某种意义上说，公共关系纠纷还算不上真正的危机，它只是公共关系危机的一种信号、暗示和征兆。只要及时处理，做好工作，公共关系纠纷就不会向公共关系危机发展，以至于造成危机局面。虽然并非所有的公共关系纠纷都会转变为重大危机，但它带来的危害是不可忽视的。公共关系纠纷对企业的危害，轻则降低企业的声誉，影响产品销售，造成形象损失；重则可能危及企业的生存和发展。对于公众来说，企业内部纠纷不利于团结，会挫伤企业成员的积极性，降低管理人员的威信，很可能导致企业的效益下降，使内部公众既蒙受物质损失，又蒙受精神方面的损失。企业与外部的纠纷，可能会损害相关公众的物质利益和身心健康。对于社会来说，一起公关纠纷往往会牵涉社会各界，有时会引起地方以至全国或世界的关注，造成广泛影响，不利于一个国家或地区良好形象的塑造。

重大危机。重大危机主要是指企业的重大工伤事故、重大生产失误、火灾造成的严重损失、突发性的商业危机、大的劳资纠纷等。它是公共关系从业人员必须及时处理的真正危机。如产品或企业的信誉危机、股票交易中的突发性大规模收购等，公关人员必须马上应对处理，最好在平时就有所准备。

2. 内部公关危机和外部公关危机

从危机同企业的关系程度以及归咎的对象看，公共关系危机可分为内部公关危机和外部公关危机。

内部公关危机。发生在企业内部的公共关系危机称为内部公关危机。内部公关危机发生在企业之内。或者，这种危机的发生主要是由该企业的成员直接造成的，危机的责任主要由该企业内部的成员承担。内部公共关系危机具有下述特点：第一，波及的范围不太广，主要影响本企业的利益。第二，责任的归咎对象是本企业的部分人，因而相对来说容易处理。第三，内部公关危机的主体主要以本企业的领导和职工为重点。

外部公关危机。外部公关危机是与内部公关危机相对而言的。它是指发生在企业外部，影响多数公众利益的一种公关危机，本企业只是受害者之一。外部公关危机具有如下特点：第一，危机波及的范围相对较广。受害者大多数是具体的社会公众。第二，责任不在发生危机的某一具体企业等社会组织及其成员身上。第三，不可控因素较多，较难处理，需要有关危机的各方面密切配合，共同行动。

3. 有形公关危机和无形公关危机

根据危机给企业带来损失的表现形态看，公共关系危机有两种：有形公关危机和无形公关危机。

有形公关危机。这种危机给企业带来直接明显的损失，凭借肉眼即可观测到这些损失。如房屋倒塌、爆炸、商品流转中的交通事故等造成的人员伤亡或财产损失。1989 年 6 月，成都市最大的百货商场成都人民商场被烧毁，造成上亿元损失。成都人民商场遇到的危机就属于有形危机。有形危机的特点主要有：第一，危机的产生与造成的损失大多数是同步的。第二，危机造成的损失明显，易于评估。第三，危机造成的损失难以挽回，只能采用其他措施补救。第四，有形危机的发生常常伴随无形危机的出现。

无形公关危机。给企业带来的损失表现得不明显的危机，称为无形公关危机。给任何一个企业的形象带来损害的危机，皆属于无形公关危机。如果不采取紧急有效的措施阻止，已受损害的企业的形象将使企业蒙受更大的损失。无形公关危机具有下述特征：第一，危机始发阶段，损失不明显，很容易被忽视。第二，危机发生后，若任其发展，损失将会越来越大。第三，这种危机造成的损失是慢性的，可采取相应的措施补救。第四，处理好这类危机要与新闻媒介多打交道，因而必须注意方式方法。

4. 人为危机和非人为危机

依据危机产生的主客观原因分，公共关系危机可分为人为危机和非人为危机。

人为公共关系危机。由人的某种行为引起的危机称为人为公共关系危机。对一个企业来说，生产工艺设计欠科学、配方有问题、原材料质量不好、有关工作人员缺岗或不尽职、工厂的安全保卫工作不力、财产管理不善、有人故意搞破坏等造成的危机，就属于此类。人为公关危机会造成人员伤亡或财产的重大损失。人为的公关危机具有两大特点，即可预见性和可控性。也就是说，如果平时采取相应有效的措施，有些危机是可以避免或减轻损失的，在一定程度上也是可以控制的。

非人为公共关系危机。非人为公关危机主要是指不是由人的行为直接造成的某种危机。对一个企业来说，引发非人为公关危机的事件常常有：地震、洪涝、灾害、风灾、雹灾等自然灾害。非人为公关危机有如下特点：第一，大部分无法预见。第二，具有不可控性，企业无法控制地震。第三，造成的损失通常是有形的。第四，这种危机容易得到社会各界和内部公众的同情、理解与支持。

5. 显在危机和内隐危机

根据危机的外显形态，公共关系危机可分为显在危机和内隐危机。

显在危机是指已发生的危机或危机趋势非常明朗，爆发只是个时间问题。内隐危机指潜伏性危机。与显在危机相比，内隐危机具有更大的危险性。20世纪80年代末，我国核桃由于质量差、交货不及时，英国商人把原发往欧洲市场的中国核桃转卖给埃及，改从美国进口。这意味着西欧这一传统的中国核桃市场将被美国挤掉。以此事例分析：英国拒绝中国核桃进入欧洲市场，转手处理给埃及，这只是显在危机的表现。而改用美国核桃长期供应原中国传统客户，则是内隐危机，是"核桃事件"的主体性危机。

除上述公共关系危机的类型外，还可以依据公共关系危机的性质，将它分为灾变性危机、商誉危机、经营危机、信贷危机、素质危机、形象危机、环境危机和政策危机等。

学会识别公共关系危机的类型，掌握不同的公共关系危机的特征，将有助于公关从业人员进一步认识和理解公共关系危机管理的意义，把握好公共关系危机处理的基本原则。公共关系危机处理没有固定的模式，但是，当我们面对已经发生的公共关系危机的时候，公共关系从业人员仍然可以依据一些危机处理专家过去的实践经验来处理问题。

8.3　公共关系危机管理的意义、程序及处理技巧

公共关系危机管理有广义和狭义之分。广义的公共关系危机管理是指公共关系从业人员在危机意识或危机观念的指导下，依据危机管理计划，对可能发生或已经发生的公共关系危机事件进行预测、监督、控制、协调处理的全过程。狭义的公共关系危机管理通常与危机处理的概念一致，指对已经发生的公共关系危机事件的处理过程。

8.3.1　公共关系危机管理的意义

组织面对随时都可能出现的或已经产生的公共关系危机，绝不能视而不见或袖手旁观，必须采取有效的紧急措施给予认真处理和解决。对一个组织来说，处理公共关系危机具有十分重要的意义。

1. 在公众心目中重塑良好形象

公共关系危机的实质就是形象危机和声誉危机。对于任何一个组织来说，无论由何种因素或事件引发的公共关系危机，都会不同程度地影响其在公众心目中的良好形象。通过公共关系实务处理这种形象危机，能使组织受到的形象损失不再继续下去，能控制事态的进一步发展，使形象损失降低限度。并且，还可以塑造比危机前更佳的形象。19 世纪二三十年代美国的洛克菲勒财团，因受揭丑运动的影响，被称为"强盗大王"，名声很坏。工人罢工，使财团陷入危机。洛克菲勒接受公关大师艾维·李的建议后，科罗拉多大罢工才得以平息。最后，公众渐渐地改变了对洛克菲勒财团的看法，他重新赢得了声誉，成为闻名于世的石油大王。

2. 降低或挽回经济损失

给组织带来直接或间接的经济损失是公共关系危机的后果之一。及时并认真地处理公共关系危机，可以尽可能降低或挽回经济损失。1982 年，美国麦克唐纳快餐公司为了不失去已赢得的消费者市场，在得知该公司搭配在"幸福快餐"上的微型塑料玩具没能通过美国民用安全委员会的检查后，马上下令撤回所有待售的 1000 万只这样的玩具。如果不这样，就会失去公众对它的好感和信任；已占有的市场就会被另两家快餐公司占领，从而造成巨大的经济

损失。

3. 协调与公众的关系

组织的良好形象得益于和有关公众关系的协调与和谐。当面临公共关系危机时，组织与公众的关系就处于不协调的状态。在这种情况下，有关公众就会成为消极的行为公众，产生对组织不利的行为。对公共关系危机进行审慎的处理，目的在于尽力协调组织与公众的关系，形成组织发展的良好环境。总部设在瑞士的雀巢公司，由于产品质量存在问题，加之在销售婴儿食品的过程中没有认真分析和研究不同国家和地区的文化差异、卫生条件等，使婴儿仪器在使用中被部分公众"玷污"，以至于形成了以美国为主要力量的联合抵制雀巢产品的国际运动。始于 20 世纪 70 年代的这场抵制运动持续了七年之久。该公司因抵制而受到的直接损失达 4 000 万美元。危机之后，雀巢公司更加重视公共关系，重视协调与各方公众的关系。正在努力重塑良好形象的雀巢公司，与公众的关系逐渐变得融洽起来。认识公共关系危机处理的意义，还在于能够消除侥幸心理，使组织决策层不仅识危，而且防危、治危。

8.3.2　公共关系危机管理的程序

公共关系危机管理活动，同一般危机管理一样，从广义上讲包括预防、处理和善后几个主要环节。

1. 公共关系危机的预防

公共关系危机预防，是指在危机发生前，公共关系部门采取各种有效措施来消除危机隐患，避免危机发生；或者在危机来临前做好充分准备，包括思想准备、组织准备、制度准备、技术准备和物资准备，来防止危机扩大或升级，最大限度地减少危机造成的损失。显然，危机预防是在危机征兆出现以前提前介入、先发制人地采取各种预防措施。公共关系危机的预防虽然没有一定的规章可循，但是公共关系危机的预防应从以下几个方面进行：

第一，树立公共关系危机意识。所谓公共关系危机意识，是指在危机发生之前，组织能够对危机的普遍性有足够的认识，面对危机临危不惧，积极主动地迎战危机，充分发挥人的主动性和创造性的一种思维意识。树立公共关系危机意识，可以使组织员工时刻树立公共关系危机意识，在工作中尽量避免不当行为，消除引发组织危机的各种危机诱因。组织要使每个员工从思想上做好应对各种危机的准备，树立全员危机感，开展危机教育，预防各种潜在的危机思想意识。美国著名管理学家彼得·圣吉在其名著《第五项修炼——学习型组织的艺术与实务》中介绍了一个著名的"温水煮蛙"的实验，这个实验的内容是：如果你把一只青蛙放进沸水中，它会立即试着跳出，但是如果你把青蛙放进温水中，不去惊吓它，它将呆着不动。现在，如果你慢慢加温，当温度从华氏 70 度升到 80 度，青蛙仍显得若无其事，甚至自得其乐。可悲的是，当温度慢慢上升时，青蛙将变得越来越虚弱，最后无法动弹。虽然没有什么限制它脱离困境，青蛙仍留在那里直到被煮熟。为什么会这样？因为青蛙内部感应生存的器官，只能感应出环境中激烈的变化，而不是针对缓慢、渐进的变化。这个实验给我们的重要启示是：组织必须树立公共关系危机意识，对引发危机的各种因素都要引起足够的重视，有效地预防危机的发生。

第二，建立公共关系危机预警机制。组织要在部门内部成立一个危机预警机制，主要负责各类危机发生前的识别、诊断、预测，以及危机发生时的处理工作，危机发生后的善后工作等。建立公共关系危机预警机制的关键是健全危机防范制度，保障危机信息传递的顺畅，从而建立应对危机的措施。

危机预警机制是社会组织为了预防危机的发生而建立的关于危机事件预防、处理和控制的机制。危机预警机制的功能有以下几个方面：

预防危机发生。现代社会的关系复杂多变，社会组织在生存和发展的过程中，难免发生这样那样的事故、意外、灾难等。特别是大的跨国公司或社会组织，经常遇到异域文化、经济、信誉、自然、人文环境等方面的危机。因此，为了防止危机发生时组织措手不及，制定危机预警机制是非常必要的。

减少危机造成的损失。危机的降临往往是突如其来的，一旦危机发生，减少危机造成的损失就成为组织首先要做的工作。如果没有危机预警机制，要在极短时间内做出迅速反应是不可能的事。因此，为了控制和减少危机造成的损失，必须重视危机预警机制的建立。

重塑组织形象。危机的发生，虽然给社会组织带来了损失和危险，但同时也给社会组织带来了机遇和生机。通过危机预警机制的建立，可以帮助组织尽可能地抓住有利时机，重塑组织的良好形象。

第三，设立公共关系危机管理机构。公共关系危机管理机构是顺利处理危机的组织保证。公共关系危机管理机构的建立，一方面可以从组织结构上保证预防措施得到贯彻执行；另一方面能够协调各部门之间的关系，避免在危机发生时各部门间相互推卸责任。建立公共关系危机管理机构，主要应从以下几个

方面入手:

成员组成。危机管理机构是顺利处理危机的组织保证,虽然可以不设立专职行政机构,其成员也可以是兼职的,但组织必须设立危机管理机构,职责必须明确。从实际经验看,公共关系危机管理机构的规模和编制,要取决于组织面临危机时的复杂环境以及必须参与的人员结构。一般来说,人员数量要比实际需要多一些,以免危机发生时因找不到某位成员而影响工作。公共关系危机管理机构组成的原则是领导主持,专家参与,优势互补,配合默契。危机管理机构的成员应包括:一位以上的组织负责人,组织的资深主管和各部门的负责人。这些资深主管和各部门负责人必须具备市场营销、业务推广、售后服务、人事、管理、技术、法律以及善于和同事进行关系沟通等方面的特长。

购置必要的设备。公共关系危机管理机构处理危机事件时,一般需要一定的设备。设备既包括硬件设备,也包括软件设备。硬件设备通常包括电脑、复印机、传真机、连通内线和外线的多部电话机、移动电话、摄像机等可能需要的办公设备。软件设备是指各种资料、文件,主要包括组织的历史发展、生产等有关的背景资料、各种媒介的通讯录、危机管理机构成员的通讯录等。

组织对员工培训。公共关系危机管理机构应该组织对员工的培训活动,让员工了解自己在危机事故中的权利和义务。危机管理机构可以将危机预测、危机情况和相应的措施以通俗易懂的文字编印成危机处理手册,将危机处理手册发给全体员工,也可以通过录像、幻灯片等方式向员工全面介绍应对危机的方法,让全体员工对出现危机的可能性和应对办法有足够的了解。

确定组织的发言人。发言人是在组织面临危机时,代表组织向内外公众介绍事实真相的人员。危机一旦突然发生,会带来一定程度的混乱,引起人们心理上的紧张恐慌,此时各种谣言最易流传。发言人可以及时地以恰当的方式公布各种信息,阻止谣言传播,使人们了解事实,以维护组织的形象。理想的发言人应具有良好的形象、较高的信誉度,使公众能够产生信任感。发言人要对组织忠诚,发言时切实传达领导集团的意见。

预测和评估有可能发生的危机。公共关系危机管理机构应预测和评估有可能发生的危机,完善组织的机制,应对危机事件。

第四,完善公共关系危机管理计划。公共关系危机管理计划是危机处理的纲领性文件。其内容包括:公共关系危机管理计划的内容。为了有效地实现危机的预防和处理,组织必须建立完善的公共关系危机管理计划,明确规定组织成员和组织各部门的职责。组织的各成员必须要清楚自己的职责所在,保证危机发生时，各成员都能有序地完成自己的任务。危机管理计划还必须包括对危机管理的监督执行情况，否则，公共关系危机管理计划便成为一纸空文，起不到任何作用。

危机管理计划制订过程中应注意的问题：组织应选择有组织管理经验、协调能力和语言能力强的人来担任负责人或主持危机管理计划的制订。主持制订危机管理计划的负责人，工作的每一个阶段，都必须提出明确的质量要求和有关的注意事项。在制订危机管理计划的过程中，要多了解国内外同类组织已经发生过的危机及其处理情况，借鉴成功的经验，汲取失败的教训。如果没有可参考的，必须对组织制订的计划进行仔细推敲、全面分析，力争万无一失。完整的公共关系危机管理计划应包括，组织所有可能发生和已经发生的危机事件的详细列表，包括日常工作中适度的必要防范措施、危机发生时的必要应对措施，还应列明负责危机处理事件的人员名单及联系方式。公共关系危机管理计划应以书面的形式备案。在公共关系危机管理计划的制订过程中，公共关系危机处理人员必须争取组织内部人员的支持和合作，组织内部人员的团结是帮助组织渡过危机的重要保障。只有组织内部团结一致，才能制订出完善的公共关系危机管理计划，减少组织的损失，帮助组织尽快恢复形象和声誉。

2. 公共关系危机的处理

社会组织面临的社会环境和公众不同，因而可能遭遇的公共关系危机也就千差万别。虽然都统称为危机，但各种类型的危机事件在规模、性质、表现形式、涉及的公众等方面是不同的。但是，这些不同的危机事件，在处理程序上仍有共同之处。公共关系危机处理的基本程序主要包括：

（1）成立危机事故处理组织。成立危机事故处理组织机构是第一件大事。这是有效处理危机事件的组织保证。这一组织机构有的被称为危机管理小组，有的被称为危机事故处理委员会。该机构的组成人员应包括企业负责人、公关部门负责人和经过培训的危机处理人，指定的新闻发言人和值班人员。

（2）深入现场，了解事实。企业或社会组织是最高领导亲临危机事故现场，指挥抢救工作，并委派专业人员调查事故，确实弄清危机事件发生的时间、地点、原因、人员伤亡、财产损失等情况。并根据情况做出系列决定。

（3）控制损失。危机发生后，要尽快采取一切措施来降低损失。对于"损失"的衡量，既要看有形的，又要看无形的。可以说，失去市场丢掉发展的机会是最大的损失。强生公司决定回收价值近 1 亿美元的"泰诺"止痛胶囊，就是为了减少损失，力争不在价值 12 亿美元的止痛药品市场上被竞争对手挤走。

（4）分析情况，确定对策。当掌握危机事故第一手资料，清楚了解公众和舆论的反映后，企业或社会组织应该在高层人员的直接参与下，深入研究和确定应采取的对策、措施。这是危机处理的一大关键。确定的对策既要考虑危机本身的处理，又要考虑如何处理危机涉及的各方面的关系，更要考虑如何抓住蕴含的机遇，恢复声誉，重返市场。

（5）召开新闻发布会，发布正式信息。在了解事实，确定初步对策的情况下，务必尽可能以最快的速度召开新闻发布会或记者招待会。一方面，向新闻界介绍危机的有关情况，公布公司正在采取的措施；另一方面，恳请新闻媒介密切合作，防止不利的消息和舆论。为此，要指定新闻发言人代表公司"以我为主"公布信息，使信息传递口径统一。根据以往经验，新闻发布会要召开多次。

（6）组织力量，有效行动。这是危机处理的中心环节之一。公众、媒介和舆论不仅要看企业在新闻发布会上的宣言，更要看企业的行动。事实胜于雄辩。危机往往涉及面很广，仅靠公关从业人员的力量是远远不够的，因而需要企业领导人亲临第一线，亲自组织和协调。强生公司对"泰诺"危机的成功处理，特别是几次重要的新闻发布会，董事长伯克亲自参加，并诚恳地回答记者的提问。这一步又可分为若干步，主要的决定均在这一步骤完成。因此，落实措施情况要详细记载，及时向公众和媒介宣布，务必协调好各方面的关系。

3. 公共关系危机管理善后工作

危机管理善后工作是危机公关不可或缺的重要组成部分。在习惯称谓中，危机管理善后工作的概念非常流行。从严格的意义讲，危机管理工作只有"善"没有"后"。组织一旦开展危机处理工作，进入正常的运行轨道，一切工作都围绕"善"来进行。善始善终，做得出色。如果出现"后"的情况，组织也许已经置于危机之中。

狭义的危机善后工作是指危机的后期工作，尤其指危机局势得到基本控制开始阶段的工作。不同的危机，发展过程不同，性质、状态、危机局面的控制态势等存在差异，所以，危机的后期工作从何时开始，均没有统一的度量标准。危机过去之后，留下的是利益的减少、设施的损坏、损害赔偿的支付、人才的损耗、组织声誉和良好形象的恶化等损失。为了消除危机的消极影响。通常以下列工作为重点：

第一，恢复声誉和形象。比如制作道歉信。为表明组织的态度，以组织名义写道歉信，送交受害各方。道歉信的内容应包括：重建的现状、危机发生原因的调查报告、防止危机再发生的具体对策和落实情况等。

第二，继续关注、关心、安慰受害人及其亲属。在这一过程中，进一步表明组织或组织重建的决心和信心，并期望得到对方的支持、帮助。

第三，重新开始宣传广告。危机期间要停止播出广告。当进入危机善后工作阶段，需要重新刊登广告，目的在于将重振雄风的决心和期待援助的愿望确实无误地传达给有关公众。

第四，在不同场合继续强化、教育员工，建立"预防就是一切"的危机管理意识。

第五，开展重建市场的工作。有时危机会破坏市场组织、销售渠道等，重建和恢复市场的工作就显得非常必要。

第六，适当开展一些公益或社区活动，支持地方经济和社会建设，树立新的良好形象，建立更高的声誉，补偿诸如环境损失等。强化组织在公众心目中的社会责任，造福一方，获得持久的支持和认可，以协调各方面的关系。

8.3.3　公关危机处理的基本原则

所谓公共关系危机处理，是指在公共关系理论和原理的指导下，公关从业人员运用公共关系的策略、措施与技巧，来改变因突发性事件而造成的公共关系主体所面临的危机局面的过程。如果说公共关系危机是一种状态，一种趋势，是对所出现的问题的描述，那么，公共关系危机处理强调的则是一种行动过程，一种结果。假如没有问题发生，没有公共关系危机，也就不会有公共关系危机处理。

公共关系危机处理应遵循一些基本原则。主要是：

及时性原则。处理公共关系危机的目的在于，尽最大可能控制事态的恶化和蔓延，把因危机事件造成的损失减少到最低限度，在最短的时间内重塑或挽回企业原有的良好形象和声誉。为此，危机一旦发生，不仅公共关系危机管理小组的成员，而且企业的所有成员都应立即投入紧张的处理工作。赢得时间就等于赢得了形象。

冷静性原则。公共关系危机发生后，处理人员应冷静、沉稳和镇静，不要因头绪繁多、关系复杂的事件使自己变得急躁、烦闷、信口开河等。只有在遇到危机时冷静、沉稳和镇静，只有积极的心理，才能在处理危机事件的过程中应对自如。

全面性原则。公共关系危机事件涉及或影响企业内部和外部的诸多方面。在处理具体的公共关系危机时，应遵循全面考虑的原则。既要考虑内部公众，又要考虑外部公众；既要注意对公众现在的影响，又要注意对公众未来的或潜在的影响，等等。

准确性原则。危机事件发生后，由于种种原因，传播的信息容易失真。为了防止公众的猜测、误解和有关危机事件的谣言，公共关系危机管理小组选出的发言人不仅要及时传递有关信息，而且还要使传递的信息十分准确，不隐瞒或省略某些关键细节。

公正性原则。处理与受到危机事件影响或危害的公众之间的关系一定要公正。在处理危机事件的过程中，要排除主观、情感的因素，公平而正确地、坦诚地对待受损害的公众。

客观性原则。遵循公正性原则的同时，还要讲客观。处理公共关系危机事件客观性原则，包含了很多方面的内容，如事实的真实性、评估的客观性、传递信息的准确性等。

灵活性原则。由于公共关系危机事件随着情况的发展而会不断地发生变化，可能原定的预防措施或抢救方案考虑不太周全，因此，为使企业的形象和声誉不再继续受到损害，处理工作必须视具体情况灵活地运作。要随客观环境的变化而有针对性地提出有效的措施和方法。

公众性原则。灵活性不是随意性，它要以公众原则为前提。既要考虑企业自身，又要考虑公众的利益。在公共关系实务中，往往容易考虑企业自身的利益，而忽视公众的利益。为此，我们强调公众性原则，要把公众的利益放在首位。

针对性原则。由于公共关系危机具有不同的类型和特征，即使类型和性质相同或相似，所面临的环境也会是不同的。因此，提出的解决措施、处理程序应具有较强的针对性和适应性，使提出的措施、方法符合危机事件的类型、性质和特征以及不同的环境要求。

人道主义原则。在多数情况下，危机会造成生命财产的损失。因此，危机处理中首先要考虑人道主义的原则。在 1998 年长江流域和松花江流域的特大洪灾中，我国政府把抢救和安置灾民放在第一位，就是人道主义原则的高度体现。欧美舆论界对造成危及生命安全的事故或事件尤其重视，甚至加以渲染。

1984 年，美国联合碳化物公司设在印度博帕尔化工厂发生严重的毒气泄漏事故，当地居民 2 000 多人死亡，几万人中毒，全世界的媒体连篇报道。在舆论和压力之下，该公司不得不把救护中毒人员放在优先地位，从美国运来大批药物和医护人员，并答应给予赔偿，才稍微缓和了公众的谴责。

维护声誉原则。国外危机管理专家指出，公共关系在危机管理中的作用是保护组织的声誉。这是危机管理的出发点和归宿。在危机管理的全过程中，公共关系从业人员都要努力减少对企业信誉带来的损失，争取公众谅解和信任。上述的十项原则的最终目的也是为了维护企业的信誉。1998 年，香港特区一家奶制品公司主动刊登启事，告诉自己的消费者，不要喝某天生产的产品。因为公司发现部分产品的质量不稳定，可能会给消费者带来不利。这种做法，就在于防范危机的发生，维护企业的声誉，表现对大众负责的精神。

总而言之，公共关系危机管理的总原则是真实传播，挽回影响，减轻损失，趋利避害，维护声誉。

8.3.4　常见公共关系危机处理技巧

组织面临的公共关系危机多种多样，但常见的主要有三种，即组织自身行为不当引起的危机、突发事件引起的危机、失实报道引起的危机。正确处理这些危机，应掌握一些技巧。

1. 组织行为不当引起的危机处理技巧

由于组织行为不当，导致形象恶化，公众反感，唯一正确的做法，是调整组织的自身行为，重新塑造组织的良好形象。任何掩盖、粉饰，只会加剧危机。

组织行为不当造成不良影响时，正确的做法是认真检查过错，弥补公众损失，重新树立形象。具体说来，应采取以下步骤来挽回影响：第一，真诚接受公众批评，及时向公众及新闻界披露真情和公开致歉；第二，组织专门人员，立即采取善后措施，尽量减少公众损失，主动提出合理的赔偿方案；第三，借此向全体组织成员进行教育，避免今后再度出现差错。

2. 突发事件引起的危机处理技巧

组织自身行为并无不当，由于外界的突发事件损害了公众利益，引起公众对组织不满，这也是组织公共关系处于危机的表现之一。这类情况出现时，组织首先要树立公众利益至上的观点，然后应坚持不懈地为公众提供最佳服务，稳定公众的情绪。中国民航由广州至长春的班机因天气异常，迫降沈阳。同时，沈阳至长春、沈阳至上海的班机也延误了。近五百名中外旅客滞留沈阳航空港，心情焦急，吃、住都碰到了极大困难。时值国庆前夕，不少人准备赶在节前去长春办事，情绪更是激动。广州来的旅客衣衫单薄，冻得发抖，一肚子牢骚。此时，沈阳机场客运公司副经理兼候机室主任带领二十多位员工来到旅客中间。他们先迅速安排了五百名旅客的食宿，让旅客安定下来。然后为旅客发电报、挂长途，忙得不亦乐乎。对急需赶赴目的地的旅客，他们为其购买火车票，钻进飞机货舱里找行李，把这部分旅客送上新的旅途。老年旅客身体不好，他们及时找来医生诊治并送上病号饭。他们给衣衫单薄的旅客送上衣物和毛毯。旅客的怒气渐消，但寒气却无法抵挡。衣物、毛毯有限，而客人众多。看着冷得发抖的旅客，一位服务员灵机一动，建议开舞会，让跳舞来增添旅客的热量。一眨眼，宽大的候机厅布置成了舞厅，服务员亲自上场伴舞。舞会气氛热烈，不少中老年旅客很快地卷进了欢快的歌舞之中。舞会驱散了寒气，消除了怒气，更增进了友情。次日清晨，天气晴朗，几百位旅客与服务员依依惜别，带着温暖的友情，登机远去。中国民航沈阳机场在突发事件发生以后，并没有惊慌失措，束手无策，而是别出心裁地开展公关工作。在突发事件影响到公众切身利益，引起公众反感时，他们不是委屈怨恨，而是用优质的服务和注意与公众进行情感交流来缓解矛盾，消除公众的不满。他们耐心周到，善于应变，诚恳热情，不仅没有因突发事件影响公众对组织的好感，而且更增进了双方的了解和感情。

一般情况下，把握突发事件的处理时间是十分关键的问题。如果面临突发事件处理不当，失去最佳时机，即使事后再作努力，也往往于事无补，难以挽回影响。但突发事件来得突然，处理突发事件不可能事前有周密安排。也不可能从容不迫、按部就班去进行。而是应该当机立断，灵活处理，才能化险为夷，取得良好效果。

要把握好处理突发事件的时机，平时应抓好几个工作环节，多作训练。一般说来，应做好如下几项工作：第一，事先对突发事件作出相应的分析、预测，分门别类制订出应急计划，在原则上做好充分的思想准备；第二，突发事件一旦发生，立即由事前指定的专人向公众及时传递有关信息，以免情况不明造成的混乱和紧张气氛蔓延；第三，同新闻界迅速取得联系，争取新闻界的支持合作，避免出现较大影响的不利舆论；第四，抽调人员，处理突发事件引起的矛盾，缓解局面，避免公众受到更大损害。

3. 失实报道引起的危机处理技巧

当组织行为并无不当，也无突发事件产生，但由于新闻媒介的失实报道，也会引起公众对组织的误会和反感。从公共关系角度来说，这也是组织面临的一种危机，需要及时挽回影响。失实报道给组织造成的危机，公关人员的正确态度首先是冷静，决不能一怒之下鲁莽行事，否则会加剧矛盾的激化，造成对组织更加不良的影响。只有冷静处理，才能不失态，不失策，处理得当。

由于新闻报道的失实或部分失实，给组织带来不利舆论影响的事是经常会有的。尽管组织本身并无失误，但这种"飞来横祸"也会使组织陷入危机之中。因为新闻报道影响面广泛，对公众的舆论导向作用极大。对新闻报道中赞扬的事物，公众易于接受；对新闻报道中批评的事物，公众也容易产生排斥心理。新闻报道失实或部分失实通常都是无意的，有的是出于对组织行为的不理解或片面理解；有时带有某种主观感情倾向，看问题不客观；有的是因为对组织抱有过高的期望，结果不尽如人意而产生怨恨牢骚，制造出不切合实际的舆论。总之，造成报道失实的原因是多种多样的，处理起来也应有所不同。但总的原则是：澄清事实真相，避免伤了和气。即使对方有意毁坏本组织声誉以抬高自己身价，组织也应尽力避免剑拔弩张、奋起反击的做法。正确的做法是打开与公众双向沟通的渠道，争取各类公众的理解和同情，使对方的恶意攻击失效。当然，如对方触犯了法律，也可以对簿公堂，来纠正不利于己的舆论倾向。即使如此，在公众面前仍应心平气和，坚持说理，不给人以失态、失礼的感觉。

一般来说，面临失实报道造成的危机，组织可以采取以下步骤作为对策：第一，先清醒地分析失实报道给本组织带来损害程度的深浅，组织所处环境的动向；第二，立即着手调查研究，弄清舆论失实的起因，然后分别确定公关工作的方向；第三，采取各种条件许可的措施，增强本组织的透明度，让真实情况为广大公众所知；第四，争取新闻媒介公众的理解、同情和支持，主动、及时地介绍事实真相，必要时召开记者招待会，扭转不利的舆论状态；第五，对严重失实报道并造成恶劣后果的，应注意争取政府公众的理解和支持，必要时动用法律手段来保护组织与公众的利益。但同时仍应注意公关职能范围内的协调，遵循沟通、理解的原则，制订切实可行的传播规则，致力于双向沟通。

本章小结

任何社会组织都会遇到公共关系危机事件，如果这些危机事件处理恰当，不仅能够为组织提高知名度，而且能够美化组织的形象。预防和处理这些危机事件是公共关系工作的一项重要任务。

本章主要介绍了危机的含义、特征、类型；公共关系危机的含义、公共关系危机的特点、公共关系危机的主要类型；公共关系危机管理的意义、公共关系危机的预防、公共关系危机处理的基本程序、公共关系危机处理的基本原则和常见的公共关系危机处理技巧。

关键术语

危机　　危机管理　　公共关系危机　　公共关系危机处理

思 考 题

1. 危机的含义及特征是什么？
2. 公共关系危机及其特点是什么？
3. 公共关系危机的类型有哪些？
4. 公共关系危机处理的原则有哪些？
5. 常见公共关系危机处理技巧有哪些？

案例分析

青岛"11·22"输管道泄漏爆炸特别重大事故处理

事故经过

2013 年 11 月 22 日凌晨 2 时 40 分，山东青岛黄岛区秦皇岛路与斋堂岛街交会处，地下输油管道破裂，原油出现泄漏。3 时左右，110 接到报警。原油的输送于凌晨 3 时 15 分被关闭。早晨 7 时半，下水口向外溢出黑色的石油状物体；多辆工程车辆、2 辆消防车、一台小型挖掘机来到了秦皇岛路与斋堂岛街的交会口附近。

部分泄漏原油顺着雨水管线进入胶州湾，造成了大约 3000 平方米的海面过油。7 时，青岛港务局和丽东化工厂报告海事部门称海面有油。相关人员组织清污工作。8 时 30 分，青岛市环保局接到报告，并派人赶到入海口处理。此时，企业已在海面布设了两道围油栏，面积约数百平方米。10 时多，污水管里产生明火并烧到了海面上。后来发生爆燃，工作人员撤离。

上午 10 时 30 分许，在抢修过程中，在黄岛区海河路和斋堂岛街交会处，正在被抢修的输油管线现场以及和它相距约 700 米的雨水涵道相继发生爆燃。原因初步分析是管线漏油进入市政管网，与雨水涵道油气混合，导致爆燃发生。

爆炸具有巨大的破坏力，造成路面大面积受损，不少楼房和汽车被波及。路面被掀起，碎石乱飞，砸向附近的人。许多房屋的玻璃被震碎，车辆被炸飞，有些车甚至被抛至两米的高空。灾难后道路面目全非，地面上产生了许多裂缝，最长的一条约有 1.5 千米。爆炸现场周边 12 个社区中部分小区一度停水停电。

此次事故最终确认遇难者为 62 人。

救援与处理

消防部门接到报警的时间为 10 时 25 分，至 12 时 40 分完全扑灭明火。45 辆消防车和 200 余名消防员被派出，来自 3 家医院的 44 辆救护车和 1195 名医护人员也投入了救治工作。

海事部门也于 23 日派出了 30 余艘清污船和渔船开展海面清污，并派海事巡逻艇进行巡查。至 23 日中午已清理大部分油污。不过截至 24 日，胶州湾近海成片的油污仍清晰可见。

发生事故的黄岛区对民众进行疏散转移，转移居民共 1.8 万人。环保部门称青岛市区的空气质量未明显受到爆炸影响。

危机应对

中央政府：中共中央和中央政府方面，中共中央总书记、中国国家主席习近平和国务院总理李克强均做出了指示，要求严格落实安全责任、防止类似事故再次发生。习近平还在山东考察期间来到青岛市，考察事故抢险工作，并指出"这次事故再一次给我们敲响了警钟，安全生产必须警钟长鸣、常抓不懈，丝毫放松不得，否则就会给国家和人民带来不可挽回的损失。必须建立健全安全生产责任体系，强化企业主体责任，深化安全生产大检查，认真吸取教训，注重举一反三，全面加强安全生产工作"。

中国石化：事故发生后，中国石化董事长傅成玉公开道歉，称"感到万分的悲痛"，"对逝者表示深切的哀悼，对他们的家属表示深切的慰问，也向青岛市人民表示歉意，向全国人民表示歉意"，并承诺将"不惜一切代价"抢险救灾，尽快查找事故原因。中国石化公司通过新浪微博表示将全力以赴，抢救伤员，挽救损失。并称将以负责任的态度调查事故责任，并及时通报进展。

本地媒体：爆炸发生后，与其他多数报纸的头版带图大篇幅报道不同，23日的青岛媒体《半岛都市报》与《青岛早报》对事件淡化处理，在头版顶端以较小字号标题报道中央领导对爆炸事件的指示。当地的青岛便民网对事件未作报道，青岛和山东电视台也低调处理了这一消息。24日《青岛早报》以《官兵做饭，百姓喊香》、《住安置点，如家温暖》为标题对事故后官方的处置作出了报道，这种标题被一些网民认为不合适。

事件分析

这次的危机属于重大责任事故，危机发生后，政府部门的反应还算迅速，但是依然有很多漏洞。从目前官方媒体披露的情况看，很多事实都不是很清晰，甚至连到底是哪条输油管漏了都众说纷纭。输油管漏油至爆燃之间的7小时内民众未被疏散。中国科学院化学研究所张建文教授认为，这7小时说明处理过程中重视力度不够可能是致使爆燃的原因之一。青岛市政府副秘书长郭继山在记者发布会上未有正面回答未疏散民众的问题，但他表示自己在爆燃后才知道有漏油事件。担任国务院事故调查组组长的国家安监总局局长杨栋梁在调查进行前，也对未采取安全防范措施、不警戒、不疏散和通知群众的问题提出了疑问。这起事故，暴露出央企与地方政府在突发事件危机处理上缺乏沟通和协调，这一连串事件的发生，当事各方严重缺乏预判和协调机制。本地媒体在这起危机中，也未能及时透明地传播危机信息，反映了我国大众媒体在危机信息管理和危机沟通中存在的问题。

（资料来源：赵庆跃．让悲剧不再重演——山东青岛"11·22"中石化东黄输油管道泄漏爆炸特别重大事故分析．吉林劳动保护，2014（1））

思考：
运用公共关系知识分析这一案例。

第 9 章　公共关系交际礼仪

　　当今社会是一个密切接触与交往的社会。在交往中，人们的一言一行、一举一动都关系到自己和组织的形象，甚至是国家的形象。在博大精深的中国文化宝库中，礼仪占有相当重要的位置，我国素来在世界上就享有"文明古国"、"礼仪之邦"的美誉。交际礼仪协调着人际之间的关系，从而更好地促进人类社会规律化、有序化的运转。古人云："礼之所兴，众之所治也。礼之所废，众之所乱也。""礼之于国家也，如权衡之于轻重也，如绳墨之于曲直也。故，人无礼不往，事无礼不成，国家无礼不宁。"可见，交际礼仪在社会发展中，起着调节人际关系的重要职能作用。在文化多元化的今天，了解交际礼仪的基本知识以及各国交际礼仪的差异，对于和谐人际关系，规范行为举止，培养高尚情操，甚至改善与其他国家的关系都有着重要的作用。

9.1　交际概述

　　随着人类文明的进步以及人类社会的逐步完善，人们出于相互间交往的需要，逐渐形成了一系列具有社会文化内涵及时代特征的行为规范和准则。这些行为规范和准则约定俗成，被人们视为在公共关系交往中理应共同遵守的，即所谓公共关系礼仪。

9.1.1　交际的含义

交际是人们不可或缺的社会行为，是人类社会常见的社会现象。可以说，自从有人类以来，就有交际。交际是伴随人类的产生而产生，伴随人类社会的发展而发展的。马克思曾精辟地概括说，人是一切社会关系的总和，在这里，交际则为一种"人类机能"。如果从社会的角度来讲，交际又是人的存在方式。人与人之间的社会关系，往往由其从事的生产活动所决定的交往活动方式所构成。社会关系的形成离不开人与人之间频繁的交往。正是在这层意义上，马克思和恩格斯又把社会关系称为"交往形式"、"交往方式"或"交往关系"。可见，如果人与人之间断绝了交际，那就不仅直接危害到人的生存，而且必然导致各种社会关系的解体，整个社会也就因此停止了运转，人类社会也就不复存在了。

所谓交际，是指社会生活中，人与人之间的来往应酬。它是人在社会生活中，通过人与人之间的互相接触、互通信息、交流思想、沟通感情，进而达到相互了解、增进友情、建立友谊的目的。人际交往是人类生活不可缺少的重要组成部分，更是公关从业人员广结人缘的需要。它既是一种文化现象，是人类社会文明成果的历史积累，同时又是一种艺术。继承和发展优良的交际理论知识和实践经验，了解和熟悉国际交际礼仪和各民族的习俗，用以指导我们的交际活动，既是我们建设社会主义精神文明的重要任务，也有利于人与人之间建立高尚的人际关系，更有利于个人的生活与事业的成功。美国成人教育家卡耐基认为，一个人事业上的成功，只有 15%是由于他的专业技术，另外的 85%要靠人际关系、处世技巧。

交际是人得以生存、人类社会得以存在和发展的基础和保证。交际是将个人与个人、个人与群体、群体与群体联结成社会网络必不可少的手段，是促进人际关系和谐、保持社会有机稳定发展的强有力的纽带。随着物质生活水平的提高，各种信息纷至沓来，人们比以往更渴望理解，更渴望沟通，更渴望文化生活和精神交往，而交际恰似劳动、语言和闲暇一样，是人类生活不可或缺的重要组成部分。总之，没有了交际，就没有了人和人类社会。

9.1.2　交际的类型

人际交往的内容、形态、方式按照不同的标准，可以分成若干类型。认识和把握人际交往类型，有利于更好地指导人们妥善处理各种各样的人际关系。

　　根据与交往对象的关系，可以把人际交往分成四种：第一，血缘人际交往。即具有血缘关系的人之间的交往，包括家庭中父母子女间的交往，兄弟姐妹间的交往，亲戚之间的交往等。第二，地缘人际交往。即以相同的地理位置为纽带而结成的人际间交往，这种交往有明显的层次性，从邻里、同村、同乡、同县、同省直至同一个国家的人之间都存在这种交往。第三，业缘人际交往。即以工作和行业为纽带形成的人与人之间的交往。包括同学、同事、师生、师徒以及上下级之间的交往，等等。第四，异性人际交往。即男女之间的交往，包括恋人间的交往，异性朋友间的交往等。

　　根据交往的规模大小，可以把人际交往分为六种：第一，个人与个人之间的交往。第二，个人与群体之间的交往。第三，个人与组织之间的交往。第四，群众与群体之间的交往。第五，群体与组织之间的交往。第六，组织与组织之间的交往。

　　根据交往的方式，可以把人际交往分为四种：第一，口头语言交往。即通过有声的口头语言进行的交往。第二，非语言交往。即借助目光、表情、姿态、动作等传递信息、相互作用的交际活动。第三，书面交往。即运用写信、发通知、发布告、打电报等书面文字进行的交往活动。第四，大众传播交际活动。即用现代传播为媒介所进行的信息传播、信息交流等活动。

　　根据交往的正式程度，可以把人际交往分为两种：第一，正式交往。即经过有关方面的批准，并依法按程序或仪式进行的社交活动。比如：外交活动、谈判活动、信息发布会、记者招待会等。第二，非正式交往。即不受某种组织制约，主要由友谊与人际相互关系而形成的社交活动。比如，个人生日晚会、家庭舞会、各种"沙龙"活动等。

　　此外，还有单向交往和双向交往，直接交往和间接交往，长期交往和短期交往，有意识交往和无意识交往，主动交往和被动交往等。

　　当然，上述关于人际交往的种类是以不同的标准来划分的，因此它们往往是相容的，特别是在实际交往中，各种交往类型往往是相互交叉、相互融合的。

9.1.3　交际的特征

　　人际交往作为人类社会的文化现象，具有如下一些基本特征。

　　第一，互动性。俗话说："一个巴掌拍不响。"同样，单个人所进行的活动还不能称为交往。凡交往必须是在两个人或两个人以上的人之间的互动，这种互动的结果是使双方都受到影响。

第二，特定的目的性。人与人之间的交往活动，均始于人们为了满足某种需要或某种动机，也就是交际的目的。这种交际的目的，可能是关于物质方面的，也可能是精神方面的；可能是出于长期的奋斗目标，也可能是近期的某种利益。总而言之，人们进行任何的交往活动都必定是有其动机的，而这种动机与其要达到的目的是相一致的。

第三，交往的社会性。人际交往是由劳动分工所决定的。由于分工，在交往中必须相互配合、相互促进，是一种社会配合。此外，人们的交往总是受到所处时代的社会生产力水平、社会制度等条件的限制。人际间的交往水平并非停留在一个水平上，它将随社会的进步而进步，随社会的发展而发展。

第四，交往的认知性。人与人之间通过交往相互觉察、了解以及彼此基础上的相互理解和认知。并且，伴随着交往中相互认识的深入，每个人都会有感情的移入，将会产生一定的情感倾向，或喜欢，或厌恶；或感情浓郁，相见恨晚，或感情冷漠，可有可无。

9.1.4　交际的原则

人际交往是一门艺术，也是一门科学。因此，必须遵守一些基本的原则。

1. 尊重他人原则

尊重别人往往是获得别人尊重的重要前提。俗话说："人敬我一尺，我敬人一丈。"如果你懂得尊重别人，将会获得对方加倍的尊重，从而为进一步的交往打下良好的基础。反之，如果你不懂得尊重别人，别人也不会尊重你，如果由于你不懂得尊重别人而伤害了别人的自尊心，那么你也将会得到别人的惩罚。所以，尊重他人是人际交往的首要原则。

2. 平等原则

在我们的社会里，人与人之间在政治上、经济上都处于同等的社会地位，享有同等的权利。因此，人们的社会变化也必须是平等的。在社会交往方面，这种平等原则主要体现为组织与其公众的彼此尊重，与竞争对手的平等竞争，谈判中的民主协商，经济活动中的等价交换等。总之，交往必须平等，平等才能相处，平等才能深交，所以，平等是交往的重要原则。当然，平等是相对的，不是绝对的，我们这里强调的是相对的平等。平等受到各种社会和自然条件的制约，公关从业人员应当根据公众的不同情况分别对待。

3. 真诚原则

真诚，即真心诚意、实事求是，说真话，办实事，待人情真意切、诚恳热情。真诚是一种美德，也是人际交往的基本原则。凡能以真诚态度待人接物者，必能获得别人的尊敬、赞许和好感，也有利于建立良好的人际关系。只有真诚，才能兢兢业业地做好本职工作，才能诚心诚意地对待顾客，同时也就能取得顾客的喜爱和信任，获得顾客的支持和合作。真诚的魅力是人们无法抗拒的，在人际交往中，应自觉遵守这一原则。

4. 信用原则

所谓信用原则，就是指在与人打交道的过程中，敢于对自己说过的话负责，说话算数，说到做到，让别人信得过，从而赢得信誉。所谓"一诺千金"，正是人们对这一原则的生动反映。崇高的信誉对组织来说，是一笔无形的宝贵财富。拥有它，就会兴旺发达，失去它，就要衰落颓败。古往今来，许多企业都十分注意"取信于民"、"以信为本"的经营准则，这是他们获得事业成功的重要因素。俗话说，"千金易得，信誉难求"，这说明信誉的取得是不容易的。"一瞬失信誉，百年未易复"，这又说明丢失信誉是很容易的，一旦失去信誉，要恢复是很难的。所以，讲求信用原则，并非是权宜之计，而是要自始至终、长期不懈地坚持。

5. 互惠原则

所谓互惠原则，指的是人们在开展人际交往活动中，彼此都能从中获得实惠，包括获得物质方面的利益、精神方面的满足，或者两者兼而有之。从公共关系方面看问题，"与自己的公众对象一起发展"，正是体现了这种互利互惠的原则。这种互利互惠的原则，体现在心理上的互慰，精神上的互益，物质上的互酬，行为上的互助。人们通过正常的社会交往，除了相互认识、广交朋友以外，还能从中各得其所。这种互惠原则，使交往的双方找到了利益的共同点，从而有利于双方友好关系的顺利发展，保证了人际交往的长期性和稳固性。当然，这种互惠原则应该是建立在符合社会利益和不损害第三者利益的基础上的，否则它就是不道德的，从而就会失去其意义。

6. 宽容原则

所谓宽容原则，就是指与人交往中要心胸宽大、有容人之量、善于理解和谅解别人；同时忍耐性要强，不斤斤计较别人的缺点错误，必要时能委曲求全。俗话说："金无足赤，人无完人。"一个人即使有许多优点和长处，但必然也有其缺点和短处，如果找一个完全没有缺点毛病的人做朋友，那么这个人就永远没有朋友。因此，宽容忍让乃是人的一种美德，是为人处世的高境界。谁能真正做到这一点，谁就易于获得他人的爱戴和敬重。当然，对于那些确实属于刁蛮无礼或屡教不改的人，则应采取宽恕与严加约束相结合的方法对待他们。

9.2　礼　仪　概　述

公共关系礼仪是人类礼仪文明发展的新成果和新阶段，是传统礼仪在公共关系事务中的运用和发展，它代表着人际礼仪的发展趋向。公关礼仪是公共关系从业人员精神风貌、素质水平的集中体现。懂礼节的人进入社交场合，比不懂礼节的人显然要顺利得多，而且会受到大家的欢迎，得到更多的尊重，因此公关礼仪对于公共关系工作人员来说是一种"通行证"。

9.2.1　礼仪的含义

礼仪是人们步入文明社会的"通行证"。礼仪作为一种文化现象，最早产生于人与人之间的交往中，即礼仪产生于交际，是人们进行交际的准则和规范。礼仪是人类文明的产物，是伴随着社会的进步而逐渐形成和同步发展的。礼仪的形成和发展经历了原始社会的起源阶段、奴隶社会的形成阶段、封建社会的发展阶段、现代社会的社交礼仪等过程。这个过程是一个从无到有、从低级到高级的发展过程。人类社会发展的每一个阶段，都形成了或正在形成相应的礼仪规范。随着现代物质生活的进步和生活节奏的加快，礼仪内容越来越丰富，形式越来越简单。那么，到底什么是礼仪呢？

礼仪是人们在社会交往过程中形成并得到共同认可的各种行为规范，它是人们以一定的程序、方式来表现的律己、敬人的完整行为。对个人来讲，礼仪是一个人思想文化素质、道德素养和交际能力的外在表现；对社会来讲，礼仪是精神文明建设的重要组成部分，是一个社会文明程度、道德风尚和生活习惯的反映。因此，礼仪是人类精神文明的产物。礼仪体现了人类社会不断摆脱愚昧、野蛮和落后，逐步走向文明的程度，也是一个国家、一个民族进步、开化和兴旺的标志。

从社会学的角度来看，礼仪是一种社会规范、约束，从属于伦理道德，是人类社会为维护社会正常生活而必须遵循的基本道德行为规范。它为人们规定了在社会中的每一个特定场合所应有的行为表现，告诉人们在什么场合应该做什么，不应该做什么。从人际关系的角度来看，礼仪是人们在社会生活中用来协调人际关系的行为准则。礼仪是人际交往的润滑剂，它能化解人与人之间的矛盾和冲突，从而营造和谐的人文环境和文明氛围。

另外，在日常生活中，我们要注意区分礼仪、礼貌、礼节、仪式、仪表等这些相似的概念。只有把这些弄清楚了，我们才能更好地理解礼仪的内涵。

9.2.2 礼仪的特征

礼仪是人们在漫长的社会实践中逐步形成、演变和发展的。在漫长的发展过程中，形成了继承性、差异性、共通性、时代发展性等特征。

1. 传统性和继承性

礼仪是人们对于既往人类在长期共同生活中约定俗成的一整套社会观念和做法的传承。任何国家、任何民族的礼仪都是对古代礼仪的继承和发展，具有自己鲜明的民族特色，离开了对本国、本民族既往礼仪成果的传承和扬弃，就不可能形成当代礼仪。礼仪一旦形成便具有一定的稳定性，作为一种社会生活准则在社会发展中世代相传，是社会进步、人类文明的重要标志。例如，我国至今流传的尊师重教、孝敬父母、尊老爱幼、礼尚往来等反映民族美德的礼仪，都是从我国古代继承和发扬下来的，并且，我们还将世世代代相传，发扬光大。

2. 民族性和差异性

"十里不同风，百里不同俗。"在人类共同的历史发展中，由于种种原因，造成了不同社会、不同民族、不同地区发展的不平衡性，使不同国家、民族的生活习惯、礼仪规范差异很大，甚至截然相反。即使是同一民族，各个地区由于地理环境、社会发展程度等的不同，也会形成不同的礼仪规范。例如，在中国，点头表示同意，摇头表示不同意；而在保加利亚，摇头表示同意，点头表示不同意。如果忽视了这种差异，就会弄不懂别人的意思，达不到交往的目的，甚至会损害双方的感情。事实上，正是由于礼仪带有差异性，才使礼仪变得异常丰富多彩。

3. 普遍性和共通性

在人类历史上，礼仪始终如影随形地渗透其间。没有哪个民族、哪个国家的哪个时期，在其社会生活中没有礼仪规范。尽管礼仪的具体形式和表现内容不尽相同，但普遍存在利益这种行为准则。礼仪的内容已经渗透到生活的方方面面，从政治、经济、文化等领域，到人们的日常生活方面，礼仪活动都普遍存在。例如，大到一个国家的庆典，小到一个公司的开张庆典，均要讲究礼仪规范，遵守一定礼仪行为准则。

礼仪是人们在社会交往过程中形成并得到共同认可的行为规范。尽管不同国家、不同民族的礼仪规范具有鲜明的民族特色，且具有很大的差异性，但是，许多礼仪却是世界通用的。例如，见面时需要问候、打招呼、用一些礼貌用语。虽然不同国家、不同民族问候的礼仪方式不同，但就礼仪本身的内涵和作用来说，却具有共通性。正是由于礼仪具有共通性，才行成了国际交往礼仪。

4. 时代发展性

礼仪是随着社会的发展产生的，并随着社会的发展而发展。可以说，每一种礼仪都有其产生、形成、演变、发展的过程。某一阶段被公认的礼仪规范随着历史的发展，有的被肯定、有的被否定、有的被充实、有的被抛弃。同时，一些适应时代发展需要的新内容又补充进来，不断推陈出新，形成时代特有的礼仪规范。随着对外交流范围的扩大，各国家、各民族、各地区之间的交往日益密切，各自的礼仪也随之相互影响，相互渗透，相互取长补短，使各国、各民族的礼仪在历史传统的基础上不断被赋予新的内容。随着时代的进步，世界各国都在重视礼仪改革，总的趋势是使礼仪活动更加简洁、文明、实用。

9.2.3 礼仪的功能

礼仪是人类社会文明发展的产物，是人们进行社会交际活动的共同准则。加强礼仪教育，对于提高自身的修养和素质，促进社会精神文明建设，塑造良好形象，扩大社会交往，促进事业成功都具有十分重要的作用。礼仪的功能主要表现在以下几个方面：

1. 提高自身修养

在人际交往中，礼仪往往是衡量一个人文明程度的准绳。它不仅反映着一个人的交际技巧与应变能力，而且还反映着一个人的气质风度、阅历见识、道德情操和精神风貌。因此说，通过一个人对礼仪的运用程度，可以察知其修养的高低、文明的程度和道德水准。因此，学习礼仪，运用礼仪，有助于提高个人的修养，从而更好地维护个人形象，更好、更充分地展示个人的良好教养和优雅风度。

2. 沟通人际关系

人们参加社交活动，多为调节紧张的生活、建立友谊、交流感情、融洽关系、广结良友、增长见识、扩展信息。现代化的社会对人们的社交提出了新的要求，社会越发展，物质生活越丰富，人们社交的需要就越显示出它的价值，而此时处在社交中的每个人的仪表、仪态及对礼仪知识的了解也变得极其重要。运用礼仪，能够帮助人们规范彼此的交际活动，更好地向交际对象表达自己的尊重、敬佩、友好与善意，增进大家彼此之间的了解和信任。

3. 塑造良好形象

交际成功是与良好的形象分不开的。良好的形象是任何人、任何组织、任何国家都追求的目标，而良好形象的塑造处处都需要礼仪。无论是个人、组织，还是国家，其良好形象的塑造除了外在的硬件外，更重要的是通过内在的魅力表现出来，而这种内在魅力归根到底还是要通过人的礼仪表现出来。个人运用礼仪可以塑造良好的个人形象；组织运用礼仪，可以给客户留下良好的印象，增强组织的向心力、凝聚力；国家运用礼仪，可以在国际交往中塑造良好的国际形象。可见，讲究礼仪有助于塑造良好的交际形象。在这里，礼仪不仅起着润滑和媒介的作用，而且起着粘合和催化作用，它对于表达感情、增进了解、树立形象都是必要的。

4. 建设精神文明

世界各国各民族都十分重视交往时的礼貌礼节，把它视为一个国家和民族文明程度的重要标志。礼仪是立国的精神要素之本。在社会主义精神文明建设中，讲究礼节礼仪起着基础作用。

中华民族是具有悠久历史和优秀文化的民族。我们建设社会主义精神文明不能割断历史，对民族传统文化包括礼仪要取其精华，去其糟粕，并结合时代特点加以发展。随着我国全面建设小康社会目标的提出，对精神文明建设提出了更高的要求。只有提高中华民族整体的文明素质，才能更好地推动我国的发展。因此，提倡讲究礼仪礼节，必将有利于推动精神文明建设。

9.2.4 礼仪的原则

在公共关系工作中重视加强礼仪的运用，能够使人们自觉地遵守礼仪与交往的原则，注重仪表修饰，规范言行举止，从而有效地维护组织的形象。开展公共关系礼仪工作，应该遵循以下原则：

1. 尊重原则

尊重原则是礼仪的第一原则和最根本的原则，是礼仪的灵魂和其他一切原则的基础。所谓尊重是指在人际交往中必须以体谅、理解对方为基础，在自尊、自重、自爱的同时彼此敬重、维护对方的人格和尊严，以保持和谐愉悦的人际关系。

尊重包括自尊和尊重他人。自尊是指一个人对待自己的态度，它是自我意识的一种表现形式。一个人只有尊重自己，悦纳自己，自强不息，注意自身修养，保持自己的人格和尊严，才能赢得别人的尊重。尊重他人指的是对待他人的态度，这种态度要求承认和重视每个人的人格、感情、爱好、职业、习惯、社会价值等，并且要尊重别人的隐私。在现实社会中，你尊重别人，别人也就尊重你。正如《孟子》中所言："爱人者，人恒爱之；敬人者，人恒敬之。"人与人之间只有彼此尊重了，才能保持和谐愉快的关系。

2. 遵守原则

礼仪规范是为维护社会生活的稳定而形成和存在的，实际上是反映了人们的共同利益要求。社会上的每个成员不论身份高低、职位大小、财富多寡，都有自觉遵守、应用礼仪的义务，都要以礼仪规范自己的一言一行、一举一动。事实上，任何人如果违背了礼仪的规范，就会受到社会舆论的谴责和公众的指责，交际也难以成功。

遵守原则有多方面的要求，首先应该守法。作为现代公民，其行为一定要符合国家的法律和政策要求，自觉地接受法律的约束，在法律和政策允许的范围内活动。其次应该守规。遵守共同的礼仪规范，遵守公共秩序，遵守各项交往规则，讲究社会公德，讲究文明礼貌。再次应该守诺。"人无信，无以立"，在交往中，言必信，行必果。没有十分的把握就不要轻易许诺别人，如果许诺了别人就一定要做到，许诺做不到就会失信于人。

3. 适度原则

礼仪可以使人们接近，也可以使人们疏远，"过犹不及"说的就是不分场合的亲疏，乱用礼仪，则显得不懂教养，令人感到难以相处，弄巧成拙。

适度原则是指在人际交往中，注意各种交往情况下人际交往的距离，把握与特定环境相适应的人们之间的感情尺度、行为尺度。运用礼仪时，一定要具体情况具体分析，因人、因事、因时、因地，恰当处理。在与人交往时，既要彬彬有礼、落落大方，又不能低三下四或趾高气扬；既要热情，又不能轻浮。在与人交谈时，既要真诚友好，又不能虚伪客套；既要尊重习俗，又不能粗俗无礼。

4. 平等原则

与人交往，应该平等相待。古人云："勿以身贵而贱人。"交往者既不应该因为年长、地位高而高傲自负；也不应该因为年轻、地位低而自卑。对待交往对象必须一视同仁，给予同等程度的礼遇。不允许与交往对象因为在年龄、性别、种族、文化、职业、身份、地位、财富多少上存在差异以及与自己的亲疏关系远近等而厚此薄彼，给予不同待遇。尤其是在改革开放的今天，我们更应该对外宾和国人一视同仁，不要对外国人唯唯诺诺，而对国人却换作另一种态度，这是不礼貌的，也是不公平的。

5. 宽容原则

宽容就是要求人们既要严于律己，又要宽以待人，要多容忍他人，多体谅他人，多理解他人，学会为他人着想，善解人意，而不能求全责备，斤斤计较，过分苛求，咄咄逼人。唯有宽容才能排除人际交往中的各种障碍。在交往中，要允许他人有个人行动和独立判断的自由，对不用于己、不同于众的行为应耐心容忍，不必要求他人与自己完全一致，要尊重对方的权利和自由。法国著名思想家伏尔泰说过："我不同意你说的每句话，但是我誓死捍卫你说话的权利。"牢记这句话对我们每个人都应是终生受益的。

需要指出的是，宽容不是纵容，不是放弃原则的姑息迁就，不是做"老好人"，对于不文明、不礼貌的行为和邪恶行为不能一味讲宽容，而要有理、有利、有节地坚持说理。

6. 自律原则

礼仪的最高境界是自律，即在没有任何监管的情况下，人能自觉地按照礼仪规范约束自我，控制自我，对照自我，反省自我。对个人来说，培养礼貌修养的过程实际上是在高度自觉的前提下使自己的整体素质提高的过程。在交往中，自己首先要做到"己所不欲，勿施与人"，严于律己，宽以待人，不断提高自我约束、自我克制的能力，养成"非礼勿听，非礼勿视，非礼勿为"的自觉性，在礼仪上做到自觉自律。若是首先对自己没有要求，人前人后不一样，只求律人，不求律己，遵从礼仪就无从谈起。

9.3　日常交往礼仪

日常交往中的礼节礼仪体现着公共关系人员的修养和工作态度，如果把握得体，能够促进人们的友好往来和情感；如果把握不当，则会给人际交往带来不应有的损失，因此公共关系人员必须了解日常交往礼仪，提高自身及社会组织的整体形象。

9.3.1　见面礼仪

日常礼仪礼节，主要指一般公共场合中见面时的致意、握手、介绍等礼节。

1. 致意

在社交场合，相互见面或离别时，都要跟对方打招呼，或点头示意等，这就是致意。致意是礼貌、热情、友好的礼节。在交际场合，见到相识或不相识者，都应有礼貌地点头致意或微笑致意。若近距离时可上前握手致意；若距离较远，则可举起右手在头上轻扬几下以示打招呼。在英国等人们喜欢戴礼帽的国家或地区，见面时，戴礼帽的男子要施脱帽礼。即用手将帽子掀起一下并点点头。在和客人、朋友分手时，也在分手处望着远去的友人扬手致告别礼。向人致意时应当做到热情主动、亲切自然，并面带友善的微笑目光。有时要简单明了地打声招呼："您好"、"早上好"、"晚上好"、"欢迎您"、"再见"等。

2. 握手

在社交场合，相互见面或离别时，互相握手致意，已成了一种常见礼节。握手的礼节是：第一，握手时用右手，面带微笑，注视对方的眼睛，通过眼神来传递热情和友善，切不可目光游荡、漫不经心。第二，握手时不可用力过大和时间过长。一般是以轻握、握一下为宜。特别是男士与不熟悉的女士握手时，更要注意。若是关系亲密或久别重逢的老朋友，为表示格外高兴和热情，可双手紧握并轻轻摇动。第三，握手的顺序是：若性别相同，通常由年长的人先伸出手来；若性别不同，则要由女士先伸手；若有主客之分，由主人先伸手；若有职位高低之别，则由职位高者先伸手。若属同辈相见，则以先伸手者为有礼。第四，若多人在场，握手时不要交叉，要待别人握完后伸手。男子若戴有手套或帽子，握手时应先脱下手套、摘下帽子。军人戴军帽与对方握手前，要先行举手礼，特别强调的是，拒绝与别人握手是很不礼貌的。当然，若女士有时不愿意握手，也可微微欠身鞠躬以示礼貌；若不方便时，应谢绝握手，可说"对不起"。

3. 拥抱

在一些西方国家，人们见面时还流行相互拥抱的礼节。在正式社交场合或仪式中，礼节性的拥抱一般是两人相对而立，上身稍前倾，左臂偏下，右手扶在对方左后肩，左手扶在对方右后腰，按各自的方位，两人头部及上身先左边再右边再左边地拥抱三次。若是男女之间，这种拥抱可改为贴面颊；而男子对高贵的女宾可以亲一下手背或手指，以示尊敬。应当注意的是：是否遵循拥抱的礼节，要视具体的情况而定，不可滥用。

4. 介绍

一切社交活动都必须从相互认识开始，见面时若不认识的要进行介绍，所以，介绍便成了社交场合中相互了解的最基本方式。

介绍分为自我介绍与为他人介绍两类。进行自我介绍，传统的做法是先向对方点头致意，在得到对方积极的回应后再向对方简单介绍自己情况，包括姓名、身份、工作单位等。若对方对自己感兴趣主动提出询问，可再详细介绍自己的情况。在口头进行自我介绍时要注意态度和方式：第一，必须镇定而充满自信，不能表现出胆怯、紧张或自卑。第二，清楚地说出自己的姓名和单位，最好带点幽默感。第三，要善于用眼神去表达自己的友善和渴望与对方交往的真诚。第四，只告诉姓而不告诉名的介绍方法是不礼貌的。

目前较流行的自我介绍是递交名片。递交名片时要注意：第一，名片要放在易于掏出的地方，一伸手就能拿出来。第二，出示名片要眼光正视对方，态度真诚地把名片双手递上，以示郑重与尊重，不能用一只手像散发传单那样随意把名片抛过去。第三，把握好出示名片的时机，最好是当对方表露了与你交朋友或建立联系的心情时，你马上不失时机地掏出名片，双手递给对方。或者当大家变得比较融洽，分手时可顺手取出名片递上，自然、大方、恰到好处的做法会给人留下深刻印象。

为他人作介绍时，在正式场合应遵循的基本原则是：受到特别尊重的一方有了解的优先权。具体介绍的先后顺序应当是：先向主人介绍客人；先向长辈介绍晚辈；先向女士介绍男士；先向身份高者介绍身份低者。当双方的地位、年龄相当，性别相同时，可以先向先在场者介绍后到者。介绍时还可以简单说明介绍人与被介绍人的关系，便于新结识的人相互了解。

介绍时，除长者和女士外，一般应起立。被介绍者在自己被介绍时，要微笑点头致意。在非正式场合，介绍则不必拘于礼节，显得轻松、自然、亲切些。

9.3.2　接待礼仪

热情有礼、殷勤周到，是中国人的待客之道，也是公关从业人员接待来客的基本原则。接待时可根据对象、内容、形式等的不同，而采取不同的礼节。

1. 办公室接待礼仪

在办公室接待客人，应遵循一定的礼节。

接待室应设有专门座位给客人休息，并备有茶水、电话、电话簿、本地地图及有关单位的资料等，以备不时之需。另外，接待工作要有专人负责。负责接待的人，要注意自己的仪表、衣着、言行、风度，做到待人热情、有礼、和善、谦恭、细心。特别是在待客过程中要注意做到：第一，迎接客人到访，要起立欢迎，热情地打招呼，让座，给人以宾至如归的感觉；第二，认真细心地倾听来访者的申诉、批评、意见、建议等，切不可随意打断客人的话，也不要边接待边工作。这些都是对客人不尊重的无礼表现；第三，对客人提出的问题或要求，应逐条做出明确回答，尽量设法满足对方的合理要求。若涉及一些重大问题自己不能回答或作不了主的，要请示上级，争取给予及时而明确的答复；若一时解决不了的，要委婉地做出解释并请求谅解；第四，与客人交谈时，不要中途借故离开，也不要频频看表，以免客人误以为自己是不受欢迎的人。若确实有急事要办，可做出适当暗示，让客人自己提前告辞；也不妨向客人明说，另约商谈时间，请客人谅解；第五，客人告辞时，要等客人先起身告辞，主人才站起相送，不可倒过来。否则有逐客之嫌。送客一般是送到办公室门口；必要时可送到车站、机场或码头，并等客人进了候车室、候机室、候船室后才离开。

2. 公关活动接待礼仪

为增进外界对组织的了解，更好地推销组织形象，各部门经常精心策划包括展览会、展销会、开放参观等公关活动，这类活动更需遵循一定的礼仪礼节。

应做好充分的准备，包括从参观活动的主题、主要内容、参观路线、时间安排、宣传资料、意见簿、征询卡、安全保护到纪念品的赠送等，都要考虑周到、缜密安排。另外，接待工作也必须根据参观者的性质、层次、数量、需求等特点进行分析预测，然后做出接待规格和接待人员的安排。而在具体的接待过程中，接待人员必须注意以下的礼貌礼节：

第一，精神饱满，仪容整洁，笑脸迎人，和蔼可亲，使客人透过接待人员的表现感觉到这个企业的员工训练有素，整个企业正处在兴旺发达之中。第二，热情引领，主动介绍，解答问题耐心准确，使参观者真正认识和熟悉参观的内容，留下深刻的印象。第三，虚心听取参观者的意见和建议，若属重要的内容要随时记录下来，并表示对提意见者的衷心感谢。第四，对参观队伍中的老弱病残者要备加关怀照顾，适当给予特殊服务，包括交通、饮食、休息、医疗等方面。第五，配合参观活动准备充分的宣传品和公关礼品送给每位参观者，若参观者提出购买某些感兴趣的产品，应尽量予以满足并给予优惠。

3. 电话接待礼仪

在现代社会里，随着科学技术的发展和商品经济的发达，电话成为交往的重要形式。做好电话接待工作不仅可以提高工作效率，而且与改善组织的形象有密切联系。

电话接待的对象虽是不见面的公众，但接电话的人态度如何，是否热情有礼，是否有涵养，文化水平是否高，等等，依然会给对方留下清晰的印象，所以不能小视。

接电话时需要注意的礼节：第一，电话铃响起后，应马上去接。一般不要让铃声响过五遍才接，否则对方会觉得你办事拖拉，对工作不负责任。第二，接电话时要想到打电话的人就站在你身边，应该显得精神愉快，笑容可掬、彬彬有礼，开口就是"您好！这里是××，您找谁?"给对方一个良好印象。第三，接通电话后，应根据对方的要求负责找到要找的人听电话。不能因为对方不是找自己的而丢开不管，也不应该在询问对方的姓名后再回答对方要找的人在不在，因为这种做法很容易引起对方的误会，似乎"在"与"不在"取决于打电话的人是谁，这是很不礼貌的表现。第四，接电话时，如果对方要找的人正在开会或办其他急事而不能分身来听电话，则应向对方表示歉意，说明事实，请对方改个时间再打来，而不能简单地回答：他没空！第五，会话完了，应有礼貌地说声"再见"，并轻轻地挂上电话。如果太大力挂掉电话，会使对方产生疑虑而留下不良印象。

9.3.3 其他场合的礼仪礼节

除了以上关于日常见面礼节、接待礼节外，在其他一些社交场合还要注意以下的交往礼节。

1. 一般公共场合的交往礼节

一般公共场合的交往礼节主要应把握以下几点：

第一，穿着整洁，仪表端正，谈吐得体，举止大方。第二，出席会议、典礼等活动时，不得迟到早退，不得在"请勿抽烟"的地方抽烟，不得交头接耳，不要随便走动，对报告人的发言应主动鼓掌。第三，要用礼貌语言与人交谈，做到称呼得当，待人真诚，话语亲切，气氛融洽。第四，不要在庄重的场合叫别人的绰号或取笑别人，也不要在这种场合争吵或大声讨论问题。第五，讲究文明卫生，不要当众抠鼻子，挖耳朵，剪指甲，剔牙齿或打情骂俏，挤眉弄眼；不要随地吐痰、乱扔杂物、揩鼻涕或毫不掩饰地咳嗽。

2. 出席舞会的礼节

第一，讲究仪容打扮。一般女性可以穿裙子和高跟鞋，化淡妆并洒点香水

（不要浓妆艳抹，香水气太浓），尽量使自己显得美丽、端庄、富有魅力；男士则应西装革履，打领带，刮胡子，梳头发，尽量给人以潇洒大方，充满活力的印象。

第二，如身体不适或生病，则不应进舞场，以免影响自己休息，又会传染别人，更会破坏舞会气氛。同时，参加舞会前，不吃带有强烈刺激气味的大蒜、洋葱等食物。不要大汗淋漓或疲惫不堪地进入舞场。

第三，邀请舞伴。一般是男士邀请女士，此时男士要显得积极主动，彬彬有礼。被邀请的女士则要热情大方，爽快答应。如非特殊原因，一般不要拒绝。如果是上下级关系，不论男女，下级都要主动邀请上级跳舞。

第四，跳舞时，心地要纯洁坦荡，讲究良好的舞姿，身体保持平、直、正、稳、美。男士力戒粗鲁，动作要轻柔文雅，不宜将女士搂得过紧、过近；女士不可轻浮。在跳舞过程中如不小心碰撞了别人，要有礼貌地表示歉意。

第五，一曲终了，男士应主动对女士说声："谢谢"，女士则做出回谢的屈身下蹲的姿态，然后男士送女士回到原座位，再点头致谢离开。

第六，舞会进行时，如有什么事要找人，不能大声呼叫，也不要随便横越舞池，而要等该场舞曲结束后，才顺着舞池边绕道而行。

第七，在跳舞进行中或休息时，双方闲聊是正常的。但声音要小，不可高声说话，更不能只顾说话而影响了别人跳舞，以免影响舞会的气氛。

第八，不要在舞会上学跳舞，跳舞既是一种社交活动，也是一种美的享受。如果在舞会上才开始学跳舞，既影响自己的形象，又影响对方情绪，是不可取的。

3. 朋友同事间的交往礼节

第一，互相尊重、真诚相处。即使是朋友、同事之间非常熟悉，彼此相处时可以随便点，但必要的礼貌礼节还是需要的，尤其是不可在公开场合有意无意地损伤对方自尊，也不可做一些别人忌讳的事。

第二，主动关心对方，富有同情心。一个不关心别人的人，永远交不到真正的朋友。特别强调的是，这种关心要出于主动，方显出你的真诚与体贴。任何人都会碰到困难或不愉快的事情，在这种时候，最需要别人的同情、安慰、关心与帮助，千万不能幸灾乐祸，挖苦嘲笑，更不能落井下石。

第三，谅解与宽容。人非圣贤，孰能无过？对待犯有过错的朋友或同事，是一味揪住不放，还是予以谅解与宽容，也是衡量一个人对待友谊的尺子。人们常说："友谊和谅解比什么都重要。"但友谊并非轻易得来，它需要用热情去播种，用谅解去浇灌。另外，宽容还表现在不要强行要求别人顺从自己的脾气。

第四，知恩图报、礼尚往来。古人云："施恩图报非君子，知恩不报是小人。"从"施恩"一方来说，帮助人是应当的，也是一件乐事，不可因曾帮助过人而要从中获得什么好处。但从"受恩"一方来说，却要"知恩图报"，表示自己的敬意与谢意。那些知恩不报、甚至恩将仇报的人，是会受到人们指责或唾弃的。与朋友、同事的交往，应本着礼尚往来的原则，彼此关心、互相帮助，才能长久地友好相处。

4. 异性间的交往礼节

异性间的交往，本是很正常的事，但稍不注意，就很容易成为别人茶余饭后的话题，不可不注意。

封建时代的"男女授受不亲"，不知演出了多少人间悲剧、惨剧；资本主义社会出现的一些不顾后果的所谓"开放"行为，也为人们所不齿。所以从公共关系角度出发，注意讲究男女间交往的礼节，不但是重要的，也是必要的。特别是公关小姐常和男上司及顾客接近，更应掌握好这方面的礼节。

第一，男女交往时，穿着打扮要符合身份，合身得体，男女都不可太随便。

第二，谈话时不可靠得太近，要保持合理的空间距离。一般来说，亲密距离是 33cm。个人距离是 33～122cm，社交距离是 122～365cm。同时，公开场合的谈话要庄重、矜持，不可动手动脚，更不可模仿西方人那样当众拥抱接吻。

第三，若非谈恋爱，尽量避免在夜间一对一的交往。公关女性对工作之外男上司的单独约会应婉言谢绝。如果不是保密的需要，在屋里一对一的谈话时，要把门打开，不要把门反锁起来说话。

第四，男士要自觉遵守"女士优先"的原则，随时随地关心帮助女士；但不可随意赠送礼物给女士。女士对男士的热情要报以点头微笑以示谢意，决不可漠然视之，不睬不理，仿佛是理所当然的样子。同时，不要随便接受男士的馈赠，特别是戒指、项链之类的首饰和现钞。

第五，一般的男女交往，最好不要问对方的私人生活，包括对方的年龄、收入、佩戴的饰物价值以及婚姻状况等。

9.4 宴会礼仪

宴会是现代社会中交际应酬的一种最普遍的形式，恰到好处的宴会，会为双方的友谊增添许多色彩。公关从业人员必须具备举办宴会和出席宴会的礼仪知识，以充分利用这种交际形式为本组织建立良好的社会联系。因此，本节我们专门来学习一下关于宴会的礼仪。

9.4.1 举办宴会的礼仪

宴会既有正式宴会与非正式宴会之分，也有中式与西式之别，应根据实际情况来决定其形式。宴客之道在于缜密准备，事先做好计划，席间招呼得当，做到处处周到、事事留心，力求人人满意。一般来说，举办正式宴会更讲究礼仪礼节，主要有以下几方面。

1. 提前发出请柬

提前发出请柬，以示诚心与郑重。正式宴会的请柬，一般在宴会前三个星期发出。太早了，人家容易忘记；太迟了，对方又由于过于仓促难以安排工作而来不了。同时，请柬上必须注明：主办人、被邀请者、时间、地点、宴请种类及出席服装等。其中，确定宴会时间和地点时，要以方便一般客人能前来参加为原则。

2. 确定客人名单

在确定客人名单时，一不要有所遗漏，二不要邀请正在闹纠纷的人同时参加，三要尽可能使出席的人数为偶数，男女客人数量最好相等（或男多一些），以方便安排坐席。

3. 做好宴会前的迎接工作

作为宴会的主人，第一任务是热情待客，宴会开始前，主人要组成迎宾线（通常安排在最临近入口的地方）迎接来宾。迎宾线的人数最多不要超过6个人，人员的排列顺序，应按宴会的性质来安排。如纯属社交性质，可女前男后；如属官方或事务性聚会，则男前女后；如属机关团体的组织活动，应按职位高低从高到低排列。假如宴会的规模较大，且有众多不熟悉的人士参加，则可安排一些人站在迎宾线稍远些的地方，负责询问来宾的姓名、身份，然后清晰地报告给迎宾线前端的人，让他们有所准备做好迎宾工作。值得注意的是，主人应对所有来宾一视同仁，热情欢迎，不能厚此薄彼。

4. 席位和座次的安排

正式宴会，人数较多，一般要事前安排好客人的席位，在客人入门时即行告知；或者，在餐室内列出一个席位表，让客人对号入座。安排席位的依据，主要是礼宾次序。按照国际上的习惯，桌次高低以离主桌的位置远近而定，右高左低。席位高低以离主人的座位远近而定，也是右高左低。在席位的安排上，首先要决定上座与下座。在西式房间，上座背向壁炉，而离入口近的地方为下座。如是中式房，面朝庭院，背后为墙的是上座，背朝庭院的为下座。一般情况下，主人坐上座，然后按来宾的身份遵循右高左低的习惯依次排开。如遇主宾身份高于主人，也可为表示尊重出发，把主人和主宾的位置对调。关于男宾与女宾的席位排列，按外国习惯是间隔安排；按我国习惯则是按各人的职务、身份来考虑。如果宴会主人的夫人出席，可在请柬上也注明邀请对方夫妇出席。这时，在席位安排上，通常要根据桌次的多少和来宾的身份等考虑。除婚宴外，一般是避免夫妇坐在相邻的位置和面对面的位置。具体是：男主宾坐在女主人的右侧，女主宾坐在男主人的右侧；第二男宾坐在女主人左边，第二女宾坐在男主人左边；以下按顺序左右交叉排列。如餐桌为数张圆桌时，男女主人最好分开坐，不坐同一桌上。如宴会主人的夫人不出席，可请其他身份相当的妇女做第二主人，或者把主宾夫妇安排在主人的左右两侧。如果宴会主人是女子，则应把男主宾安排在对面的座位上。另外，桌子两端的座位尽可能由举办方的男子来坐。男女人数不等时，应尽量使男女客人穿插开落座。还有，安排桌次时，应考虑到客人的年龄、身份、兴趣、语言是否相通、关系是否融洽等因素作适当的安置。一般是把年龄相仿、身份大体相同、专业相近、语言相通的人安排在一起，而把那些意见不同、关系不那么融洽的人分开来安排。

5. 宴会席间的礼节

宴会开始后，当服务员已端上菜肴时，主人应及时请客人品尝。说声："请用菜"；或者说："来，大家起筷品尝品尝。"如果主人不首先邀请，客人一般是不好意思抢先品尝的。另外，在宴会上，如备有酒水或饮料的话，那么主人应是第一个敬酒的人，一般是在欢迎词或祝酒词后。敬酒时可依次逐一进行，如碰到一些不喝酒的客人，不要勉强，碰碰杯意思一下即可。千万注意，敬酒只是一种表达敬意的热情好客的仪式，不是喝酒比赛，不要为了制造热闹气氛而频频敬酒，弄得一些客人因喝醉了而洋相百出。

6. 欢送宾客的礼节

宴会将近结束时，主人应先行离席，并客气地对来宾说："各位慢慢吃。"然后走到门口站立，与一些已经吃完并准备离去的宾客握手告别。必须注意，主持宴会的人应把主要精力放在如何招呼客人和关照客人方面，而不能自顾自地大吃大喝。

9.4.2　赴宴的礼仪

既有宴请，必定有赴宴。作为宴会的客人，要想在宴会过程中给人留下一个好印象，不可不讲究赴宴的礼节。

第一，当接到正式请柬时，能否依时出席，要尽早答复对方。一般情况下，均要愉快地接受邀请。如因特殊情况不能出席，也应回电或回信表示感谢与歉意。尤其是你当初答应要参加宴会，但临时有急事又不能如期赴宴时，则要立即去电告知对方，并婉言道歉。

第二，出席宴会时，首先要注意仪容和穿戴，这是对主人和其他客人尊重的表示。一般是沐浴更衣，梳理头发，男士要剃须，女士要适当化妆。尽量做到仪容整洁，穿戴雅观大方。穿戴不求名贵华丽，但要合身得体。

第三，不要过早抵达宴会厅，以免给正在紧张筹办宴会的主人增加负担。最好是在宴会开始前几分钟抵达。当然，也不要迟到，迟到是对主人的不尊重。万一因故迟到了，则要向主人道歉。

第四，到达宴会地点后，要主动跟主人打招呼，自觉地服从主人的安排。见到其他客人，不管认识与否，都要笑脸相迎，点头致意。如被主人介绍给别人认识时，则要表现出高兴、亲切、随和，并主动向人问好，做到互不见外，情同一家。

第五，就座进餐时，要注意对号入座。坐定后要主动跟邻座的客人打招呼、谈话；当主人敬酒时，要起身回敬；吃东西要文雅，不要放纵食欲。好东西要让老人、女士先尝；对美味可口的佳肴要适当赞扬，并对服务员说上几句表示感谢或表扬的话。

第六，喝酒要适度。一般以本人平时酒量的 $1/3$ 为适。不要求一时高兴，强迫别人喝酒。如果发现有人喝醉了，要协助主人把他照顾好。一旦被喝醉酒的人无意损伤了自己的尊严，要采取谅解克制的态度。

第七，注意进餐速度。既不要个人"埋头苦干"，自己匆匆吃完；也不要不顾同桌的人已经吃完，自己仍在慢悠悠地吃。这都是不礼貌的表现。

第八，宴会进行中要注意文明礼貌，一切言行举止均要中规中矩。比如，要遵守"女士优先"的原则。主动帮邻座的女士搬开椅子、夹菜、斟饮料等。不要当众解开衣扣和脱衣服，如要脱衣服时可到洗手间，一般不要中途离座，万不得已时应向邻座说明："对不起，我要离开一下。"并把餐巾留在坐椅上，等等。

第九，宴会上不可高声谈笑；应与更多的人交谈；不可在席上对某人评头品足；也不要说那些与宴会主题无关的无聊事。

第十，用餐完毕。要等主人宣布散席方可轻轻离位。在离去前要向主人道谢和握手告别。

总之，赴宴期间的礼节，要遵循三原则：第一，不要在众人面前出洋相；第二，避免给他人不愉快的感觉；第三，吃饭不是目的，关键是在吃饭的过程中推销自己的形象。

9.5　涉外交际礼仪

随着我国对外开放的扩大，我国与世界各国的联系越来越密切，交往越来越频繁，了解和熟悉涉外礼仪知识也就变得越来越迫切。涉外礼仪是指人们在对外交往中，用以维护自身和本国的形象，向交往对象表示尊重和友好的各种惯用形式，以及举行各种活动和庆典仪式的规范。我们要掌握每个国家的礼节习惯，以便处理好与各民族、各国的关系。

9.5.1　涉外交际的原则

在涉外交往中，为了维护自身和本国的形象，进一步促进世界各国之间的文化和经济交流，我们应遵循以下几个原则：

1. 相互尊重原则

在对外交往中，首要的一点就是要相互尊重。不论对方国家、民族的大小，企业实力强弱，或者宗教、法律、风俗习惯等是否与我们相同，都不能歧视对方，要做到在人格上平等相待，尤其要注意尊重对方的隐私。一般而言，收入、年龄、婚姻、家庭住址、个人经历、政治信仰等方面均属于个人隐私。在涉外交往中，尽量避免与对方谈及此类问题。相互尊重的另一个重要方面就是自尊。只有自尊才能获得对方对你个人、组织、甚至国家的尊重，才能谈得上真诚合作、平等合作。

2. 求同存异原则

世界各国的礼仪与习俗都存在一定程度的差异性，重要的是要了解这种差异，要遵守求同存异原则。在涉外交往中，对于中外习俗及礼仪的差异性，首先应当予以承认，其次是要了解，要尊重。所谓求同存异是指在涉外交往中为了减少麻烦，避免误会而采取的最为可行的做法，既对交往对象所在国的礼仪与习俗有所了解并予以尊重，又要对于国际上所通行的礼仪惯例认真地加以遵守。

3. 维护形象原则

在国际交往中，人们普遍对交往对象的个人形象备加关注，并且都十分重视遵照规范的、得体的方式塑造、维护自己的个人形象。在涉外交往中，每个人都必须时时刻刻注意维护自身形象，特别是要注意自己在正式场合留给初次见面的外国友人的第一印象。

4. 入乡随俗原则

入乡随俗是涉外礼仪的基本原则之一。它的含义主要是：在涉外交往中，要真正做到尊重交往对象，首先就必须尊重对方所独有的风俗习惯。世界上的各个国家、各个地区、各个民族，在其历史发展的具体进程中，形成各自的宗教、语言、文化、习俗，并且存在不同程度的差异。在涉外交往中注意尊重外国友人所特有的习俗，容易增进双方的理解和沟通，有助于更好地、恰如其分地表达友善之意。

5. 不卑不亢原则

这是涉外交往的一项基本原则。在涉外交往中，人们对待外国友人要热情大方，亲切自然。但要注意，热情大方并不是要崇洋媚外，而是要不卑不亢。每一个人在参与国际交往时，都必须意识到自己代表着自己的国家，代表着自己的民族，代表着自己的单位。因此，其言行应当从容得体，堂堂正正，既不应畏惧自卑，要以自尊、自重、自爱和自信为基础，表现的坦诚乐观、豁达开朗、从容不迫、落落大方；也不应高傲自大、盛气凌人、孤芳自赏。

9.5.2 涉外交际中的主要礼仪

在涉外交往中，必须重视交往对象的特殊性，努力掌握一些最基本的涉外礼仪。

1. 称呼

在涉外交往中，一般对男子称先生，对女子称女士、夫人或小姐。已婚女子称夫人，未婚女子称小姐，对婚姻状况不明的女子称女士或小姐。此外，在交往中还可以根据不同身份来称呼。对于地位较高的官方人士可称为"阁下"，例如，部长阁下、总统阁下、大使先生阁下等。对于军人一般称军衔，例如，斯密斯少校、上尉先生等。对于一些和我国有同志相称的国家人员可称为同志，例如，主席同志、委员长同志等。

2. 涉外迎送

迎送是涉外交往中最常见的礼仪，也是对不同身份外宾表示相应尊重的重要仪式。它对外宾留下良好的第一印象，加深双方的友谊与合作，都发挥着重要的作用。首先要依据来访者的身份、访问的性质和目的来确定迎送规格。同时要适当考虑两国之间的关系，注意国际惯例，综合平衡。其次要成立接待班子来履行接待任务。再次要做好接待的充分准备，接待班子要收集一些关于来访者的资料，拟定接待方案，掌握好来访者到达的时间，一般还需要赠送鲜花等。

3. 会见会谈

会见和会谈是涉外交往活动的重要方式。会见，国际上统称为接见或拜会。凡身份高的人士会见身份低的人士，主人会见客人，通称为接见或召见；凡身份低的人士会见身份高的人士，客人会见主人，通称为拜会或拜见。接见和拜会后回访，通称为回拜。会谈是指双方或多方就某些重大的政治、经济、科技、文化、军事、宗教等问题交换意见，洽谈协商。会谈一般专业性、政策性较强，形式比较正规。会见多是礼节性的，而会谈多为解决实质性问题。

4. 参观游览

涉外参观游览，是指外国客人在访问或游览期间对一些风景名胜、单位设施等进行实地游览、观看和欣赏。首先应根据来访者的身份和目的选定游览项目。在参观游览项目确定后，应制订详细的活动计划和日程。其次要陪同参观，并在参观游览过程中进行解说介绍。再次要安排好乘车和用餐等具体事宜。

5. 国旗悬挂

国旗是国家的一种标志，是国家的象征。悬挂国旗是一种外交礼遇与外交特权。人们往往通过悬挂国旗，表示对本国的热爱和他国的尊重。当然，一般是在一些正式的和重要的场合下才悬挂国旗。在涉外交往中悬挂国旗时，依然讲究"以右为上"。具体来讲，悬挂两国国旗时，应以居右者为客方，以居左者为主方。悬挂多国国旗时，应以各国国名的英文字母为序，自右向左依次排列。

9.5.3 涉外交际中的禁忌

涉外交际中的禁忌主要有数字禁忌、询问禁忌、颜色禁忌、馈赠禁忌、行为禁忌等。

1. 数字禁忌

数字"13"的禁忌在西方广为流行，特别是在信仰天主教的国家，人们忌讳"13"和"星期五"这些数字，所以，在接待类似这些国家和地区的外宾时，要避免把他们安排在带有"13"字号的街道、楼层、房号等，同时，也不要选择十三日和星期五举行活动。

在日本和韩国，人们特别忌讳"4"，"4"被认为是不吉祥的数字。他们出门旅行时，若车票、机票、船票上出现"4"字，心里就会深感不快。在吃东西时，也不会点 4 盘菜，吃 4 碗饭，喝 4 杯酒；更不想在带数字"4"的地方居住。

2. 询问禁忌

在西方社交中，人们在交往中是禁忌别人问及有关个人隐私或其他不愿让人知道的事情的。一般来说，涉外交往中有"七不问"，即：不问对方的年龄，特别是对女性更是如此。不问对方是否已结婚，因为对西方人来说，婚姻问题纯属个人隐私，别人是不能过问的，否则是不礼貌的。不问对方的收入情况，因为它与个人的能力地位有关，即涉及个人的面子问题。不问对方的地址，西方人一般不喜欢别人到家里来做客。不问对方的人生经历，因为西方人视个人经历为底牌，不肯轻易让别人知道。不问对方干什么工作，因为它也与个人的能力地位有关。不问对方的信仰如何。

中国人在遇到熟人时往往会问"您上哪里去？""您吃过饭了没有？""您今天有何贵干？"等。这本来是很普通的礼节性问候，是无特别的意思的。但对于一些外国人来说，他们会认为说这些话的人是别有用意的，甚至会认为这是干涉别人的自由，是不礼貌的。

3. 颜色禁忌

世界上有不少地方，人们对色彩的想象力很强，认为某颜色显示吉祥，某颜色代表邪恶与不祥，等等。所以，在涉外交往中，要注意颜色禁忌。比如：欧美的许多国家忌黑色，视黑色为丧葬之色。英国人忌讳绿色，认为绿色含有阴晦的意思。德国人忌用黑色、白色或咖啡色的包装。法国人厌恶红色，认为是专横的象征。比利时人忌蓝色，视蓝色为不吉利。意大利人忌紫色，视紫色为不祥。在非洲，埃及人忌讳黑色与黄色，视之为不幸、丧葬之色。在巴西，人们忌棕黄色，以为凶丧之色。在乌拉圭，人们忌讳青色，认为青色是黑暗的前兆。在日本，人们认为绿色象征不祥。

4. 馈赠禁忌

在社会交往中，出于礼貌和表示友好，相互赠送礼物是人之常情。然而，赠送礼物也是很有学问的，如处理不当，效果适得其反，所以不得不注意。比如：

如果法国人宴请你，赴宴时千万不能送菊花。因为在法国，菊花是用于葬礼的。另外，在法国不能随便向法国女士赠送香水，否则会被认为是有不轨企图。

在德国，玫瑰花是专为情人准备的，不能随便送给客人。同时，德国人很注重形式，追求完善完美，所以，送礼给德国人，不但要适当，而且包装方面要力求尽善尽美。

在前苏联，人们认为黄色的蔷薇花意味着绝交和不吉利，所以若是给这些地方的人送花时，绝不能送黄色的蔷薇花。

在拉丁美洲，不能赠送与刀剑有关的礼品。因为在拉美人眼中，赠送刀剑就意味着要割断彼此的联系。

在中南美一带国家，不能将手帕送给对方，因为它意味着"让人流眼泪"；也不能在喜庆之时赠送紫色的鲜花，因为它预示着不吉祥。

非洲人则认为仙鹤是凶鸟，因此向非洲人赠送礼品时不能带有仙鹤的图案。

在日本，人们认为狐狸是贪婪的象征，獾则代表狡诈，所以给日本人送礼时不要送装饰着狐和獾的礼品。另外，若是给日本朋友送鲜花，也不要送菊花，因为菊花被认为是日本皇室专用的，一般平民百姓不宜接受菊花。即使是能送菊花，也只能送有 15 个花瓣的，因为只有皇室的帽徽上才有 16 个花瓣的菊花。

5. 行为禁忌

法国人在见面时喜欢吻礼，即相互吻口唇，但不准在男女之间行吻礼（夫妻、情人等除外）。如果男子对女性尊长或贵妇人、小姐等表示礼貌，可吻其手指或手背。与东南亚国家的外宾相处，交谈时不要跷着二郎腿摇来摇去，这是非常不礼貌的表现。在印度、印度尼西亚、马里以及阿拉伯等国家，是不能用左手与他人接触的，也不能用左手传接东西，必须用右手。在佛教国家和地区，不能随便去摸小孩的头顶。

在使用筷子进食的东方国家，用餐时使用筷子要注意，不能用一双筷子来回传递，也不能把筷子插在饭碗中间。如在日本人家里做客，使用筷子时更要特别注意，因为日本人使用筷子有许多禁忌。一忌跨筷：用筷子架在碗碟上面；二忌迷筷：手持筷子在餐桌上游寻，拿不定主意吃哪种菜；三忌移筷：动了一个菜后不吃，又接着夹另一个菜；四忌插筷：用筷子插着夹菜吃；五忌淘筷：用筷子从菜当中扒弄着吃；六忌舔筷：用舌头舔筷子；七忌剔筷：把筷子当牙签剔牙，等等。

6. 其他禁忌

在西方，社交场合要特别注意尊重老人和妇女。无论是进出商店，上下楼梯，乘坐电梯或车辆，都要礼让老人和妇女，并主动予以照顾，如违反这种规矩，将受到人们的谴责。

参加各种活动，应严格遵守时间，不得失约。失约是一种不尊重对方的表现。

在进入外宾办公室或住所时。要先按门铃或轻轻敲门，经允许后方可入内。未经主人同意，不得在对方的住所内随意走动。同时，如要到别人那里作客，应预先约定，不要作不速之客。

在和外国人打交道时，当他们赞扬或夸奖你时，你应该大方地接受并致谢，千万别故作谦虚地拒绝，不然会使对方难堪，是不礼貌的。

若和英国人谈判，要注意"四忌"：一不能称他们是"英国人"，而应称"大不列颠人"；二不能谈论英国皇家的事情，更不能把它作为笑料；三不能谈及个人私事；四不要系条纹领带。

和英国人做生意，忌用人物肖像作商标图案；和法国人做生意，忌用桃花作商标图案；和意大利人做生意，忌用菊花作商标图案；和澳大利亚人做生意，忌用袋鼠和树熊作商标图案。

以上的种种禁忌，虽然纯属风俗习惯的问题，并不是什么是非问题。但本着"外事无小事"、"公益无小事"的原则，我们在涉外交往时，还是要时时注意，处处留心，尽量把各方面的工作办好。如有不懂的地方，要虚心请教别人，千万不可自以为是，靠想当然地处理一些问题。否则，轻者容易闹出笑话，重者还会影响彼此的关系。所以，禁忌问题不得不慎重。

本章小结

交际是人们不可或缺的社会行为，是人类社会常见的社会现象。可以说，自从有了人类，就有交际。所谓交际，是指社会生活中人与人之间的来往应酬。通过人与人之间的互相接触、互通信息、交流思想、沟通感情，进而达到相互了解、增进友情、建立友谊的目的。

人际交往的内容、形态、方式按照不同的标准，可以分成若干类型。根据与交往对象的关系，可以把人际交往分为血缘、地缘、业缘和异性人际交往；根据交往规模，可以把人际交往分为个人与个人、个人与群体、个人与组织、群体与群体、群体与组织、组织与组织间的交往；根据交往的正式程度，可以分为正式交往和非正式交往等。

人际交往作为人类社会的文化现象，具有互动性、特定的目的性、交往的社会性和目的性等特征。在人际交往中，必须遵守一些基本的原则：尊重他人原则、平等原则、真诚原则、信用原则、互惠原则、宽容原则。

礼仪是人们在社会交往过程中形成并得到共同认可的各种行为规范，它是人们以一定的程序、方式来表现的律己、敬人的完整行为。礼仪是人们在漫长的社会实践中逐步形成、演变和发展的。在漫长的发展过程中，形成了传统性和继承性、民族性和差异性、普遍性和共通性、时代发展性等特征。

礼仪是人类社会文明发展的产物，是人们进行社会交际活动的共同准则。礼仪具有提高自身修养、沟通人际关系、塑造良好形象、建设精神文明的作用。同时，礼仪也必须遵守一定的原则：尊重原则、遵守原则、适度原则、平等原则、宽容原则、自律原则。

日常交往的礼仪主要有见面礼仪、接待礼仪以及其他场合的礼仪礼节。见面礼仪主要包括致意、握手、拥抱、介绍等。接待礼仪主要包括办公室接待礼仪、公关活动接待礼仪、电话接待礼仪等。其他场合的礼仪礼节主要包括一般公共场合的交往礼节、出席舞会的礼节、朋友同事间的礼节以及异性间的交往礼节等。

宴会是现代社会中交际应酬的一种最普遍的形式。公关从业人员必须具备举办宴会和出席宴会的礼仪知识，以充分利用这种交际形式为本组织建立良好的社会联系。

涉外礼仪是指人们在对外交往中，用以维护自身和本国的形象，向交往对象表示尊重和友好的各种惯用形式，以及举行各种活动和庆典仪式的规范。在涉外交往中，我们应主要遵循以下原则：相互尊重原则、求同存异原则、维护形象原则、入乡随俗原则、不卑不亢原则。同时我们还要注意涉外交往中的一些基本的礼仪礼节和一些国家、民族的禁忌。

关键术语

交际　　礼仪　　日常礼仪　　涉外礼仪

思考题

1. 交际与礼仪的内涵是什么？
2. 交际与礼仪的特征和原则是什么？
3. 礼仪的功能是什么？
4. 日常交往中的礼仪有哪些？在交往中应该注意什么？
5. 宴会礼仪包括哪些？
6. 涉外礼仪的原则、内容和禁忌有哪些？

案例分析

"丽媛风" 彰显大国形象

习近平主席出访俄罗斯、南非等四国，随行的夫人彭丽媛引发国内外媒体广泛关注。从俄罗斯之行走出机舱门的惊艳亮相，再到之后的端庄优雅民族风着装，无不彰显魅力。不仅如此，彭丽媛亲和温婉的形象更是赢得国际媒体一片赞誉，他们认为，彭丽媛此行标志着中国开始熟练使用国际语言来展现软实力外交。

上海外国语大学公关与外事研究院研究员胡传荣认为，在国际舞台上，第一夫人带来的效果是增光添彩的。当彭丽媛以母亲的口吻说"代表中国母亲"看望孩子们时，就让人感到非常亲切，展现了一种慈爱的形象，中国作为一个负责任大国的形象一下就显现出来。

中国人民大学国际关系学院副院长金灿荣认为，第一夫人出访展现比较柔性的一面，会关注孩子、环境、贫困等方面问题，这次彭丽媛探望了一些学校和孩子。金灿荣还强调，中国"第一夫人"在国际舞台参与公益事业，既是潮流，更是社会需要，不是跟风，而是世界期待的。如果"第一夫人"能多参与公益事业，通过其影响力，就能推动社会关注。

国内外媒体普遍认为，彭丽媛此次随行出访提升了中国的软实力。"软实力"主要指一国对其他国家的吸引力和感染力，是一种能抓住民心的力量。彭丽媛的着装和赠送的国礼，能让人更多看到中国的悠久文化，也让人希望去了解中国文化和传统，促进了中国文化的对外传播。

评析：出访中的"软外交"

机场红毯秀、国宴觥筹间……陪伴在各国首脑边的"第一夫人"们正受到公众越来越多的关注，她们的言行举止、衣着品位甚至一颦一笑都成为媒体追逐和公众评判的焦点。聪明的"第一夫人"们也正在运用这种特别的影响力向外界展示自己所代表的国家与文化。

角色：与专业、爱好有关。根据个人的专业背景、业余爱好差异，"第一夫人"们在首脑出访中扮演的角色各不同。一些第一夫人在首脑出访中的作用体现出较专业的色彩，如前往医院、学校；另一些"第一夫人"的形象则更加亲和，表达了对东道国文化的尊重，如前往餐馆、博物馆，以突出女性魅力和感召力；还有一些会参加一些文艺表演等。

衣着：出访穿着无定规。因为性别原因，公众对"第一夫人"衣着的观察总比对她们丈夫的更细致。实际上，"第一夫人"出访着装，国际上并无统一的外交惯例可遵循。据外交部网站礼宾知识介绍，在我国的外交活动中，女性按季节与活动性质的不同可穿西装（下身为西裤或裙）、民族服装、中式上衣配长裙或长裤、旗袍或连衣裙等。夏季也可穿长、短袖衫配裙子或长裤。其中还特别提到，在交通工具上可以着便装，但在下机、下车以后，有迎送仪式，则应考虑更换服装。

作用：提升国家软实力。"第一夫人"更为柔和的外交方式能够更好地中和外交中首脑们严肃的形象，好的"夫人外交"能够有效提升国家的软实力。在一些国家，"第一夫人"承担外交职能的情形甚至已出现制度化的特征。

（资料来源：http：//people. pedaily. cn/201304/20130402345786_ 4. shtml）

思考：
礼仪对于提高国家形象起着什么作用？

第 10 章　公共关系专题活动

在公共关系工作中，专题活动是综合运用公共关系理论和公共关系操作技术的专项公共关系实践，是社会组织与广大公众进行沟通、塑造自身良好形象的有效途径。社会组织在谋求生存和发展的过程中，为了使公众了解本组织的情况，与公众在交流中建立起信任关系，提高声誉，有目的地开展各种专题活动。这种活动对于增强公众对组织的直观印象，奠定沟通基础，具有重要作用。

10.1　公共关系专题活动概述

社会组织要实现预定的公共关系目标，经常要举办多种多样的专题活动，以配合整体公共关系策略的实施。有计划、有步骤地策划公共关系专题活动，是公共关系人员必须具备的一项基本素质。

10.1.1　公共关系专题活动及基本特征

公共关系专题活动是一种常见的公关活动。它是组织以公共关系为主题，有计划、有步骤开展的各种具有特定目的和内容的社会活动。它是社会组织与广大公众进行沟通、塑造自身良好形象的有效途径。公共关系的目标正是通过一系列的专题活动而实现的。

公关专题活动有别于一般日常的公共关系活动，它是针对

特定主题开展的活动,具有以下特征:

鲜明的目的性。公共关系专题活动是社会组织根据特殊需要而举办的,具有明确的主题,活动的目标鲜明,针对性很强。

较强的感染力。公共关系专题活动使特定的公众对象耳闻目睹组织的情况,或与组织直接进行沟通。这种亲身体验能使公众留下深刻的印象,具有较强的感染力。

广泛的传播性。公关专题活动有众多公众参与,会产生强烈的社会震撼,加上大众传播媒介的宣传,其影响力就更大,具有广泛的社会传播性。

方式的灵活性。公共关系专题活动方式和内容很多,有赞助活动、庆典活动、展览活动等。活动规模可随需要而定,在活动举行过程中还可随时做出一些调整,以求更好地达到目的。

严密的操作性。专题活动牵涉的社会因素很多。组织公关专题活动需要做好各项准备工作,操作管理极为严密,稍有疏忽,都会导致难以预料的后果。管理学中的名言"细节决定成败"用在专题活动的操作上是恰到好处的。

10.1.2 公关专题活动的策划原则

一个成功的公关专题活动策划要遵循以下基本原则:

1. 社会性原则

任何公关活动都存在于社会之中、受社会因素制约,并可能反过来影响社会。策划公关专题活动首先要遵循社会性原则,即符合社会综合因素的要求,包括:社会政策的要求、社会潮流热点的要求、社会传统习惯的要求,以及社会伦理道德的要求。现在一些新兴的公关活动方式如绿色公关、文化公关、网络公关等,都是在社会发展的基础上,顺应时代潮流而产生的。这就是公关活动社会性的体现。

2. 科学性原则

科学性原则要求策划者充分运用现代科学技术成就,包括自然科学和社会科学的研究成果,运用现代科学的思维方法、技术、设备,策划和实施公关专题活动。计算机科学技术的普及促使了网络公关的诞生。现在很多自然科学的成果,已被迅速应用到社会科学领域。现代科技产品,如大屏幕电视广告、投影机、幻灯机、先进的摄录器材、印刷技术等,大量应用于社会科学领域。现代公关活动策划，要反映时代气息，离不开自然科学成果的应用。

3. 实效性原则

对于公关专题活动而言，讲求实效具有重要的意义。社会公关活动，也讲求实效，如赞助活动的开展是否提升了组织的形象；庆典活动的实施是否扩大了组织的知名度；新闻发布会的召开是否起到了信息传递的效果；公关谈判是否达到了预期的目标等。

4. 创新性与可操作性相结合的原则

创新是公关活动策划的生命。但是一个有新意的策划方案，可能会受到诸多因素的制约而难以实施，所以策划必须要有创新性，要有可操作性。

10.2　几种主要的公共关系专题活动

公共关系专题活动的种类很多，常见的有赞助活动、庆典活动、展览会、新闻发布会、参观活动、联谊活动、公关谈判等。下面着重介绍几种常见的公共关系专题活动方式和基本技巧。

10.2.1　赞助活动

举行赞助活动是一个组织搞好与政府或社区的关系，提高自身的知名度和美誉度的最为有效的方式之一。

1. 赞助活动的含义和作用

赞助活动是社会组织通过无偿提供资金、产品、设备和免费服务等形式，支持某项社会事业或社会活动，以获得一定形象传播效益的公共关系专题活动。

组织通过赞助，兴办文化、体育、社会福利事业和市政建设等向社会公示其承担的责任和义务，以扩大组织影响，提高组织知名度和美誉度。

赞助活动由于其独特的效果被越来越多的社会组织所认可并广泛应用。其作用有：

（1）增强广告的说服力和影响力。通过赞助活动来做广告，一方面可以通过赞助活动作为广告宣传的载体，在公众获益的过程中产生对组织的好感和心理倾向；另一方面可以通过赞助所获得的"冠名权"和优先宣传提高广告的效果。2008年北京奥运会"金六福酒"赞助奥运庆功，"李宁服饰"赞助奥运领奖，"柯达胶卷"为运动留下永恒的记忆等，这些赞助活动都进一步增强了品牌广告的宣传效果。

（2）提高知名度，完善组织的社会形象。社会组织在发展过程中，除了盈利外，还必须自觉履行一定社会责任和社会义务，为社会贡献一份力量。同时，也可以借此得到政府和社区的支持，获得生存和发展的可靠保障，从而有效树立社会组织关心社会公益慈善事业的良好形象。如社会组织赞助有关部门共同修建一所敬老院，照顾孤寡老人，并派员工定期看望他们，节假日组织慰问活动，那么公众就容易被社会组织热心公益事业的行为所打动，扩大社会组织在公众中的影响。

（3）培养与目标公众的情感关系。社会组织举办主题内容一致、与目标公众密切相关的赞助活动，能够有效培养社会组织同目标公众的情感，增进彼此之间的友谊，加强双方联系，使公众在内心深处认同社会组织，自觉地成为社会组织的顺意公众。如浙江淑江市东港公司专门设立"资助博士生基金"，和青年知识分子培养了良好的感情，吸引了许多高层次的人才前去就职，献计出力，使东港公司获得了很大的经济效益。

2. 赞助活动的类型

赞助活动的形式多种多样，涉及范围广泛，主要有以下几种类型：

（1）赞助体育活动。这是最常见的一种赞助形式，通过赞助体育活动，扩大组织知名度和美誉度，增强自身的广告效果。由于体育比赛活动拥有众多的观众，而且往往是新闻媒介热衷报道的对象，对公众的吸引力大，因此，社会组织常赞助体育运动。赞助体育运动常见的形式有：赞助体育训练经费或物品、赞助体育竞赛活动、设立体育竞赛奖励项目、对"运动队"冠名等。

例如鸿星尔克2004年赞助第五届全国农运会江西代表队，成为其指定产品，取得了良好的社会效应。

奥运会是举世瞩目的体坛盛会。日本富士胶卷公司出资700万美元，成为第22届奥运会的指定胶片后，富士公司在美国的市场占有率立刻从5%上升到10%，而胶片在美国的销量也增加1%。这就意味着公司每年收入增加1 000万美元。随着电视实况在世界各地的转播，"富士"胶卷天下皆知，这种世界性广告所带来的经济效益是其他形式广告都无法比拟的。

可口可乐可谓奥运会赞助商中的元老。自从 1928 年首次赞助阿姆斯特丹奥运会后，可口可乐便与这一体育盛会结下了不解之缘。到 2008 年北京奥运会，可口可乐已经具有 80 多年的奥运赞助历史。"畅想奥运点燃神州"是可口可乐北京奥运会的赞助口号。这一口号在益普索奥运赞助企业奥运口号赞助认知调查中位居第四，认知率为 65%。第一位是青岛啤酒的"激情成就梦想"，认知率为 75%，第二位是中国网通的"网络沟通世界，宽带成就梦想"，认知率为 71%，第三位是海尔的"2008 我们是奥运的主人"，认知率为 66%。

（2）赞助文化活动。社会组织积极赞助文化生活、丰富公众的生活内容，不仅可以增进社会组织与公众的深厚感情，而且可以提高社会组织的文化品位和知名度。赞助文化生活的方式主要有：赞助拍摄与社会组织有关的影视片，资助文艺演出队伍，赞助文化演出活动等。无论是对文化活动本身的赞助，还是对文化艺术团体的赞助，都是繁荣和发展文化事业，树立良好组织形象的有效形式。

2008 年国家大剧院宣布，他们将联合国内七大交响乐团，推出"周末交响音乐会"，票价仅为 40 元，国家大剧院的"艺术之友"会员，更是可以享受 10 元票价。当时，国内高票价盛行，一张演出票动辄要卖数千元。国内剧院"领头羊"国家大剧院此举，不啻一声惊雷，炸响演出市场。他们能以低价推出"周末音乐会"，原因在于奔驰的赞助。正是由于奔驰对文化事业的赞助，普通市民才能享受到这场艺术的盛宴。

（3）赞助教育事业。社会组织自觉地赞助文化教育事业，既可以促进教育事业的发展，又可以为社会组织树立一种关心社会教育事业的良好形象。其形式有：设立奖学金、成立基金会、捐赠图书设备、出资修建教学科研楼馆、赞助科研项目等。

宝洁投入巨资启动"春蕾计划"，支持中国少年儿童的教育工程，这是典型的对教育事业的赞助。

香港企业家霍英东、李嘉诚、邵逸夫、曾宪梓等先后捐资设立各种教育奖励基金，支助国内教育事业的发展。这些赞助活动极大地提高了这些企业家的社会知名度。不少外资企业也纷纷把赞助目光投向了大学校园，选择大学生作为赞助对象，既获得了支持教育事业的好名声，又为自己日后选拔人才奠定了基础。松下、西门子、索尼、杜邦、奔驰、摩托罗拉等大公司纷纷派出了公共关系部的得力干将"登陆"中国高校。

（4）赞助慈善、公益事业。慈善公益赞助既是表现组织社会责任的最好方式，也是赢得政府认同、打造组织品牌影响力的有效途径。它是一种社会受益、组织有利的双赢行为，是组织与公众建立良好关系，赢得美誉度的重要方式。

例如，"非典"期间许多国家和组织捐赠了医药物资和资金；汶川大地震后，很多社会组织纷纷慷慨解囊，捐献生活用品和资金等。社会组织出资参加市政公共建设，如修建马路、天桥、公园、路标等，一方面可以为政府减轻建设压力，赢得政府公众的信赖；另一方面又能为广大市民公众带来方便，赢得市民公众的称赞。

（5）赞助纪念活动。赞助重大事件和重要人物的纪念活动，可以树立组织的独特形象，体现组织的文化内涵。如：新中国成立周年纪念、大型社会经济成就展览、历史伟人的事迹展览和纪念活动等。2005 年是安徒生诞辰 200 周年，丹麦政府以丹麦女王玛格丽特二世作为赞助人，主办了"2005 汉斯·克里斯蒂安·安徒生年"纪念活动。这项活动从 2005 年 4 月 2 日（安徒生出生日）起至 12 月 6 日止，吸引了包括中国在内的 135 个国家加入这一丹麦有史以来最为盛大的全球庆典。

另外，赞助活动还常体现在一些特殊领域，如赞助学术理论研究活动和学术著作的出版、赞助生态资源保护和文物古迹的开放、赞助宣传用品的制作、赞助建立某一职业奖励基金、赞助社会培训、赞助各种展览和竞赛活动等。

总之，举办赞助的形式很多，公关人员应善于设计出各种新颖的赞助形式，树立组织良好的社会形象。

3. 赞助活动的基本原则

在实际操作的过程中，社会组织的赞助活动必须遵循以下基本原则：

（1）社会效益原则。社会组织开展赞助活动的目的是树立良好的社会形象，表明社会组织积极承担社会责任和义务。因此，开展赞助活动必须着眼于社会效益，以获得公众的好感。一般来说，社会组织要优先赞助社会慈善事业、福利事业、公共市政建设以及文化教育活动。

（2）合法原则。合法原则是开展赞助活动的基本要求。主要有两方面的含义：第一，赞助的对象要合法，即遵守法律道德要求，符合社会利益和公众利益。要坚持原则，严格按条件办理，杜绝人情赞助等不正之风。第二，赞助的方式要合法，即严格遵守政策法规。违背政策法规，利用赞助搞不正之风，只会破坏组织的社会形象。

（3）实力原则。社会组织开展赞助活动应当考虑组织的经济承受能力，考虑赞助费用是否合理、适当，要量力而行，避免做力不从心的事情，盲目追求所谓的轰动效应。

（4）新颖原则。赞助活动尽量新颖独特。一般来说，凡是符合社会及公众利益的赞助活动，都会引起社会各界特别是新闻界的关注。如果能够以新鲜、别致的方式实施赞助，效果会更好。

4. 赞助活动的基本步骤

赞助活动是一种技术性很强的公共关系专题活动。一次完整的、成功的赞助活动，需要做好以下工作：

（1）赞助选择与研究。赞助活动开始之前要研究开展赞助活动的必要性和重要性，选择最能达到赞助目的的活动方式。

（2）制定赞助计划。组织要在赞助研究基础上制定赞助计划。赞助计划的内容应该具体、翔实，对赞助的目的、对象、形式、费用预算、具体实施方案等都有所安排。

每次赞助活动都有它的目的。如追求新闻效应，扩大社会影响；增强广告效果，提高经济效益；联络公众感情，改善社会关系；提高社会效益，树立良好形象。

社会组织可以主动选择赞助对象，也可以请求确定赞助对象。不论是什么情况，都要以组织自身的发展战略和公共关系目标为依据。

（3）赞助项目的评估与审核。每一次赞助活动，都应由组织的高层领导或赞助委员会对提案和计划进行逐项的审核评定，确定其可行性、具体赞助方式、款额和时机。

（4）赞助实施。经过准备环节，赞助机构派出专门公关人员负责落实赞助事宜，与受赞助组织联系。在实施的过程中，公关人员应该充分运用各种有效公共关系技巧，扩大其对社会的影响；同时，应采用广告和新闻传播等手段，辅助赞助活动，使赞助活动的效益达到峰值。

（5）赞助效果检测。赞助活动结束后，组织应该进行效果检测。调查收集各个方面如公众、新闻媒介、受赞助组织对此赞助的看法和评论，看是否达到预定的计划，与评估的内容是否相符，完成了或达到了哪些预定指标，还有哪些差距，并把这些写成总结，归档储存，为以后的赞助研究提供参考。

10.2.2 庆典活动

庆典活动一般有开幕庆典、闭幕庆典、周年庆典和节庆活动。

1. 庆典活动的含义

庆典活动是隆重的大型庆祝典礼活动，是组织围绕重要节日或自身重大的、值得纪念的事件而举行的庆祝活动。如开幕典礼、奠基典礼、节庆、周年纪念等。历史上的任何事件都有它的一周年、十周年、一百周年……这都是值得纪念的。

庆典活动是一次向社会公众展示自身良好形象的机会，有助于扩大组织的知名度，提高组织的美誉度，增强组织的凝聚力，还能促使组织内员工广交朋友、化解积怨、增进友谊。

2. 庆典活动的组织

庆典活动必须进行精心策划和组织，要办好一次庆典活动，应认真做好以下几方面的工作：

（1）精心选择对象，确定来宾。庆典活动应邀请与组织有关的领导、知名人士、社区公众代表、同行组织代表、社团代表、同行业代表、组织内部员工和新闻记者等前来参加。名单拟定后，提前 7~10 天发出请柬，以便被邀宾客安排时间。

（2）合理安排庆典活动的程序。庆典活动的程序一般包括：主持人宣布活动开始，介绍重要来宾，组织领导和重要来宾致辞或讲话。有些活动，需要安排剪彩、参观、座谈、重要来宾留言，宣传资料和纪念品也应及时散发。

（3）安排接待工作。庆典活动开始前，应做好一切接待准备工作。接待和服务人员要安排好，活动开始前所有有关人员应各就各位。重要来宾的接待，应由组织的核心人物亲自完成。要安排专门的接待室或会议室，以便在正式活动开始前，让来宾休息或与组织的领导交谈。入场、签到、剪彩、留言等活动，都要由专人指示和领位。

（4）安排致辞、剪彩人员。致辞、剪彩的主办方人员应是组织的主要负责人，致辞要言简意赅，起到融洽关系的作用。致辞、剪彩的客方人员应是地位较高、有一定声望的知名人士。

（5）安排礼后活动。庆典活动基本程序结束后，可组织来宾参观工作现场、生产设施、服务设施或陈列展品。这是让社会公众了解自己、宣传自己的好机会。也可通过座谈、留言的方式广泛征求来宾意见，以期日后完善。

（6）物资准备和后勤、保安等工作。庆典活动的现场，需要有音响设备、音像设备、文具、电源等。需要剪彩的，要有彩绸带。在特殊场合还要准备鞭炮、锣鼓等。宣传品、条幅和赠送的礼品，也应事前准备好。赠送的礼品要与活动有关或带有企业标志。另外，可以安排一些短小精彩的文艺节目为活动助兴，节目要有特色。这些节目可以组织内部人员表演，也可以邀请有关文艺团队或人员表演。

3. 庆典活动的注意事项

庆典活动集中展现着组织的形象。组织在进行这类活动时要注意以下几点：

（1）要有计划。庆典活动应纳入组织的整体规划，应符合组织的整体目的。组织者应对活动进行通盘考虑，切忌想起一事办一事，遇到一节庆一节。

（2）要选择好时机。调查研究是组织开展公共关系活动的基础。庆典活动也应在调查的基础上，抓住组织时机和市场时机，尽可能使活动与组织、市场相吻合。

（3）要注重科学性与艺术性。公共关系活动是科学地推销产品和形象的过程，但要赋予其艺术内涵，使其更具魅力。这样会有更好的宣传效果。

（4）要注重新闻性。庆典活动的策划应该具有新闻价值，吸引媒体关注，借媒体之力扩大庆典活动的宣传效果。

（5）要注重新颖性。只有新颖的策划才能吸引公众的目光，但是在追求新颖的同时，不能忽视公众的心理承受能力，否则会事与愿违。日本某公司为提高知名度，宣传要用飞机在富士山上撒东西，让富士山变得更漂亮。可是富士山是日本的民族象征，公司的做法也因此受到了强烈的抨击，最终只好借取消计划的名义向社会发布告知性新闻，公司的美誉度因此大打折扣。

4. 几种主要的庆典活动

庆典活动一般有开幕庆典、闭幕庆典、周年庆典和节庆活动等几种类型，下面介绍几种主要的庆典活动。

（1）开幕庆典。开幕庆典又称开幕式，是指组织为首次与公众见面的、具有纪念意义的事件而举行的展现组织新风貌的各种庆典活动。包括各种博览会、展览会、运动会和各种文化节日的开幕典礼，组织或企业的开业典礼，重要工程的开工典礼或奠基典礼，重要设备及工程首次运行或运转的庆祝活动，如通邮、通车、通航等典礼活动。

开幕庆典是社会组织第一次向公众展现组织整体面貌，能体现出组织领导人的管理能力，组织公关人员的策划能力和组织能力，组织的社交水平以及组织的文化内涵。这往往会成为社会公众对组织感情亲疏的重要标准。因此，开幕典礼应该精心组织和安排，主要包括以下工作程序：

第一，拟定邀请宾客名单，发出请柬。邀请的宾客应包括政府有关部门负责人、社区负责人、知名人士、社团代表、同行业代表、新闻记者、公众代表以及员工代表等。请柬应尽可能早地寄出，以便被邀请者安排时间，按时出席。

第二，安排庆典活动程序。活动程序一般为：主持人宣布典礼开始、介绍重要来宾、组织领导人致贺词、致答词、剪彩、参观、座谈或宴请招待。

第三，确定致辞和剪彩人员。公关人员应为本单位负责人拟写开幕词或贺词，预先准备新闻参考资料或报道提纲，为前来的新闻记者提供新闻素材。剪彩人员一般应由本组织负责人和来宾中地位较高、有较高声望的知名人士共同组成。

第四，做好活动接待工作。公关人员要事先确定迎宾、签到、接待、剪彩、摄影、录像、播音等有关服务人员，并在典礼前到达指定岗位。

第五，组织来宾参观。庆典活动结束后，一般可以安排来宾参观，这是让公众了解组织基本情况的好机会。

第六，广泛征求意见。通过座谈和留言等形式广泛征求意见，并尽快将意见和建议整理出来，以总结评估活动的效果。

（2）闭幕庆典。闭幕庆典是组织重要活动的闭幕式或者活动结束时的庆祝仪式，包括各种博览会、运动会和文化节日的闭幕典礼，重要工程的竣工或落成典礼，学校学生的毕业典礼，组织重要活动或系列活动的总结表彰或者为其圆满结束举行的各种庆祝活动等。

（3）周年庆典。组织周年庆典指组织在发展过程中的各种内容的周年纪念活动，既包括组织"生日"纪念，如工厂的厂庆，学校的校庆以及大众媒介机构的刊庆或台庆等，也包括组织或企业之间友好关系周年纪念，还包括某项技术发明或某种产品问世的周年纪念和其他内容的周年纪念活动。公关人员在策划和组织周年庆典活动时，应注意以下几点：

第一，周年庆典要体现总结过去，继往开来的内涵。许多组织在周年纪念日时编写或修订厂史或校史等有关组织的历史记录，举办组织历史展览和未来规划展览。

第二，周年庆典应强化对内部员工进行热爱组织教育，热爱本职工作教育的主题。如学校周年庆典举办校园文化节对全体师生进行热爱学校的教育。

第三，周年庆典的活动方式应该新颖独特，增强活动对公众的吸引力。如美国某连锁商店开业 30 周年纪念日时，为了使这次庆典活动在公众心目中产生轰动效应，满足社会公众的猎奇心理，塑造良好形象，培养员工对本公司的认同感、归属感，进一步增强凝聚力和向心力，公司总裁为一位在公司商店门口擦了 25 年皮鞋的老黑人举办了一次活动。这个颇具影响的事件，引起新闻界和公众的好奇心，扩大了商店的知名度。

（4）节庆活动。节庆活动是指组织在社会公众重要节日时举行或参与的共庆活动。开展节庆活动，要注意以下几点：

第一，要区分节庆活动类别。各国、各民族的节庆日名目繁多，大致可分为法定节日和民间节日两大类。国庆节、建军节等这类法定节日，可安排一些联欢、聚会等活动；民间节日指民间传统节日和宗教节日，如春节、圣诞节、感恩节等。近年来，我国有些地方还根据各自的地理文化环境、习俗、民间传统等特点举办了具有浓郁地方特色的节庆活动，如哈尔滨的冰灯节、洛阳的牡丹节、青岛的啤酒节、广东的龙舟节。江苏云龙山庙会上，各类制作精巧、造型生动的民间手工艺品是庙会的"主角"，剪纸、面人、木玩、泥玩、布艺等小玩意儿随处可见，让人爱不释手。南京国际梅花节以"梅"为主题，以花为媒，以"梅"会友，举办各种文化、旅游、商贸及经贸洽谈活动。对这类活动，组织应积极参与，开展公关活动。

第二，开展节庆活动，要富有传统特色。按照我国传统习惯，春节要请宾客吃"年夜饭"；中秋节要开展赏月活动，品尝月饼。丽江地区民族众多，具有浓郁传统特色的节日更是多姿多彩。如农历二月初八有"三朵节"、五月十五有"棒棒节"、三月有"龙王庙会"、六月有"火把节"、七月有"骡马交流会"、七月二十五有"朝山节"等。

第三，开展节庆活动要根据自身情况，因地、因人制宜，开展相应的公关活动，要量力而行，讲求实效。

10.2.3 展览会

展览活动是商业组织常用的公共关系专题活动，也是非经济组织可以利用的公共关系专题活动。展览会是为一个组织、一种新产品塑造形象的最佳公关手段之一。

1. 展览会的含义与特征

展览会是社会组织通过实物的展示和文字、图表等的示范表演来配合宣传组织形象，推广产品的专题活动。展览会所运用的实物、图表、动人的解说、优美的音乐和造型艺术相结合的方式，比一般的文字和口头宣传更有效，更引人入胜，更能产生吸引力，不仅能加深公众的印象，而且能提高组织和产品在公众心目中的可信度。

展览会通过实物、文字、图片、图表等客观手段来展现组织的成果、风貌和特征，与其他形式的宣传效果相比较，其说服力更大。优质的产品、精美的图片、动人的解说、艺术的陈设，加上轻松的音乐，使参观者有入胜之感，能强化组织宣传的感染力，使社会公众对组织及其产品的信任度大大提高。同时展览会也是社会组织增进效益的一种重要方式。

作为社会组织在特定的环境条件下开展的一种专题活动，展览会具有以下特征：

（1）传播方式的复合性。展览会通常要同时使用多种媒介进行交叉混合传播，包括实物媒介，如展品、模型、展台及展厅布置等；文字媒介，如印刷宣传材料、组织或产品介绍材料、展品的文字注释等；声音媒介，如讲解、交换、广播录音或现场广播；图像媒介，如各种幻灯、照片、录像等；人体媒介，如主持展览的各种服务人员、礼仪人员等。展览活动是一种复合性的传播方式，它通常用多种媒介进行交叉混合传播，往往以实物展出为主，配以文字宣传资料、图片、幻灯、录像、电脑等媒介，再加上动人的解说、友好的交谈、优美的音乐、生动的造型，具有很强的吸引力。

（2）传播效果的直观性。展览会一般以展出实物为主，并以专人讲演和示范产品的使用方法等方式进行现场的示范表演。它把实物直接展现在公众面前，并有现场操作表演，给人以"亲眼目睹"、"眼见为实"的感受。这种形象记忆能起到强化效果的作用。如雕塑作品展览会上，艺术家当场雕刻，民间艺人现捏泥塑品等。这种直观形象、声情并茂的传播方式能吸引大批公众前来参观，使参观者对展品留下深刻的印象。

（3）与公众沟通的双向性。展览会为组织与公众提供了直接接触、相互交流的机会，通过听取意见、相互交流、深入讨论，参展单位在让公众了解自己的同时，也在了解公众对展品、组织形象的意见反映，并根据公众反馈的信息及时改进工作。这种直接的双向沟通交流性、针对性强，不仅可以当面向公众展示自身形象，还可以收集公众反馈意见，效果很好。

（4）沟通方式的高度集中性。展览会可以集中同一地区多种行业的不同展品，也可以集中全国甚至全世界各种品牌的同类产品，是一种高度集中和高效率的沟通方式。它为参观者提供了更多的机会，节省了大量的时间和费用，也给新企业和新产品提供了一个脱颖而出的好机会。许多参展者正是通过展览会建立了自己的良好形象并打开了销路。

（5）活动的新闻性。展览会一般都预先做广告、搞宣传，开幕时还要请政府官员、知名人士前来庆贺，因此，往往成为新闻媒介追踪的对象，是新闻报道的好题材。

2. 展览会的类型

根据不同的划分标准，展览会可划分为几种不同的类型。

（1）依展览的性质，可分为贸易展览会与宣传展览会。贸易展览会的特点是"展"且"销"，通过展出实物产品，目的是打开产品的营销局面，提高产品的市场占有率，促进商品的销售，如"迎春节吃穿用商品大展销"。宣传展览会是通过实物、图表、模型等来宣传一种观念、思想、成就等，只展不销，如壳牌"宣传交通安全"的图片展览会、"红岩魂"精品展览等。

（2）依展览的内容范围，可分为综合性展览会和专题性展览会。综合性的展览会全面介绍一个国家、一个地区或一个组织的情况，要求内容全面，有一定的整体性和概括性，既要突出重点，又要照顾一般，力求给观众以完整的印象。综合性展览会规模较大，参展内容全面，如"中国改革开放三十年成果展览会"、"世博会"、"广交会"等，都规模宏大、内容丰富，全面展示了世界范围或一个国家和地区的优秀成果。综合展览会的时间一般都较长，影响也相当大，是组织宣传形象的好机会。但由于其形式不拘一格，对主办者和参展者的技术要求很高，故需要充分的准备。

专题性展览会通常是由企业或行业性组织围绕某一特定专题而举办的展示活动。其内容较为单一、规模较小，但要求展示的主题鲜明、内容集中而有深度。如"摩托车展览会"、"科技图书展览会"、"中国酒文化博览会"等。

(3)依展览举办场地，可分为室内展览会和露天展览会。大多数展览会在室内举行，显得较为隆重且不受天气影响，举办时间较灵活，长短皆宜。但室内展览会的设计布置较为复杂，花费较大，宜安排高档次展品展览。露天展览会的最大特点是布置工作较为简单，所花费用较少，但受天气条件影响大，因此，宜安排大型机械展览、农副产品展览和花卉展览。

(4)依展览的规模，可分为大型展览会、小型展览会和微型展览。大型展览会一般由专门的单位举办，规模大，参展项目多，需要较复杂的程序和较高的布展技巧。如"世界博览会"、"全国糖业烟酒订货会"等。

小型展览会规模小，多由组织独家举办，展出自己的商品，展览会的地点常选择在各类建筑的门厅、图书馆、旅馆房间、候车室或专辟陈列室、样品室等。

微型展览主要指橱窗展览和流动展览。橱窗展览是通过对橱窗里的商品或模型进行组合设计来吸引消费者注意，扩大宣传。流动展览是发挥人们的创造才能，利用各种交通运输车辆来进行的展览。

(5)依展览时间，分长期固定展览、定期更换内容的展览、一次性展览。长期固定展览，如北京的故宫博物院、自然博物馆等；定期更换内容的展览会，如北京的工业展览馆、农业展览馆等；一次性展览会，如食品展销会、服装展示会等。

此外，还有一些特殊展品，在现场展示样品，让人反复试用以证明其性能，如在铁路站台及机场铺设地毯，引起顾客的兴趣及有价值的询问。

3. 展览会的组织

展览会为组织开展公关活动提供了一个良好的机会，组织应该充分利用这个机会展示自己的产品，传递必要的信息，加强与社会公众的直接沟通。为使展览会办得卓有成效，应该认真做好以下工作：

(1)分析展览的必要性和可行性。在举办展览会之前，首先要分析其必要性和可行性。展览会需要投入较多的人力、物力和财力，如果不进行科学的分析论证，就有可能造成两个不良后果：一是费用开支过大而得不偿失；二是盲目举办而起不到应有的作用。

(2)明确主题。每次展览会都应有一个明确的主题，并将主题用各种形式反映出来，如主题性口号、主题歌曲、徽标、纪念品等。组织必须弄清楚是要宣传产品的质量、品种，还是要宣传组织形象；是要提高组织的知名度，还是要消除公众的误解。只有主题明确，才能使展览会的实物、图片及文字说明等有机地结合起来，收到较好的效果。

（3）确定参展单位、参展项目。大型展览会，主办单位或承办单位可以通过广告、新闻发布或者邀请等形式联系可能的参展单位，并将参展时间、地点、项目、类型、收费标准、要求和举办条件等情况告知联系的单位，一方面通过采取各种公关技能吸引参展单位，另一方面为可能的参展单位提供决策所需的资料。

（4）明确参观的类型。展览会在策划阶段必须考虑所针对的公众。参观者的类型将影响到信息传播手段的复杂性和多样性。如果参观者对展出项目有较深的了解和研究，就需要展览会的讲解人也是这方面的专家，介绍的资料要专业、详细、深入；如果参观者只是一般消费者，则应采用通俗易懂的语言进行直观的普及性宣传。

（5）选择展览时间、地点。展览会时间的选择一般以组织需要而定，有些展览要考虑到季节性，如花卉展览等。在地点的选择上，首先要考虑的是方便参观者，如交通要方便，易寻找等；其次，要考虑展览会地点周围环境是否与展览主题相得益彰；再次，要考虑辅助设施是否容易配备和安置等。

（6）培训工作人员。展览会工作人员的素质、展览技能和公关技能的掌握，对展览效果起着关键作用。因此，组织必须对展览会工作人员包括讲解员、接待员和服务员进行良好的训练，培训他们在接待、服务等方面的技能。

（7）确定展览会的管理机构，提供相关服务。大型的展览会，要设立文书、邮政、运输、保险等专业服务部门。国际性展览会，还应设立处理对外商检贸易的业务部门。一般的展览会应设置：大会领导组、大会办公室、样品办公室、询问室、广播室、卫生保健室、贵宾接待室、保安处、会议室、谈判室、停车场等。

（8）成立专门对外发布新闻的机构。展览会中会产生很多具有新闻价值的信息，公关人员要善于挖掘这些有价值的信息，策划新闻事件，与新闻界进行联系，扩大展览会的影响范围和效果。

（9）准备展览会所需的各种宣传材料。如设计与制作展览会的会徽、会标及纪念品、说明书、宣传小册子、幻灯片、录像带等音像资料等。

（10）编制展览会费用预算。展览会要花费一定的资金，如场地和设备租金、运输费、设计布置费、材料费、传播媒介费、劳务费、宣传资料制作费、通信费等。要具体列出展览会各项费用，加以核算，有计划地分配展览所需的各项资金，防止超支和浪费。在做经费预算时，一般应留出一部分准备金，做调剂之用。

4. 展览会的效果检测

展览会结束后，要对展览会的效果进行检测，了解公众对产品的反映，以及对组织形象的认识和对整个展览会举办形式的看法等，看是否达到展览的预期效果。检测方法主要有：

（1）举办有奖测验活动。组织可根据展览内容，有重点、有选择地确定试题，答题方式以填空、选择、判断为主，当场解答，当场发奖。参观者踊跃应试，不仅能增强、活跃展览会气氛，而且能为测定展览效果提供依据。

（2）设置公众留言簿。组织可在展览厅的出口处设置公众留言簿，主动征求公众的意见，将其作为日后测定效果的依据。

（3）召开公众座谈会。组织通过召开公众座谈会，随机地找一些公众进行座谈，可以了解他们对展览会的观后感。

（4）开展问卷调查。展览会结束之后，组织可根据签到簿上的公众名单邮寄问卷调查表，或登门访问请其填写问卷调查表，以了解展览的实际效果。

5. 展览会的注意事项

组织举办展览会，一方面可以开展促销活动，宣传产品；另一方面可以开展公关活动，宣传组织、塑造形象。为提高展览效果，应注意以下问题：

（1）保持组织信息网络渠道的畅通，及时了解展览信息和其他相关信息，正确决策，充分准备，利用好展览会时机宣传组织和产品。

（2）及时与新闻媒介机构或人员取得联系，提供展览的相关情况，利用媒体进行有效宣传。

（3）展览期间，邀请重要人物出席或邀请高知名度的社会名流来展台。

10.2.4 新闻发布会

对于一个组织来说，举办新闻发布会不仅仅是向社会发布某种信息，而且也是组织形象的一次"亮相"，因此不办则已，要办就应取得成效。要办好一个新闻发布会，必须精心设计和策划。

1. 新闻发布会的含义和特征

新闻发布会又称记者招待会，是社会组织为公布重大新闻或解释重要方针政策而邀请新闻记者参加的一种公共关系专题活动。它是组织与新闻界建立和保持联系的一种较正规的形式。任何社会组织如政府、企业、社会团体都可以举行新闻发布会。

新闻发布会具有以下特征：

（1）新闻发布会是一种两级传播。通过新闻发布会将信息告知记者，再由记者通过各种方式、渠道告知公众。

（2）新闻发布会的形式比较正规、内容比较真实可靠，易于引起社会的广泛关注。

（3）新闻发布会的传播方式在深度上和广度上具有优越性。在新闻发布会上，记者可围绕自己感兴趣的东西提问，从而更好地发掘消息，充分地采访组织；同时，组织也能更深入地了解新闻界。这种形式下的双向沟通，无论在深度上还是广度上都较其他形式更为优越。

2. 新闻发布会的准备工作

成功地举办新闻发布会的关键是准备充分，真正做到"事无巨细，追求完美"，一般要做好以下准备工作：

（1）确定新闻发布会的主题。组织召开新闻发布会首先要确定主题。主题的确定应考虑三个方面：一要考虑新闻媒介是否接受；二要考虑社会公众是否感兴趣；三要考虑主题是否具有公关效应。新闻发布会的主题应清晰明了，切忌含糊不清，体现新闻发布会主题的标语口号应准确精练，便于记者报道。

（2）确定新闻发布会举行的时间和地点。举行新闻发布会的时间应该尽量避开节假日和重大社会活动的日子，以保证记者能准时参加。在地点选择上，主要应考虑给记者创造各种方便采访的条件，如录像、拍摄的辅助灯光、视听辅助工具、幻灯或电影的播放设备，适合记者使用的桌椅、电话机、传真机、电脑等，以及交通是否方便、场地是否安静等。

（3）选定主持人和发言人。由于新闻发布会要面对众多的新闻媒体，因此，主持人、发言人的形象直接影响到信息的权威性和组织的形象。主持人和发言人除具有较高的文化修养和专业水平，还要思维敏捷、口齿伶俐，可以充分控制和调动发布会现场的气氛。

（4）准备好发言和报道提纲，以及宣传辅助材料。根据会议的主题收集有关信息，写出准确生动的材料。如主持人的讲话提纲、发言人的发言稿、答记者问的备忘提纲、新闻统发稿、会议报道提纲、所发新闻的有关背景材料和论据，以及有关的图片、实物、影像等辅助材料。这既为会议的主持人和发言人提供了有益的参考，也为记者充分理解所发新闻信息及有关问题提供了帮助。需要特别注意的是，会前应将会议主题、发言稿和提纲在组织内部进行通报，以防会上口径不一而引起记者猜疑和混乱。

（5）确定邀请的对象。应根据新闻发布会的主题，有针对性地邀请有关新闻记者参加。要根据消息发布的范围来确定记者的覆盖面和级别，还要考虑如何选择报纸、杂志、广播、电视、网络等媒介记者，更要考虑媒介是地方性、区域性还是全国性的。邀请对象一经确定，应提前 7～10 天发出邀请，临近开会前还应打电话落实。

（6）组织记者参观。在新闻发布会前后，可以配合会议主题组织记者进行参观，给记者创造实地采访、拍摄、录像等机会，增加记者对会议主题的感性认识。记者参观时，应安排专人接待，介绍情况。

（7）安排小型宴请。为了使新闻发布会收到最大的实效，在本组织财力允许的情况下，可以安排小型宴会或工作餐。这也是一种相互沟通的机会，可以融洽与新闻界的关系，及时收集反馈信息，进一步联络感情。

（8）预算会议所需费用。根据新闻发布会的规格和规模预算会议费用，并留有余地，以备急用。费用项目一般有：场租、会场布置、印刷品、茶点、纪念品、文书用品、音响器材、邮费、电话费、交通费等。需要用餐时还应加上餐费。

（9）做好接待工作。组织人员要提前布置好会场，如横标、发言人席位、记者座位等。周围环境要精心设计，营造一种轻松、自然、和谐的会场气氛。接待人员和服务人员，要穿戴整洁、适宜，精神饱满、愉快，体现出组织的风格。要安排好会议记录、摄影、摄像工作，以备将来的宣传和纪念之用。

3. 新闻发布会的程序及注意事项

举办新闻发布会，会议程序要安排得详细、紧凑，避免出现冷场和混乱局面。一般来说，新闻发布会应包括以下程序：

（1）签到。应设立签到处，并派专人引导记者前往会场。参加会议的人要在签到簿上签上自己的姓名、单位、职业、联系电话等。

（2）发资料。会议工作人员应将写有姓名和新闻机构名称的标牌发给与会记者，并将会前准备的资料，有礼貌地发给到会的每一个人。

（3）介绍会议内容。会议开始时要由会议主持人说明举办新闻发布会的原因，所要公布的信息或事件发生的简单经过。

（4）主持人讲话。主持人要充分发挥主持和组织作用，活跃整个会场气氛，并引导记者踊跃提问。

（5）回答记者提问。要准确、流利地回答记者提出的各种问题，不要随便打断记者的提问，也不要以各种动作、表情或言语对记者表示不满。对于涉密或不好回答的问题不应回避，要婉转、幽默地进行反问或回答。

（6）参观和其他安排。会议结束后还应由专人陪同记者参观考察，给记者创造实地采访、摄影、录像等机会，增加记者对会议主题的感性认识。如果有条件，组织还可举行茶会或酒会，以便个别记者能够单独提问，融洽组织和新闻界的关系。

4. 新闻发布会的善后工作

新闻发布会结束后，社会组织要做好相关的善后工作，也就是检验会议的效果是否达到了预期目的。

（1）尽快收集整理新闻发布会的记录材料，对会议的组织、布置、主持和回答问题等方面的工作进行总结，吸取经验教训。

（2）收集新闻媒体的报道，进行归类分析，检查是否达到了会议的预定目标，是否有由于失误而造成的谬误。对检查出的问题，要分析原因，设法弥补失误。

（3）收集与会记者和其他会议代表对发布会的反应，检查发布会在安排、提供方便等方面的工作是否有欠妥之处，以便日后改进。

（4）若出现不利于组织的报道，应做出应对策略。若是不正确或歪曲事实的报道，应立即采取行动，说明真相，向报道机构提出更正要求；若报道的虽然是正确事实，但不利于组织，这种情况完全是组织内部错误造成的，对此，组织应通过该报道机构向社会表示虚心接受批评并致歉，以挽回组织声誉。

10.2.5　参观活动

一个组织要想让公众更好地认识自己，用事实证明自身的存在是有利于社会、有利于社区、有利于公众的，敞开门户，让社会各界人士、社区居民到本组织来实地观光考察是必要的。

1. 参观活动的含义与作用

参观活动是社会组织为了让公众更好地了解自己、向公众宣传自己、表明自身的存在，或为了消除某种误解而进行的开放活动。通常由公共关系部门负责组织一些社会公众到组织内部来考察、参观，使公众了解真相，增加兴趣和好感，提高组织美誉度。参观活动具有以下作用：

（1）增加组织的透明度、扩大社会影响。通过开放参观，让公众了解社会组织的经营宗旨、特色、成就等基本情况，扩大组织的影响力，增进公众对组织的理解和支持。如红太阳牦牛骨髓壮骨粉生产厂家组织消费者对整个生产环节进行参观，使消费者可以看到壮骨粉制作的全过程，进而认可这个品牌。

（2）改善社区关系。组织社区公众参观社会组织的工作环境、基本设施等，能够消除与社区公众之间的误会和矛盾，建立和谐融洽的社区关系，以求社区公众的理解和支持。如上海第六人民医院引进高速磁疗机治疗癌症，引起周围居民的恐慌。为了消除误解，该院就请居民进行参观，并当面请有关方面检测，证明治疗室的墙壁是经过特殊处理的，放射性物质根本无法穿透，从而打消了居民的顾虑。

2. 参观活动的组织

组织参观活动是一件繁杂的工作，其好坏直接影响到社会组织的形象，参观活动的组织主要包括以下内容：

（1）明确主题。组织的任何一次对外开放活动，都应确定一个明确的主题，即通过这次活动让对象公众留下怎样的印象，取得什么效果，达到什么目的。

（2）安排时间和路线。组织对外开放的时间以不影响组织的正常工作为标准，同时要考虑选择公众方便的时间开放。开放的时间最好安排在一些特殊的日子，如厂庆、开工、竣工、逢年过节等，特别是在喜庆的日子里让公众来本组织参观，可以增添公众的兴趣，获得更好的开放效果。参观路线应该提前设计好，防止参观者超越参观范围而发生意外事故或出现不必要的麻烦，保证参观活动的有序进行。如：日本一代表团参观我国浙江一生产花雕酒的工厂，由于没有安排好参观线路，致使日本人学会了生产工艺，最终导致日本生产的花雕酒代替我国的花雕酒，占领了我国台湾市场。

（3）成立机构和安排程序。为使开放组织活动办得有声有色、尽善尽美，最好成立一个专门的筹备委员会。其成员可包括组织的领导成员、公关人员、行政和人事部门人员等，要明确分工，紧密配合。程序的安排也很重要，如开始时间、接待人员的安排、是否还需要看录像、幻灯片或电脑资料，在必要的地方设置路标等，都需要精心安排。

（4）做好宣传工作。要想使开放组织活动获得成功，最重要的是做好各种宣传工作，如编写通俗易懂的解说词，准备简单明了的说明书，搞好环境卫生和参观地点的装饰、场景的布置、实物的陈列等。

（5）做好向导。开放组织活动应当有专人做向导工作，由向导陪同参观者沿计划好的参观路线进行参观，安排专人在参观者可能最感兴趣的地方做集中讲解。

（6）做好服务接待工作。对参观者应热情周到，如安排合适的休息场所和备好茶水饮料；需要招待用餐的，也要事先做好安排，要准备点心、休息场所、必要的盥洗设备等；准备好开放组织活动所需的宣传品和公关礼品，还要准备足够的训练有素的接待人员，完善的接待设施，为来宾提供交通、饮食、休息、娱乐、咨询等方面的便利或服务。

10.2.6　联谊活动

为了联络与内部公众和外部公众的感情，广交朋友，公关部门常有计划地举办一些面向特定公众的公关联谊活动。

1. 联谊活动的含义

联谊活动是为加强组织与公众之间的信息沟通和情感交流而开展的公关专题活动。它包括组织内部员工之间的联谊以及组织与外部公众之间的联谊。联谊活动是组织内、外公众联系沟通的好机会，是创造组织内、外部"人和"的好方法。联谊活动的形式多种多样，如社交晚会、联欢会、聚餐、文艺晚会、舞会等。

2. 联谊活动的组织

联谊活动是社会组织与外界公众沟通情感的一种重要方式，组织联谊活动包括以下内容：

（1）明确联谊会的主题。联谊会的组织首先应该确定一个明确的主题和名称。如某酒店举行联谊会，主题是"饮食与健康"，名称为"美食家联谊会"。

（2）选择联谊对象。选择联谊对象的过程就是一个奠定联谊活动基础的过程。联谊对象的选择要遵循互助互利的原则。联谊的双方或多方都有联谊的要求、联谊的内容、联谊的能力，三者缺一不可。

（3）确定联谊层次。联谊活动是有层次的，由低到高、由浅入深。一般可以分为三个层次：第一是感情型的，以联络感情为主，如在节假日、周年庆等日子，组织间互致信函、互赠纪念品、出席庆祝活动，相互留下良好印象，为日后联系奠定基础。第二是信息型的，以互相沟通信息为主要内容，组织就各自掌握的与对方有关的信息进行交流，如原材料信息、销售市场信息、资金市场信息、技术合作信息、学术研究信息等，使双方共享新信息，掌握主动权。第三是合作型的，这是高层次的联谊，是联谊活动成果的最终体现。通过一些生产项目、经营项目、研究项目的合作，促进双方经济效益和社会效益的提高。这是一种最具实质性的联谊，是组织公关人员的着眼点和落脚点。

（4）遵循联谊原则。首先要遵循真诚的原则，绝不损人利己、损公肥私。其次要遵循互惠互利的原则，应在不损害社会利益的前提下使联谊双方共同受益。最后要遵循效益的原则，争取在有限的时间和空间范围内取得最大效益。

（5）安排节目。联谊活动以活泼欢快、充满趣味为特征，举办者在节目安排上要多花心思。

此外，联谊活动的组织还包括选择活动场地，安排好接待、服务、保卫工作，做好联谊活动的宣传报道工作以及活动经费的预算等。

10.2.7 公关谈判

公共关系工作离不开人的交往与谈判。尤其在现代社会，随着经济的日益发展，人们的交往活动越来越频繁，组织与组织、组织与公众、组织与个人、个人与个人为了解决双方或多方的矛盾，协调彼此的利益，必须使用谈判这种特殊的交往方式。谈判已经是人们生活中不可缺少的交往活动。

1. 公关谈判的含义

谈判是当事人就共同关心的问题，通过互相磋商、洽谈来消除分歧，寻求共识，达成协议的过程。谈判是人们日常生活中不可缺少的活动。购物时的讨价还价、说服别人接受你的建议、一家人看电视时的频道选择等都是一种谈判。

个体都有满足自尊和自我实现的心理需要，因此，组织可以通过满足对方需要来达到自己的谈判目标。美国著名谈判专家科恩曾在墨西哥旅行时被一个土著人拦住，推销一件毛毯披肩。他本没有购买打算，但当小贩将价格从1 200比索一直降到200比索时，他心动了。经过讨价还价后，对方说："你胜利了，我170比索卖给你，这是最低价。"回家后他向妻子炫耀，妻子说她曾以150比索买到同样的披肩。这个土著谈判家正是利用了科恩自我实现和自尊的心理，最能打动他的是那句"你是墨西哥历史上以最低价格购买毛毯披肩的人"。因此，谈判中，如果能掌握人的需要特点，巧妙满足人们的需求，你就是成功的谈判家。

2. 公关谈判的阶段

公共关系谈判是一个复杂的过程，这是就谈判的过程而言的。在谈判时，一般先由各方陈述己方的立场，然后相互协商，最后达成能为各方共同接受的协议。一般说来，公关谈判分为六个阶段：

（1）导入阶段。主要是双方通过介绍相互认识，彼此熟悉，以创造一个有利于谈判的良好氛围。同时，通过前期接触，找到双方关注的焦点，各自做好相应准备。

（2）概说阶段。谈判各方第一次正式会谈，各方应简要说出自己的基本想法、意图和目的，以求为对方所了解。这是一个摸底阶段，双方不会出示关键资料。概说内容应简明扼要，表达诚意，但是要保留不想让对方知道的信息。

（3）明示阶段。双方根据前一阶段谈判各方表述的意见，尤其是意见存在分歧的地方，进一步明确各自立场和观点。

（4）交锋阶段。尽力争取自己所需利益，自然会有矛盾，而矛盾激化导致对立状态出现，双方交锋，彼此争论，紧张交涉，讨价还价，希望对方接受自己的条件。

（5）妥协阶段。交锋结束后，双方会相互让步，寻求一致，达成妥协。只要双方有共同利益，想达成协议，就会妥协。但妥协也是有一定范围和限度的，妥协的原则是不放弃自己立场和利益的同时又兼顾到对方利益。

（6）协议阶段。经过交锋、妥协，求同存异，基本达到各自目标后，将谈判结果写成准确的协议书，由双方代表签字确认彼此的权利与义务，谈判结束。

3. 公关谈判的注意事项

公关谈判是一场心理的较量，也是一场集知识、口才、智慧、耐力和团队精神等诸多要素的综合考验。成功的谈判要认真对待，精心设计。一般要注意以下问题：

（1）谈判的准备。要做到知己知彼，做好自我评价，找出自己的优势与弱点，以便在谈判中扬长避短；掌握对方的需求和基本情况，事先制定对策，尽量满足对方合理的要求。

（2）谈判的原则。公共关系谈判应遵循一定的原则，这些基本原则主要包括：第一，平等互利。坚持平等互利原则，追求双赢，尽量维护双方的良好关系，是谈判的基础；否则，谈判就会破裂。如 20 世纪 80 年代美国和墨西哥就天然气买卖进行谈判，美国政府认为除了自己，墨西哥的天然气不会有第二家买主，所以一再压价，而且态度蛮横，不能平等待人。墨西哥政府极为愤怒，宁可放空燃烧天然气也不卖给美国，致使谈判破裂。第二，开诚布公。谈判双方都应该传递真实而可靠的信息，以赢得对方的信任、理解和好感，促成双方的合作。第三，真诚合作。1980 年，已有"蓝色巨人"之称的 IBM，主动与只有 40 来人的小公司微软合作，并取得了巨大的成功，原因就在于双方的合作愿望是真诚的。

（3）谈判的方案。谈判要制定多种方案。例如图书馆两位读者发生争吵，一位坚持开窗，另一位坚持关窗，他们为了窗户开多大而争论不休，一条缝、半开等，都不能使双方满意。管理员问什么原因，一位说开窗是使空气流通，另一位说不开窗是避免噪音。于是管理员把他们身边的窗子都关上，把对面窗子打开，既满足了空气流通，又满足了安静的需要。此案例说明谈判时首先要弄清楚对方的需要并据此制定不同的解决方案，在众多方案中选择一个相对公平的方案作为协调双方行动的协议。

（4）进行适当的"最后通牒"。谈判陷入僵局时，谈判一方作出撤退姿态，似乎要另觅合作者或准备自己解决问题，以此促使对方重新审视其利益得失，放弃原来的谈判方案，作出让步。

（5）要有足够耐心。谈判桌上要有足够的耐心。埃及和以色列两国积怨颇深，起初都不愿妥协。于是美国总统卡特邀请双方座谈，地点在戴维营，几天后，双方都忍耐不住了，不愿意再为谈判中的皮毛问题争论不休，于是有了著名的《戴维营和平协议》。这说明，耐心是在心理上战胜对手的一种战术和谋略，是谈判者心理成熟的标志。

4. 公关谈判的策略技巧

公共关系谈判的目的是协调组织与其他社会组织、政府部门和公众之间的关系，而不是压倒对方。谈判的最终目的是双方皆赢，因此，为了在谈判中达到自己的目的，必须善于使用各种谈判策略。

（1）进攻策略。谈判进攻主要是为了让自己的观点被对方所接受。为此，谈判人员必须善于发问和寻找对方的弱点，以便证明己方观点的正确性和可靠性。为了组织有效的进攻，谈判人员应注意：善于发问，合理地选择问题；选择发问时机；选择提问方式；观察对方反应。此外，要利用心理战术。谈判人员既要善于利用心理控制技巧去战胜对方，又要研究对方在谈判中的心理活动，以便从中获得各种有利的进攻机会。首先，不能流露出急于求成的心理，要从容不迫、循序渐进、有条不紊地进行讨论。其次，当谈判陷入僵局时，要不失信心，想尽一切办法，组织新的进攻方案。再次，不要把时间和精力耗费在无意义的分歧中，不要进行毫无帮助的争论。最后，谈判过程中，不要硬坚持或反对什么，应攻心为上，从理由和事实上说明应该如何。

（2）防御策略。谈判场犹如战场，只攻不守是十分危险的。因此，谈判人员不仅要学会如何组织进攻，还要善于制订有效的防御策略。首先要学会应答。善于应答对方的发问，是有效的防御手段之一。应答时应注意以下问题：在没有清楚地了解对方提问的真正动机和含义的时候，不要随意或含糊应答。遇到棘手的问题，可采取迂回战术，避免正面应答。回答发问时，应把握自己的体态语，尽量不让对方探察自己情绪、心理上的变化。同时，语言要准确、明白，切不可前后矛盾，逻辑混乱。其次要防止对方的陷阱。在谈判中，对方经常会设下种种陷阱，要善于去识破，看清对方的种种假动作。常见的谈判陷阱有：数据不准确或含义不清；利用惯例否认让步的可能；假出价但不成交；故意简化数据；故意提出不易实现的要求或威胁手段，迫使对方接受；一而再、再而三地要求对方作细小让步，蚕食对方的利益，等等。一旦碰到这些陷阱，应立即予以揭露并采取相应的应付措施。

（3）让步策略。当谈判陷入僵局时，一方先采取让步的形式，使对方暂时获得某种利益或需要上的满足，从而获取己方想得到的利益。让步不是消极逃跑和认输，而是以退为进。最好的方法是有策略的让步，并且让对方也作出让步。为了有效地让步，谈判人员必须做到：讲究让步的时机，善于引诱对方让步。

（4）感情投资策略。谈判的过程中投其所好，建立私交，有助于谈判的成功。如请苏格兰人打高尔夫球，送俄罗斯人白酒，或者适当的时候举行晚会、聚会等，都有助于谈判的最后成功。

（5）合理妥协策略。谈判有时需要在某些方面作出让步以换取全局的成功，这是让步的策略。但是让步也是有原则的，让步的幅度要对等，让步的时机要适当。谈判时可以暂时休会，并利用这段时间来寻找新的谈判思路；也可以改变谈判环境，如去游览、观光、出席宴会、观看文艺节目，使大家的心情自然放松。通过游玩、休息和私下接触，谈判双方可以增进了解，消除隔阂，增进友谊。

本章小结

公共关系专题活动是组织以公共关系为主题，有计划、有步骤地开展的各种具有特定目的和内容的社会活动。公关专题活动具有以下特征：鲜明的目的性、较强的感染力、广泛的传播性、方式的灵活性和严密的操作性。

赞助活动是社会组织通过无偿提供资金、产品、设备和免费服务的形式赞助某项社会事业或社会活动，以获得一定形象传播效益的公共关系专题活动。组织通过赞助举办文化、体育、社会福利事业和市政建设等向社会表示其承担的责任和义务，以扩大组织影响，提高组织知名度和美誉度。

庆典活动是隆重的大型庆祝典礼活动，是组织围绕重要节日或自身重大的、值得纪念的事件而举行的庆祝活动。庆典活动包括开幕庆典、闭幕庆典、周年庆典、节庆活动等。

展览会是社会组织通过实物的展示和文字、图表等的示范表演来配合宣传组织形象和推广产品的专题活动。作为社会组织在特定的环境条件下开展的一种专题活动，展览会具有以下特征：

传播方式的复合性、传播效果的直观性、与公众沟通的双向性、沟通方式的高度集中性和活动的新闻性。

　　新闻发布会又称记者招待会，是社会组织为公布重大新闻或解释重要方针政策而邀请新闻记者参加的一种公共关系专题活动。它是组织与新闻界建立和保持联系的一种较正规的形式。

　　参观活动是社会组织为了让公众更好地了解自己、向公众宣传自己、表明自身的存在，或为了消除某种误解而进行的开放活动。通常由公共关系部门负责组织一些社会公众到组织内部来考察、参观，使公众了解真相，增加其兴趣和好感，提高组织美誉度。

　　联谊活动是为加强组织与公众之间的信息沟通和情感交流而开展的公关专题活动。它包括组织内部员工之间的联谊以及组织与外部公众之间的联谊。

　　谈判是当事人各方就共同关心的问题，通过互相磋商、洽谈来消除分歧，寻求共识和达成协议的过程。公关谈判包括六个阶段，分别是导入阶段、概说阶段、明示阶段、交锋阶段、妥协阶段和协议阶段。

关键术语

公关专题活动　　赞助活动　　庆典活动　　展览会
新闻发布会　　参观活动　　联谊活动　　公关谈判

思 考 题

1. 简要阐述公共关系专题活动的含义和特征。
2. 赞助活动的基本类型有哪些？
3. 以周年庆典为例说明庆典活动的程序。
4. 怎样办好展览会？
5. 如何举办新闻发布会？
6. 对外开放参观应注意哪些问题？
7. 什么是联谊活动？
8. 公关谈判包括哪些阶段？

案例分析

农夫山泉新闻发布会

新闻发布会的目的

2013 年 4 月 10 日，《京华时报》刊发了题为"农夫山泉被指标准不如自来水"的报道。两天后，又刊发"饮用水协会确认农夫山泉标准不及自来水"的报道。此后，《京华时报》对于农夫山泉饮用水标准一直在追踪报道。面对《京华时报》的连续报道与评论，农夫山泉也在其官网上连续 4 次发文回应。2013 年 5 月 6 日下午 3 点，农夫山泉在北京就其水质标准问题召开"饮用天然水标准新闻发布会"，证明自己的标准严苛于国标（即国家标准）、地标（即地方标准），是目前国内执行最高饮用水标准的企业之一。

新闻发布会的过程

农夫山泉董事长钟睒睒出席了发布会，说，《京华时报》在没有采访企业的情况下发布了报道"，话音未落，现场的《京华时报》记者站起说，"你们从来没有给过采访的机会"。《京华时报》记者打断钟睒睒的讲话显然引起了对方的不满，现场的工作人员大喊。"滚出去。"双方产生争执。发布会一度陷入混乱。

发布会的中心围绕着农夫山泉为何在其产品标签上标识地方标准而非国家标准，现场引发了激烈的讨论。

农夫山泉董事长钟睒睒在发布会上从中国饮用水标准体系，讲到农夫山泉执行的标准。钟睒睒说，农夫山泉使用的标准是目前中国的最高标准，"标准门"实则对饮用水标准体系的误解。瓶装饮用水的国家标准 GB19298 为国家安全标准，DB 质量标准为浙江省的 DB33383，农夫山泉同时执行浙江的质量标准和强制执行的国家安全标准，农夫山泉执行地标，不等于只执行地方标准。

发布会上，钟睒睒宣布，因为北京水业竞争环境恶劣，农夫山泉宣布退出北京市场，会用 3 个月的过渡期来退出北京市场。"我们不会在北京再开工厂生产了，我们只有对不起北京的 10 万消费者了。"

针对手上还有水票的消费者，钟睒睒表示，在 3 个月之内，凡是购买了桶装水水票的用户，如果选择继续喝农夫山泉，可以用水票找该企业换瓶装水。"农夫山泉会负责任地在 3 个月之内，用全国各地的 20 升（4 升水×5 瓶）瓶装水来换取水票上原有的 19 升桶装水。市场上的价格 19 升的水是 20 元，4 升水是 35 元，虽然这个损失最大，但是农夫山泉决定不让消费者承担。"

在答记者问环节，发布会现场硝烟弥漫，媒体问题尖锐。

《经济观察报》记者：农夫山泉为什么以这样激烈的方式回应媒体问题？对于一个企业来说，难道没有更好的方法了吗？

钟睒睒：为什么用这么激烈的方式？你想都要命了，能不激烈吗？

《京华时报》：国家关于饮用天然水是有国标的，为什么钟董事长说饮用天然水没有国标？

钟睒睒：质量标准分两大体系，安全（卫生）标准和质量标准。卫生标准主要管安全，质量标准体系主要管质量。记者提到的国家标准不是国家的质量标准，而是国家强制执行的安全标准，就是瓶（桶）装饮用水卫生标准 GB19298-2003。强制标准无需标示，强制执行。国家食品质量标准尚在制定之中。

《京华时报》：在公布国家标准或者行业标准之后，地方标准即行废止。那么浙江地标早就应该废止？

钟睒睒：国家食品质量标准 2008 年 5 月启动制定，现在正在由饮料工业协会采集意见、求证意见，尚在制定之中，没有完毕。何来已经出台国家标准，又怎么会有废除地方标准一说。

《京华时报》：DB33/383 浙江地方标准在砷、砷这些指标上，低于国家标准？

钟睒睒：这个问题你最好问浙江省卫生厅，因为我不是政府管理部门，我是一个企业。

《信息时报》：自来水标准也就是说生产饮用水卫生标准 GB5749 有 106 项指标，而 GB19298 和 GB33/383 加在一起就有 57 项，凭什么说农夫山泉标准比自来水标准更严格呢？

钟睒睒：因为自来水标准是前位标准，也就是进你的工厂生产以前，这个水必须达到这个标准。也就是说生产前来的水源必须符合 GB5749 了，然后你再加上自己的标准体系来管理这个水。

北京电视台：北京水源地生产的水是遵循国标还是北京的地方标准？

农夫山泉高管：执行浙江地标 DB33，因为国标不是北京的国标，对天然水来说，在北京既没有地方的质量标准，也没有地方的安全标准。

中国网记者：是否愿意接受媒体第三方检测？

钟睒睒：如果有媒体愿意，可以在市场上买农夫山泉的水，寄往国外检测，但是自己去检。

新闻发布会分析

这场新闻发布会农夫山泉原本是为了澄清一些事情，但是整场发布会焦点混乱，演变成农夫山泉与《京华时报》的辩论赛，对抗媒体本身就是一步险棋，农夫山泉直指《京华时报》为枪手，以报纸的公信力为筹码，甚至在开始时数度拒绝与采访媒体沟通，在被媒体打断时，更有工作人员大喊"滚出去"，导致发布会后各家媒体都以此为标题报道，使得发布会的效果大打折扣。此外，在新闻发布会上，如果企业的老总一开场就直接出面，后面就没有回旋的余地了。如果不是先让老总出场，至少在新闻发言人说错了话，老总还可以再出来挽回。跟媒体去争执可以说道理，但是在斗气的时候，别忘了把脸转过来，对消费者多说几句话，虽然农夫山泉觉得之前说过了，但说得确实不太多。申明可以稍微多写一句，既然事情发生了，不管怎样，还是要对消费者道歉。

（资料来源：新华网）

思考：

1. 农夫山泉此次新闻发布会最大的失误在哪里？

2. 依据所学知识，对此次新闻发布会进行评析。

第三编 部门公共关系

第三編　経済門と方法

第 **11** 章 政府公共关系

政府组织，是指由国家财政税收来维持，为社会公众提供公共服务的各类行政组织。在当代中国，政府是一种极其重要却又相对特殊的社会组织。作为体现人民利益，组织社会生活，维护社会秩序和公正，保证社会正常、健康运行的公共机构，政府组织的影响和作用遍及社会的各个领域。所以，政府组织需要通过有效的公共关系，密切与公众的联系，了解公众的愿望，消除误会，缓解矛盾，协调各方面的利益；争取公众对政府工作的理解与支持，树立政府的威信与形象，提高政府工作的效率。

11.1 政府公共关系概述

随着我国民主政治建设的稳步进行，各级各类政府组织所面临的环境、压力和要求都在发生明显的变化。随着社会主义市场经济体制的确立，政治体制改革的不断推进和现代政府的职能转换，政府公关已成为政府沟通内外关系的强有力手段，成为社会政治生活民主化程度的标志之一。政府通过开展公共关系工作，可以更好地适应公众的要求，密切与公众的联系。可以预计，今后政府公关将是一个重要而又活跃的领域。因此，有必要对政府公关的基本问题进行探讨。

11.1.1 政府的含义

政府是国家政权机构中的行政机关。政府作为统治阶级行使国家权力、实施阶级统治的工具，是随着阶级和国家的出现而产生的；随着国家的发展和社会政治、经济生活的日益复杂，政府的职能将不断扩大，政府机构也逐步完善；随着国家的消亡，政府也将消亡。

在现代国家，一般由宪法和法律规定政府的结构、组成和职权。政府是国家机器的最主要组成部分。它具有鲜明的阶级性，其职能是代表统治阶级实行政治统治和管理社会公共事务。政府直接指挥警察、监狱等暴力机器，维护有利于统治阶级的社会秩序，进行政治统治。同时，政府还必须管理社会公共事务，这是政府进行政治统治的前提和基础。政府的职权包括对内和对外两个方面。对内，指挥国家机器，维持统治秩序和社会秩序，调整各种社会关系，管理公共服务事业，发展社会福利等。对外，则发展与其他国家的政治、经济、文化交流，保卫本国领土完整和主权不受侵犯，维护国家的独立等。政府的职能随着社会的发展在不断扩大。

政府一般设公安、司法行政、国防、外交、财政、工业、农业、商业、交通运输、科技、文教、体育、卫生、环境保护等职能机构，分别管理国家各方面的行政事务。

亚里士多德根据统治者人数的多少把政府分为 3 类：个人统治的君主政府、少数人统治的贵族政府、多数人统治的共和政府。根据立法、行政、司法机关的相互关系，资本主义国家的政府可分为内阁制政府、总统制政府、半总统制政府、委员会制政府等。其中，总统制政府与内阁制政府是资本主义国家最主要的两种政府类型。马克思根据国家的性质把政府分为奴隶制国家政府、封建制国家政府、资本主义国家政府和社会主义国家政府四种。

按管辖范围，单一制国家的政府可分为中央政府和地方政府，联邦制国家则有联邦政府、邦（州）政府。单一制国家的中央政府代表国家，行使国家最高行政权力，统一领导国家事务。地方政府则在中央政府的统一领导和监督下，负责本区域内的公共事务。有的国家，由中央政府任免地方政府首长。联邦制国家的联邦政府代表国家，它依据联邦宪法行使国家外交、国防、财政等主要权力。邦（州）政府则根据联邦宪法和本邦（州）宪法和法律规定行使职权，在宪法规定的范围内对联邦政府负责。

我国一般把政府界定为执行国家权力，进行政治统治并管理社会公共事务的机关。广义的政府是国家的立法机关、行政机关和司法机关等公共机关的总和；狭义的政府是指一个国家的行政机关，一般我们使用狭义的政府概念。

政府是一个国家的中央和地方行政机关的总和。我国宪法规定，国务院即中央人民政府，是最高国家行政机关；地方各级人民政府是地方各级国家权力机关的执行机关，是地方各级行政机关。中央人民政府和地方各级人民政府共同构成了我国的政府。

所谓一般意义的政府，即抽象意义上超越国家和阶级、超越人类社会发展阶段的政府。

所谓国家机构的政府，是有阶级社会的政府，它和国家、阶级、政党是联系在一起的。这种政府是国家机器的主要组成部分，是阶级斗争的工具，是政党争夺的主要对象。政府组织本身的工作性质和社会职责，决定了它们掌握着大量社会公共资源的分配和使用，具有很大的权力、责任和社会权威性。为了履行自己的职责，这些组织内部都具有明确的职务分工、等级分明的科层制结构、相对严格的纪律约束。其中某些人，尤其是官员和掌握实权的人，往往又都是社会公共性人物，经常成为媒体聚焦的对象，也是其他类型组织竞相争取的"首要公众"。政府组织成员，被视为社会的"精英"群体，具有稳定的收入和较高的社会地位、声望。近年来，各级公务员聘用考试吸引着越来越多的年轻人，竞争之激烈达到了"百里挑一"的程度。

11.1.2　政府的职能

政府，作为国家的行政机关，是国家权力机关的执行机关，对国家各方面事务行使着指导、管理、服务、协调、监督、保卫等职能。政府职能指政府在国家和社会生活中所承担的职责和功能。具体地说，就是指政府作为国家行政机关，依法在国家的政治、经济以及其他社会事务的管理和服务中所应履行的职责及所应发挥的作用。

我们判断政府好坏的最重要标志是，政府能不能保证国家利益和国家安全，如不能保证就丧失其合法性。在当代社会，政府组织发挥着多方面的功能。

1. 服务和管理功能

政府组织的主要使命，是为民众提供良好的社会公共服务，维护公共利益、国家安全和社会正常的生产、生活、市场秩序，保持、改善社会和自然环境的质量。为此，它必须通过制定政策、实施法律与合理调配、使用社会资源，有效地协调各种主要社会关系，尤其是不同阶层、群体之间的利益关系，缓和、化解各种社会矛盾，为社会经济、文化的繁荣创造有利的政治基础和社会条件，促进社会财富的稳步增长和国家软实力、硬实力的不断增强，满足民众日益增长的物质和文化需求，改善民众的生活质量和文明程度，实现国家的长治久安和可持续发展。现代社会，各个国家之间的国际竞争，在很大程度上，首先是各国政府之间的竞争。政府的效能、水平和公正、廉洁程度，决定着一个国家的发展速度、公正程度和社会的环境质量。

2. 代表和象征功能

政府组织是社会权力的象征，代表和维护全体民众的共同利益，受民众的委托行使各种公共权力。它还承担着维护社会道德和法律尊严，实现社会公平和正义，影响社会风气和引领价值观念的重要任务。可以说，政府组织担当着社会公平、正义、法律、良知守护者的职责，寄托着民众的希望。对外而言，各级政府组织又集中代表着国家的形象，关系到国家、民族在世界的声望和地位。古今中外的无数事实证明，任何国家、任何时候，如果有了廉洁奉公、勤政爱民、决策英明、处事公正的好政府，实乃万民之福、国家之幸，这个社会也必定是相对公正、兴旺发达、国泰民安的"治世"。否则，如果政府腐败无能，官员贪赃枉法、遇事敷衍，则必定酿成疑窦丛生、黑白颠倒、矛盾激化、民不聊生的"乱世"。

3. 示范和教育功能

政府组织及其成员所处的地位和影响在社会上能产生极强的示范、教育作用。古人很早就认识到，官德决定民德，官风转移世风，因此，治国必先治官。尤其是现代社会，政府组织及其成员如果能够严格依法行政、作风民主，具有较强的服务意识，为民众提供优质的服务，实际上，就是充当了最好的社会教师，时刻在无言地对民众进行最有说服力的公平、正义、民主、法治等方面的现代政治文明教育，必将极大地增加国家法律、法规和政府本身的权威性、有效性，提高全社会的政治文明水平，使民众也逐步养成自觉遵纪守法的良好素质。同样，如果政府组织的成员都能严于律己、爱岗敬业，管好、用好纳税人的每一分钱，又何患社会的各行各业、其他组织还敢玩忽职守、铺张浪费！在中国近代历史上，人们曾经多次争论提高国民素质与实现民主制度的孰先孰后，但却忽略了建立民主制度与政府以身作则、民主行政之间的相互关系，及其在现代民主政治建设中的关键作用。

所以，现代国家无不重视对政府组织及其官员的严格要求和监督管理。近现代以来，人类社会发展速度的不断加快，其中一个十分重要的原因，恰恰在于人类找到了民主和法治，来约束政府的行为，规范政府与民众的关系，保障公民的权利，从而使民众可以对政府和官员进行有效的监督，防止个人专断和政府、官员及其权力的异化，使政府真正发挥为民众提供公共服务的作用。正如毛泽东 1945 年在延安会见黄炎培等人时所说："我们已经找到了新路，我们能跳出周期率。这条新路，就是民主。只有让人们来监督政府，政府才不敢松懈；只有人人起来负责，才不会人亡政息。"

11.1.3　政府公共关系的含义

政府公共关系指政府与社会公众之间的传播管理，即以政府为主体建立的，维护和发展各种内外关系，以体现政府根本职能的一种管理思想和实践活动。通过发挥传播沟通、行为规范等职能，与社会公众建立良好关系，以维护政府良好形象。"从动态上看，政府公共关系是政府与社会公众之间的双向传播沟通活动；从静态上看，政府公共关系是发生在政府与社会公众之间的一种信息交流、沟通与传播的行为状态；从管理学角度看，政府公共关系是对政府与社会公众之间的传播行为与状态进行管理。"政府公共关系包含这样几层意思：一是政府公共关系的行为主体是国家行政机关，有社会公益性和政府行为权威性；二是有传播沟通、行为规范的职能，有政策导向性和传播垄断性；三是与社会公众建立良好关系，有全民参与性；四是体现政府管理思想，维护政府良好形象。政府公共关系的基础是公共关系管理的理论。"公共关系管理即根据公共关系工作的内在联系和规律，按照一定的公共关系工作模式，设计、组织、控制公共关系的实际过程，使公共关系成为完整的职能运行系统。"公共关系管理的目的是：建立和维护各种重要关系；研究和预测它们的发展趋势，可能会出现的对组织有破坏性影响的问题或事件；采取措施以最大限度减少那些问题和事件对组织的不利影响。显然，这种观点着眼于公共关系对整个组织管理工作的功能和作用，旨在通过开展公共关系工作加强对组织的管理，便于我们客观地把握公共关系管理在整个组织管理中的地位。

可见，公共关系作为一种新型的管理方法和艺术，在组织的管理过程中发挥着独特而重要的作用。因此，从管理的手段上看，政府公共关系是建立在没有权力强制的、平等的和自愿选择的基础上，采用双向沟通、劝服的柔性手段进行的协调管理。政府公共关系不同于政府关系，政府公共关系是通过传播手段帮助政府适应并影响公众环境，力求为公众塑造良好的政府形象，争取公众对政府工作的理解和支持。因此，现代政府的健康有效运作，呼唤政府公共关系管理的及时有效实施。政府公共关系工作者要善于把握时机，适时公关，以促进行政管理的效率和质量的提高。

11.1.4 政府公共关系的特点

政府公共关系既是现代公关事业的重要组成部分，也是现代政府组织的一项不可或缺的重要工作。政府公关既有公共关系工作的普遍性，又有自身的许多特殊性，与其他公共关系比较，政府公共关系具有以下特征。

1. 目标的独特性：追求社会发展的整体利益

与其他组织不同，政府机构开展公共关系工作的目的不是为了自身利益的得失，而是为了国家、社会整体利益的充分实现，为了国家经济、政治的全面振兴及社会各领域、各部门的协调运转、良性运行。表面看来，政府公关追求自身的完美形象，但这却是从属于上述目标并为更好地实现上述目标，有效履行政府的职能而必须具备的先决条件。社会整体利益和根本利益的实现程度，是检验政府公关工作成败的根本标准。其他社会组织进行公共关系工作，主要目的是为组织塑造良好形象，从而提高组织的知名度和美誉度。而政府在国内开展公共关系工作，一般不需要提高知名度。由于主体的权威性和唯一性，政府机关的知名度本身就很高。因此政府公共关系的本质应主要围绕着如何提高美誉度下工夫。只有美誉度提高了，政府才能得到人民群众的理解和支持，实现人民政府为人民服务的宗旨。

2. 客体的复杂性：全体社会公众

企业或社团组织的公众一般是有限的，主要是与组织发生了实际利益关系的组织或个人。而对于政府来说，几乎没有非公众的存在，社会上的所有公民，都可以算是政府的公众。与其他组织不同，政府机构的管理对象从广义上说涉及全体社会公众，而不仅仅是某一方面或某一领域的特殊公众。政府制定的各种法规、政策都是从社会中来，到社会中去，"取之于民，用之于民"的。政府决策的任何微小变化都会在社会上产生广泛影响，给社会生活带来或大或小的影响，政府管理工作实质上就是为全社会公众服务的。政府公共关系作为国家政府管理活动的重要组成部分，其工作对象自然涉及全体社会公众。

3. 传播的优越性：政府掌握大众传媒

世界各国的政府，在传播方面都有较大的优越性，中国的情况尤为突出。在中国，大众传播媒介只有经过了政府的审查才是合法的，其中相当一部分报纸、广播、电视及网络都直接由政府出资创办。这就给政府进行公关活动提供了极大方便，使政府的信息可以及时、准确地到达公众的身边。

4. 效益的社会性：与社会政治生活密切相关

政府公共关系与企业公共关系、社团公共关系有不同的评价标准。企业公共关系活动的质量高低，最终要以是否能增加企业的经济效益为准绳。社会团体的公共关系，要以是否实现了社团的目的为标准。而政府因其自身所具有的公共性，所以不应有"为人民服务"以外的特殊利益，因此只能以国家、社会和人民的整体利益为标准来衡量政府公关的效益。任何公共关系都与社会的政治环境有着某种程度的联系，公共关系本身就是政治民主化的产物。但是，由于不同的公共关系的内容及发生作用的范围各不相同，因而也就使各种公共关系与社会政治生活联系的性质、程度等有了很大的区别。企业等部门的公共关系的传播沟通内容一般只是为本部门、本单位开辟、扩展生存发展空间。政府公共关系则不然，它所传播沟通的内容涉及每个社会公民的切身权益，涉及广大人民群众实现民主权利、参与国家管理的深度与广度，涉及整个社会的稳定、繁荣与发展等问题。总之，政府公共关系本身就是国家政治生活的一部分，两者水乳交融，密不可分。

11.1.5　政府公共关系的意义

随着社会主义市场经济体制的确立，政治体制改革的不断推进以及现代政府的职能转换，政府公关已成为政府沟通内外关系的强有力手段，成为社会政治生活民主化程度的标志之一。因此，充分发挥政府公共关系的职能作用，具有十分重要的意义。

1. 促进社会主义市场经济体制的完善

政府职能转变需要政府公共关系。市场经济体制得以确立的关键是转变政府职能，实行政企分开，这就要求政府相应强化公共关系的职能，以适应社会关系的转型。政企分开也需要政府公共关系。从政府公关的角度讲，企业已由内部公众变为外部公众，其关系具有平等性。政企分开是要改变政府的管理模式，因而更需要加强联系，以弥补政府权力撤退后留下的真空。政府公关作为一种新型的行政传播管理职能，正发挥着政企分开后的"桥梁"作用。政企之间关系的平等性，也使政府不得不以平等的姿态去做公关引导，协调关系，化解政企之间可能产生的矛盾和误解。

2. 推动社会主义民主政治建设

政社分开需要政府公共关系。政府与公民社会之间实行政社分开，把政府权力运作的"公共领域"与个人活动的"私人领域"区分开来，使人的基本权利得到根本的保障。政府必须在有效履行公务的同时，架起与人民群众之间联系沟通的桥梁，建立起民主的信息交流关系。民主政治也需要政府公共关系。有效的信息交流是充满活力和创造性的民主政策的基础。政府公共关系中的公众信息传播沟通，有利于社会主义民主政治的建设。通过开展政府公关，可以保证政府时刻接受群众监督，保证下情上达和上情下达，为社会主义民主政治建设提供一条现实可行的渠道。

3. 维护转型期社会秩序的稳定

社会转型期需要政府公共关系。通过有效开展政府公关，可以在与公众进行双向沟通交流的基础上了解公众的各种变化趋向，妥善处理各种关系，引导舆论走向，并通过树立自身形象提高社会向心力。提高政府能力也需要公共关系。建立以政府为支点的社会公共关系网络，能够适应社会的这一变化。

4. 提高政府的国际形象

地方政府要推动地方经济发展，在国际公众面前树立良好的政府形象也是当务之急，有效地开展政府国际公共关系，将有利于双向传播沟通，让中国了解世界，让世界了解中国，在相互了解的基础上建立友好的国际信任合作关系，从而树立起改革、开放、自由、民主、进步的中国政府新形象。

11.2　政府公共关系的主要职责

公共关系是指社会组织与其他相关联的社会组织或群体之间各种关系的综合表现，是一种通过塑造和宣传组织的形象来增强组织内部的凝聚力和组织对外部公众的吸引力的一种软性经营管理艺术。政府公共关系是公共关系学的一般理论在政务活动中的具体运用，是政府与其他相关联的社会组织或群体之间的各种关系的综合表现。形象是政府公共关系的核心。这里所提的"形象"是指政府组织的形象，也就是政府组织、政府行为及其后果在社会组织和公众个人心目中留下的整体印象和评价。根据近年来我国政府组织转变职能和制度变革的需要，借鉴国外政府公关的经验和做法，当前和今后一个阶段，政府公共关系应具备以下主要职能。

11.2.1　信息沟通

政府公共关系活动的本质即有效达成政府与公众的信息交流。政府公共关系活动的首要职能就是获得信息，经过收集、加工、传递、存储，为政府管理提供各种所需信息，促使政府与其管理对象之间的关系更加和谐一致。在市场经济条件下，政府引导经济的一个重要方面就是用信息进行引导。建立良好的政府公共关系，有助于政府系统的信息引导。一方面，它能促进各种信息输入，克服官僚主义等弊病，为公众提供一个下情上达的机会，使政府机关了解社会公众的要求和欲望；另一方面，良好的政府公共关系，也有利于政府系统的信息输出，给政府机关提供一个上情下达、直接向群众宣传解释某些重大方针、政策的渠道，使社会公众了解政府系统决策程序、意图和面临的困难，避免这样或那样的误解，以便得到他们的理解和支持。这是当前政府公关的一项重要工作。

信息沟通必须加大制度建设的力度，提高政府组织的社会透明度，加强民众对政府的监督。近年来，政府组织的改革正在朝这个方向努力，新闻发言人制度就是重要体现。自 1983 年，外交部开始设新闻发言人以后，国家各部委也陆续设了新闻发言人，这主要是从对外宣传的需要出发的。1993 年，由国务院新闻办具体负责新闻发布。到 2003 年 1 月北京市政府要求局级以上单位建立新闻发言人制度以来，从中央部委到地方政府，新闻发言人纷纷登台亮相，政府新闻发言人制度呈现遍地开花之势。2004 年 12 月 28 日，国务院新闻办举行该年度最后一次新闻发布会，首次集中公布了 62 个国务院部门新闻发言人的名单及联系方式。据了解，到 2004 年年底，我国国务院新闻办公室、中央各部委、省级人民政府三个层次的新闻发言人制度已经基本建立，62 个国务院部门设立了新闻发言人，成立了工作班子；31 个省、自治区、直辖市中有 20 个建立了新闻发布和新闻发言人制度。这既是为了满足公众知情权、推行政务公开的需要，同时通过新闻发言人，各级政府组织可以直接而正式地向媒体和公众介绍政策、通报情况、表明立场和态度。新闻发言人制度承担着与媒体和公众实现沟通，用政策议程引导传媒议程和公众议程的职能，应该说是政府组织塑造自身形象的一种新模式和新手段，是政府公关的一种必然选择。

2007年4月5日，《中华人民共和国政府信息公开条例》获批，并自2008年5月1日起实施。该条例明确规定各级行政机关必须本着"公正、公平、便民"的原则，公布除涉及国家秘密、商业秘密、个人隐私外的政府信息；公民、法人或者其他组织可以主动向政府申请获取所需要的政府信息；行政机关应当主动将公开的政府信息，通过政府公报、政府网站、新闻发布会以及报刊、广播、电视等便于公众知晓的方式公开；公民的知情权如受到侵犯，可申请行政复议或提起行政诉讼；公民、法人或者其他组织有证据证明行政机关提供的与其自身相关的政府信息记录不准确时，有权要求该行政机关予以更正；各级人民政府应当建立健全政府信息公开工作考核制度、社会评议制度和责任追究制度，定期对政府信息公开工作进行考核、评议。该条例的实施，将从制度上保证和加强政府与公众的信息沟通，有利于公众行使监督政府的民主权利。

许多政府组织还越来越重视利用网络，直接和公众进行对话。上海浦东新区政府自2005年年初开始，每月举行一次区长网上办公会，直接在网上与市民对话，征求公众的意见和建议，收到良好的效果。2006年年底，中国政府网正式开通，使更多的公众在网上了解到政府的信息。民众通过网络表达的意见涉及面比较广，这些意见大多来自最基层的老百姓，说的都是真话、实话、心里话，这有利于政府领导人直接了解下情民意。2007年3月16日，温家宝总理在记者招待会上一开始就提及网民的意见。这也说明网络已日益成为一种上下沟通的渠道、了解民意的窗口。类似的事例在国外也较为普遍。如越南政府总理在2007年2月就曾做客越南政府网站的聊天室，直接与公众在网上交谈，回答公众提出的各种问题，得到公众的好评。

此外，近年来许多城市开通的"市长热线"、政府部门主要负责人的公众接待日制度、对群众信访接待工作的改革等，也是加强与公众沟通和信息交流、密切与公众联系的有效措施。政府机关设立面向公众的开放参观日，也是增加其透明度的重要举措。2006年10月21日，来自北京12所高校的180名大学生参观了外交部，其中6人还进入部长办公室参观。这是外交部长办公室首次对非公务来访者开放，显示出国家机关及其领导人在民众面前的平等姿态，表明中国开始拥有一个成熟大国的开放心态。

总之，政府组织及其官员与公众的密切联系和经常、直接的对话、交流，从技术手段上看已不成问题，当务之急是要尽快建立相应的制度和机制，加大建设服务型政府的力度，使更多的政府官员乃至政府组织的所有成员，切实树立现代公共关系意识，真正做到"权为民所用"；以身作则，在全社会倡导民主政治的良好风气，自觉接受公众的监督，真正体现人民群众当家做主的政治权利。

11.2.2 协调利益

政府与公众的沟通是指政府作为公共关系的主体与公众之间通过多种途径和方式所进行的思想与信息的交流过程。政府与公众的双向沟通，既可以让公众明了政府的方针、政策和举措，把政府意志转化为公众意志；还可以使政府根据民意科学决策、制定政策，从而为政府创造更有利的环境和条件。政府与公众的协调是指政府在沟通的基础上，通过协商、调整等方式来调适、理顺政府与其内外公众之间的关系，保持组织管理系统的整体平衡，以利于发挥整体优势，确保计划的落实、目标的实现。在新旧体制的转轨时期，条块分割、急功近利、政出多门等现象十分严重，由于各部门的管辖范围不同，职权不同，认识上的差异，局部利益的冲突，沟通上的障碍，体制上的缺陷等，政府与其内外部公众之间难免产生一些矛盾和纠葛。这就要求各级政府有效及时地开展多种公共关系活动，充分发挥其沟通协调的职能作用，化解矛盾，减少对抗，消除内耗，加深理解，形成一个下情上达、上情下达、沟通协调、民主管理的良好关系状态。

协调社会各个阶层的利益，尽可能缓和、化解各种社会矛盾，这是绝大多数国家的政府组织面临的一项重要任务。尤其是当前正处在转型期的中国社会，各种矛盾和利益关系错综复杂，稍有不慎，就会引发社会问题甚至公共突发事件，危及社会的稳定和发展。2006 年 10 月召开的中共十六届六中全会通过了《关于构建社会主义和谐社会若干重大问题的决定》，明确提出到 2020年建设和谐社会的发展路径，具有极其重要的现实意义。一个和谐的社会，才是稳定、有序、充满活力的，才能够为不同的社会组织、为每一个人提供更加有利的生存和发展环境。和谐社会的建设，首先需要真正确立以人为本的发展观，通过化解矛盾，实现政治、经济、文化和城乡之间、地区之间的均衡发展；其次要加强民主法治和制度建设，依法治国，依法行政，建设廉洁、公正、高效、节约的政府；同时还需要努力营造相对和谐、有利的外部环境。

建设和谐社会，各级政府承担着首要责任。一方面，政府要通过政策导向，对社会财富和公共利益的分配进行协调、干预，加大财政投入，创造就业机会，帮助广大农民和城市低收入居民、下岗职工增加收入，改善生活，适当缩小城乡、贫富地区之间的差距；另一方面，在保证社会公平、公正，妥善解决民生问题的前提下，提供充分的教育、卫生医疗、市场监管、社会管理等公共服务，维护社会的良好秩序。在这个过程中，政府公关工作可以最大限度地发挥积极作用。一是及时了解各个阶层、群体和各种类型社会公众的利益、需求，尤其是弱势群体的实际困难和呼声；二是向决策部门提供咨询、建议，使决策部门能够及时制定相应的政策，做好社会利益的协调工作，特别是将有限的公共资源向最需要帮助的阶层、群体倾斜；三是由政府牵头，通过长期、持久的活动，动员、引导和组织各种社会力量，争取广大公众的参与和支持，共同繁荣与公众生活有密切关系的众多社会公共、公益事业，如社区建设、环境建设、社会治安和公共交通、医疗卫生、教育、文化、体育事业等，不断改善公众生活质量，真正让公众放心和满意；四是倡导良好、健康、文明的社会风尚、生活方式、行为方式和价值观念，提升公众的素质和社会文明程度，建设更为合理、和谐、和睦，充满生机和活力的社会环境和氛围。这些既是增强发展后劲和国家竞争力，塑造良好地区形象、民族形象、国家形象的重要保证，更是政府形象的坚实基础。

11.2.3　塑造政府和国家形象

政府是一种特殊形式的组织，政府形象不同于一般的组织形象。它是指公众对于政府综合认识所形成的整体印象和评价。它是政府机构的静态实体（如政府设施、组织机构、政令政策及法规文件档案等）和政府人员的动态言行等因素，综合作用于政府内外公众主观意识的产物。政府形象对于政府的生存和发展有着至关重要的作用。良好的形象是政府赢得公众的信任与支持，充分发挥其效能的重要条件。一个具有良好形象与信誉的政府，其内政外交政策不仅容易获得国内人民的信任与拥护，也容易获得世界上大多数国家的政府和人民的理解与支持。因此，良好的形象和信誉被视为政府的无形财产，是提高政府管理效能的基础。从根本上讲，良好的政府形象来源于政府的具体实践，亦即政府在管理过程中的具体作为和表现。公共关系被人们称作"塑造形象的艺术"。政府形象的塑造与维护又必须借助于公共关系活动的开展。如果没有公关理论的指导及相应的科学手段的运用，所谓的形象只能停留在表层，很难得到提高和完善。因此，塑造和维护政府形象便成了政府公共关系工作的核心职能。

当前，随着改革开放和经济的持续、高速发展，中国的综合国力及国际影响力不断增强，中国的国家形象也开始受到国际社会的广泛关注和好评。2005年 3 月 7 日，英国广播公司国际广播电台（BBC）公布的一项在全球 22 个国家进行的调查显示，在各国民众心目中，中国的国家形象良好。

与此同时，在许多国家也相继出现了中文、中国文化热。到 2006 年年底，我国已在一些国家相继开办了 150 多所孔子学院；先后举办了中法、中俄文化年。2007 年，还举办了中韩交流年、中日建交 35 周年文化交流活动等，有效地向世界展示、传播中国文化和各方面的变化，表达中国致力于国际合作、世界和平，倡导建设和谐世界的愿望。中国还成功举办了"博鳌论坛"、"2006年中非论坛北京峰会"，发起建立了上海合作组织，成功举办 2008 年第 29 届北京奥运会、申办 2010 年上海世博会成功，发起朝鲜核问题六方会谈，国家领导人一次次成功出访……这一切都表明中国正在国际和地区事务及世界外交舞台上发挥越来越积极的作用，树立一个负责任的大国形象。从这些巨大成就中，能够看到政府公关的重要作用和成果。

从国际大环境来看，对中国的发展既有有利、积极的一面，也有不利、消极的一面。国外有些人为了维护自身霸权，总是不愿看到中国的强大，千方百计将中国的形象"妖魔化"。同时，随着近年来中国进出口贸易额的快速增长，中国各种价廉物美的出口商品大量进入国际市场，受到各国消费者的欢迎，但也给这些国家的制造业带来很大的竞争压力，引起相关利益群体的不满，贸易摩擦接连不断。一些国家的组织已经掀起抵制中国商品、中资企业，甚至排斥、迫害华人、华侨的活动。目前，中国已成为各国反倾销的重灾区和世界上受贸易保护主义伤害最严重的国家之一。总之，近年来，"对华反倾销已呈现出案件发生率高、发起国家多、涉案产品广和涉案金额大等特点，并且构成了对涉案生产商的歧视性待遇"。面对这种情况，不仅企业界要奋起抗争，学会运用法律武器维护自身权益；国家和政府也需要更多地开展国际公关，通过外交、新闻宣传、旅游、文化交流、院外游说和网络等多种方式，更好地展示中国的软实力，加深中外之间各个层面的相互沟通和了解，消除国外的种种传言和误解，让各国民众和政府较为全面地感受中国的历史、文化和传统，真正意识到，一个和平崛起、日渐强大的中国，不仅不会对世界构成威胁，而且有利于世界的和平与繁荣；中国需要世界，世界也同样需要中国。

11.2.4 宣传教育、咨询建议

政府公共关系的一项重要的手段就是传播，即把政府的各种政策、措施和意图广泛向社会宣传教育，使社会各个方面对政府的各项政策措施充分理解，以获得更大的支持。宣传教育职能的内容：一方面是把政府内部的信息有效、有目的、有步骤地向社会输出，以获得社会各方面的理解与支持；另一方面是教育和引导，即经常教育政府工作人员树立"全员公关"意识，使自己的所有行为都自觉地维护政府的形象和声誉。同时又要充分运用各种宣传工具和传播媒介，将政府的政策、措施和意图传达给社会公众，并给予正确的解释和充分的说明，告诉公众政府正在做什么，准备做什么，人民可以得到什么和如何支持政府的工作，使公众理解政府的决策和措施，赞同和支持政府的工作，保证政府政策、措施的顺利实施。

政府决策是实现政府管理目标的关键。决策质量的高低直接影响到政府工作的成效。从公共关系的角度而言，充分发挥咨询建议的参谋作用，是保证决策质量不可缺少的条件。政府公共关系的咨询建议职能，有助于促进政府决策的民主化。社会公众参与国家大事的讨论，是他们的基本权利和国家及社会主人地位的体现。这就要求政府必须将决策意图、打算和面临的困难告知公众，做到"政务公开"，以征求他们的意见和建议。然后把来自公众的各种信息分门别类地进行整理加工，向决策者提供咨询建议资料，从而保证最终形成的决策中能广泛吸收公众的合理意见，吸取群众智慧，使决策建立在尽可能广泛的民主基础之上。政府公共关系咨询建议职能也有助于政府决策的科学化。由于通过公共关系活动所搜集到的数据、资料和情况一般都是来自于社会各方面的真实信息，所以公关人员可依靠这些信息资料，广泛征询公众及有关专家集团的意见，同时监测环境的变化，预测社会变化趋势，使决策更具有科学性。

11.2.5 公共危机事件处理

在现代社会中，各种公共突发事件随时都有可能出现，并对民众的生命、财产安全和社会稳定、社会秩序造成极大的影响。因此，有效应对公共突发事件，尽量减少其影响及造成的损失，就成为对现代政府组织社会管理能力、快速反应能力和公信力的严峻考验。

2003 年春，SARS 病毒突袭香港和内地。虽然开始时，人们对之缺乏了解和防备，但很快中央和地方政府本着对人民高度负责的精神，集中全力进行防治；同时采取了一系列政府危机公关措施，如党和国家领导人亲自看望、慰问奋战在防治"非典"一线的医护工作者，到高校看望学生并在食堂与他们共同进餐；利用各种媒体及时通报全国每天的发病情况、报道防治"非典"工作的最新进展……这些措施有效地稳定了民众的情绪和社会秩序，维护了中国在国际社会中的形象，也为日后应对紧急公共突发事件时的政府公关树立了典范。

2005 年 11 月，中石油吉林石化公司双苯车间发生爆炸，使松花江水遭到污染。21 日上午，哈尔滨市人民政府发布"哈政法字〔2005〕25 号"文件《关于对市区市政供水管网设施进行全面检修临时停水的公告》，宣布自 2005 年 11 月 22 日中午 12 时起，对哈尔滨市区市政供水管网设施进行全面检修并临时停止供水，其时间为 4 天。这一决定由于对公众的知情权重视不够，未向公众如实说明真相，立刻引起公众的恐慌。于是有关地震、投毒、污染等传言通过各种信息渠道四处蔓延，极大地威胁到整个社会的稳定。面对危机，市政府当机立断，在 22 日下午，又紧急发布了"哈政法字〔2005〕27 号"文件《关于正式停止市区自来水供水的公告》，说明停水的真实原因和为保证全市供水安全而采取的紧急停水措施，提醒民众不要听信传言。同时，为解决停水后市民的生活用水，市政府还连夜采取许多应急措施，如紧急开采地下水，调集郊县水源、饮用水，向兄弟城市请求迅速调拨瓶装饮用水等，有效地保障了市场和生活供水。了解真相并看到市政府的各种举措后，市民心态趋于平稳，一场社会危机逐渐平静下来。这些事例都充分说明，有效应对和处理公共突发事件是现代政府组织的一项重要任务，相应的公共关系工作在其过程中能够发挥不可替代的作用。

11.3 政府公共关系的基本原则与基本要求

政府公共关系的所有决策和行为，都是以社会公众为前提和出发点的。为了实现政府公共关系的职能，政府公共关系活动必须遵循一定的基本原则。

11.3.1 政府公共关系的基本原则

现代政府公共关系的基本原则是政府部门的利益应当服从于公共利益，依照法律和规则处理事件。做到了这些，政府就能取信于民，最终达到政府、民众和社会的共赢。

1. 国家、公众利益至上原则

政府公共关系要求政府工作人员首先要在思想上树立政府的一切公共关系活动都必须体现社会公众利益的思想，这是政府公关活动的出发点和归宿。政府公共关系人员作为政府公务员的一分子，在从事政府公关活动时，必须始终把国家利益摆在最高位置，以国家利益为最高准则。正如中国领导人邓小平所指出的那样，"考虑国与国之间的关系主要应该从国家自身的战略利益出发"，"我们都是以自己的国家利益为最高准则来谈问题和处理问题的"。所以，邓小平在与英国方面进行香港问题谈判时，一再强调主权问题不是一个可以讨论的问题。在谈到台湾问题时，他也说必须由中国大陆和台湾双方谈判解决，万万不能让外国人插手，那样只能意味着中国还未独立，后患无穷。国家利益至上原则是任何国家在处理国际事务时都应遵循的基本准则，英国首相丘吉尔曾说：没有永远的朋友，也没有永远的敌人，只有永恒的利益。因此，为了美国的国家利益，美国人顶着全世界的压力支持、袒护以色列；为了俄罗斯的国家利益，俄国人和美国人签署了《削减中程核导弹条约》；为了各自的国家利益，欧洲诸国结成了一个强大的、统一的欧盟，东南亚诸国也以东盟形象出现在国际舞台上。

不仅处理国际事务是这样，在处理国内事务时，也应该遵循国家利益至上原则。这就要求公关人员在从事公关活动时，要忠于国家、忠于人民、忠于政府。如英国、美国、法国等最早确立文官制度的国家，就明确要求它们的公务员必须忠于政府。英国要求所有文官对政府忠诚，随时为国效劳；美国公务员必须拥护、忠于政府，不得参与产业工会等团体举行的罢工，或参加要求增加工资等活动。日本公务员在就职时，都要向录用机关进行服务宣誓，并在宣誓书上郑重地签名盖章。

2. 真实公开原则

政府向公众传播信息的内容要真实，过程要公开。做到在收集、了解公众的意见要求、愿望时，获取的信息力求真实、准确和全面，并公开反馈意见，公开解决问题的计划。在真实、公开中求效率、求形象。真实是公共关系生存和发展的基础，在政府公共关系活动中，同样应该保证传递信息的真实和准确。忠诚、忠实是公务员应有的品德，也是其对国家、对人民负责的表现。在实际工作中，必须坚持讲真话，不讲假话、大话、空话，无论对成绩还是对缺点，都要"一是一、二是二"，既不虚报夸大，也不隐瞒缩小，只有这样才能取信于民。

公开化、透明化是人们对政府部门工作的基本要求，办事制度公开、办事过程公开、办事结果公开，对于政府机构在公众中树立并维护良好形象与信誉是至关重要的。在很多西方国家，都要求其公务员特别是政府要员，每年都要对其财产进行申报，以使收入更透明，这种做法甚至赢得了"阳光工程"的美名。而那些企图隐瞒真相的政府或政府官员，一旦事实败露，往往会舆论哗然，当事人会因此而身败名裂。美国历史上唯一一位在任期内被弹劾而辞职的总统尼克松，就是因为在水门事件中，竭力地想隐瞒真相，掩盖丑闻，而遭此下场的。下野后的尼克松，不无悔恨地说，"这是一个公共关系问题"。言下之意是如果求助于公关专家，也许情况不会这么糟。当然历史没有"如果"，但却足以给每一位政府官员以警示。人们可以宽容错误，但不会宽容知错不改，更不能原谅有意地掩饰错误的行为。

3. 科学指导原则

随着政府管理的国家和社会事务日益广泛和复杂多变，要及时、准确了解社会环境变化，全面把握公众脉搏，正确选用大众传播媒介进行传播沟通，都需要现代科学的理论和方法作指导。

4. 整体统一原则

政府在处理与具体公众的关系时，不能就事论事，而要从整个社会公众的整体关系和整体利益出发，把局部关系和利益放到全局关系和利益的范围内加以考虑。政府公共关系需要政府内部各职能部门、政府的上下级部门、中央和地方部门之间的密切配合，有效发挥政府的整体系统效应，共同树立政府的整体形象。

11.3.2　我国政府公关工作的基本要求

根据政府公关工作的任务、现状和问题，当前需要重点做好以下几方面的工作。

1. 尽快使政府公关工作制度化

为了适应政府改革和公众的需要，政府组织的公关工作应加快制度化建设。各级政府相继设立新闻发言人，虽然在这方面开了个好头，但政府公关绝不仅限于此，它包含众多内容和方面，需要和政府执政理念的转变、服务功能的加强及自身工作效率的提高紧密结合，并作为政府的一项日常基本工作，进行通盘考虑，形成相对完善、系统的工作机制和保障措施。

2. 增加政府行政的透明度和公开性

知情权是现代公众的一项合法权利，政府的决策和行政必须尽可能地让公众了解，征求公众的意见，争取公众的理解和支持，尤其是那些与公众利益攸关的事项。这是现代民主政治和尊重公众权利的体现，也是相信、依靠群众优良传统的延续，更是提高政府工作绩效，尽可能让公众满意的前提和保证。因此，政府组织必须从战略管理层面重视与公众的沟通，及时向公众提供有关信息，并准确、全面地了解公众的愿望、需求和意见，作为政府制定政策、改进工作的依据；自觉接受公众的监督，切实把公众的满意程度作为评估、衡量政府及其成员工作的标尺。这就需要让专门负责与公众沟通的政府公关真正成为经常性、制度化的工作，而不再是过去那种可有可无的装饰和点缀。

3. 协调公众利益，化解社会矛盾

建设社会主义和谐社会，需要政府公关把协调公众利益、化解社会矛盾作为自己的工作重点。实践证明，在大多数情况下，只要政府决策正确、工作得力、处事公正、方法得当，许多问题都是可以得到妥善解决的，一般不会导致矛盾的激化和升级。这是由于政府掌握着较多的社会公共资源，是能够通过调剂余缺而有所作为的。例如，我国是一个自然灾害多发的国家，近代历史上，由于政府的不作为和战乱、物资匮乏等原因，经常会出现大范围的灾荒，使大量民众死于非命。新中国建立后，除了三年困难时期外，各种自然灾害虽时有发生，但有了各级政府的组织协调，并未导致严重的饥荒。而经济学家的研究也证明，饥荒往往与社会制度和政府行为有关。在现代民主制度下，政府通过公开信息、合理调配，加上民众的参与，完全能够预防和战胜灾荒。要有效化解社会矛盾，首先需要政府关注、了解不同社会阶层、群体和各方面公众的利益及其差别，在保证社会公正和社会共同、长远利益的基础上，兼顾、协调各

方面的利益，寻求大家都能认可、接受的利益结合点；并且引导大家去共同创造更多的社会财富，在更高的层面上实现各方面利益新的平衡。这个过程，也需要政府公关发挥在沟通、协调和说服、引导方面的功能和作用。

4. 增强沟通能力，提高反应速度

政府公关迫切需要增强沟通能力。沟通本身是一个很复杂的过程，需要掌握公众的心理和信息需求，掌握传播的艺术，巧妙利用各种传播工具、方式和渠道，保证传播、沟通的效果。但是，长期以来，我国很多政府机关习惯于以我为主的单方面灌输，不考虑公众的需要和宣传的艺术，从而使自身的工作很难取得预期的效果。以现在的新闻发言人为例，有的能够与媒体记者形成有效的沟通和互动，较好地向公众传递重要的信息；也有的盛气凌人，出言不逊，留下不少的漏洞和把柄，招致媒体的批评和公众的不满。此外，提高政府公关的反应速度也至关重要，这一方面要求公关人员端正对公众的态度，真正把公众的需要当作一件大事；另一方面是要提高公关工作的专业水平，能在最短时间做出准确的判断和反应，把握最佳的传播时机，争取最好的公关效果。然而在实际工作中，常常看到不少政府机构公关工作反应的迟钝、冷漠和拖沓、敷衍，令公众失望和不满。

11.4　政府公共关系实务

随着市场化进程的不断推进，政府改革也成了我国经济转型时期最具全局性、长远性、深刻性的关键问题。为了适应社会主义市场经济体制的需要，政府需要更好地履行公共管理的职能。政府公共关系正是在政府观念转变过程中，适应政府公共管理职能的需要而开展的。

11.4.1　提高政府公关意识

目前，一些部门的领导对公共关系工作的内容了解不多，重要性认识不足，或者存在各种偏见和误解。因此，提高各级领导干部的公共关系意识，是当前加强政府公共关系工作面临的紧迫任务。首先，各级行政人员要转变思想观念，强化公关意识，树立"全员公关"意识。要使每位行政人员充分认识到自身形象是政府整体形象的一部分，以"公仆意识"为社会服务，以"沟通"、"协调"意识指导政务工作，借此润滑政府的运作机制。其次，加强行政

人员的素质教育和锻炼。针对行政人员的现有状况，开展理论学习和培训工作，加强自我教育、提高自我修养。同时，注意在实践中锻炼干部，使行政人员多面向企业，面向基层，面向社会公众，切实做到一切为社会公众服务，一切为经济建设服务，密切政府与公众之间的联系，架起政府与社会公众之间沟通的桥梁。

11.4.2　设置政府公共关系机构

在信息革命和信息经济日益加速发展的今天，在政府服务由被动变为主动的今天，政府成立公共关系处是社会发展需要，是大势所趋。在政府机构中设立公共关系职能部门是适应社会主义市场经济的需要，是适应政府职能转变并有效发挥公共管理职能的需要，是加强与人民群众联系和开展国内外交往的需要，也是政府观念转变的重要标志。政府公关职能部门的设立，既可以作为"信息库"，及时让政府了解所需信息，又可以作为"智囊团"，参与政府决策，还可以作为"润滑剂"，沟通、协调政府与外界的联系，树立起良好的政府形象。随着全球化浪潮的推进，公共关系活动范围在扩大，公共关系工作领域在拓展，公共关系的地位因社会需要的增加而得到强化和提升。各国政府为适应全球化需要，都加强了政府管理体制改革，并试图从原来的统治者、控制者向协调者、服务者的角色转换。正是基于这样的目的，世界上掀起全球化政府公共关系活动的热潮，各国政府首脑及主要官员的外交活动都开始把扩大对外贸易、推销本国产品、寻求合作伙伴、拓展投资领域、签订经贸合同作为重点内容。这也是公共关系在政府行为领域中的新突破、新开拓。现阶段，由于政府公关职能部门设置不明确，职责不清，已难以满足市场化进程中政府公共关系的多种需要，因此，各级政府应尽早设立明确的公共关系职能机构。

11.4.3　完善新闻发布制度

及时发布政府信息，保证公民的知情权，是政府公共关系从业人员的首要任务，也是政府公共关系的一项常规性工作。政府工作涉及大量公共事务，与社会大众日常生活密切相关，如新的财政、预算报告，有关社会经济的重要决策、重大建设工程的立项、重要的外事活动，新的法律法规的制定过程、发布及生效时间等。

政府机构对外发布信息的渠道和方式是多种多样的，如我国政府部门定期向人民代表大会汇报工作，接受人大代表质询；定期召开新闻发布会，向新闻机构提供有关材料信息；还可以通过公告、简报等方式将有关信息告知公众。随着互联网的不断发展，网上政务也成为今后政务公开的一个主要渠道，很多国家的政府机关都设立了自己的网站，及时在网上发布政务信息，中国政府也在积极地推进电子政府的建设。政府部门在对外发布信息时，为了保证信息真实、准确、全面、及时，应注意做好以下两项工作：

完善政府发言人制度。政府新闻发言人是政府授权，代表政府向新闻界和公众发布信息、回答提问的全权代表。一个政府，在对外传播信息时，只能有一种声音。尽管政府部门在决策过程中，应该集思广益，发扬民主，但最后总要取得共识，达成一致；就算不能达成一致，政府部门也应该以一个统一的声音来消除这种分歧，而不能在公众面前各执一词，否则，便会造成信息传播失控，使人们无所适从。

充分发挥新闻媒介作用。虽然政府发布新闻有多种渠道和途径，但大众传播媒介无疑是其中最有影响、最有效率的一种，各国政府都非常重视利用大众传播媒体来传递政府信息。

11.4.4 完善协商对话制度，促进公民参政议政

正如美国著名公关专家斯各特·卡特里普（Scott. M. Cutlip）所指出的那样，政府从业人员的一个重要但又经常受到忽视的职责，是激发和鼓励公民参与政务，其中包括决策的过程，即我们通常所说的参政议政。而这些工作，严格地讲应该在政府公关部门的组织下进行。

人们对政府的冷漠和不合作的态度，对一个政府而言是非常危险的。正如某位伟人所言，一个政府不怕人民的声音，最怕的是静寂无声。因此，每个国家的政府都在致力于改变这种状况，中国政府在这方面的做法值得各国政府借鉴。

在中国，围绕公众关心的重大问题，政府有关机构的负责人，会与相关的公众群体或团体进行平等的、直接的、公开的对话，面对面地听取公众意见，回答公众提问。从最高级别的中国人民政治协商会议中政协委员就国家大政方针、社会经济文化发展事务的协商，到与老百姓日常生活关系密切的问题的听证会，如铁路提价听证会、公交车票价上涨听证会，为政府部门与公众沟通、鼓励和启发公众参政议政发挥了重要作用。

在中国，政府部门有时还会主动出击，借助大众传播媒介，动员公众更广

泛地参与到政府和社会事务中。如广州市委、市政府先后举办过"假如我是广州市长"征文，各地方政府也经常就菜篮子工程、安居工程、文明新时尚等话题举行专题讨论，让市民献计献策，参政议政。

11.4.5 完善民意采集制度，为政府决策提供依据

当今社会进入信息时代，任何社会组织的生存发展都离不开信息。特别是政府部门，面对复杂多变的公众、变幻莫测的环境、形式迥异的工作，更离不开信息。因此，对于政府公关部门来说，必须高度重视信息和舆论工作，为政府领导进行科学决策提供依据。

采集民意的途径和方式在实践中也是多种多样的，在各个国家有不同的做法。在中国，长期以来各级政府的信访工作部门是最主要的民意收集渠道之一。当个人和下级组织在工作和生活中遇到无法解决的问题时，通过写信或直接访问的形式，越级反映问题，以寻求问题的解决。而政府部门接待这些来信、来访的过程，就是收集和了解民情民意的过程。随着社会的发展和科技的进步，信访工作的形式也日趋多样化，市长电话、专项热线电话、市长邮箱、电子邮件等方式，使社会公众能有更多机会直接与高层领导人交流和沟通，而不是与专职的信访接待人打交道。所以，这样的形式更有效，也更受社会公众欢迎。当然，这种信访制度也有它的不足之处，那就是由于中国传统文化的关系，信访者只有在问题非常严重的情况下才会上访。因此，从这条渠道收集的信息实际上是比较有限的，且信息的覆盖面也比较窄，一般都是反映政府部门工作人员的违规或违法行为，而这只占政府公关人员所要了解信息的很小一部分。在国外，公关部门经常使用民意调查方法来收集民意民情，而且在民意调查方面，发展起了很多有效的方法，如前所述的盖洛普民意调查就是其中之一。运用这种调查方法，政府机关可以主动地、有意识地去收集某项决策所需的信息，或收集某一方面的舆论反映和公众观点，从而更好地为决策服务。在中国，这种方法也逐渐受到人们的关注。

1987年5月，我国第一家官方的民意调查机构——中国社会调查系统宣告成立。该机构成立后，一直致力于收集各界对政府工作的意见，为我国政府机关决策提供了有力的依据。

在中国，还鼓励政府领导人深入基层，直接和公众联系，如会见公众代表、批阅公众来信、深入基层调研、探访公众家庭或慰问特殊家庭。特别是利用重大节假日，领导人分赴各地，同各界公众一起欢度节日，看望在节日里坚

守岗位的干部和职工，这种方式既有利于领导人和社会公众直接沟通，掌握第一手材料，又能改善政府与公众关系，提高政府和政府领导人在社会公众中的信誉和威望。

11.4.6　建立高效、廉洁政府，塑造政府良好形象

提高政府的威望和美誉度，塑造政府良好形象，是政府公关的又一主要目标，这就要求政府部门采取切实可行的措施，勤政、廉政，高效地为社会公众办实事、办好事。因此，政府部门要做好以下几方面工作：

本着公众利益至上和勤政爱民思想，改善服务态度，提高工作效率。客观地讲，政府机关都或多或少地存在着官僚作风：官样十足、办事拖拉、相互推诿、公文旅行、效率不高，而且在办事过程中还存在态度不友善、服务不周到等现象。人们把这种现象形象地称为"门难进，脸难看，话难听，事难办"，它在很大程度上影响了政府形象。因此，政府部门特别是政府公关部门应努力改善这一状况。这就要求政府机构人员转变工作观念，树立服务意识，珍惜时间，提高技能，讲求效率，更好地为社会大众服务。

善于选择开展工作的突破口，把群众意见最大、最突出的问题优先解决。改变政府形象取信于民，不是一朝一夕之功，也不是靠一两件事就能解决的，必须付出长期的努力。在实际当中，必须从一件一件的事情做起，做好每一件事，这样日积月累，才能改变公众心目中的原有形象，树立一个新的良好形象。因此，把群众意见大、反映多、最需要解决的问题优先解决，对政府来说具有特殊意义。因为这些事情群众意见大、反映多，说明关注度高、影响面广，问题得到解决后，其公关效果更佳。所以，优先考虑这些问题既是公众的要求，也是政府部门树立形象的必要之举。

大力加强政府廉政建设，努力纠正行业不正之风。在对政府的所有不满中，腐败和行业不正之风，可以说是最集中、最强烈的，也是对政府形象损害最大的行为。因此，政府部门必须花大力气惩治腐败行为，纠正不正之风，树立廉洁的政府形象。整治腐败，首先要加强法律和制度建设，使腐败分子无机可乘；其次要加强公众舆论监督、监察机关监督和新闻监督，使腐败分子无处藏身；再次，要加强对政府机关人员职业道德和廉洁自律教育，使腐败分子无地自容。法律惩戒、舆论监督、道德自律是惩治腐败的"三驾马车"，缺一不可。只有充分发挥这"三驾马车"的作用，才能真正建立起一个廉洁的政府。

11.4.7 完善国际对话机制，塑造良好国际形象

随着科技进步和经济全球化的不断发展，国与国之间的交往越来越频繁。因此，树立一个良好的国际形象，争取更多的国际支持、理解、合作，对一个国家的发展就显得越来越重要，特别是对于中国这样的发展中国家就更有特殊重要的意义。

由于种种原因，外部世界对中国并不是很了解，甚至产生误解。以美国为首的反华势力散布的"中国威胁论"，就对中国国际形象损害极大。因此，让世界了解中国，让世界各国消除对中国的误解和偏见，是中国政府公关的一个重要任务。要达到这个目的，最好的办法就是接触、交往、协商、对话、交流、沟通。

中国政府的公关活动还有一个很重要的任务，就是致力于建设国际政治、经济新秩序，争取一个有利于中国经济社会发展的国际环境。尽管和平与发展已经成为时代主题，但由于不合理的国际政治、经济秩序的存在，发展中国家仍然得不到公正的、公平的发展机会。因此，作为发展中国家的代表，中国这些年一直致力于推动建立国际政治、经济新秩序。

本章小结

本章所说的政府组织，是指由国家财政税收来维持，为社会公众提供公共服务的各类权力和行政组织，包括各级政府机关、各个行政部门和司法机关、警察、军队，等等。政府组织本身的工作性质和社会职责，决定了它们掌握着大量社会公共资源的分配和使用，具有很大的权力、责任和社会权威性。在当代社会，政府组织发挥着服务和管理、代表和象征、示范和教育等多方面的功能。

改革开放以来，在党和政府的正确领导下，以经济建设为中心，中国的各项事业都取得了巨大的成就。政府组织自身的改革也逐步提上议事日程，并取得了一定的成效。纵观我国政府改革和社会的发展都与政府公关密不可分，因此，做好新世纪的政府公关，在促进政府改革、提高政府行政效能和威信的同时，也有

利于继承、发扬党的优良传统和宝贵经验，使之在新的条件下显示出强大的生命力。

根据近年来我国政府组织转变职能和制度变革的需要，借鉴国外政府公关的经验和做法，当前和今后一个阶段，政府公关的主要任务有：强化政府组织的公关意识、密切与公众的联系和信息沟通，协调利益、化解矛盾、为建设和谐社会创造条件，积极培育软实力、塑造良好的政府和国家形象，做好公共突发事件的应急和处理。

由于中国政治制度、体制和政府性质等方面的特点，使得中国的政府公关与其他国家的政府公关有一定的差别。总的来看，我国政府公关具有联系和影响的广泛性、与媒体等公众在利益上的一致性、日益形成的竞争性、与公众要求的不适应性等特点。根据政府公关工作的任务、现状和问题，当前需要重点做好以下几方面工作：尽快使政府公关工作制度化，增加政府行政的透明度和公开性，协调公众利益、化解社会矛盾，增强沟通能力、提高反应速度。

北京奥运会的举办和上海浦东区的飞速发展，都与政府公关密切相连。在这两个案例中，政府公关发挥了极其重要的作用，为我们提供了很好的经验和启示，这就是必须以真正做好政府自身工作为基础，以各方面的发展为保证，以提高公众的满意度为准则。这样的政府公关，才是公众所欢迎的、真正意义上的现代政府公共关系工作。

关键术语

政府组织　　政府公共关系　　政府软实力　　公众沟通与理解

思考题

1. 你认为政府公关是否重要，为什么？
2. 你认为目前我国政府公关的现状怎样，哪些地方还需改进和完善？
3. 请你自己搜集、整理一个政府公关的案例，并进行分析。

315

4. 据"新华网"消息，2007 年 3 月的一天，江西某地民众因听说要将该地划归邻省，在很短时间内，聚集起上千人，阻断了铁路。假设你是该地政府的公关人员，请尽快拿出解决这一突发事件的公关方案。

案例分析

广西龙江河污染事件

2012 年，地方突发事件频发，对政府公共关系能力考验频频，其中有的赢得了民众的肯定，也有的遭受了质疑和议论。其中广西龙江河污染事件中河池市和柳州市两个地方的表现具有代表性。

广西龙江河 2012 年 1 月 15 日出现重金属镉含量超标。1 月 19 日河池市委宣传部发布通告称，"目前水质正逐步好转"，对污染源正在进一步调查核实中。1 月 21 日，河池市消防部门采取措施中和过滤河内超标的镉，抢救工作还在进行中。1 月 26 日污染水体进入下游柳江系统，柳州打响"柳江保卫战"。1 月 27 日柳江上游河段镉浓度超标达 5 倍。广西壮族自治区启动突发环境事件 Ⅱ 级应急响应。1 月 28 日，柳州市启动日供 3.5 万吨地下水源潜能，1 月 30 日晚，网易、腾讯等网站在首页显要位置发布消息《广西龙江河水遭受镉污染　柳州 18 号获知后未发布》，此消息被许多网站迅速转载。当天，广西刑拘致镉污染相关企业 7 名责任人。1 月 31 日，广西壮族自治区纪委监察厅会同相关部门组成调查组赴河池、柳州调查。最终污染源仍难以确定。

2 月 1 日，在广西龙江河镉污染事件正式爆出 16 天后，河池市长何辛幸在河池市龙江河突发环境事件应急处置工作新闻发布会上向公众致歉并深深鞠躬。

事件分析：

广西镉污染事件主要涉及广西的河池和柳州两地，不过，两地的反应和举措似有巨大差别：河池作为事发地，反应迟缓，思维老套，受到网民的指责。其后"否认镉污染事件之初保持沉默"，甚至表示"媒体提前报道致抓捕镉污染疑犯失败"，这一回应自然不会被网民认可，也让自身陷入了"有口难辩"的境地。

柳州则完全不同，中新社的报道称"自污染事件发生后，处于污染河段下游的柳州市一直利用当地报纸和电视公布事件进展及水质情况"，"当地官方利用网络论坛、官方微博、手机短信等多种渠道发布权威信息，每两小时向市民公布柳江水质监测数据，同时邀请媒体参观当地自来水厂、应急物资储备等地"。这种开放的姿态，不仅赢得了媒体的认可，"有助于（柳州）赢得对事件处置的主动权，有望树立正向的信誉和形象"，更重要的是，也使"柳州市民的恐慌情绪得到平定"。

（资料来源：张志国．广西龙江河镉污染事件给我们带来怎样的警示．绿色中国，2012（2）.)

思考：

1. 政府在处理突发事件时应秉承什么样的原则与要求？
2. 政府应该怎样更好地做好公关工作？

第 12 章 非营利性组织公共关系

　　非营利性组织不以盈利为主要目的，而旨在通过自己的努力，推动某项事业的发展，做出一定贡献，宣传普及某种观念、知识、信仰，完成一种社会工作，同时解决某类人面临的共同社会问题，唤起人们对某种现象、事物的普遍关心等。这就决定了非营利性组织十分需要公共关系。

12.1　非营利性组织及其特征

　　在我国，人们习惯于将教科文卫等组织统称为非营利性的事业单位，以与营利性的企业类组织相区别。这些组织通过开展公共关系活动，使人们对本组织及其所从事的工作有所了解、理解和支持，提高知名度和美誉度。

12.1.1　非营利性组织的含义

　　非营利性组织是指社会团体和其他社会力量以及个人举办的从事非营利性社会服务活动的社会组织，也称为非政府组织。近些年来，各种非政府组织在我国悄然兴起。这类组织在国外简称"NGO"（Non-governmental Organization 的缩写），通常指那些具有非营利性、非政府性、志愿性、自治性、正式性特点的社会组织。它们出现得很早，1945 年联合国成立时，其文件中已有了 NGO 的概念，认为联合国事务同样需要政府、企业之外的其他社会组织参与。在西方国家，NGO 广泛参与社区和国家事务，在社会领域发挥着重要作用；到了 20 世纪 70 年代，随着环境、妇女、医疗、扶贫、救灾等全球性问题的日渐突出，NGO 开始走出国界，在国际事务中形成越来越大的影响。如 1971 年成立于加拿大的绿色和平组织，在世界环保方面曾有重要的贡献，其总部现设在荷兰的阿姆斯特丹，全球 140 多个国家和地区都有其分支机构。在我国，主要有两大类。一类是事业性组织，比如学校、医院、保健机构、体育运动机构、图书馆、新闻单位、出版社、文艺团体、科研机构等。另一类是群众团体组织，比如各种专业学术团体、业余爱好者团体、消费者团体、个体经济团体、工人团体、教师团体、农民团体、妇女团体、老人团体、少年儿童团体、学生团体、退伍军人团体、残疾人团体、少数民族团体、宗教信仰团体等。这些团体的形式很多，例如协会、学会、研究会、联合会等。事业性组织的主要资金来源于国家财政拨款，有正式人员编制。而群众团体的主要资金是自筹，筹资方式主要是收缴会费、吸收社会赞助与募捐、取得必要的服务活动收入等，多数无正式人员编制，而以义务人员为主。过去，这些组织基本上是非营利性的，绝大多数属国有性质，依靠政府的财政拨款来维持，彼此之间缺乏必要的竞争。改革开放以来，随着一些事业单位的改制和民营学校、医院、科研机构的出现，其成分、性质等已开始发生变化。使我们似乎已无法再单纯以是否营利来界定教科文卫等组织，只能从它们的基本功能和作用出发，将之统称为"非营利性组织"，因其所承担的主要任务是为社会提供教育、文化、医疗卫生、体育等方面的产品和专业服务，带有一定的公共性和公益性。

非营利性组织的认定标准是：经有权机关登记，按上级有关规定收取一定的经费或有偿提供服务收取费用，纳入财政预算管理的单位，并具有以下特征：必须依法成立；有必要的财产和经费；有自己的名称、组织机构和场所；不具有营利性，不以获取利润为目的。这些特征必须同时具备，否则就不是非营利性组织。非营利性组织涉及的领域：非营利性组织主要分布在教育、医疗、文化、科研、体育，以及各类社会团体中。其具体表现形式大致分为三类：第一类是行政部门的服务性单位，第二类是行政主管部门与民间资金相结合组成的单位，第三类是自治性的民间组织。

12.1.2　非营利性组织的特征

非营利性组织既不同于主要从事社会生产和流通的企业，也不同于掌握社会权力资源，主要进行协调、管理的政府组织。它们主要承担着为社会培养人才，创造、传播知识、文化和科技成果，向社会公众提供教育、医疗等多方面的服务。在发达国家，这些组织大多不以营利为目的，能够得到政府拨款或各种社会赞助、基金的支持，有相对稳定的生存保障，而政府、赞助者和公众对它们也有较大的制约和较高的要求，其运行也相对规范。因此，这类组织往往享有较高的社会地位、社会公信力和美誉度，是社会公众、其他组织之间的黏合剂，与社会价值、社会秩序、社会稳定和公众的生活质量有密切关系，起着重要的作用。

非营利组织具有以下六个基本特征："正规性"，即具有正式注册登记的合法身份；"民间性"，即在组织机构上与政府分离；"非营利性"，即不得为其拥有者谋取利润；"自治性"，即能够控制自己的活动；"志愿性"，即在其活动和管理中有显著的自愿参与的成分；"公益性"，即服务于某些公共目的。

按此衡量，正规性是必备的条件，作为挂靠单位下属、不需注册登记的机构不是独立的组织；没有登记注册的独立组织是非法组织。而非营利性和公益性则就有了分野，在中国目前的情况下，为了生存，有些非营利组织甚至从事某些营利性活动。至于民间性、自治性和志愿性，则差别更大，从明显的官方背景和政府色彩到完全的私人性质，形成一个光彩夺目的七色光谱。这是中国非政府、非营利组织的一个重要特征。观察中国的非营利组织，有几个问题是相当重要的。一是经费来源是否独立，有无财政拨款，有财政资助的组织，通常就有政府背景，其民间性和自治性就要打一个折扣。二是组织章程的设计和实施，是独立设计制定，还是按登记部门的标准格式照抄照搬，或者根本就没有自己的章法；是照章运作，还是章程是一回事，运作是另一回事。三是领导机构和人员的遴选和更换，是内部独立选定，还是要报请上级主管部门批准，或由主管部门推荐和委派。四是活动和财务的公开性和透明度。由此来看，中国非营利组织的独立发展和规范运作还要走很长一段路程。

改革使中国的社会结构发生了深刻的变化，一方面是政府绝对统治地位的削弱，另一方面是营利组织和非营利组织的独立和发育。虽然相对于经济体制改革，政治体制和社会改革相对滞后，政府的相对控制依然很强，第三部门的生存和发展环境仍然存在很多障碍和困难，但是，营利组织的独立发展得到了法律的确认和保障，非营利组织的发展也逐渐成为社会进步的潮流。可以预见，随着中国社会的进步和现代化，中国的非营利组织还会有一个大的发展。

12.1.3　公共关系与非营利性组织的发展

非营利组织的大量出现，是现代市民社会不断成熟的表现，有利于社会成员增强公民意识、社会责任感和关注社会公共生活、进行自主管理的能力，自觉行动起来参与、帮助解决与公共利益息息相关的各种社会问题，捍卫社会公共利益和公民的合法权益，同时也以集体的力量，监督和影响政府、企业的行为，帮助政府承担部分社会管理工作，缓解政府的压力。在这些方面，NGO往往能以自身的灵活性和专业、高效，发挥政府所起不到的作用，并开创现代社会新的公共管理模式，即政府、企业、民众、个人共同参与、互相补充的社会管理格局，从而使政府将越来越多的社会管理职能转交给其他社会组织，缩小政府的权限和压力，也大大降低行政管理的开支和成本，真正实现"大社会、小政府"的目标。可以说，这是历史的进步，也是各国政府改革的归宿。据"中国民间组织网"上的数据显示，目前我国已有各类民间组织 32 万个。其中有一些已具有 NGO 的性质和特点。可以预料，随着民众素质的提高及其自主意识的增强、政府组织的改革和民主政治建设的稳步推进，NGO 在我国也必然会逐步发展起来，成为一种重要的社会力量。而 NGO 自身的生存和发展，最为主要的因素就是其宗旨、行为、形象的合理性与感召力、影响力，唯此，它们才能得到公众、社会的认可与支持，获得必需的社会资源。所以，公共关系工作对于这类组织是至关重要、不可或缺的。这也是中国公关界需要认真关注的新领域。

当前，非营利性组织面临的最大冲击，就是由过去的主要依靠国家到主要依靠自己，通过竞争，从社会和市场上获得自己生存、发展的资源与条件。这既为它们提供了一个前所未有的更加广阔的发展空间，同时又使它们不得不承受巨大的生存与竞争压力，不得不去尝试许多自己原来并不熟悉的新工作、新任务，解决各种各样的新问题。因此，迅速进行自身的改革，保持和扩大自身的相对优势，增强竞争实力，吸引社会关注，争取公众帮助，保证生存、加快发展就成了这类组织的主要任务，也是其公关工作的战略目标。

12.2　非营利性组织公共关系的特征及任务

随着形势的变化，远离市场和竞争，也远离公共关系的非营利组织，不得不通过开展公共关系工作，来增强适应和竞争能力，解决自身的生存与发展问题。与此同时，一些与社会服务有直接、间接关系的各类非政府民间组织也大量涌现，它们与非民间的非营利性组织之间既可以互补，又会形成竞争。可以预料，在竞争的驱动下教科文卫类组织和民间组织的公共关系在今后将有比较大的发展。

12.2.1 非营利性组织开展公共关系的必然性

在我国，由于社会、体制的转型和相关制度、机制建设的滞后，非营利组织在面临机遇的同时，也遭遇了许多的困境和问题，导致自身社会公信力的下降和公众的不满。近年来，教育系统的高收费、乱收费，教育质量的下降，医院收费过高、医患关系紧张等，已成为屡受媒体和公众批评的重大社会问题，引起各方面的高度重视。这些都从不同的侧面、角度，以不同的方式，包括非理性的方式，表明学校、医院等非营利组织已出现严重的信誉、信任和形象危机，而这首先也是前所未有的公关危机。近年来已有许多专家、学者分别从体制、腐败、市场供求关系、教师和医生的收入高低、管理和监控的缺乏、职业道德缺失等各个方面，分析出现问题的原因，寻找解决的办法和出路，且都有一定的道理。而开展有效的公共关系是摆脱公关危机的重要途径。

1. 适应非营利组织环境的变化

近几年来，非营利组织的内外环境都有不同程度的改善。其外部环境相对宽松，社会和市场的需求相对旺盛；政府和公众对这些组织较为关注，寄予厚望，投入有所增长；组织也可通过各种渠道获取资金、资源。就其内部环境而言，硬件和软件都有较大的改善，员工的待遇也较之以前有明显的提高，工作、生活条件发生了相应的变化；组织也有一定的能力来扩大规模、引进人才、购置设备、谋求发展。这些变化是有目共睹的。但另一方面，内外的竞争压力逐渐增大，内外公众的满意度和评价有所下降，尤其是消费者的意见较为强烈；人才的流动性加大，要保持其稳定发展的成本、难度越来越大。这说明，非营利性组织的环境变得更加复杂，既有有利的一面，也有不利的一面。保持、发扬前者，警惕、克服后者，使环境逐步向更好的方向转变，这是非营利组织开展公共关系工作的重要条件。

2. 适应与社会公众沟通的需要

非营利组织有自己的运行成本，且呈较快的上升趋势，而国家的拨款则基本维持在原来相对较低的水平，光靠政府拨款，显然难以为继。因此收费是必然的，收费的多少直接关系到这些组织的利益。但从公众的角度来看，却希望收费越低越好，如果能不收费就更好。以学校、医院为例，在计划经济条件下，上大学不收费，享受公费医疗的人看病不花钱；有的福利性国家，公民上学、看病都不用花钱。如此比较，民众心理上很难平衡，加上对于低收入家庭来说负担确实很重。含辛茹苦、贷款借钱培养一个大学生，毕业了又难以找到较为理想的工作，这会使民众在失望的同时，越发感到难以接受。于是学校、医院等必然成为众矢之的。由于利益不同，看问题的角度、方法也不同，就造成了收费一方的组织，与缴费一方的公众之间的分歧甚至对立。如果两个不同的利益主体之间不能进行有效的沟通，来求同存异，寻找对双方都有益的折中办法，以缩小分歧和对立，实际上会使双方的利益都受到损害。现在，患者及其亲属动辄状告医院、医生，双方对簿公堂的做法，往往使双方都付出高昂成本，而关系则更加紧张，发展到极端。少数患者及其家属竟然会使用暴力对医生、医院进行报复，发泄不满，甚至酿成血案。事实证明，类似这样各执一端、加剧对立的做法，无助于消除分歧和矛盾，并非最佳选择。这就迫切需要开展公共关系工作，在组织、公众这两大利益主体之间及时架设起沟通的渠道，实现真诚的交流和对话。当今社会上最缺少的不是金钱、财富，而是理解、真诚和真情。

3. 适应与媒体沟通的需要

在现代社会中，媒体是最有影响的信息放大器和传播器，往往会影响甚至左右公众的意见和情绪。非营利性组织缺乏与媒体经常联系，借助媒体来宣传自己的主动性。所以，一旦作为第三者的媒体找上门来，介入这些组织与公众的纠葛，往往形成对组织不利的社会舆论。因此，非营利性组织应积极、主动地多与媒体进行沟通，请他们也同样关注组织的成就、发展、贡献等正面的东西，了解这类组织在国家人才培养、科技创新、公众医疗保健、社会文化事业等方面的地位和重要性；及时在媒体上宣传、报道，帮助树立组织的正面形象。即使组织与某些公众之间出现分歧的时候，也应尽量使媒体保持客观、公正和善意的态度，能够较为全面、真实、准确地进行报道，避免只听一面之词，或不负责任地随意夸大、背离事实，对组织造成过于消极的影响。这样做，才有利于在摆事实、讲道理，相互对话、沟通的基础上，比较好地解决问题，改善关系，最大限度地寻求、实现双方的共同利益，为和谐社会提供保证。

12.2.2 非营利性组织公共关系的任务

非营利性组织的公共关系具有自身的特点和任务，具体而言，主要有以下几个方面：

1. 为组织进行形象定位和策划

当前，许多非营利性组织自身缺乏准确的定位，造成组织社会角色、功能的错位，将自己完全等同于营利性企业，甚至唯利是图，不顾其他，严重背离了自身应有的社会定位。使其组织形象遭到败坏，引发公众不满，遭到社会批评。因此，非营利性组织既要适应形势，更要保持清醒的头脑，始终牢记自己作为非营利性组织的分工和使命，坚定不移地把做好主业、做好本职工作，为社会、公众提供优质服务，作为头等大事和首要目标。并以此为出发点，高度重视组织文化和职业道德建设，在全体员工中树立爱岗敬业、精益求精的作风和精神。只有这样，它们才有存在的必要和价值，才有相应的社会地位，才能赢得公众的认可与尊重。所以，非营利性组织必须确定好自己的战略目标和主要功能，既不能顾此失彼、以偏概全，只注重某个方面的工作，照顾到这些公众的利益，却忽略了其他方面的工作和有关公众的利益，更不能偏离主业、主要社会职能，舍本逐末或本末倒置。通过有效的公共关系工作，重视、实现各方面公众的利益，尽可能满足他们的不同需要。这是组织与公众建立密切、良好关系，实现可持续发展的重要基础和保证。

2. 帮助组织提高工作和服务水平

面对市场竞争，非营利性组织也只有努力改进工作，根据社会、市场需求的变化，调整、提高自己的"产品"和服务质量，创造一流的工作业绩，才能得到社会和公众的认可。为此，它们必须通过机制改革，理顺内部关系，吸引和留住人才，保持高素质的员工队伍和人力资本优势，这仍然是它们在竞争中获胜的关键。所以，近年来这类组织纷纷加大了吸引、招聘国内外优秀人才的力度，体现了知识、人才在当今社会的价值。与此同时，还必须通过必要的资金投入，改善组织的硬件和软件设施，以优美的环境、优质的服务吸引自己的消费者。事实说明，尽管与企业相比，非营利性组织提供的是特殊的"产品"和服务，但也同样要以消费者为中心，抱着对消费者负责的态度，尽可能使消费者满意。否则，就不可能赢得市场和公众的青睐。这类组织的公关工作，就是要强化决策者、管理者和全体员工的服务意识、以消费者为中心的意识和敬业精神，以优质的服务让他们满意。

3. 为组织做好对外宣传和沟通交流工作

在非营利性组织中的公共关系工作需要想方设法消除主观、客观上的种种障碍，主动敞开信息的大门，向社会公众宣传、展示自己，让双方更充分、更真实、更全面地互相了解，在此基础上，增加彼此的亲和力。非营利性组织应该更好地利用各种传播媒体、各种机会、各种素材和信息，加强对自身的宣传、与社会各界、各方面公众的沟通；也亟须培养一批优秀的沟通、传播专家，及时表达自己的声音，向社会、公众传递更全面、真实的信息，重塑非营利性组织的形象与公信力。

4. 管理组织的无形资产

非营利性组织在无形资产上具有明显优势，这是它们最为宝贵的财富，是组织最具影响力的核心竞争要素，也是它们区别于其他类型社会组织的一个重要标志。因此，其公关工作的重中之重，就是协助组织做好这些无形资产的开发与管理。人才，是非营利性组织最为宝贵的财富。在这些组织中聚集了大批高素质的优秀人才，其中不少人是国内外著名的专家学者，这种人才密集状况和"名人效应"，形成了这些组织的人力资本优势和知识创新优势。它们是组织一切财富的源泉。通过一代代优秀人才的不懈努力，许多这类组织形成了自己特有的传统精神与风气，它们是"组织之魂"，它们的存在使组织具有无可比拟的文化优势。因此，对于非营利性组织来说，最重要的是充分认识、重视和维护自己原有的无形资产，并采取积极措施，对之进行优化、整合，为之注入具有时代特色的新内容，使之生生不息，能为更多的公众接受、重视和认同，实现无形资产的保值、增值，变成自己参与竞争最根本的资源要素。并以此为基础，形成自己的综合优势，建构自己更富有竞争力的组织形象。

12.2.3　非营利性组织公共关系的特点

与企业组织相比较，非营利性组织的公共关系有如下特点：

1. 公共关系目标的非营利性

企业公共关系的目标与任务始终不能脱离为提高经济效益、为促销等创造良好社会关系环境的基本要求。由于非营利性组织的根本目标不是盈利，因此，其公共关系目标与任务是围绕实现社会效益而展开的。这就决定了这类组织（尤其是群众团体）的知名度、信誉、形象更具实际意义。其主要的目的与动机，是在谋求社会的"公共利益"，一切的措施都是在顾及全局公平、公正、公开的原则下来为全体民众服务，并以最好的服务来争取民众的拥护与支持，不以营利为目的。公共利益不是单个社会成员或者单个组织的特定利益，而是全体社会成员的共同利益。公共利益的构成在价值上具有多元综合性，具体体现为公共产品、公共服务、公共安全、公共秩序、公正、民主等。这些价值是保证社会成员进行正常有序的共同生活基础。能不能有效地为社会提供所需的公共产品、公共服务、公共安全、公共秩序以及公正、民主的政治经济环境，是公共组织存在和发展的依据，也是其存在和发展的合法性基础。这就决定了非营利性组织公共关系的非营利性。

2. 公共关系活动的政治倾向性

非营利性组织依据公共权力来从事社会公共事务的管理，它虽然是公共产品和公共服务的提供者，但同时也是公共权力的执行者，这就决定了非营利性组织行为具有强制性和权威性的特点，这种强制性和权威性在维护既定的政治关系和社会秩序过程中起着不可替代的作用。非营利性组织作为行使公共权力的主体必然代表着统治阶级的意向，所制定的公共政策皆具有政治意义。因此，非营利性组织实现目标的过程，如果忽略了政治因素，则不容易理解其运作内涵。非营利性组织不可避免地要面对全国性的或地方性的政治利益团体以及各种相互制衡的权力关系。非营利性组织的活动由于具有强制性和权威性，凡是在其职权范围内的事务，皆有管辖权，任何一个被管理者都必须无条件地接受和服从，若有违法乱纪的行为发生，非营利性组织便可依法予以处分。这就决定了非营利性组织公共关系的政治倾向性。

3. 公众的非针对性

企业从产品、服务入手来塑造自身形象，因此，其公众的针对性较强。而非营利性组织一般以整个社会为活动舞台，常以社会大众为对象，不具有太强的针对性。公共组织尽管代表着社会公众的共同利益，但它的产生和运行方式不能超越于国家法律之上。公共组织的产生必须依据社会公共生活的实际需要，按照国家有关法律法规所规定的原则和程序依法审批和设置。在运行方式上，公共组织必须依法规范自己的管理行为，自觉地贯彻和执行有关公共事务方面的法律法规，在法律法规所规定的范围内自觉履行对公共事务的管理职责。非营利性组织的一举一动都必须接受来自舆论或公众的批评和监督，其所作所为必须是公开的、透明的。目前许多国家设立的"阳光法案"、公务人员的财产申报制度、重大公共工程的公开招标，其目的就是为了引起公众的高度关注和对公共组织活动的严密监督，使非营利性组织不损害全体民众的利益，积极地为全体民众谋求福利，真正做到以民意为依归。社会中的每一位公民都有权合法享有这种服务和提出意见、建议，并进行监督。同时，非营利性组织也要接受来自于立法和司法部门以及各利益团体的监督。所以，这类组织应更重视对整个社会环境的研究，应从社会的宏观结构角度来制定公共关系战略和策划公共关系方案。

4. 公共关系效果评价的非定量性

企业公共关系活动的效果比较直观，在评价上可以定性与定量相结合。而非营利性组织公共关系活动效果的定量评价难度较大，往往以定性评价为主。公共组织的目标就是谋求公共利益，但公共利益大多是模糊而不易计量的，它表现为公众对公共产品的多层次、多样化、整体性的利益需求。公共利益不像私人利益那样明确直接，公共组织也不能像私营组织那样以利润作为衡量组织和员工的绩效。它只是作为表明公共组织负有公共责任以及必须为大多数人服务的一种象征，并且由于公共组织的服务对象是社会公众，公共组织不仅目标模糊、分歧、不易量化，民众的期望亦很多，要求其必须承担包括政治责任、工作责任、法律责任、道义责任在内的所有公共责任。这是由这类组织的公众特点决定的。因此，应更为广泛地注重综合信息的收集，以综合效应反映其公共关系实务成效。

此外，由于非营利性组织一般都没有足够的经费来开展耗资巨大的大型公共关系活动，因而，特别注意选择那些花钱少的公共关系媒介。非营利性组织致力于社会崇高目标的实现，致力于为社会服务，因此，要求公共关系实务人员具有较高的道德素质、社会责任感和奉献精神。

非营利性组织公共关系的特点是这类组织开展公众关系实务活动的重要依据。此外，还必须考虑到目前这类组织公共关系的变化趋势。由于市场经济的发展，伴随各项改革的不断深入，整个社会环境正发生着一系列深刻变化，这些变化影响着非营利性组织的公共关系，使其呈现出一些新的趋势：公众越来越关心这些组织的信誉和责任；筹措资金费用的不断增加，开始求助于基金会或公司，并强调连续地捐献；商业性要求日益增加；来自公众的压力不断增大；做广告开始成为一种沟通的工具；视听技术作为加速和扩大组织沟通的工具逐渐被使用；新型的合作关系不断形成；市场和目标管理开始作为沟通手段，在各组织和群体间为自己的观点和计划进行争辩不断增多。

12.3　常见非营利性组织公共关系举要

在我国，非营利性组织主要有事业性组织，比如学校、医院、新闻单位、出版社、文艺团体、科研机构等。还包括群众团体组织，比如各种专业学术团体、业余爱好者团体、消费者团体、工人团体、教师团体、妇女团体、老人团体、少年儿童团体、学生团体、退伍军人团体、残疾人团体、少数民族团体、宗教信仰团体等。它们的工作性质不同，公共关系的特点也不同。

12.3.1　学校公共关系

教育事业的发展需要政府、社会各界和全体公民的关心与支持。有些时候，这种关心、支持并不主动发生，而需要学校充分开展公共关系活动去唤起社会的注意。至于学校内部的问题，诸如师生关系问题、教师与职工关系问题、学校与教师、职工和学生的关系问题等，更需要通过有效的内部公共关系工作来协调、解决。学校应把公共关系作为一种有效的管理思想、管理哲学、管理方法，充分认识开展公共关系活动的重要性。

1. 学校公共关系的特点

学校面临的公众很多，其中重要的内部公众有教师、学生和行政后勤职工，重要的外部公众有家长、校友、社区公众和工商业界等。但学校的最主要公众是学生和教职员工。学校的情况他们容易了解，相互影响的因素多。学校无论是制定业务方针，还是设计公共关系方案，都必须考虑到这一特点。

学校公共关系的特殊目标是：唤起社会公众对教育的认识、理解、支持，争取办学经费；吸引生源，"推销"学生；提高教师的社会地位，稳定师资队伍等。许多学校把争取财政援助作为公共关系活动的重要任务。其他任务还包括：协助开辟新的专业方向和新的办学方向，争取特殊招生指标；帮助校方整顿学校纪律；处理好教师、职工、学生、家长、社区等公众关系；控制师生的社会行为；提高教学质量，为学生升学、就业开辟良好社会关系环境等。

2. 学校公共关系的任务

学校公共关系的主要任务是正确处理教师、学生和行政后勤职工的关系，还包括与家长、校友、社区公众和工商业界等的关系。

正确处理教师关系。教师处于能够与学生、家长和其他有关人员进行有效联系的位置，往往成为学校公共关系活动的重要兼职公共关系人员，而且，教师是提高教学质量的关键因素，所以，学校必须与教师保持和谐的关系。因此，学校必须主动关心教师的职称、学术研究、教学、工资、福利等问题；校方必须增加管理透明度，与教师进行充分的双向沟通；对教师的管理以"软方式"为主；教师节、妇女节、青年节、老年节以及教师私人的重要事件发生之时（如生日、生小孩、婚丧、生病、论著发表等），都是开展公共关系活动的好时机，学校必须认真对待，策划相关专题活动。

正确处理学生关系。学生或许是影响力最大的公众，他们在校外是最有权威的解释者，他们对学校的评价都要在解释中反映出来。他们毕业后成为校友，演变为重要的外部公众。另外，学生也是提高教学质量的关键因素之一。如果正确处理好学生关系，那么学校公共关系就有坚实基础了。因此，学校要关心学生的政治、思想、学习、身体、生活，定期与学生代表或意见领袖进行双向沟通。学校不论大小，良好学生关系的基本点都是在管理者与学生之间保持信息自由流通的渠道畅通。沟通方式除了会议、面对面交谈、校长安排的学生接待日、学生信箱外，黑板报、墙报、校报、广播等媒介也被广泛采用。

正确处理家长关系。学生家长是支持学校工作的重要力量，是学校形象的重要评价者和宣传者。而学生家长对学校的了解主要来自于学生，这种沟通使家长只能片面地掌握学校的一些情况。因此，家长公共关系重要的是使学生准确地将学校信息传递给自己的父母。此外，还有一些方式值得借鉴：开家长会议；请家长听课；拜访家长；举办教师与家长的联谊活动；为家长举办各种培训班和夜校；给家长写信；赠寄校刊；请家长参加校庆、教师节等重要活动；安排家长接待日；设立家长热线电话、家长俱乐部、家长周末，等等。

正确处理校友关系。校友是由学生演变而来的，正因为如此，与校友的关系对学校有特殊意义，大多数校友都愿意关心、支持母校的发展。离开学校走向社会以后，许多人都怀念学校生活，想念尊敬的老师，所以，获得校友支持的关键是经常请他们参加学校活动，并定期把母校的情况告诉他们，使他们产生"好像还是学生时代"的感觉。此外，下面这些沟通方式也很有效：请校友在校刊上发表文章；请校友回校给在校生作报告，组织校友会，建立校友档案；拜访校友；办"校友通讯"；利用校庆充分开展校友公共关系专题活动；举办校友学术研讨会等。

12.3.2 群众团体公共关系

群众团体组织内部的各成员则由于地区不同，性质、特点、目标、观念有别，利益也大相径庭，要使他们都能满意、团结一致，比一般企业困难得多。所以，群众团体组织内部公共关系工作非常重要，又很艰巨。

1. 群众团体公共关系的特点

群众团体在其正常运行过程中，对内要与全体会员，对外要和驻地政府、社区以及新闻媒介等发生交往。作为公共关系工作对象的这些公众，对主体的期望也必然区别于其他社会组织。了解和掌握这些特征，选择相应的方式传播沟通，是群众团体妥善处理与其公众关系必须首先要注意的。

群众团体公共关系活动的主要目标，是建立和维持在公众中的良好形象。这与其他社会组织的公共关系目标是一致的。群众团体公共关系工作的重要手段，是为社会提供服务和争取赢得舆论支持。

群众团体公共关系工作的基本方针，着眼于充分发挥群众团体的作用，促进社会发展。

2. 群众团体公共关系的任务

搞好内部成员的关系。群众团体中的成员在利益、理想、兴趣、目标、观念等方面有一致的地方。求同存异，以这个"同"作为内部公共关系活动的出发点和归宿点。以这个"同"作为内部沟通的基础，围绕这个"同"提供服务，使会员在这个"同"方面互利互惠，是群众团体组织内部公共关系工作成功的关键所在。公共关系具体操作方式，常用的有：会议；内部刊物，联谊活动；沙龙，比赛；为会员业务牵线搭桥、出谋划策，为会员的利益公开辩护；举办会员信息发布会；协助建立会员关系网络；推荐人才、培训人才；专题报告、演讲；建立会员档案；主动参与其重要活动，重要节日之际拜访会员；帮助会员处理危机事件；建立会员信息反馈系统，等等。

加强与政府的交往。与政府交往是群众团体组织很重要的外部公共关系活动，通过政府关系，一方面及时了解新制定的政策、方针，准确领会其实质，另一方面影响政府的态度、行为和政策的制定。这两方面工作的结果将对本组织所从事的事业、对会员、对整个社会的发展起到积极的推动作用。因此，群众团体组织应争取成为政府的智囊团、顾问和朋友，要主动向政府献计献策，帮助政府解决困难。要经常向政府有关部门汇报本组织发展规划、工作情况，主动征求政府的意见，请政府有关领导当本组织的顾问或名誉领导，有条件的将本组织挂靠相关政府机构，重要活动请政府领导参加，发展相关政府部门为本组织会员。为了使政府比较重视本组织，要注意吸收一些社会名流、重要组织的成员加入自己的行列。

加强与广泛的社会公众的沟通。许多群众团体为了发展自己的事业，增加社会影响，吸收新成员，很注意与广泛的社会公众进行沟通。这些社会公众量大、分散、差异大，要确定一种有效的沟通方式是不容易的。可以先将公众分类，针对分类公众的性质、特点来策划公共关系方案。"撒大网"的方式运用恰当效果也好，如利用新闻媒介发布新闻、做广告，参与社会公益事业，广泛散发本组织宣传资料等。有的群众团体受政府支持，利用行政手段和新闻媒介宣传，造成一种社会舆论，这无疑是一种十分成功的沟通方式。

筹集活动经费。群众团体的经费不足是一个普遍性问题，筹集活动经费成了公共关系工作的重要任务。这类组织的资金来源主要是会费、赞助、募捐、正当活动收入。应该说收会费是一件很容易的事，但有的群众团体却很难，原因是会员对组织意见大，这只能靠开展内部公共关系工作、理顺内部关系来解决。争取赞助与募捐是更为艰巨的公共关系实务。如何吸引赞助与募捐，在自身形象良好的前提下，最关键的是要设计使赞助者、募捐者感兴趣的主题，策划巧妙的公共关系方案，有时还要借助能干的游说人。群众团体的正当创收主要是开展各种形式的服务活动，这种创收一定要充满公共关系色彩，尽量减少甚至避免"商业味"。

12.3.3　新闻机构的公共关系

新闻机构是借助大众传播媒介，例如报刊、广播和电视等，向社会报道各种有新闻价值信息的社会组织。从公共关系工作的角度来看，新闻机构是其他社会组织与广大公众沟通信息、协调行动的主要媒介，又是许多社会组织的重要工作对象。从新闻机构自身来看，作为社会组织，它同样也需要公众的合作与支持，提高知名度和美誉度，也需要开展公共关系工作。

1. 新闻机构公共关系的特点

新闻机构的公共关系有它自身的特点。一方面,新闻机构的主要公众是读者、听众或观众。受众人多面广,居住分散,而且往往与新闻机构缺乏直接联系。因而,新闻传播主要是一种单向传播,不像许多企业在生产和流通过程中能与公众有直接的联系。另一方面,新闻机构向社会提供的是特殊的精神产品,产品的信誉建立在真实可信和为公众喜闻乐见的基础之上,产品质量要经过全社会的共同检验。

2. 新闻机构公共关系的任务

新闻机构的公共关系工作,要重点放在以下几个方面:

以广大受众为公共关系的主要对象,并确定自己服务的工作范围,定期进行调查研究,随时掌握公众各方面的变化。

通过社会交往,加强与公众的双向沟通。虽然新闻机构可以在报刊版面、广播电视节目上增加公众的反馈信息,比如办好读者来信专栏、听众或观众之友专题节目等,来改善新闻媒介单向传播的格局,但这毕竟还是有限的。借助公共关系活动,可以增进双方的交流。例如:举办读者咨询活动,编辑人员与读者见面,交换看法,征求意见,介绍报纸或刊物的特点,今后的打算等;召开各类公众代表座谈会,邀请老订户、撰稿人、社会名流参加,听取他们的批评建议;还可举办庆典活动、知识竞赛,与企业合办文艺、体育活动等。这些都是很受公众欢迎、能增进相互了解合作的公共关系活动方式。

新闻机构要保持广泛的信息来源,既要靠编辑、记者的辛勤劳动,还要靠广大公众和其他社会组织的大力支持,比如,争取他们撰写稿件、提供新闻线索、积极配合采访等。一般来说,大多数社会组织和公众都希望成为新闻机构注意的对象,愿意借助新闻媒介,使自己的甜酸苦辣为社会所知晓,事业和成就得到应有的重视和承认。所以,新闻机构开展公共关系活动有着良好的条件和社会基础,应该积极、主动同社会各方联系,建立各种关系网络,更好地开展工作。

保证精神产品的质量,这是新闻机构努力的目标。应用公共关系,可以及时了解公众对产品质量的评价,为决策提供必要依据。同时,开展公众评选活动,让公众评出好新闻、优秀专栏节目等,这样既可以吸引公众对新闻机构的关心、支持,又可以提高新闻机构的社会声誉。

本章小结

在我国，人们习惯于将教科文卫等组织统称为非营利性的事业单位，以与营利性的企业类组织相区别。但是随着形势的变化，使我们似乎已无法再单纯以是否营利来界定教科文卫等组织，而只能从它们的基本功能和作用出发，将之统称为"非营利性组织"，因其所承担的主要任务是为社会提供教育、文化、医疗卫生、体育等方面的产品和专业服务，带有一定的公共性和公益性。

但是在我国，由于社会、体制的转型和相关制度、机制建设的滞后，非营利性组织在面临机遇的同时，也遭遇了许多的困境和问题，引起了一系列非营利性组织的环境和公关问题，导致自身社会公信力的下降和公众的不满。

非营利性组织的公共关系具有自身的特点和任务，具体而言，主要有以下几个方面：协助组织进行准确的战略定位；面向社会，适应需求；提高工作和服务水平，增强竞争力；主动做好对外宣传和沟通、交流工作；重点做好组织无形资产的开发与管理；服务回报社会，争取各方面的支持。

近些年来，各种非政府组织在我国悄然兴起。这类组织在国外简称"NGO"通常指那些具有非营利性、非政府性、志愿性、自治性、正式性特点的社会组织。它有利于社会成员增强公民意识、社会责任感和关注社会公共生活、进行自主管理的能力，自觉行动起来参与、帮助解决与公共利益息息相关的各种社会问题，捍卫社会公共利益和公民的合法权益，同时也以集体的力量，监督和影响政府、企业的行为，帮助政府承担部分社会管理工作，缓解政府的压力。

当前，非营利性组织面临的最大冲击，就是由过去的主要依靠国家到主要依靠自己，通过竞争，从社会和市场上获得自己生存、发展的资源与条件。这既为它们提供了一个前所未有的更加广阔的发展空间，同时又使它们不得不承受巨大的生存与竞争压力，不得不去尝试许多自己原来并不熟悉的新工作、新任务，解决各种各样的新问题。

关键术语

非营利性组织　　非政府组织（NGO）

思考题

1. 当前非营利性组织面临怎样的变化，出现了哪些公关问题？
2. 非营利性组织的公关工作应着重发挥哪些作用？
3. 请你搜集一个非营利性组织的公关案例并进行分析。
4. 请你结合所在学校的实际，分析其公关状况，并策划、实施一项具体的公关活动。

案例分析

［案例一］　　中国扶贫基金会

中国扶贫基金会（China Foundation for Poverty Alleviation，缩写 CFPA）成立于 1989 年 3 月，由国务院扶贫开发领导小组办公室主管，是对海内外捐赠基金进行管理的非营利性社会组织，是独立的社会团体法人、是专业从事扶贫工作的全国性非政府组织。

中国扶贫基金会以搭建社会贫富互动平台，传递慈善爱心，促进社会和谐发展为己任，以励精图治、求真务实的精神，致力于动员社会参与，创新扶贫方式，推动政府公益政策制定，促进公民社会发育，实现社会平等、公正和共同富裕。中国扶贫基金会组织和实施了"扶贫中国行——走进千村万户，共建和谐社会"、"中国消除贫困奖评选表彰活动"等大型系列公益活动，以及"母婴平安 120 项目"、"小额信贷项目"、"新长城—特困大学生自强项目"、"紧急救援项目"、"天使工程"及综合项目，动员众多国际、国内组织、机构、企业、社会公众捐赠善款与物资，帮助弱势群体。中国扶贫基金会已经成为中国规模最大、实力最强的专职扶贫公益机构。

中国扶贫基金会高度重视队伍建设和机构文化的涵养，提倡无私奉献的志愿精神，强调科学、规范的内部管理，发扬艰苦奋斗的工作精神，奉行公开透明的财务制度，遵循严格自律、自觉接受社会监督的原则，其社会知名度、公信度日益提高，并享有国家特批的对基金会进行公益救济性捐赠实行全额免税的政策优惠。中国扶贫基金会北京总部拥有 80 名员工，在全国拥有 26 个分支和下属机构。基金会的员工长期从事扶贫或非政府组织（NGO）与农村发展工作，他们的专业包括经济、农业、金融、工商管理、社区发展等领域。

中国扶贫基金会任务是帮助贫困社区的弱势群体提升自我发展能力，改善基本生产条件和基本社会服务水平，促进受援人脱贫与自立，强化基层管理与组织，减轻社会疾苦与不安，传递人类爱心与善心，促进社会和谐与文明。组织的资助项目包括扶贫项目小额信贷、母婴平安、新长城、爱心包裹、紧急救援、综合项目、情系玉树专题、中国消除贫困奖等。

目前已逐渐形成以提升农户自立能力和增加收入为目标的小额信贷扶贫项目，以降低贫困地区孕产妇死亡率和新生儿死亡率为目标的母婴平安 120 行动，以帮助贫困大学生完成学业为目标的新长城特困大学生自强项目，以救助水灾灾民为主要目标的紧急救援项目，以改善贫困地区医疗条件和提升管理水平、降低医疗成本，从而减少贫困人口治病开支的天使工程项目和以培训就业、教育扶贫和国际合作扶贫为主的综合项目等六个援助型品牌项目，以及以动员社会力量、推动全民扶贫、倡导贫富和谐为愿景的 365 天天扶贫宣传项目等倡导型品牌项目。

中国扶贫基金会作为非营利性组织在发展中帮助了许多生活困难人群，在缩小贫富差距、维护社会和谐、推动社会转型中发挥了积极作用，协会是市场经济环境下社会团体的基金组织，它的积极影响促进了中国公民社会意识的发展。

（资料来源：百度百科）

思考：

1. 中国扶贫基金会的功能和作用是什么？
2. 非政府公共组织公共关系如何开展？

[案例二] 南京大学 110 周年校庆

2012 年 5 月 20 日下午，南京大学在仙林校区隆重举行建校 110 周年庆典，"序长不序爵"的接待原则让这场庆典既隆重典雅，又充满浓浓的情谊，像一场盛大的同学会。没有主席台嘉宾位，"银发校友"全部前排就座，主持人介绍出席庆典嘉宾时，最先介绍的不是领导，而是两位分别在 1939 年和 1944 年入学的年龄最长的老校友。"回到南大，我就到家了!"这是很多校友们的共同心声。

陈至立出席庆祝大会，并为南京大学获得国家自然科学一等奖的团队代表颁发了"南京大学卓越贡献奖"。省委书记、省人大常委会主任罗志军，教育部副部长郝平在庆祝大会上分别讲话。

庆祝大会由南京大学党委书记洪银兴主持。南京大学校长陈骏在大会上致辞，清华大学校长陈吉宁、德国弗莱堡大学校长汉斯-约亨·施维尔分别代表国内外兄弟高校致辞。南京大学师生代表和毕业于各个时期的校友代表先后发言。

庆祝大会上，南京大学向 2002 年建校 100 周年以来获得国家自然科学奖、技术发明奖、科技进步奖，以及教育部高等学校人文社会科学研究优秀成果奖、教育部高等教育国家级教学成果奖等奖项的获奖者，分别授予了"南京大学卓越贡献奖"。

大会还展示了经国际小行星中心与国际小行星命名委员会批准命名的南京大学星、戴文赛星、曲钦岳星、苏定强星、方成星、孙义燧星、陆埮星、冯端星等八颗南京大学系小行星以及正在审批的南大仙林星的轨迹运行图，并为新发行的《南京大学建校一百一十周年》纪念邮票揭幕。

加拿大总督戴维·约翰斯顿、联合国秘书长潘基文、中国国民党荣誉主席吴伯雄也发来贺信或贺电。包括 5 位诺贝尔奖获得者，39 位中国科学院、中国工程院院士和外国院士在内的海内外嘉宾和校友，国内外兄弟院校代表，南大师生代表共 4000 余人参加了庆典。

通过校庆活动展现了南京大学历史发展及深厚的文化底蕴，提高了南京大学在国内、国际大学中的影响力。到场的嘉宾对南京大学有力的支持更能提高南京大学的知名度，至此南京大学公共关系发展到一个空前的成就，这些公关成就也来自南京大学悠久、深远的内涵。
　　（资料来源：教育动态-凤凰教育网）

　　思考：
　　南京大学 110 周年校庆是否成功？原因何在？

主要参考文献

1. 张龙祥：《中国公共关系大辞典》，中国广播电视出版社 1993 年版
2. 廖为建：《公共关系学》，高等教育出版社 2000 年版
3. 翟向东：《中国公共关系教程》，中国商业出版社 1994 年版
4. 余明阳：《公共关系学》，广东高等教育出版社 1999 年版
5. 熊源伟：《公共关系学》，安徽人民出版社 1990 年版
6. 李道平：《公共关系学》，经济科学出版社 2000 年版
7. 李秀忠：《现代公共关系学》，西南交通大学出版社 1996 年版
8. 王乐夫：《公共关系学概论》，高等教育出版社 1994 年版
9. 郭惠民：《当代国际公共关系》，复旦大学出版社 1995 年版
10. 和铭：《公关员》，复旦大学出版社 1999 年版
11. 李秀忠：《新编公共关系学》，中国矿业大学出版社 1994 年版
12. 林汉川：《公共策划学》，复旦大学出版社 1994 年版
13. 汪秀英：《公共关系学》，中央广播电视大学出版社 1997 年版
14. 邢颖：《企业实用公共关系》，中国商业出版社 1996 年版
15. 潘肖珏：《企业文化教程》，同济大学出版社 1990 年版
16. 方宪玕：《企业文化教程》，杭州大学出版社 1991 年版
17. 徐耀魁：《大众传播学》，辽宁教育出版社 1990 年版
18. 郑瑞城：《传播媒介管理学》，三民书局 1994 年版
19. 杨洪璋等：《中国传统公共关系初探》，中国物资出版社 1991 年版
20. 于里：《国际公共关系原理与实务》，工商出版社 1996 年版
21. 程旭兰：《公共关系策划》，宁夏人民出版社 1995 年版
22. 林盘耸等：《CIS 现代企业形象策略》，中国经济出版社 1994 年版
23. 董锡健等：《CI 中国企业形象战略》，复旦大学出版社 1995 年版

24. 邵培仁：《媒介管理学》，高等教育出版社 2002 年版

25. 熊源伟：《公共关系案例》，安徽人民出版社 1990 年版

26. 希斯：《管理危机》，中信出版社 2001 年版

27. 张毅：《企业之魂》，辽宁大学出版社 1990 年版

28. 陈萍：《最新礼仪规范》，线装出版社 2004 年版

29. 周芙蓉：《礼仪教程》，中国长安出版社 2003 年版

30. 李兴国：《现代商务礼仪》，黑龙江科学技术出版社 1998 年版

31. 金正昆：《现代商务礼仪教程》，高等教育出版社 1996 年版

32. 李强：《公共关系学概论》，中国人民大学出版社 1995 年版

33. 张云：《公共心理学》，复旦大学出版社 1995 年版

34. 黎运汉：《公共语言学》，暨南大学出版社 1995 年版

35. 刘光明：《中外企业文化案例》，经济管理出版社 2001 年版

36. 关培兰：《组织行为学》，中国人民大学出版社 2003 年版